"Sean lo ha hecho de nuevo. Mi pronóstico es que será un éxito de ventas que tanto adolescentes como adultos leerán una y otra vez para aprovechar y compartir sus lecciones, de modo que todos aprendamos a tomar decisiones inteligentes."

—MARK VICTOR HANSEN, uno de los creadores de la serie Caldo de pollo para el alma®, éxito de ventas #1 del *New York Times*; coautor de *Cracking the Millionaire Code* y *The One Minute Millionaire*

"El juego de la vida nos enfrenta a múltiples alternativas, sobre todo durante la adolescencia. ¡Este libro nos da la pauta para hacer algo grandioso con ellas!"

—STEVE YOUNG, antiguo mariscal de campo de los 49s de San Francisco, miembro del Salón de la Fama y fundador de la Forever Young Foundation

"Por supuesto que me fui directamente al capítulo sobre el noviazgo y el sexo, y me hizo cambiar totalmente de opinión con respecto al sexo antes del matrimonio... ¡en serio, fue un giro de 180 grados! Gracias, Sean Covey."

—DANNY McFADDEN, 16 años, Dublín, Irlanda

"Sean Covey ofrece conceptos importantes sobre los desafíos reales que enfrentan los adolescentes de hoy y las alternativas con que cuentan."

—JOHN GRAY, autor del bestseller *Los hombres son de Marte, las mujeres de Venus*

"En este entretenido y fascinante libro, Covey logra dos hazañas notables: explica el mundo tan ambiguo que enfrentan los adolescentes y muestra de manera clara y ordenada sus desafíos principales. Su estilo penetrante, gracioso y atractivo capta la atención ¡y no la suelta!"

—JOHN T. CHIRBAN, Escuela de Medicina de Harvard, autor de *True Coming of Age*

"¡Por fin se ha escrito un libro que provee a la juventud de las herramientas que necesita para tomar las decisiones correctas! El genio de Sean reside en su capacidad para conectarse con el corazón, el alma y la mente de los adolescentes. Como madre y maestra, creo firmemente que se debería obligar a todos los adolescentes a leer *Las 6 decisiones más importantes de tu vida*. Mis dos hijos adolescentes describieron el libro con una sola palabra: 'GENIAL'."

—MURIEL THOMAS SUMMERS, directora, A. B. Combs Leadership Elementary School, National Blue Ribbon School of Excellence, National School of Character 2004

"Nuestra forma de vivir se basa en los valores que elegimos. Este libro ayudará a los adolescentes a elegir sus valores hoy para poder tomar las decisiones que les forjen un mejor mañana".

—A. C. GREEN, fundador de A. C. Green Youth Foundation, antiguo jugador de los Lakers de Los Ángeles y "Ironman" de la NBA

"¡Es brillante! Hacer que los adolescentes den su aportación al libro tiene un gran efecto. Yo pensaba: '¡Caramba! Éstas son personas con las que puedo identificarme, adolescentes como yo con los mismos problemas. Tal vez no estoy tan sola'."

—KRISTI MARCHESI, 15 años, Queensland, Australia

"En un mundo en que nuestros adolescentes son bombardeados con mensajes contradictorios sobre sexo, drogas y aspecto personal, la capacidad de Sean Covey de decir las cosas como son es una rara bendición. Recomiendo mucho este libro."

—RICHARD PAUL EVANS, autor del *bestseller* #1 del *New York Times The Christmas Box*

"El libro reafirma la importancia de la comunicación familiar y de las relaciones sanas al animar a los adolescentes a ser proactivos en estas seis áreas de la vida. El mensaje de que elegir bien trae beneficios es algo que nuestros hijos, vecinos y comunidades necesitan escuchar una y otra vez."

—MIKE CRAPO, senador estadounidense

"Los adolescentes deben creer en algo para no caer en errores. *Las 6 decisiones más importantes de tu vida* les enseña a ser ellos mismos y defender lo que es correcto."

—Doctor RANDAL PINKETT, ganador del programa *The Apprentice* de la NBC, presidente y director ejecutivo de BCT Partners

"Este libro me ayudó a entender que tengo el poder de decidir por mí mismo quién y qué quiero ser y hacer."

—ALEXANDER IAN KENNEY, 16 años, Copenhague, Dinamarca

"Sean Covey ha hecho una labor sobresaliente: entiende bien las complicadas y dinámicas necesidades de los jóvenes de hoy. Sean es una de las principales autoridades en libros para adolescentes. Es un placer conocer y apoyar a Sean en este gran trabajo."

—STEDMAN GRAHAM, autor de *Teens Can Make It Happen* y fundador de AAD Education, Health and Sports

"Si las decisiones de mañana son reflejo de las elecciones que hacemos hoy, no se me ocurre mejor manera de comenzar que con *Las 6 decisiones más importantes de tu vida*, de Sean Covey. Su fuerte mensaje cambiará vidas. Gracias a Sean Covey, me doy cuenta de que tengo el poder de labrarme un gran futuro a partir de hoy."

—CARLY HAYNIE, ganadora de la medalla de bronce de los 100 metros de nado de pecho, Juegos Paralímpicos, Atenas, Grecia, 2004

"Conocimos a Sean Covey por ser hijo de Stephen y un valiente mariscal de campo de futbol americano. Era bueno para los pases y ha probado ser aún mejor para hablar de corazón a corazón con los adolescentes. Las jugadas sabias que recomienda en este libro harán de la adolescencia una temporada de triunfos."

—LINDA Y RICHARD EYRE, autores catalogados como número 1 en ventas por el *New York Times* y fundadores de valuesparenting.com

"Sean Covey comprende de manera genuina los desafíos y las necesidades de los adolescentes. Lo demostró en su primer libro, *Los 7 hábitos de los adolescentes altamente efectivos*, y lo vuelve a demostrar en este estupendo nuevo libro. ¡Qué valiosa guía y recurso para nuestros jóvenes! Espero que todos los adolescentes del mundo lo lean."

—HAL URBAN, doctor en educación y psicología, autor de *Life's Greatest Lessons*

"Este libro tiene muchas historias inspiradoras y estrategias efectivas para ayudar a los adolescentes a encontrar respuestas antes de tomar las decisiones que afectarán cada una de las facetas de su futuro. ¡Tienes que leer esto si quieres triunfar!"

—BRENT SINGLETON, 18 años, Premio Nacional de Excelencia por un Aire Limpio 2005 del gobierno estadounidense y Premio Ambiental Juvenil de la Presidencia

"Es una oportunidad única encontrar un libro creativo e inspirador cuyo autor no menosprecia al lector. Sean Covey ha creado una guía coloquial para los adolescentes de todo el mundo que se enfrentan a los desafíos primordiales planteados por el mundo de hoy. Aún más importante es que este excelente trabajo proporciona un mapa de ruta sólido para el mundo del mañana."

—DOUGLAS SPOTTED EAGLE, músico, productor y escritor internacional galardonado con premios Grammy y Emmy

"Éste es un libro muy entretenido y directo que ayuda a los adolescentes a entender tanto el qué como el por qué de elegir bien en las áreas críticas de la vida. Es una lectura obligada para los adolescentes y para quienes se interesan por ellos."

—A. ROGER AND REBECCA MERRILL, padres de siete hijos, coautores de *First Things First*, y autores de *Life Matters*

"La aparición de este libro no pudo ser más oportuna. Para mi hijo de 15 años, los consejos de Sean Covey son como los de un amigo afectuoso. Cualquier adolescente dispuesto a escuchar podría llegar a inspirarse para ser mejor y lograr más."

—ANSON DORRANCE, entrenador del equipo femenil de futbol de la Universidad de North Carolina, 18 veces campeón

"Me encanta la manera en que este libro trata las cosas importantes que nos interesan a mis amigos y a mí."

—DANIEL ARIAS, 13 años, Costa Rica

"Son muchas las razones de peso para leer este texto: contiene buenas anécdotas, citas inspiradoras, montones de tips para que elijas el camino correcto en todo lo que hagas... aunque lo más probable es que el primer capítulo que leas (y el que más recuerdes) sea el de 'Noviazgo y sexo'. Covey te muestra cómo elegir aquello que proteja tu salud, tu corazón y tu felicidad."

—THOMAS LICKONA, psicólogo del desarrollo y profesor de Educación Especial de la Universidad Estatal de Nueva York en Cortland

"Este libro es una inversión para el futuro del mundo, pues asegura que cada adolescente alcance la plenitud de su vida. ¡Me encanta!"

—JULIE MORGENSTERN, autora de *Organizing from the Inside Out for Teens*

"El libro de Sean prepara a los jóvenes para el éxito mejor que cualquier otro libro dirigido a los adolescentes que yo haya leído. Las verdades que ofrece, eternas pero fáciles de aplicar, permiten entender el poder de cada decisión que tomamos y constituyen una motivación y una guía para todo aquel, joven o viejo, que desee tomar el futuro en sus manos."

—BOB GOODWIN, presidente y director general de la Fundación Points of Light

"¡Qué material tan eficaz! Jamás había visto a los chicos con los que trabajo tan entusiasmados con un libro, sobre todo los que leen poco. No hay duda de que Sean sabe conectarse con los adolescentes, al grado de ejercer una influencia verdaderamente positiva en sus vidas."

—LUISON LASSALA, líder juvenil del Anchor Educational Youth Centre y profesor en la Escuela Rockbrook Park, Dublín, Irlanda

"Las inspiradoras y conmovedoras anécdotas de adolescentes reales y los principios sólidos que brinda el libro constituyen los conocimientos y la guía que los jóvenes necesitan para enfrentar las decisiones y retos a que los enfrenta la vida. Escrito con un estilo ameno y accesible, el texto se convierte en un manual de cómo vivir para los muchachos que tienen la fortuna de leerlo."

—CHERI J. MEINERS, autora de la serie infantil *Learning to Get Along*

"Padres, hostiguen a sus hijos adolescentes, páguenles o hagan lo que sea necesario para que lean esta obra. Su mensaje sencillo y de gran alcance sirve no sólo para el presente, sino también para su vida de mañana."

—Doctor HENRY CLOUD, psicólogo clínico, presentador del programa de radio *New Life Live* y autor de la serie *Boundaries*

"Es la primera vez que tengo la oportunidad de leer un libro que menciona nuestras principales preocupaciones y toma en cuenta nuestros sentimientos."

—EMILIO ALFONSO CANALES MARTÍNEZ, 17 años, Nicaragua

"Ésta es una gran guía para que los jóvenes sigan el trayecto hacia un futuro brillante. Los mensajes sencillos y directos de otros adolescentes sirven como consejos reales que 'iluminan' las páginas del libro y lo convierten en un compañero indispensable para este viaje."

—FRANCES HESSELBEIN, presidenta del Leader to Leader Institute

"Este libro no sólo te muestra el camino a seguir, sino que te permite conocer lo que para los adolescentes significa vivir. Después de leerlo ya no soy el mismo. No sólo ha cambiado mi forma de pensar, sino que me ha hecho entender por qué me ocurren ciertas cosas y cómo puedo superarlas."

—M. MANDAKH, 19 años, Ulan Bator, Mongolia

"Sean Covey toma principios universales y los aplica de manera individual. Si bien es probable que los adolescentes encuentren en su libro muchas ideas dignas de consideración e infinidad de consejos útiles, estoy seguro de que el descubrimiento más importante que hagan será dentro de su propio ser."

—JON M. HUNTSMAN, gobernador de Utah

"Cuando leí este libro sentí como si fuera mi mejor amigo quien me aconsejaba. Al terminar me di cuenta de que muchas cosas buenas podrían suceder en mi futuro si presto oídos a los consejos de Sean y tomo las decisiones correctas hoy."

—STELLA SAPUTRA, 19 años, Yakarta, Indonesia

"Cada logro que he obtenido puedo atribuirlo a las pautas que Sean Covey ofrece en este libro. Me he rodeado de las personas correctas, verdaderos modelos a seguir y que creen en mí, no detractores. Mis padres y mi familia han sido mi mayor sistema de apoyo. Sólo espero que aquellos adolescentes que sencillamente no cuentan con ningún apoyo sepan escuchar a Sean."

—ERIK WEIHENMAYER, alpinista ciego que conquistó la cima del Everest

"La vida es una cuestión de elecciones. Aprender a elegir correctamente es la esencia de la vida, y de eso trata este libro. Es una obra escrita con sabiduría que todo joven debería leer para llevar una vida digna de orgullo y emulación."

—ARUN GANDHI, presidente del Instituto M. K. Gandhi para la No Violencia

"Siento como si este libro se hubiera escrito para mí. Me conmovió. Amplió mis expectativas y me indicó el camino a seguir."

—SHERILYNNE WILLIAMS, 17 años, Durban, Sudáfrica

"Cuando criaba a Jenny, mi hija (y coautora), solía referirse a mis peroratas sobre la vida como 'los sermones'. En *Las 6 decisiones más importantes de tu vida*, Sean Covey ha tomado todos esos 'sermones' sobre la vida y los ha transformado en algo divertido, fácil de leer y, lo más importante, agradable de escuchar para los oídos adolescentes."

—BILL GOOD, coautor de *A Very Good Guide to Raising a Daughter*

"*Las 6 decisiones más importantes de tu vida* constituye una lectura agradable, sensata y directa para los jóvenes que desean tomar buenas decisiones. Padres, compren dos ejemplares... ¡porque querrán tener el suyo! Covey ha escrito otro libro ganador."

—JOHN HARRINGTON, entrenador de *hockey* de la Universidad Saint John's y miembro del equipo de hockey de Estados Unidos que ganó la medalla de oro en las Olimpiadas de 1980

"El mensaje de Sean Covey ofrece los planos para una vida exitosa y proporciona a los adolescentes todas las herramientas que necesitan para forjar el carácter adecuado para esa clase de vida."

—PAULO KRETLY, autor del bestseller brasileño *Figura de Transição* y connotado conferencista brasileño sobre liderazgo

"El libro de Sean Covey proporciona un mapa de ruta hacia una vida exitosa y satisfactoria donde lo más importante es quién eres, no qué eres o qué tienes. Este libro es atractivo, interesante y poderoso. ¡Atrévete a leerlo!"

—NORM DEAN, director regional adjunto, Región Metropolitana Occidental, Departamento de Educación y Capacitación, Victoria, Australia

"Este libro trata de manera directa las preocupaciones de los adolescentes, como hacerse responsables de su propia vida. Hubiera querido saber cómo aplicar estos principios cuando era adolescente. Estoy segura de que esta obra será un éxito entre mis alumnos como lo es para mí."

—Doctora HELEN EFTHIMIADIS-KEITH, coordinadora de habilidades para la vida, Universidad de Limpopo (campus Turfloop), Sudáfrica

"Gracias al libro de *Las 6 decisiones* estoy superando mi crisis de identidad. Yo solía pensar que era como cualquiera. Ahora sé que soy único."

—Pingüino, 2 años, Antártica

Las 6 DECISIONES más importantes de tu vida

Guía para jóvenes

SEAN COVEY

Grijalbo

Título original: *The 6 Most Important Decisions You'll Ever Make*

Primera edición: 2007

Copyright © 2006 por FranklinCovey, Co.
Todos los derechos reservados, incluidos los derechos de reproducción totales o parciales en cualquier forma.

"The Paradoxical Commandments" se reprodujo con autorización del autor.
Copyright © 1968 por Kent M. Keith, renovado en 2001

Diseño de The FaQtory   www.TheFaQtory.ca
Ilustrado por The FaQtory y Mark Pett   www.MarkPett.com

Derechos exclusivos de edición en español reservados para todo el mundo:
D.R. © 2007, Random House Mondadori, S.A. de C.V.
   Av. Homero No. 544, Col. Chapultepec Morales,
   Del. Miguel Hidalgo, C.P. 11570, México, D.F.

Traducción: María Andrea Giovine, Josefa de Régules,
Carlos Roberto Ramírez Fuentes

Cuidado de la edición: Gerardo Noriega Rivero
Diagramación: Juan Carlos González, Lucrecia Alcalá

Queda rigurosamente prohibida, sin autorización escrita de los titulares del Copyright, bajo las sanciones establecidas por las leyes, la reproducción total o parcial de esta obra por cualquier medio o procedimiento, comprendidos la reprografía, el tratamiento informático, así como la distribución de ejemplares de la misma mediante alquiler o préstamo públicos.

Random House Mondadori México
   ISBN: 978-970-780-388-6
   ISBN: 970-780-388-6
Random House Inc.
   ISBN: 978-0-307-39162-9

Esta obra se terminó de imprimir en marzo del 2007 en Litográfica Ingramex, S.A. de C.V. Centeno 162-1, Col. Granjas Esmeralda México, D.F.

Impreso en México / *Printed in Mexico*

A los adolescentes de todo el mundo,
que anhelan elegir el camino correcto

y

A mi hijo, Michael Sean,
por el enorme valor que ha mostrado
en los momentos difíciles

El camino se bifurcaba en el bosque...

yo tomé el menos trillado,

y eso me cambió la vida.

—Robert Frost

AQUÍ ENCONTRARÁS

Las 6 grandes decisiones 1
Tú eliges

Los 7 hábitos. Curso rápido 15
De ellos depende el éxito o el fracaso

Decisión 1: Escuela 33
¡No puedo más!

    Perseverar 37
    Sobrevivir y prosperar 43
    A la universidad 65
    Busca tu vocación 72

Decisión 2: Amigos 89
¡Qué simpático… y voluble!

    Cómo superar los altibajos cotidianos de la amistad 93
    Cómo hacer y ser un amigo 104
    La presión de los compañeros 113

Decisión 3: Padres 125
¡Qué vergüenza!

    Cuenta bancaria de relaciones 130
    ¡Me exasperas! 136
    Cómo cerrar la brecha 146
    Cuando tú tienes que educar a tus padres 162

Decisión 4: Noviazgo y sexo 169
¿Tenemos que hablar de esto?

    Noviazgo inteligente......................... 173
    Los cuatro grandes mitos sobre el sexo......... 195
    El amor espera 212

Decisión 5: Adicciones 223
Es fácil dejarlas... Yo lo he hecho muchas veces

    Tres crudas realidades........................ 228
    La verdad, sólo la verdad..................... 235
    Cortar de raíz................................ 248

Decisión 6: La propia valía 265
¡Si tan sólo fuera más bonita!

    El espejo social y el espejo real 269
    Personalidad y competencia.................... 274
    ¡Vence a tu propio Guapo! 289

Cíñete al Código 303
¡Vale la pena luchar por él!

Agradecimientos................................... 306
Oficina de Ayuda.................................. 308
Bibliografía...................................... 310
Índice analítico.................................. 312
Acerca de FranklinCovey........................... 320
Clásicos de Covey 324

Las 6 GRANDES DECISIONES
Tú eliges

Llámame Sean.

Soy el autor y me alegra que estés aquí. No te preocupes, éste no es otro de esos libros aburridos; es diferente. Está escrito de manera especial para adolescentes y trata de tu vida, tus problemas, tus cosas. También contiene muchas ilustraciones estupendas (tuve que contratar a varios creadores y pagarles una fortuna porque yo no hago ni un garabato).

Pero, sobre todo, gira en torno a esta idea:

Hay seis decisiones clave que tomas durante la adolescencia, las cuales pueden construir o destruir tu futuro. Así que elige con sabiduría y no las eches a perder.

Sin embargo, si llegaras a errar, no es el fin del mundo. Simplemente vuelve al camino con rapidez y empieza a tomar decisiones más inteligentes.

Hoy en día ser adolescente es más difícil que nunca. Aunque quizá tus abuelos hayan tenido que sortear muchas dificultades para ir a la escuela, los retos que se te presentan a ti son distintos; por ejemplo, bombardeo de los medios, fiestas en las que hay drogas, pornografía en Internet, abuso sexual, terrorismo, competencia global, depresión y mayor presión por parte de tus compañeros. ¡Es un mundo totalmente distinto!

Aunque sigo haciendo travesuras, ya no soy un adolescente, pero recuerdo vívidamente los altibajos por los que pasé. La mayoría de mis problemas empezaron al nacer. Mi padre decía: "Sean, cuando naciste tenías unos cachetes tan grandes que el doctor no sabía dónde dar la nalgada". No estaba bromeando. Deberías ver mis fotos de bebé. Mis cachetes cuelgan de mi cara como globos llenos de agua. Ya te imaginarás que todo el tiempo me molestaban.

Una vez estaba con los niños de mi calle saltando en nuestro trampolín. Jugábamos a imitar los movimientos que había hecho el anterior, y era mi turno. Susan, mi vecina, no pudo evitar decir lo que todos pensaban:

—Vean cómo rebotan los cachetes de Sean. Son tan grandes...

David, mi hermano menor, trató de defenderme:

—Pero no son de grasa. Es puro músculo.

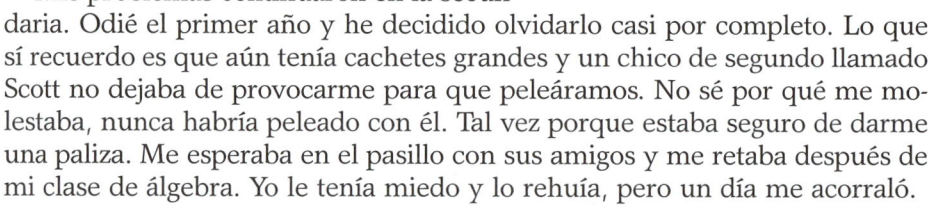

Su defensa fracasó y todos se rieron de mi nuevo apodo: "Cachetes musculosos".

Mis problemas continuaron en la secundaria. Odié el primer año y he decidido olvidarlo casi por completo. Lo que sí recuerdo es que aún tenía cachetes grandes y un chico de segundo llamado Scott no dejaba de provocarme para que peleáramos. No sé por qué me molestaba, nunca habría peleado con él. Tal vez porque estaba seguro de darme una paliza. Me esperaba en el pasillo con sus amigos y me retaba después de mi clase de álgebra. Yo le tenía miedo y lo rehuía, pero un día me acorraló.

—Oye, Covey. Sí, tú, gordo maricón. ¿Por qué no peleas conmigo?

—No sé...

Entonces me pegó muy fuerte en el estómago y me sacó el aire. Yo estaba demasiado asustado para devolverle el golpe. Después de aquello me dejó en paz. Pero me había humillado y me sentía como un perdedor. (Por cierto, ahora soy más corpulento que Scott y sigo buscándolo... ¡Es broma!)

Cuando entré a la preparatoria, me llevé la grata sorpresa de que mi cara creció y mis cachetes se redujeron, pero hubo otros problemas. De repente tuve que tomar decisiones importantes para las cuales no estaba listo. En la primera semana me invitaron a unirme a un club con estudiantes de último año que bebían mucho. Ni quería unirme al club, ni ofenderlos. Empecé a hacer nuevos amigos... y a ver a todas esas chicas nuevas. Una me gustó. Era bonita y agresiva, lo que me emocionaba y atemorizaba a la vez. Me preguntaba tantas cosas... ¿Estaba bien que me gustara esa chica? ¿Con qué amigos debía salir? ¿Qué clases debía tomar? ¿Debía ir a cierta fiesta? ¿Cómo podía combinar escuela, deportes y amigos? En ese momento no lo sabía, pero ésas fueron algunas de las decisiones más importantes que he tomado en la vida.

La idea de este libro surgió cuando hice una encuesta entre cientos de adolescentes de todas partes. Les envié la pregunta "¿Cuáles son tus mayores retos?", y he aquí lo que algunos respondieron:

"El estrés. Tratar de que todo encaje es mi reto número uno porque tengo mucho sobre la mesa."

"Mis padres. Tengo que lidiar con ellos todos los días y es agotador."

"Lidiar con la sexualidad. Tengo que ser capaz de tomar las decisiones adecuadas en este momento para no tener que vivir con mis errores después. Parece que si no tienes relaciones sexuales de adolescente eres un mojigato o algo así."

"La escuela y las calificaciones. Mi mamá me grita."

"Prepararme para la universidad. Está a la vuelta de la esquina y en realidad lo he dejado de lado. Cada vez que intento pensar en eso termino con un terrible dolor de cabeza, así que mejor no lo hago."

"El divorcio de mis padres. Siempre se pelean por ver a quién le toca la visita."

"El drama de la preparatoria. ¿Quién está saliendo con quién? La popularidad. El mejor cabello. El chico más atlético. ¿Quién tiene dinero? ¿Quién dijo esto acerca de ellos? ¡Es ridículo!"

"Dinero. El dinero apenas alcanza para vivir."

"La presión de los compañeros es un gran problema. Yo cedo con mucha facilidad, con la gente adecuada."

"Los amigos. Sólo me sacan de quicio. Ya no convivo con ellos. No me hacen caso y forman sus grupitos. Me siento excluido, así que últimamente me he alejado de ellos."

"Me preocupa la seguridad de mi familia porque al salir a la calle te pueden matar. La mayoría de las personas no van a la escuela para drogarse. Temo por mi hermano y hermana menores."

"Salir con alguien. No salgo con nadie y ya tengo 17 años. Mis amigos se burlan y me hacen sentir que me estoy quedando rezagado."

"El cuerpo y el aspecto. Batallo con mi peso todo el tiempo."

Estudié todas las respuestas. También entrevisté a un buen número de adolescentes de diversos sitios durante tres años. Y surgió un patrón. De los 999 retos diferentes que se mencionaron, seis me llamaron la atención.

Conforme analicé más a fondo, descubrí que a cada reto correspondía una decisión (o varias). Algunos de los adolescentes que entrevisté habían tomado decisiones inteligentes, y otros, erróneas. Así que algunos eran felices y otros eran un mar de confusiones. Esos retos implicaban decisiones con más de una posibilidad y consecuencias enormes. Al final quedó claro que al afrontar esos retos debes tomar las seis decisiones más importantes de la adolescencia.

TUS SEIS DECISIONES MÁS IMPORTANTES

 Escuela. ¿Qué vas a hacer en relación con tu educación?

 Amigos. ¿Qué clase de amigos elegirás y qué clase de amigo serás?

 Padres. ¿Te vas a llevar bien con tus padres?

 Noviazgo y sexo. ¿Con quién vas a salir y qué harás respecto al sexo?

 Adicciones. ¿Qué harás respecto a fumar, beber, consumir drogas y otro tipo de adicciones?

 La propia valía. ¿Optarás por quererte a ti mismo?

Quizá no hayas meditado mucho sobre esas decisiones. O quizá estés luchando con una de ellas o con todas. Sea cual sea tu situación, necesitas aprender lo más posible sobre cada decisión, las ventajas y desventajas, lo bueno y lo malo, de modo que tomes decisiones informadas, con los ojos bien abiertos. No querrás lamentarte con el tiempo: "Si lo hubiera sabido…"

Muchas de las decisiones que tomas cuando eres adolescente pueden cambiar tu vida para siempre. En su libro *Standing for Something* ["En pos de algo"], el líder religioso Gordon B. Hinckley cuenta esta historia de cuando era joven:

> *Cuando trabajaba en una oficina de ferrocarriles en Denver, estaba a cargo del equipaje y del tráfico exprés en trenes de pasajeros. Un día recibí una llamada de mi homólogo en Nueva Jersey, quien decía que un tren de pasajeros había llegado sin el vagón de equipaje. Trescientos clientes estaban furiosos, y con justa razón.*
>
> *Descubrimos que el tren había viajado de Oakland, California, a Saint Louis, donde el guardagujas había movido por error una pieza de acero apenas unos ocho centímetros. Esa pieza era un punto de cambio y el vagón de equipaje que debía haber estado en Newark se hallaba en Nueva Orleans, a 2250 kilómetros de distancia.*

Las cárceles de todo el mundo se encuentran llenas de personas que tomaron decisiones poco inteligentes e incluso destructivas, individuos que movieron ligeramente un punto de cambio en sus vidas y pronto estuvieron en el camino equivocado, rumbo al lugar equivocado.

Cada una de esas seis decisiones es como un punto de cambio, una pequeña pieza de acero de ocho centímetros que nos llevará por el camino correcto o el equivocado a lo largo de cientos de kilómetros.

HISTORIA DE DOS ADOLESCENTES

Imagina a dos chicas de 19 años que están a punto de graduarse de la adolescencia. Cuando tenían 13 años pasaban por situaciones similares. Pero ahora, a los 19, sus decisiones las han llevado a circunstancias muy distintas.

ELLA ES ALLIE. Sonríe mucho. Está en la universidad y comparte su cuarto con dos excelentes compañeras; las tres se la pasan muy bien. Allie tiene una beca y trabaja medio tiempo como adjunta de profesor. Planea graduarse en dos años en literatura inglesa para luego dar clases. Actualmente sale con dos chicos, pero aún no formaliza una relación con ninguno. Durante sus años de adolescencia casi no salió con chicos, lo cual la hacía sentirse un poco insegura, pero está orgullosa de no haberse acostado con todo el que se le pusiera enfrente. Desea conocer a un hombre maravilloso y casarse algún día.

A los 15 años, Allie probó las drogas una vez, pero se dio cuenta de lo tonto que era eso. Desde entonces, salvo una copa de vino ocasional, Allie no bebe, ni fuma, ni consume drogas. Está libre de adicciones. Todos los domingos por la noche habla por teléfono con su mamá, a quien llama su "mejor amiga". Aunque tiene problemas, en general es segura de sí misma, se ha propuesto metas en la vida y se siente feliz consigo misma.

ELLA ES DESIREE. Es increíblemente guapa, pero su autoestima anda por los suelos. Cuando le preguntan por qué, contesta: "No sé. Siempre estoy pensando que estoy gorda y fea".

Desiree empezó a fumar a los 14 años; ahora se termina dos cajetillas al día, aunque asegura que podría dejar el cigarrillo mañana mismo.

Trabaja tiempo completo en una tienda de abarrotes y gana el salario mínimo. A pesar de que concluyó la preparatoria, en realidad nunca se esforzó en la escuela y no ve la necesidad de prepararse más. Vive sola en un departamento y tiene varios novios que se quedan a dormir. Durante la prepa, anduvo con muchos chicos y se vio envuelta en relaciones destructivas. "Parecía que siempre buscaba a los perdedores", dice.

Desiree no lleva una buena relación con sus padres. Y casi no se comunica con quienes eran sus mejores amigas en la prepa. No sabe qué quiere hacer con su futuro y a menudo se deprime.

Dos chicas. Dos resultados completamente diferentes. ¿Por qué? Por sus decisiones. ¿Empiezas a ver por qué es tan importante tomar decisiones inteligentes respecto a la escuela, los amigos, los padres, el noviazgo, el sexo, las adicciones y la autoestima?

EL EXPERIMENTO DE LOS DIEZ AÑOS

Antes de continuar, realiza este pequeño experimento:

Preséntate con alguien como si fueras diez años menor y háblale de ti.

Si te llamas Jaime y tienes 17 años, dirás algo como: "Hola, me llamo Jaime. Tengo siete años y vivo en la Ciudad de México, con mis papás y mi hermano menor, que tiene cuatro. Acabo de terminar el primer año. Tengo un pez dorado llamado Mancha y me gusta colorear y jugar futbol. Estoy feliz".

Si estás leyendo este libro y hay alguien cerca, haz el experimento con esa persona, pero aclárale que es parte del ejercicio de un libro, para que no piense que te volviste loco. Ponte en el papel del niño que fuiste diez años atrás y pídele que haga lo mismo. Y bueno, si te encuentras solo o te da pena (se vale), simplemente llena los siguientes espacios en blanco.

La fecha de hace diez años es:

Me llamo:

Tengo _____ años.

Vivo en:

Vivo con:

Las cosas que más me gusta hacer son:

Me siento:

    Ahora cambiemos de estrategia. El ejercicio consistirá en que te presentes con la misma persona como te gustaría ser dentro de diez años. Dile qué haces y cuéntale un poco sobre ti. Recuerda, es como te gustaría ser dentro de diez años. Así que Jaime diría algo como: "Hola. Soy Jaime. Tengo 27 años y vivo en Buenos Aires, Argentina. Me acabo de casar con una mujer maravillosa que se llama Jazmín. Hace unos años me gradué en música en la Universidad de Granada y ahora doy clases de piano en una escuela privada. Adoro a mi familia y la veo muy a menudo. Me siento muy bien por el rumbo que le he dado a mi vida".

La fecha dentro de diez años es:

Me llamo:

Tengo _____ años.

Vivo en:

Vivo con:

En los últimos diez años he hecho esto:

Me siento:

    Acabas de realizar un viaje en el tiempo. Cuando retrocediste diez años, ¿qué recuerdos te surgieron? ¿Estabas en un buen o mal momento?
    ¿Y qué hay del futuro? ¿Qué viste dentro de diez años? ¿Qué quieres hacer y en quién te quieres convertir en la próxima década?

LIBRE PARA ELEGIR

La buena noticia es que el lugar donde estés dentro de diez años depende de ti. Eres libre para elegir qué quieres hacer de tu vida. Eso se llama libre albedrío o libertad de elección y es un derecho con el que naciste y, mejor aún, ¡que puedes ejercer de inmediato! En el momento que quieras puedes hacer la elección de mostrar más respeto por ti mismo o dejar de salir con amigos que te deprimen. Finalmente, tú eliges ser feliz o desdichado.

Sin embargo, aunque eres libre para elegir, la verdad es que no puedes escoger las consecuencias de tus decisiones. Están predeterminadas, vienen en paquete. En pocas palabras, te llevas todo o nada. La elección y la consecuencia van juntas como las papas fritas y las hamburguesas. Por ejemplo, si decides poner poco empeño en la escuela y no ir a la universidad, sufrirás las consecuencias naturales de ello; por decir, se te dificultará conseguir siquiera una entrevista para un empleo bien remunerado. De la misma manera, si decides inteligentemente con quién sales y evitas las relaciones sexuales ocasionales, las consecuencias serán que gozarás de una buena reputación y no te preocuparás por enfermedades de transmisión sexual (ETS) ni embarazos no deseados.

La palabra *decisión* proviene de la raíz latina que significa "cortar". Decir "sí" a una cosa implica decir "no" a otra. Por eso, a veces las decisiones pueden ser difíciles.

Al tomar una decisión una vez y cerrar ese capítulo siempre estarás mejor que si vuelves sobre lo mismo una y otra vez. Por ejemplo, cuando yo era adolescente decidí que no iba a fumar, beber, ni consumir drogas. (Desde luego, no me pongo como el gran héroe, porque cometí muchos errores de adolescente, como te mostraré más adelante. Pero esto sí lo hice bien.) Así que evitaba las fiestas en las que todo el mundo acababa ahogado. Elegí no salir con chicos que consumieran drogas. Nunca sentí la presión de mis compañeros porque ya había tomado una decisión a ese respecto una sola vez, y no tenía que seguir decidiéndolo una y otra vez.

Algunos podrían decir que me perdí de mucha diversión. Tal vez sí. Pero a mí eso me dio libertad: me liberó de drogarme y cometer una estupidez, me liberó del riesgo de un accidente por conducir ebrio, me liberó de las adicciones.

UN RÁPIDO VISTAZO AL CONTENIDO

Puedes leer este libro de varias formas. Una es del principio al final (quizá es la mejor manera de hacerlo), otra es saltarte partes e ir directo a los capítulos que más te interesan. Si francamente te da pereza, sólo ve las ilustraciones. A continuación te presento una breve descripción de los capítulos.

DECISIÓN 1 — LA ESCUELA: ¡Ya no aguanto el estrés!

De todos tus retos, la escuela se encuentra en el lugar #1. ¿Por qué? ¡Por el estrés! Como dice un adolescente: "La escuela… ¡caramba! ¡La gente presiona a los estudiantes diciendo que la escuela lo es todo y eso me estresa!"

Tienes que sortear chismes y calificaciones, maestros y exámenes, jerarquías y hasta el servicio de la cafetería. ¡Vaya! Tienes que lidiar con unos padres que esperan que hagas tu mejor esfuerzo en la escuela, por todos los medios. Y para colmo tienes que preocuparte por alcanzar una preparación que te permita conseguir un buen trabajo algún día.

¿Por qué es una decisión tan importante lo que elijas hacer en relación con tu educación? Tal vez porque lo que hagas al respecto te abrirá puertas de oportunidad o te las azotará en la cara durante mucho tiempo.

En el capítulo sobre la escuela abordaremos temas muy importantes como:

- *De qué manera la escuela afecta tu potencial para ganar dinero.*
- *Cómo encontrar motivación cuando no tienes ninguna.*
- *Los 7 secretos para obtener buenas calificaciones.*
- *Cómo superar un trastorno de aprendizaje.*
- *Cómo prepararte y pagar la universidad.*
- *Cómo encontrar tu voz (aquí no estamos hablando de un coro, sino de descubrir en qué eres bueno).*

DECISIÓN 2 — AMIGOS: Diversión… e inestabilidad

A algunos adolescentes les resulta fácil hacer buenos amigos. No obstante, para muchos es una batalla. A veces no encajamos, o nos juzgan porque no tenemos un cuerpo perfecto o porque no usamos la ropa adecuada. La situación se vuelve especialmente difícil cuando tu familia debe mudarse y de pronto eres el chico nuevo de la escuela que trata de entrar en grupitos ya establecidos. Muchos pasamos por épocas en las que no tuvimos ningún amigo. O es tan grande nuestra necesidad de ser aceptados que nos hacemos amigos de cualquiera que esté dispuesto a recibirnos aun cuando no nos beneficie.

Y sigue todo un drama. Es lo más extraño del mundo, pero casi todas las chicas con las que hablé me dijeron: "Dos chicas se llevan bien, pero con tres nunca funciona". Los chicos tienen retos diferentes, como golpearse y salir con las novias de los demás.

Los amigos que elijas y la clase de amigo que elijas ser es una enorme decisión. En este capítulo hablaremos de éstas y otras cosas interesantes:

- *Cómo sobrevivir al juego de la popularidad.*
- *Qué hacer cuando no tienes ningún amigo.*
- *Cómo ser la clase de amigo que te gustaría tener.*
- *Cómo sobrevivir a las peleas.*
- *Lo que necesitas saber sobre las pandillas.*
- *Cómo soportar la presión de los compañeros.*

DECISIÓN 3 — PADRES: ¡Qué vergüenza!

"Mi mamá está bien. Trata de entenderme, pero cuanto más se esfuerza más me molesta. Y mi papá simplemente está loco. Y no hay forma de que pueda relacionarme con él."

Esto lo dijo Sabrina, quien es una chica normal. Quiere mucho a sus padres, pero la mitad del tiempo no los entiende en lo más mínimo. Parte del problema con los padres es cómo los vemos. Cuando estaba en la primaria, mis padres eran geniales. Sin embargo, cuando cumplí 13 años se convirtieron en *nerds* y se volvieron muy incómodos. De la noche a la mañana se les olvidó cómo vestirse, hablar o caminar erguidos. Nunca olvidaré aquella vez en la secundaria cuando me encontraba en las gradas durante un juego de futbol americano y me tocaron el hombro.

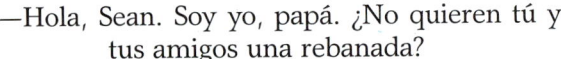

—Hola, Sean. Soy yo, papá. ¿No quieren tú y tus amigos una rebanada?

Yo estaba en *shock*. Ahí estaba mi papá, en las gradas, donde se suponía que no debía estar, a la mitad de mi juego de futbol, ¡preguntándome si quería un pedazo de la maldita pizza familiar que llevaba!

Estaba horrorizado. Y frente a todos mis compañeros negué conocerlo siquiera.

Pero créeme: cuando crezcas un poco más descubrirás que al instante tus padres habrán recuperado la madurez y volverán a ser estupendos y tus amigos harán comentarios como: "Oye, tu mamá es genial".

La calidad de la relación que quieras tener con tus padres es una elección, y se trata de una de las decisiones más importantes que tomarás en la vida. En este capítulo, entre otros muchos temas vitales, hablaremos sobre:

- *Cómo construir una relación genial con tu mamá y tu papá.*
- *Cómo desarmar a tus papás en una línea o menos.*

- *Cuatro expresiones mágicas que puedes usar con tus padres y que siempre funcionan.*
- *Cómo sobrevivir a un divorcio.*
- *Cómo lidiar con el síndrome de "¿Por qué no eres como tu hermano?"*
- *Qué hacer cuando tus padres son un verdadero desastre y tú tienes que educarlos.*

DECISIÓN 4 — NOVIAZGO Y SEXO: ¿Tenemos que hablar de esto?

Ojalá no tuviéramos que hablar de esto, pero es necesario. Si no lo hiciéramos, yo sería irresponsable porque es una de tus decisiones más importantes en la vida. Tal vez la más importante. (Padres, si en secreto están hojeando el libro de su hijo para ver qué tengo que decir sobre el tema, tranquilícense y confíen en mí. No voy a echarlo a perder.)

Cuando era niño, mis padres nunca me hablaron sobre el sexo. Mi papá se ponía rojo tan sólo de pensar en ello. Así que lo que supe lo aprendí de los chicos más informados de mi calle. Pero los tiempos han cambiado y más vale que tengas claro con qué tipo de gente vas a salir y qué vas a hacer en relación con el sexo. De lo contrario, otra persona tomará esa decisión por ti, lo que no quieres que ocurra. En este capítulo, tocaremos los siguientes temas:

- *Cómo actuar inteligentemente respecto al noviazgo.*
- *No sales con nadie... ¿y qué?*
- *Cuál es el problema de centrar tu vida en la novia o el novio.*
- *Cómo identificar señales de alerta en una relación.*
- *Cuáles son las ETS y por qué me deben importar.*
- *Derrumbaremos los cuatro grandes mitos sobre los adolescentes y el sexo.*

DECISIÓN 5
ADICCIONES:
Es fácil dejarlas... Yo lo he hecho muchas veces

Lo acepto. Sí tuve una adicción en la preparatoria… los nachos. Parecía que nunca comía suficientes. No podía ver una película sin nachos, ni pasar por un 7-Eleven sin comprarlos. Sigo atado a ellos. Nunca me he puesto a pensar qué hay en esa mezcla grasosa de queso, pero sin duda queso no es.

Soy muy afortunado de no haber caído en ninguna otra adicción durante mis años de adolescencia. Me siento mal por un colega que cada dos horas tiene que salir a fumarse un cigarro, llueva o haga sol. Me siento mal por un amigo de la familia que dañó tanto su cerebro con las drogas que simplemente ya no está. Es evidente que las decisiones que tomas respecto a este reto a menudo se quedan contigo de por vida.

Actualmente hay mucha presión por beber, fumar, consumir drogas, tomar esteroides, inhalar sustancias y otras tentaciones. Como dijeron dos jóvenes:

"Mucha gente lo hace, por eso es difícil mantenerte alejado de eso."
"Ya lo dejé, pero se me sigue antojando."

No querrás perderte esta sección. Tus compañeros tienen historias muy buenas para compartir. Platicaremos sobre:

- *Las tres crudas realidades de la adicción.*
- *La verdad sobre el alcohol, el tabaco, las metanfetaminas, el éxtasis, los esteroides, la cocaína, los medicamentos que se venden con receta médica, los inhalables y más.*
- *¡Ésta no es la mariguana de tus padres!*
- *Cómo superar una adicción.*
- *La droga del siglo XXI.*
- *Dónde conseguir nachos excelentes.*

DECISIÓN 6
LA PROPIA VALÍA:
¡Si tan sólo fuera más bonita...!

Una chica dijo: "Mi mayor desafío es la autoestima. Hay muchas personas hermosas. Me siento fea". Si alguna vez te sientes así, no estás solo o sola. En comparación con los modelos que vemos en las portadas de *Cosmopolitan* y *GQ*, todos estamos feos.

No hay nada malo en querer lucir mejor. Pero si tu confianza en ti mismo, o la falta de ésta, depende del lugar que ocupas en la lista de buena apariencia, estás en serios problemas.

El hecho es que hay muchos chicos con nariz grande o ropa fea que tienen plena confianza en sí mismos. Y hay una gran cantidad de chicos bien vestidos y populares

que carecen totalmente de dicha confianza. Por supuesto, una valía sana se basa en algo más que la belleza y los bíceps.

En pocas palabras, aprender a gustarte tú mismo es una elección. A lo mejor no lo parece, pero es verdad. Es cuestión de aprender a obtener tu seguridad desde dentro, no desde fuera... ni de lo que los demás digan de ti. Este capítulo abarcará:

- *El único espejo verdadero al que siempre debes mirar.*
- *Por qué es absurdo obsesionarte con las opiniones que otros tienen de ti.*
- *Personalidad y competencia: los cimientos de una valía saludable.*
- *Qué hacer cuando estás en la depresión y no puedes salir de ella.*
- *Cómo desarrollar tus talentos y habilidades únicos.*
- *Cómo explorar tus propias minas para encontrar diamantes.*

CURSO RÁPIDO DE LOS 7 HÁBITOS: Te construyen o destruyen

Aparte de los capítulos dedicados a cada una de las seis decisiones, hay uno breve titulado "Curso rápido de los 7 Hábitos". Es el que está a continuación. Hace unos años escribí el libro *Los 7 hábitos de los adolescentes altamente efectivos*. Si ya lo leíste, el capítulo que aquí verás te servirá como un buen repaso de los hábitos. Si no, el curso rápido te pondrá al corriente. En realidad no importa en qué orden leas estos libros. Es como con las películas de *La guerra de las galaxias:* van seriadas pero no importa cuál veas primero.

En este libro usaremos los 7 hábitos como las herramientas que te ayudarán a tomar esas importantes decisiones. ¿Y exactamente qué son los 7 hábitos de los adolescentes altamente efectivos? Dicho de manera sencilla, son los hábitos que los adolescentes exitosos y felices de África a Alaska tienen en común. ¡No salgas de casa sin ellos!

LISTO PARA EL MAÑANA

Mi objetivo al escribir este libro es simple: quiero ayudarte a elegir correctamente cuando tomes tus seis grandes decisiones, a fin de que puedas ser feliz y sano hoy y estés listo para el mañana... para un futuro tan brillante que tendrás que usar lentes para el sol. Cuando cumplas 20 años y dejes de ser adolescente, quiero que seas capaz de decir:

- *¡Tengo una educación sólida!*
- *¡Tengo buenos amigos que sacan lo mejor de mí!*
- *¡Tengo una buena relación con mis padres!*

- ¡No tengo una ETS, no estoy embarazada (o no he dejado embarazada a nadie) y he tomado decisiones inteligentes respecto al noviazgo y el sexo!
- ¡Vivo libre de adicciones!
- ¡Me gusta cómo soy y estoy conforme con quien soy!

Claro, cometerás errores en la adolescencia, te enfrentarás a muchas dificultades y altibajos. Nadie espera que seas perfecto. Pero, por favor, no compliques las cosas más de lo que deben ser. Al tomar decisiones más inteligentes desde hoy, tu viaje por la adolescencia será mucho más agradable.

Me gusta lo que el poeta Robert Frost dijo sobre la importancia de las decisiones.

"El camino se bifurcaba en el bosque... Yo tomé el menos trillado, y eso me cambió la vida."

P. D.

Ah, por cierto, te animo a que personalices tu libro. Una adolescente llamada Carol dijo: "Vengo de una familia que gusta de los libros. He estado leyendo desde los tres años y escribir lo que sea en un libro es un pecado". A mí también me educaron de esa forma. Pero vamos a cambiar esa regla, por ahora. La nueva regla es: ¡tú haces tu libro! Saca un bolígrafo, lápices de colores, un marcador, lo que quieras, y diviértete. Haz garabatos, dibuja, juega con tu libro. Escribe en los márgenes, encierra en un círculo las frases que quieres recordar. Resalta las historias que te inspiran.  Registra las ideas conforme aparezcan. Obtendrás mucho más de este libro si lo haces tuyo.

escribe en los márgenes

PRÓXIMAMENTE

A continuación hablaremos sobre quién es realmente ese tipo a quien llamamos "el hombre". Si sientes curiosidad, ¡sigue leyendo!

LOS 7 HÁBITOS

CURSO RÁPIDO

De ellos depende el éxito o el fracaso

En la página siguiente hay un cuadro con los números del 1 al 54. La prueba consiste en que encuentres cada uno, empezando por el 1, luego el 2 y así sucesivamente hasta el 54. ¿Cuántos números puedes hallar en un minuto y medio? No falta ninguno ni existe truco alguno. ¿Estás listo? En tus marcas, listo, fuera.

¿Hasta dónde llegaste? La mayoría de la gente encuentra sólo unos 30 números. Ahora quiero que vuelvas a intentarlo, pero esta vez te enseñaré un método que te ayudará a ubicar los números. Ve a la página 32, donde se explica todo.

Hola de nuevo. ¿Hasta dónde llegaste esta vez? Quizá hasta el 54. ¿Cuál fue la diferencia? La única diferencia es que te mostré una forma de pensar —una estructura— para ayudarte a encontrar los números. Una vez que supiste dónde buscar, pudiste realizar la tarea al triple de velocidad.

En eso consisten precisamente los 7 hábitos: *Son una estructura o forma de pensar que puede ayudarte a resolver mejor y más rápido tus problemas.* Su importancia radica en que te ayudarán a tomar de manera inteligente las seis decisiones más importantes de tu vida. Por eso, a lo largo de este libro, de vez en cuando seguiré refiriéndome a ellos.

Para empezar, voy a darte un curso rápido sobre los 7 hábitos. Pero antes de entrar en materia debes conocer dos conceptos rápidos: esquemas y principios.

¿QUÉ ES UN ESQUEMA?

Un *esquema* es la forma en que percibes el mundo, el punto de vista que tienes sobre él o la manera como lo ves. Una vez mi cuñado Kameron trabajó arduamente durante varias semanas para construir en el patio trasero de su casa un muro con durmientes de ferrocarril. Cuando ya iba a terminar, su vecina se acercó muy apenada a preguntarle si podía cambiar los durmientes por piedras. Por toda explicación le dijo que su marido no quería mirar una pared de durmientes durante el resto de su vida.

Los compañeros de Kameron no daban crédito a la desfachatez de la vecina para pedir semejante cosa cuando casi habían terminado. Y aunque Kameron no entendía las razones de la señora, pensó en que iban a ser vecinos durante mucho tiempo, así que, aunque le representó otra semana de trabajo, hizo caso de la petición y cambió los durmientes por piedras.

A la otra semana, la vecina fue a verlo para agradecerle que hubiera aceptado reconstruir el muro para complacer a su esposo.

—Es que —explicó—, mi marido jamás le dirá esto, pero cuando era adolescente, después de la guerra, estuvo preso un año y medio en un campo de trabajos forzados en Alemania. Durante todos esos meses tuvo que cargar con durmientes de ferrocarril, y hasta la fecha el solo hecho de ver uno lo enferma.

¿Te das cuenta de cómo un poco de información cambió por completo la percepción de Kameron? Al instante su enojo se convirtió en compasión. A esto se le llama un *cambio de esquema*. A veces nuestros esquemas o percepciones son equivocados y hay que corregirlos. Por eso no debemos juzgar a los demás: porque rara vez sabemos toda la historia.

Este libro pondrá en duda muchos de los esquemas que tienes sobre ti mismo y sobre la vida en general. Por ejemplo, quizá pienses que tu mamá y tú jamás podrán llevarse bien, o que nunca sacarás buenas notas en la escuela. O tal vez sientas que no es realista querer abstenerte de las relaciones sexuales en la adolescencia. Pero puede ser que en realidad tus esquemas no estén claros y que, con un poco más de información, opines de otra manera, como le pasó a Kameron. Recuerda: la clave para que cambies es cambiar antes tus puntos de vista o esquemas.

¿QUÉ ES UN PRINCIPIO?

Un *principio* es una ley de la naturaleza. La fuerza de gravedad es un principio. Si lanzas una manzana al aire, caerá al suelo, no importa si vives en Nueva York o en Nueva Delhi, ni si la lanzas hoy o la lanzaste en el año 2000 antes de Cristo.

Así como hay principios que rigen el mundo físico, también los hay que gobiernan las relaciones humanas. La honestidad, por ejemplo, es un principio. Si eres honesto con los demás, te ganarás su confianza. Si eres deshonesto, podrás engañarlos durante algún tiempo, pero acabarán por descubrirte... siempre. Otros principios son el trabajo arduo, el respeto, la vocación de servicio, la atención, la paciencia, la responsabilidad, el amor, la renovación, la libertad y la justicia, pero existen decenas más.

A continuación transcribo una conversación ficticia por radio entre un barco de la Armada de Estados Unidos y las autoridades canadienses frente a la costa de Terranova, la cual ilustra lo que llamo principios.

Estadounidenses: *Por favor, cambien de rumbo 15 grados hacia el norte para evitar una colisión.*

Canadienses: *Recomendamos que ustedes cambien de rumbo 15 grados hacia el sur para evitar la colisión.*

Estadounidenses: *Soy el capitán de un barco de la Armada de Estados Unidos. Repito, viren USTEDES.*

Canadienses: *No, repito, viren USTEDES.*

Estadounidenses: *Éste es el portaaviones* Abraham Lincoln, *el segundo barco en tamaño de la flota atlántica de Estados Unidos. Nos escoltan tres destructores, tres acorazados y muchas naves de apoyo. Les exijo que viren 15 grados hacia el norte, repito, uno-cinco grados hacia el norte, o tomaremos medidas para resguardar la seguridad de esta nave.*

Canadienses: *Éste es un faro. Usted dirá.*

Los principios son como los faros: eternos y universales, y no hace falta demostrar su existencia. No es posible destruirlos: lo único que puede ocurrir es que tú te destruyas chocando contra ellos, seas quien seas.

Como los principios nunca nos fallan, son los mejores pilares en torno a los cuales centrar nuestra vida. Cuando nos centramos en ellos, los demás aspectos importantes —amigos, novio o novia, escuela y familia— ocupan el lugar que les corresponde. Aunque parezca mentira, anteponer los principios a todo lo demás es la clave para lograr mejores resultados en estas otras áreas de nuestra vida.

Cada uno de los 7 hábitos se basa en principios eternos, que nunca pasarán de moda. A lo largo del libro te mostraré los estragos que se sufren cuando se centra la vida en cosas distintas de los principios.

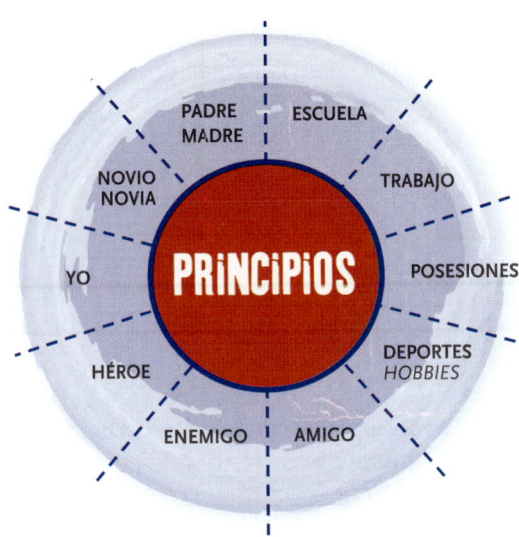

LOS 7 HÁBITOS

Los 7 hábitos de los adolescentes altamente efectivos son las 7 características que tienen en común los jóvenes exitosos y felices en todo el mundo. Aquí los enumero con una breve explicación.

HÁBITO 1 — SER PROACTIVO
Responsabilízate de tu vida.

HÁBITO 2 — COMENZAR CON EL FIN EN LA MENTE
Define tu misión y objetivos en la vida.

HÁBITO 3 — PONER PRIMERO LO PRIMERO
Prioriza y haz antes lo más importante.

HÁBITO 4 — PENSAR GANAR-GANAR
Mantén una actitud de que todos podemos triunfar.

HÁBITO 5 — BUSCA PRIMERO ENTENDER, LUEGO SER ENTENDIDO
Escucha abiertamente a los demás.

HÁBITO 6 — SINERGIZAR
Trabaja en equipo para lograr más.

HÁBITO 7 — AFILAR LA SIERRA
Renuévate con frecuencia.

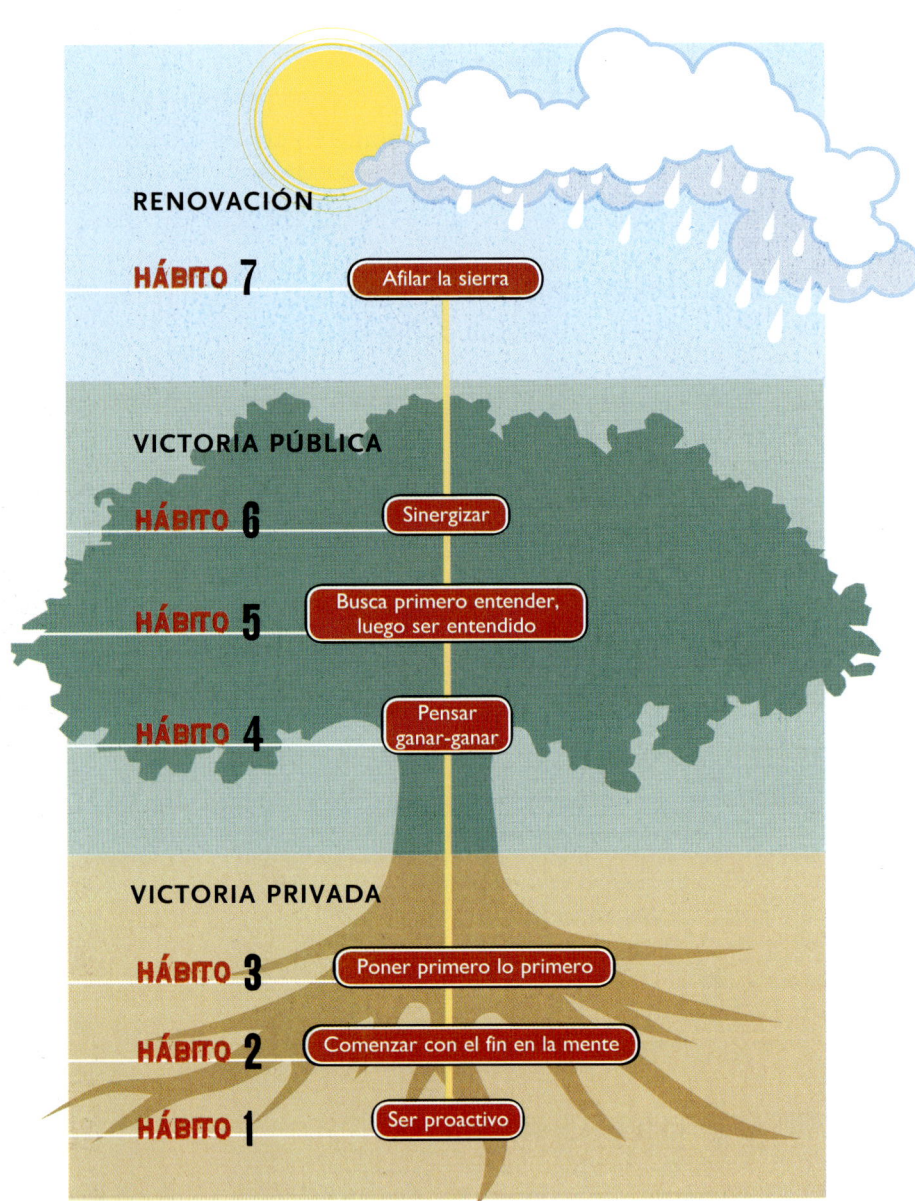

Como muestra el diagrama anterior, los hábitos se basan unos en otros. Los tres primeros, números 1, 2 y 3, forman la raíz y se refieren a poner en orden tu vida. En conjunto los llamamos la victoria privada. Todo es oculto porque nadie más que tú sabe lo que está ocurriendo. Con demasiada frecuencia tratamos de hacer cambiar a los demás antes que cambiar nosotros mismos pero, como todos sabemos, las cosas no funcionan así. Todo cambio empieza por la raíz, es decir, contigo mismo.

Los siguientes tres hábitos, 4, 5 y 6, forman el tronco y las ramas, aquello que está a la vista de todo el mundo. Estos hábitos tienen que ver con la manera en que te llevas con los demás. Los llamamos la victoria pública. Si no has alcanzado hasta cierto punto la victoria privada, será imposible que alcances la pública. La clave para tener buenas relaciones es, ante todo, estar en paz con uno mismo. El proceso debe ocurrir de dentro hacia fuera y no al revés.

Arriba del árbol están las cosas que lo nutren desde la raíz hasta la punta de cada hoja, como la lluvia y el sol. Éste es el hábito 7, al que llamamos renovación. Es el que transmite fuerza y vitalidad a los demás hábitos.

Déjame darte una imagen de cada hábito para ayudarte a recordarlos.

HÁBITO 1 SER PROACTIVO

Para entender el hábito 1 piensa en un control remoto.

El hábito 1 consiste en asumir la responsabilidad de tu vida, ser el capitán de tu barco. Como lo expresa mi amigo, el escritor Juan Porcierto, las personas proactivas tienen en sus manos el control remoto de su vida. Eligen el canal o estado de ánimo en que quieren estar. Las personas reactivas, en cambio, permiten que otras personas o cosas las manejen, como si les entregaran el control remoto para que sean ellas quienes les cambien el estado de ánimo al apretar un botón. Dejan que un comentario grosero de algún amigo les arruine todo el día.

Las personas reactivas dicen cosas como:
- *Mi novio me hace la vida imposible.*
- *Mientras él sea mi maestro, no podré sacar buenas calificaciones.*
- *Mamá, me estás echando a perder la vida.*
- *Si yo fuera tan bonita como ella, también sería popular.*

En la película *Escuela de rock* hay una escena memorable en la que Dewey, el profesor sustituto, trata mediante el sarcasmo de enseñar a los alumnos con cuánta facilidad somos víctimas del "Hombre", esa fuerza imaginaria que trata de atraparnos.

Dewey: *¿Quieren que les enseñe algo? ¿Quieren aprender algo? Muy bien, les daré una lección muy útil: ríndanse; renuncien, porque en esta vida no pueden ganar. Claro, pueden intentarlo, pero al final perderán, porque el mundo está gobernado por el Hombre.*

Frankie: *¿Por quién?*

Dewey: *Por el Hombre. Ah, ¿no lo conocen? Pues bien, él está en todas partes: en la Casa Blanca. Y la señorita Mullins, ella también es el Hombre. El Hombre arruinó la capa de ozono y está quemando la selva del Amazonas, raptó a Shamu y la metió en un tanque de cloro. ¿Entienden? Había una manera de darle* su merecido. Se llamaba rock 'n' roll. Pero adivinen qué... ¡Ay, el Hombre también lo arruinó con algo llamado MTV! Así que no pierdan más el tiempo tratando de hacer algo fantástico o puro o admirable, porque el Hombre les dirá que no son más que unos fracasados y les destruirá el alma. ¡Háganse un favor y dense por vencidos!

El punto es: cuando te haces la víctima, renuncias al control y se lo entregas al Hombre, sea éste tus padres, un maestro, la novia o el novio, el jefe o hasta el destino. El hábito 1 consiste en recuperar el control y responzabilizarnos de nuestra vida.

Por ejemplo, Jen me contó que, antes, dejaba que comentarios sin importancia en su escuela la hicieran sentir fatal. Pero después de conocer el hábito 1 recuperó el control. Ahora dice: "Ya no me asusta saludar a la gente en los pasillos. Cuando dicen algo malo, sonrío y no le doy importancia. Me asombra lo feliz que soy ahora y cómo casi todos los días me parecen buenos, cuando antes esos mismos días los consideraba malos. Y cuando ese chico especial no me saluda, le digo 'Hola' a alguien más guapo y soy feliz todo el día".

Como verás, el hábito 1 juega un papel esencial en cada una de las decisiones importantes.

HÁBITO 2 COMENZAR CON EL FIN EN LA MENTE

Para entender el hábito 2 piensa en un mapa de carreteras.

Recuerda el último viaje largo que hayas hecho. ¿Te imaginas lo difícil que habría sido llegar a tu destino sin mapa? Tarde o temprano habrías llegado, pero no sin antes perder mucho tiempo y energía. Lo mismo ocurre con nosotros. Si no tenemos claro en la mente cuál es nuestra finalidad, nuestras metas y quiénes somos, vagaremos sin rumbo, perderemos tiempo y las opiniones de los demás nos traerán de aquí para allá.

Para ayudarte a definir a dónde quieres ir en la vida, te aconsejo escribir una declaración de tu misión personal, una lista clara de tus objetivos, o ambas cosas, y considerarlas el mapa de carreteras de tu vida. Aquí te presento la

declaración de la misión que Ayesha Johnson, de la preparatoria Hunter's Lane, quiso compartir con nosotros.

MI MISIÓN ES...

...Ser la mejor persona posible.
...Seguir siendo un ejemplo para mis primos chicos.
...Terminar la preparatoria y la universidad.
...Seguir ayudando a los demás a resolver sus problemas.
...Ser una buena estudiante.
...Ser esposa y madre cuando llegue el momento.
...Llegar a ser una profesional o empresaria exitosa.
...Ahorrar mucho dinero algún día para ayudar a los necesitados.
...Donar mis órganos a quien los necesite cuando me muera.
...Antes que nada, creer que a través de Dios todo es posible; basta tener fe.

Imagina hasta qué punto la vida de Ayesha se guía a diario por esta misión. Las misiones pueden expresarse de muchas formas, algunas largas, otras cortas, de manera poética o artística. La siguiente es otra declaración, esta vez de Peter Parker.

No importa lo que me depare el destino, jamás olvidaré estas palabras: "Un gran poder conlleva una gran responsabilidad". Éste es mi don, mi sino. ¿Que quién soy? Soy el Hombre Araña.

A lo largo del libro compartiré contigo las declaraciones de la misión de otros adolescentes, para animarte a escribir la tuya.

HÁBITO 3 PONER PRIMERO LO PRIMERO

Para entender el hábito 3 imagina un reloj que marca 13 horas.

Cuando das prioridad a lo primero, tu tiempo se expande. Es casi como tener un reloj de 13 horas en vez de 12. Los cuadrantes de tiempo son un modelo fantástico para ayudarte a que te rinda más el tiempo. Contienen dos ingredientes:

Lo importante: Tus asuntos esenciales; aquello que **de veras importa**.

Lo urgente: las cosas que exigen tu **atención inmediata**.

LOS CUADRANTES DEL TIEMPO

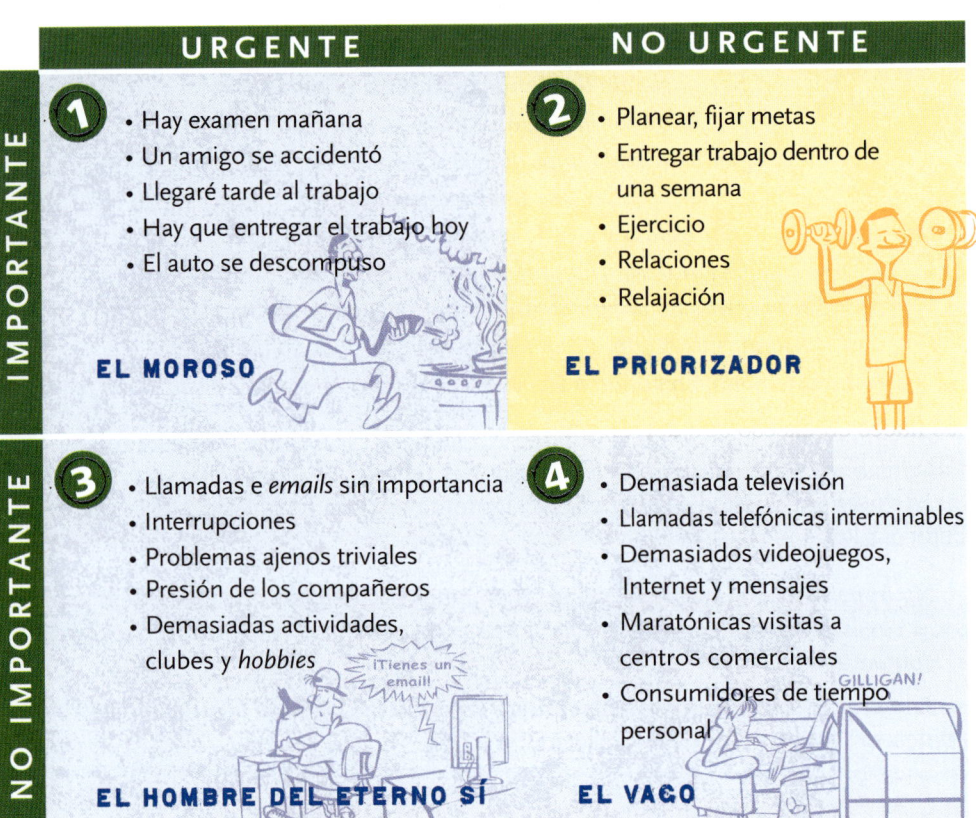

El cuadrante ① son las cosas importantes y urgentes. Esto incluye llegar a tiempo al trabajo, las descomposturas del coche o el examen de mañana. Son cosas importantes y deben atenderse cuanto antes. A veces surgen crisis inesperadas; de hecho, siempre surgen así, pero con demasiada frecuencia nosotros las causamos porque postergamos nuestros deberes. Por eso el cuadrante 1 es el hogar del moroso. El estilo de vida del cuadrante 1 produce cansancio y mucho estrés. Pasa menos tiempo allí.

El cuadrante ② contiene lo importante pero no urgente, como el ejercicio. ¿Es importante? Claro. ¿Y urgente? No, en absoluto. No te vas a morir por no ejercitarte hoy. Por tanto, el ejercicio corresponde al cuadrante 2. ¿Y un trabajo escolar que debas entregar la semana entrante? ¿Es importante? Sí. ¿Y urgente? No, todavía no, pero si lo aplazas demasiado, de pronto se volverá una crisis del cuadrante 1. Así que también corresponde al cuadrante 2. Aquí vive el priorizador, y es aquí donde debes estar. El tiempo que pases aquí te llevará a una vida equilibrada y a un buen desempeño.

El cuadrante 3 representa cosas urgentes, pero no importantes, como muchas llamadas telefónicas e *emails*, interrupciones y problemas ajenos triviales. Como son cosas urgentes, parecen importantes, pero no lo son. Aquí vive el hombre del eterno sí. Es la persona que a todo y a todos dice que sí porque a nadie quiere fallarle, aunque al hacerlo se falla a sí mismo. Evita este cuadrante a toda costa.

El cuadrante 4 está repleto de consumidores de tiempo y de cosas buenas en exceso, como las conversaciones telefónicas muy largas, las sesiones interminables en Internet, dormir de más y las visitas maratónicas a las tiendas. Algunas de estas actividades relajan y por eso al principio son necesarias, pero si las haces en exceso se vuelven un desperdicio. En este cuadrante vive el vago. No pierdas el tiempo aquí.

Una idea general de los cuadrantes te ayudará enormemente en la escuela. Mira cuánto le sirvió a Sara, una estudiante de primero de preparatoria de 16 años.

Yo era una buena estudiante, pero en los exámenes salía muy mal. No tenía idea de por qué me reprobaban aun sabiendo los temas. Al ver los cuadrantes en seguida me di cuenta de que yo era como el hombre del eterno sí. Cada vez que debía estudiar, tenía interrupciones que creía importantes, como llamadas telefónicas. Me distraía con facilidad. Y luego, unas horas antes de los exámenes, trataba de meterme en la cabeza toda la información posible. Ahora sé decir que no a la gente de vez en cuando y decirme que sí a mí. Mis maestros me han enseñado que está bien ser un poco egoísta cuando se trata de mis necesidades.

HÁBITO 4 PENSAR GANAR-GANAR

Para entender el hábito 4 piensa en la acción de chocar las palmas.

Parece que este gesto se acostumbra desde la era de las cavernas como símbolo del trabajo en equipo y del espíritu de pensar ganar-ganar. Este espíritu es una actitud ante la vida en la que se considera que todos podemos triunfar. No es cuestión de tú o yo, sino de ambos. En vez de sentirte amenazado por el éxito de los demás, te alegras por ellos. Su éxito no te quita nada a ti. Antes que pasar por encima de los demás (actitud de ganar-perder) o de ser la alfombra de otros (actitud de perder-ganar), siempre hay que pensar en la manera de que ambas partes obtengan lo que desean.

Recuerdo un sermón que leí de la iglesia Lake Street de Evanston, que ilustra de manera hermosa este tema.

Hace poco alguien me recordó una historia que le gustaba narrar al difunto senador Pablo Simon... Cada vez que la contaba, se le hacía un nudo en la garganta y los ojos se le arrasaban. Es el relato de unos juegos parolímpicos que a él le tocó presidir. Llegó la hora de una carrera a pie. Los corredores ya estaban colocados en la línea de salida; todos tenían alguna discapacidad. Sonó el disparo de salida y arrancaron.

Casi a un tercio de la carrera, uno tropezó y cayó. Los espectadores emitieron un ¡ay!, pero asombrosa y espontáneamente, los demás corredores se detuvieron en seco. Uno por uno dieron media vuelta y volvieron sobre sus pasos para ayudar al caído. Lo pusieron de pie y reanudaron la carrera avanzando juntos hasta la meta. Todos se habían reconocido en el compañero caído.

Aunque hay espacios destinados a la competencia sana, como los deportes y los negocios, la vida no es una competencia, y menos cuando se trata de las relaciones humanas. Piensa en lo absurdo que resulta esta frase: "¿Entonces quién va ganando en la relación, tu mamá o tú?" Tratándose de relaciones humanas, si no van ganando ambos, acabarán perdiendo ambos.

La actitud de ganar-ganar es indispensable para tomar decisiones importantes en cuanto a elegir amigos y novio o novia, o llevarse bien con los padres.

HÁBITO 5 BUSCA PRIMERO ENTENDER, LUEGO SER ENTENDIDO

Para comprender el hábito 5 imagina una oreja enorme.

La mayoría de la gente no sabe escuchar, lo que ocasiona una de las grandes frustraciones de la vida: sentirnos incomprendidos, que nadie parece entender nuestros problemas, nuestro dolor, nuestros deseos ni lo particular de nuestra situación.

Muchos pieles rojas resuelven este problema con una práctica que data de hace siglos. Se llama el bastón de la palabra, y está presente siempre que se reúne un grupo. Sólo a la persona que lo tiene se le permite hablar. Mientras tienes el bastón en la mano, sólo tú puedes hablar, hasta que sientes que todos te entienden. Entonces estás obligado a pasar el bastón a alguien más para que él también se sienta comprendido. Como ves, el bastón de la palabra asegura que todos escuchen de verdad.

¿No sería grandioso tener un bastón de la palabra cuando intentas comunicarles tus sentimientos a tus padres? Ellos no podrían hablar hasta que tú te sintieras plenamente entendido. ¡Imagínatelo!

Si hay una habilidad para la comunicación en verdad importante, es saber escuchar. Escuchar no es sólo estar callado, sino hacer un esfuerzo activo por entender al otro. A menudo nos metemos en problemas porque sacamos conclusiones sin haber entendido todos los detalles de un asunto, como bien ilustra este poema, escrito por un adolescente de nombre Logan:

El otro día vi a mi novia con otro;
iban riendo y lo pasaban en grande,
¡y vi que ella le tomaba la mano!

Los seguí y espié con ojos llorosos,
al presenciar jugarreta tan sucia.
¡Una alegre montaña de músculos
apartaba a mi chica de mi lado!

Tras la basura espié lleno de odio,
¡se abrazaron! Con el corazón roto,
vi que al separarse le besó el rostro.

Con eso se terminó mi espionaje;
me dije que había visto suficiente.
Decidí enfrentar a la mala chica,
a la que antes tenía un amor ardiente.

Le escribí un email, *pues, a la malvada*
diciéndole lo que en verdad pensaba.
No repito lo escrito por si hay niños,
pero amables mis palabras no fueron.

Rompí con ella, y al pulsar "enviar"
Oí que mi teléfono sonaba.
Tomé el aparato y no lo creía:
era mi querida ex quien llamaba.

"Siento no haberte visto hoy —me dijo—,
¡pero mi hermano mayor vino a verme!
¿Ya te había contado que es boxeador,
y que es uno de los mejores que hay?

"Quiere conocerte, y me cuida mucho,
así que procura comportarte, ¿eh?
Sólo reviso mis emails y vamos.
¡Ah, acaba de llegarme uno tuyo!"

Las relaciones sanas con los amigos y los padres se construyen sobre los cimientos de saber escuchar y no hacer juicios precipitados. En capítulos posteriores veremos con más detalle la mejor manera de lograrlo.

HÁBITO 6 SINERGIZAR

Para entender el hábito 6 visualiza cuatro brazos entrelazados.

La sinergia se logra cuando dos o más personas colaboran para hacer algo mejor de lo que cada una haría por sí sola. No es ni tu manera ni mi manera de hacer las cosas, sino una mejor, más elevada manera de hacerlas. La vida es como un círculo formado por cuatro brazos entrelazados. Cada brazo aporta una cualidad distinta al grupo, y juntos son más fuertes que cualquiera de ellos solo. Los constructores lo saben bien. Una viga de 5 × 10 centímetros de sección aguanta 275 kilos, pero dos de esas vigas unidas con clavos soportan no sólo el doble de peso (que es lo que cabría esperar), ¡sino ocho veces más! Lo mismo ocurre con nosotros. Podemos hacer mucho más en conjunto que por separado.

Cada individuo difiere en antecedentes, raza, cultura, aspecto físico, manera de pensar y hablar, etcétera. La clave de la sinergia está en apreciar esas diferencias en vez de temerlas. Una fábula muy popular, "La escuela de los animales", de George Reavis, ilustra por qué debemos valorar las diferencias y no pretender encajar a todo el mundo en el mismo molde.

En cierta ocasión los animales... organizaron una escuela. Adoptaron un programa de actividades que incluía correr, trepar, nadar y volar...

El pato era excelente para nadar, más que su instructor, y también sacaba magníficas notas en vuelo, pero le iba muy mal al correr. Por sus malas calificaciones en carrera debía quedarse a practicar después de clases y dejar la natación...

El conejo empezó a la cabeza de la clase en carrera, pero sufrió un colapso nervioso por las muchas horas que dedicaba a regularizarse en natación.

La ardilla era muy buena para trepar, hasta que se sintió frustrada en la clase de vuelo, pues su maestro la hacía ir del suelo hacia arriba y no de la punta de los árboles hacia abajo.

Al águila había que disciplinarla, porque en la clase de trepar vencía en llegar a la punta del árbol, pero usando su propio método.

Al final del año, una anguila anormal que a más de sobresalir para el nado corría, trepaba y volaba un poco obtuvo el mayor promedio y fue quien pronunció el discurso de despedida.

Supón que tú fueras el águila, tu amigo el pato, tu hermana el conejo y tu mamá la ardilla. Cada uno posee distintas cualidades y flaquezas, y allí está la belleza del asunto. ¿Te das cuenta de lo tonto que es comparar a un águila con una ardilla y preguntarse cuál es mejor? De igual manera, ¿comprendes lo insensato de compararte con un compañero de escuela y pensar: "Soy mejor que él" o "Nunca seré tan bueno como ella"? Nadie es mejor ni peor que los demás, sino sólo diferente. Tú estás bien, y ellos también.

Valorar las diferencias es uno de los grandes secretos para ser feliz. Y, como pronto verás, también es un ingrediente esencial para aprender a llevarte bien con tus padres.

HÁBITO 7 AFILAR LA SIERRA

Para entender el hábito 7 imagínate una sierra.

Un leñador nunca debe estar tan ocupado que no le quede tiempo para afilar su sierra. De igual manera, vivir no debe ocupar tanto de nuestro tiempo que no nos permita renovarnos. Estamos formados por corazón, cuerpo, mente y alma, y cada parte necesita tiempo y atención.

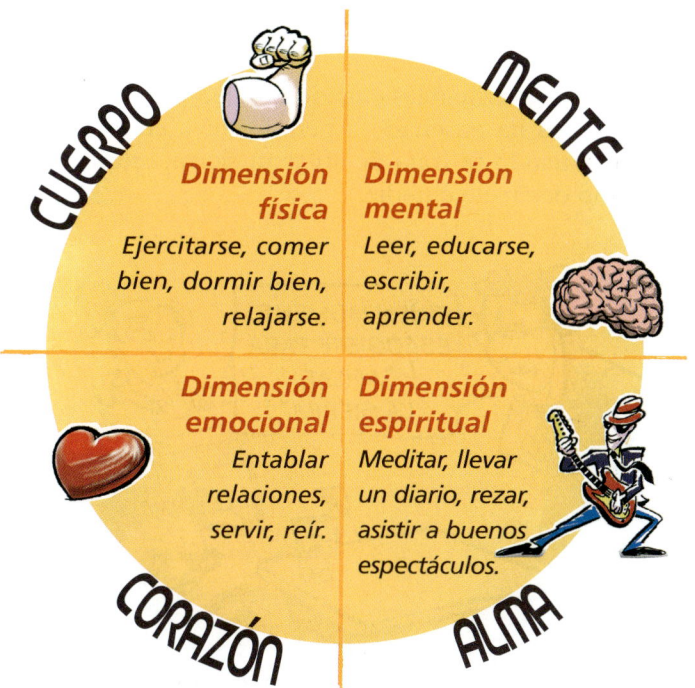

Como escribió Rumer Godden, citando un proverbio hindú:

"Cada cual es una casa de cuatro cuartos, uno físico, uno mental, uno emocional y uno espiritual... Si no entramos a diario en cada cuarto, aunque sólo sea para ventilarlo, no seremos personas completas."

Chris, un adolescente interno en una universidad, lo expresa así:

Cuando eres adolescente, a veces resulta muy difícil apreciar el valor y la utilidad de afilar la sierra, pero como sé que es importante, es lo que intento hacer:

La parte social o emocional me cuesta un poco, pero algo que hice para conocer gente (pues no soy muy sociable) fue crear una página web del piso donde está mi dormitorio. Tomé fotos de todos mis compañeros y averigüé un poco de cada uno. Gracias a eso dupliqué el número de mis conocidos en el piso.

Para la parte física estoy en un curso de salud: corro tres días de la semana y levanto pesas otros dos.

En cuanto a lo mental, la universidad es excelente para afilar la sierra. Conversamos a un nivel intelectual muy alto, y siempre estamos aprendiendo y cambiando. A eso viene uno a la universidad.

Lo espiritual es algo que necesito desarrollar un poco más. Sé que me hace falta más equilibrio.

Solemos sentirnos algo culpables cuando nos dedicamos tiempo a nosotros mismos porque se nos ha enseñado a pensar antes en los demás. Pero no debes sentirte así. Cuando se trata de afilar tu sierra, está bien ser un poco egoísta. Prometo no decírselo a nadie.

Conque ahí los tienes en resumen: los 7 hábitos de los adolescentes altamente efectivos. Te serán de gran ayuda para tomar esas seis decisiones vitales. Espero que nunca subestimes el poder de los hábitos en tu vida: pueden hacerte triunfar o fracasar. Recuerda: "Los malos hábitos son como una cama cómoda: es más fácil acostarte en ella que levantarte". Por otro lado, una vez que los buenos hábitos están bien afincados, son tan difíciles de romper como los malos.

UNAS PALABRAS SOBRE LAS "CLÁSICAS"

Me encanta el cine, y a mi familia también. Conforme sigas leyendo notarás que a cada paso saco a colación una película. Mi familia es rara porque a veces escogemos varias películas que nos gustan y las vemos tantas veces que no podemos hablar entre nosotros sin mencionar alguna cita tomada de ellas. ¡La gente cree que somos unos psicópatas! A estas películas las llamamos clásicas. Muchas no son muy buenas; es sólo que nos gustan. Sólo por divertirme un poco, las enumero al final del libro (página 324).

PRÓXIMAMENTE

Si tienes curiosidad por saber cuáles son los 7 secretos para sacar buenas notas, sigue leyendo. Pronto lo averiguarás.

DE VUELTA A NUESTRO CUADRO

En esta página aparece la misma prueba que hiciste antes, sólo que esta vez dividí el cuadro en nueve partes iguales. Para encontrar los números basta seguir el orden que se muestra aquí. En otras palabras, el primer número aparece en el cuadro número 1, el siguiente en el 2 y así sucesivamente hasta el cuadro 9. Luego debes regresar al cuadro 1 y repetir el orden.

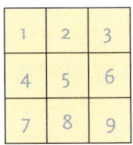

Tómate el tiempo otra vez y comprueba hasta dónde llegas en un minuto y medio. Cuando hayas terminado, vuelve a la página 16. ¿Estás listo? En tus marcas, listo, fuera.

ESCUELA

Las 10 cosas más importantes que debes saber sobre la escuela...

10. No veas la televisión mientras estudias. — Cammy Le, 17, Long Beach, California

9. Revisa los exámenes después de hacerlos. — Jim Iantao, 18, Taipei, Taiwán

8. Estudia con empeño, aunque no obtengas los mejores resultados. — Daniel Tilahun Mezegebu, 19, Addis Abeba, Etiopía

7. Mantente abierto a todos los puntos de vista. — Solongo, 16, Ulan Bator, Mongolia

6. Ten amigos inteligentes. — Janet, 17, Long Beach, California

5. Si tienes malas noticias sobre la escuela, dáselas a tus padres al subir al coche, o nunca lo harás. — Zeina, 15, Ramallah, Palestina

4. Es importante participar en las actividades escolares. — Preyma Palansiamy, 17, Selangor, Malaisia

3. Cumple con tu deber sin posponerlo. No hay fórmulas mágicas al respecto. — James Arnold, 17, Layton, Utah

2. Convéncete de que es mejor empezar a estudiar temprano. — Azusa Uchiada, 17, Yokkaichi, Japón

1. No es lo mismo información que inteligencia. — Mario Godinez Parada, 19, Ciudad de México, México

Napoleón: Nadie va a querer salir conmigo.
Pedro: ¿Ya se lo pediste a alguien?
Napoleón: No, pero ¿quién va a querer? No tengo ninguna cualidad
Pedro: ¿Cómo cuál?
Napoleón: Ya sabes, como saber pelear con chacos, cazar con arc o violar computadoras. A las chicas sólo les gustan los novios con grandes cualidades. — Napoleón Dinamita

Había tres cosas que no me gustaban de la preparatoria: la tarea, la tarea y la tarea, en ese orden. Pero había algo que sí me gustaba: la poesía. Tenía varios amigos aficionados también a ella. Escribíamos poemas bobos y nos los dábamos a leer para ver a quién se le ocurría el peor.

Mi mejor colaboración para la lista de los más tontos la escribí cuando tenía como 16 años. Era el día de Año Nuevo. Había visto unos partidos de futbol americano con mis hermanos, David y Esteban. Echados en el sofá habíamos devorado una montaña de comida chatarra —pizza, nachos, refrescos y demás porquerías—, y me dolía mucho la cabeza. Después nos quedamos dormidos. Me desperté con una sensación extraña: vi con horror que tenía mi pantorrilla pegada a la de Esteban. Es que los dos llevábamos pantalones cortos y nuestras pantorrillas se habían pegado con una delgada capa de sudor. ¡Qué asco! Tiempo después expresé lo que sentí entonces en este poema:

En la escuela participé en algunos concursos de redacción y, a juzgar por mi poema, apuesto a que no te extraña que jamás ganara nada. Sin embargo, comprendí que el lenguaje me apasionaba, y esta certidumbre me ayudó a decidir qué estudiar en la universidad y a qué dedicarme al crecer.

Esto me lleva a la primera decisión más importante que tomarás en la vida: ¿qué hacer con la escuela, con tu educación? ¿Por qué es ésta una de las 6 decisiones más importantes? Pues porque lo que hagas respecto a la escuela durante tu adolescencia puede determinar tu calidad de vida en los siguientes 50 años.

(Por cierto, en la página anterior hay una lista de las 10 cosas más importantes que debes saber sobre la escuela. Son pequeños consejos que recopilé de adolescentes mayores de todo el mundo. Hay una en cada capítulo. Pensé que te gustarían.)

> **GORDA Y TIBIA**
> En una especie de muerte,
> mis oídos truenan fuerte.
> Pizza, nachos y rosquillas,
> huele a pies, grandes barrigas.
> En eso rompe a llover,
> tu pierna toca la mía...
> ¡Gorda y tibia pantorrilla!

Como en todas las decisiones clave, en ésta se **bifurca el camino.**

Puedes tomar el camino correcto —quedarte en la escuela, esforzarte y prepararte para una carrera universitaria— o el camino equivocado: dejar la escuela (o quedarte, pero holgazanear) y no prepararte. Tú decides.

Como hay muchas cosas importantes que tratar en este capítulo, lo dividí en cuatro secciones.

La primera, **Perseverar,** está escrita para aquellos de ustedes que piensan dejar la preparatoria. Sí: intentaré disuadirlos de ello. En **Sobrevivir y prosperar** hablaremos de cómo conservar la motivación, tener éxito y lidiar con todas las presiones y altibajos cotidianos propios de la escuela. **A la universidad** se enfocará en cómo prepararte para ingresar en la universidad de tu elección y cómo pagar tus estudios. Por último, en **Encontrar tu camino,** hablaremos de lo que quieres ser de grande.

PRUEBA ESCOLAR

Antes de pasar a lo siguiente, responde este cuestionario de 10 preguntas. Te ayudará a averiguar por qué camino vas, así que sé muy honesto. Todos los capítulos tienen una prueba similar.

ENCIERRA EN UN CÍRCULO TU ELECCIÓN	¡EN ABSOLUTO!				¡CLARO!
1. Pienso terminar la preparatoria.	1	2	3	4	5
2. Pienso seguir estudiando al terminar la preparatoria.	1	2	3	4	5
3. Creo que una buena preparación es básica para mi futuro.	1	2	3	4	5
4. Me estoy esforzando en la escuela.	1	2	3	4	5
5. Saco buenas calificaciones.	1	2	3	4	5
6. Participo en actividades extraescolares.	1	2	3	4	5
7. Estoy al corriente con las tareas.	1	2	3	4	5
8. Tengo el estrés bajo control.	1	2	3	4	5
9. Mantengo el equilibrio entre la escuela y mis otras actividades.	1	2	3	4	5
10. Dedico tiempo a pensar y analizar lo que quiero ser de grande.	1	2	3	4	5
TOTAL					

Cada una de las preguntas anteriores vale un máximo de 5 puntos, para dar un total de 50. Suma tu puntuación y determina cómo vas. Recuerda, no es un examen ni hay calificación: se trata sólo de una autoevaluación que te ayudará a juzgar las decisiones que estás tomando, así que no te preocupes por tu puntuación.

 Vas por el camino correcto. ¡Sigue así!

 Estás en medio de ambos caminos. Dirígete al camino correcto.

 Vas por el camino incorrecto. Pon especial atención a este capítulo.

Perseverar

Hace muchos años el psicólogo Walter Mischel hizo un experimento en un centro preescolar de la Universidad Stanford. Reunió a un grupo de niños de cuatro años en torno a una mesa con un surtido de malvaviscos en medio. Les dijo que tenía que salir del salón durante unos minutos. Si podían esperar a que volviera les daría dos malvaviscos. Si no podían, les daría un malvavisco en ese momento. Un malvavisco ahora o dos después, ése era el trato. Entonces salió del salón.

- *Algunos niños no aguantaron la tentación y se comieron un malvavisco en cuanto Mischel salió.*
- *Algunos resistieron unos minutos, pero terminaron por rendirse.*
- *Otros olisquearon sus malvaviscos.*
- *Un niño incluso empezó a lamer el suyo.*
- *Unos cuantos niños, resueltos a aguantar la tentación y esperar, se taparon los ojos, bajaron la cabeza, canturrearon, jugaron, se escondieron en un rincón o incluso trataron de dormirse.*

Al volver, Mischel les dio sus merecidos dos malvaviscos a los que aguantaron.

El investigador siguió de cerca la vida de cada niño hasta el final de la preparatoria. Un hecho notable es que a aquellos que habían logrado no comerse los malvaviscos les iba mucho mejor en la vida: estaban mejor adaptados y eran más seguros, más populares y más fiables. También les iba mucho mejor en la escuela.

¿Qué tienen que ver los malvaviscos con la deserción escolar? Mucho. Dejar la escuela es equiparable a comerse el malvavisco ahora. Ese suave malvavisco sabe muy bien, y dejar la escuela también puede saber delicioso, al principio. Por ejemplo, si dejas la escuela, en seguida puedes empezar a ganar más dinero para comprar cosas, como un coche. Podrías costearte tu propio departamento. Además, te deshaces al instante de la pesadilla de tareas y calificaciones.

Sin embargo, al dejar la escuela ahora sacrificas dos malvaviscos después, lo que resulta un mal negocio. Los dos malvaviscos con el tiempo adoptan la forma de más aptitudes, un empleo mejor remunerado, un auto más bonito, más posibilidades de ayudar a los demás y un mayor aprecio por lo que te rodea.

Claro que has escuchado todas las razones para perseverar en la escuela, pero ¿las has considerado con atención?

¿Te das cuenta de que si no terminas la preparatoria, el castigo será tener un trabajo mal pagado el resto de tu vida?

¿Por qué? Porque no tendrás las aptitudes necesarias para obtener un empleo mejor remunerado.

Una adolescente llamada Yolanda lo dijo bien: "Mi mamá tiene un dicho, 'Paga ahora y jugarás después, o juega ahora y pagarás después'. Pagar ahora es cumplir con mi deber en la escuela, y más adelante ser una persona exitosa; jugar ahora implica pagar después con un empleo modesto, quizá en McDonald's haciendo hamburguesas".

Un sueldo de entre 8 y 10 dólares la hora puede parecerte bueno ahora, pero es insuficiente, créeme. Basta compararlo con lo que puedes ganar si terminas la preparatoria o, mejor aún, si vas a la universidad. Esta información de sueldos es de la Oficina de Estadística Laboral de E.U. Aunque las cifras pueden variar de un año a otro, las diferencias son constantes.

¿Cuánto ganarás?

Desertor de preparatoria: **$10.22** dólares la hora, en promedio

Graduado de preparatoria: **$14.50** dólares la hora

Con carrera universitaria de cuatro años: **$23.42** dólares la hora

Si multiplicas estas cantidades por una vida de trabajo (40 años), la diferencia es aún más evidente.

GANANCIAS DE TODA LA VIDA

Desertor de preparatoria
$850,720 dólares

Egresado de preparatoria
$1,212,640 dólares

Graduado de universidad
$1,948,960 dólares

Además, si dejas la escuela, olvídate de tener acceso a cualquiera de los estupendos trabajos de la siguiente lista, para los cuales se requiere al menos diploma de preparatoria y por lo general algunos estudios universitarios o experiencia técnica.

Técnico en computación	Topógrafo	Enfermero titulado
Higienista dental	Técnico de laboratorio médico	Dibujante comercial
Gerente de hotel	Técnico en ingeniería	Mecánico automovilístico
Asistente administrativo	Trabajador social	Maestro
Contador	Agente policía federal	Ingeniero
Periodista	Agente de seguros	Farmacéutico
Analista en computación	Dietista	Banquero de inversiones
Diseñador gráfico	Zoólogo	Director de relaciones públicas
Agente de bienes raíces	Abogado	Médico
Arquitecto	Científico	Profesor universitario
Economista	Psicólogo	Sacerdote, rabino o ministro
Dentista	Veterinario	Analista de políticas públicas
Geólogo	Consultor en administración	Corredor de bolsa

PAREJA E HIJOS

Si dejas la preparatoria, quizá al principio creas que puedes triunfar, pero al aumentar tus necesidades, o si decides casarte y tener familia, te las verás duras. El escritor adolescente Gregorio Byron lo expresó así:

"Cuando te vas de casa, el dinero te alcanza y lo más seguro es que compartas un departamento, pero no tardarás en hartarte de tus compañeros y querrás un hogar con más privacidad, un coche más nuevo, vacaciones y juguetes de alta tecnología. Luego... te enamoras... vienen los hijos... Querrás una casa bonita y zapatos para el bebé. Esta tabla muestra cuánto necesitas (en dólares) si vives solo (soltero) o te casas y tienes uno o dos hijos (familia):

PRESUPUESTO MENSUAL (DÓLARES)		
GASTOS	SOLTERO	FAMILIA
Alojamiento (departamento o casa)	$400.00	$900.00
Servicios (luz, agua, etc.)	$100.00	$300.00
Coche, gasolina, mantenimiento	$350.00	$500.00
Comida y gastos del hogar	$200.00	$900.00
Ropa y regalos	$150.00	$500.00
Seguros (vida, auto, gastos médicos)	$350.00	$500.00
Diversión	$100.00	$300.00
Ahorro y retiro	$100.00	$300.00
PRESUPUESTO MENSUAL TOTAL	**$1,750.00**	**$4,200.00**

"No ganas tanto si trabajas de cajero o mesero, el tipo de empleo que consiguen los chicos de preparatoria. Necesitas mucho más. Para cubrir el presupuesto que ves aquí debes ganar 15 dólares la hora si eres soltero, y mucho más si tienes pareja e hijos. En ese caso querrás ser un buen proveedor y ofrecerles un hogar decente. Lo prometiste. Lo que no sabías era que se gasta más al día en pañales que en comida para bebé. Cada padre debe ganar 18 dólares la hora para mantener una familia en este nivel. Si uno gana menos, el otro debe ganar más para compensar.

"Si ambos no tienen empleos bien pagados, serán POBRES. La escasez de dinero cansa mucho, ¡y muy pronto! Te rebotarán un par de cheques y el banco te cobrará al menos 20 dólares por cada uno. Empezarán a reñir por dinero ¡y eso NUNCA debe ocurrir! Verán a otros a quienes les irá mejor porque supieron elegir su carrera. No hablarán de eso... pero lo SENTIRÁN cuando tu pareja y tú vean que sus amigos tienen casas más bonitas y mejores coches. ¿Quién hubiera dicho que el dinero sería tan importante?"

¿Les va bien a algunos de los que dejan la preparatoria? A unos cuantos. Pero es como jugar a la lotería. Las probabilidades están en tu contra. Entonces, ¿para qué arriesgarse?

Ésta es la cruel realidad:

- A quienes dejan la escuela les cuesta mucho más trabajo encontrar empleo y conservarlo: 50 por ciento de ellos están desempleados.
- Se suele etiquetar a quienes dejan la escuela como personas que no terminan las cosas.
- Quienes dejan la escuela suelen ir de un empleo a otro en vez de labrarse una carrera.
- A los que dejan la escuela ni siquiera se les tiene en cuenta para la mayoría de los empleos bien pagados, aunque estén calificados.
- Y cada vez más, en casi todos los países, el diploma de preparatoria no basta. Como dice Vlad, un adolescente ruso: "Hoy día en Rusia, no eres nadie si no tienes un título universitario. Sin él no encuentras trabajo".

Me imagino el cartel publicitario:

CÓMO ROMPER EL CICLO

La razón por la que los adolescentes dejan la escuela suele ser que todos a su alrededor —la madre o el padre, los primos y muchos de sus amigos— lo han hecho. Quizá nadie en la familia haya terminado la preparatoria o asistido a la universidad. ¿Por qué habrían de hacerlo ellos?

A veces heredamos malos hábitos o pautas de conducta que pasan de una generación a otra. Por ejemplo, si tu padre es alcohólico, es muy probable que su padre también lo haya sido. Lo mismo ocurre con el abuso de menores, la drogadicción, la pobreza y la deserción escolar. Ésa suele ser la razón por la cual las familias disfuncionales se repiten en las siguientes generaciones.

Lo bueno es que tienes posibilidad de elección. Puedes ser el que rompa el ciclo de tu familia. Puedes impedir que el mal hábito te atrape, y puedes transmitir buenos hábitos a tus hijos y sobrinos. ¿No te encantaría ser el primero de tu familia en ir a la universidad y transmitir esa pauta de conducta a tus hijos y nietos?

Recuerdo cuando hablé con Sammi, una chica que quería romper el ciclo que había heredado. Dijo:

He tenido amigos que dejaron la preparatoria. Uno, con quien trabajo en McDonald's, había perdido tres años: tenía 20 e iba en primero. Al verlo me dije que yo no podía ser así. No puedo trabajar en Wendy's o en McDonald's toda mi vida. No quiero ser como mi padre y mi padrastro. No quiero mirar atrás y decir: "Quisiera haber hecho esto o aquello".

Tomar la decisión de seguir estudiando quizá sea lo más difícil que hayas hecho. Tal vez tu vida familiar sea complicada y no tengas casi ningún apoyo en casa para triunfar en la escuela. Quizá estés lleno de inseguridades y dudes de tu capacidad para terminar con éxito tus estudios. Tal vez odies la sola idea de ir a la escuela un día más. Pero te prometo que te lo agradecerás toda la vida si perseveras. No será fácil, pero valdrá la pena. Dos malvaviscos mañana siempre serán mejores que uno hoy.

Sobrevivir y prosperar

Voy a enumerar algunas palabras. Llena el espacio en blanco con la primera palabra que se te ocurra. No lo pienses demasiado; sólo escribe o toma nota mental de lo primero que te venga a la cabeza.

Maestros: _____

Gramática: _____

Tarea: _____

Boleta de calificaciones: _____

Exámenes: _____

Señora de la cafetería: _____

Probé esto con un grupo de adolescentes y obtuve respuestas como las siguientes:

Maestros: **CARCELEROS**   Gramática: **DIFÍCIL**
Tarea: **MUERTE**   Boleta de calificaciones: **DÍA DEL JUICIO**
Exámenes: **DESVELOS**   Señora de la cafetería: **BRAZOS GELATINOSOS**

¿Y tú? Al pensar en la escuela y en lo académico, ¿sientes buenas vibraciones o náuseas? Las respuestas varían, pero hay algo común a todos los adolescentes: la escuela les representa un esfuerzo. Cuando yo estudiaba, aborrecía el estrés, las pruebas estandarizadas y trepar cuerdas en educación física.

La escuela plantea muchos desafíos. Los cuatro que más me mencionan son:

1 *"Estoy estresado."*

2 *"Hay demasiado quehacer y el tiempo no alcanza."*

3 *"No me interesa."*

4 *"Yo no sirvo para la escuela."*

Lo bueno es que hay remedios que funcionan, así que echémosle un vistazo a cada uno.

Desafío 1: "ESTOY ESTRESADO"

"¿Qué es lo que más te estresa de la escuela?", les pregunté a algunos adolescentes. Esto es lo que respondieron:

" LA PRESIÓN SOCIAL PARA QUE DEMOS BUENOS RESULTADOS, Y LAS CONSECUENCIAS DE NO DARLOS."

"LAS CALIFICACIONES."

"Las expectativas de mis padres."

"Todos los maestros nos dan mucho quehacer a la vez. El lunes tengo cuatro exámenes. Deberían coordinarse."

"El cálculo me está matando."

"La competencia."

"Los maestros ineptos y sus voces monótonas."

"Parece que todo, desde las prácticas de futbol hasta los juegos de básquet y la tarea, se encima y se acumula. No hay manera de escapar del trabajo sin fin. Un pequeño descanso puede retrasarte días enteros. Si no haces la tarea de matemáticas una noche, a la siguiente tendrás el doble."

Lo curioso es que, cuando terminas los estudios, el estrés no desaparece; sólo cambia. En vez de sentirlo por la escuela, lo sientes a causa de las cuentas por pagar, los hijos, el trabajo y los parientes políticos. No intentes huir del estrés. Mejor aprende a manejarlo. ¿Cómo? Afila la sierra con regularidad.

Afilar la sierra

"En caso de emergencia caerán mascarillas de oxígeno del techo. Primero colóquese una, y luego colóquesela a la persona que viaja a su lado." Así dicen los sobrecargos en los aviones. Me lo he imaginado muchas veces: heme allí, con mi máscara de oxígeno, respirando muy a gusto, mientras el niño de dos años que va sentado junto a mí se asfixia. ¡Parece tan egoísta!

Pero cuanto más piensas en lo que dice el sobrecargo, más sensato resulta. No puedes ayudar a nadie si te falta el aire. Por eso nunca debes sentirte egoísta por darte un tiempo para renovar lo mejor que tienes: tú mismo. Si te esfuerzas demasiado durante mucho tiempo y siempre te pones en último lugar, acabarás por agotarte o estresarte, y entonces ¿de qué servirás? Aunque estés muy ocupado aserrando, date tiempo para afilar la sierra. Recarga las pilas en las cuatro partes de las que estás hecho: cuerpo (parte física), corazón (relaciones), mente (parte mental) y alma (parte espiritual).

Responde este cuestionario para evaluar si estás afilando bien la sierra.

Prueba sobre afilar la sierra

ENCIERRA EN UN CÍRCULO TU ELECCIÓN	¡EN ABSOLUTO!				¡CLARO!
Cuerpo Como bien, duermo lo suficiente, no me estreso demasiado y hago mucho ejercicio. Tengo buena condición física.	1	2	3	4	5
Corazón Procuro hacer amistades y ser buen amigo. Me doy tiempo para las relaciones importantes. Participo en la vida de los demás.	1	2	3	4	5
Mente Me esfuerzo en la escuela. Siento que aprendo cosas nuevas todo el tiempo. Leo mucho. Tengo pasatiempos.	1	2	3	4	5
Alma Dedico tiempo a servir a los demás. Y dedico tiempo a meditar las cosas. Me renuevo espiritualmente de alguna manera con regularidad (ejemplos: escribir un diario, pasear por el campo, rezar, leer libros edificantes, tocar un instrumento musical).	1	2	3	4	5

Entonces, ¿recibe cada parte la atención que necesita? Si te diste un 2 en Corazón, quizá debas pasar más tiempo con tus amigos o tu familia. Si te diste un 3 en Cuerpo, baja un poco el ritmo y empieza a cuidarte. Como ocurre con los neumáticos de un coche, si una parte de ti está desequilibrada, las otras tres se gastarán de forma irregular. Por ejemplo, es difícil tener buenos resultados en la escuela (mente) cuando estás rendido (cuerpo), y a la inversa, si estás satisfecho y motivado (alma), es mucho más fácil ser buen amigo (corazón) y esforzarte en la escuela (mente).

Hay muchas maneras de reducir el estrés afilando la sierra. A continuación te muestro lo que me dijeron algunos adolescentes cuando les pregunté cómo lidiaban con el estrés.

- *"Salgo a correr. Esto me da una mejor perspectiva de mis problemas y me ayuda a encontrar soluciones."*
- *"Me doy una hora para compadecerme de mí mismo y llorar."*
- *"Me doy un baño, leo mi diario y me duermo."*
- *"Juego a la pelota."*
- *"Levanto pesas para producir endorfinas."*
- *"Ayudar a los demás te ayuda a olvidarte de tus problemas."*
- *"Salgo de casa."*

Zombis ambulantes

Abordemos uno de los mayores problemas de la parte física: el sueño. Según los estudios, la privación de sueño favorece la depresión, bajas calificaciones, accidentes y trastornos emocionales. Acéptalo: cuando estás cansado exageras los problemas. Ese comentario grosero que alguien hizo sobre tu corte de pelo de pronto te parece una ofensa imperdonable. O crees que el próximo examen de historia es más pesado de lo que puedes soportar. Eso pasa cuando eres un zombi ambulante. Te agobias y lo ves todo negro. Ten en cuenta los siguientes consejos sobre el sueño:

1. DUERME LO NECESARIO. La mayoría de los adolescentes duermen apenas 7 horas diarias, y algunos menos, cuando los expertos coinciden en que necesitan de 8.5 a 9.25 horas diarias. Determina cuánto necesitas dormir para estar en óptimas condiciones y, con base en la hora a la que debes levantarte, calcula a qué hora tienes que acostarte. Recuerda: el sueño es alimento para el cerebro.

2. ACUÉSTATE Y LEVÁNTATE TEMPRANO. No puedo demostrarlo, pero creo en la sabiduría del viejo refrán: "Al que madruga Dios lo ayuda". Algunos expertos en salud piensan que cada hora de sueño antes de la medianoche vale por dos después. A mí me funciona. Dormirse y despertarse temprano tiene algún efecto mágico.

3. SÉ CONSECUENTE. Por ejemplo, si sueles acostarte hacia las 11 p.m. entre semana, no te acuestes a las 3 a.m. los viernes y sábados y duermas hasta el mediodía. Dormir en exceso el fin de semana puede desquiciarte al tratar de volver a tu rutina normal. No digo que no debas divertirte y desvelarte los fines de semana, pero no lo hagas hasta esos extremos. Mantén tus horarios de sueño dentro de un intervalo de dos o tres horas.

4. RELÁJATE ANTES DE DORMIR. En vez de engullir cantidades industriales de cafeína antes de acostarte, prueba a relajarte. Date un baño, escribe en tu diario, lee revistas cómicas. Unos minutos de paz antes de dormir pueden cambiarlo todo.

Estos consejos no son reglas, sino lineamientos generales. Habrá veces en que quieras desvelarte con tus amigos y otras en que deberás hacerlo para terminar una tarea. O quizá tengas que trabajar mientras estudias para ayudar a tu familia y no puedas dormir todo lo que quieres. El asunto es hacer lo mejor que puedas y ser moderado y sabio. Si estás deprimido, confundido o estresado, varias noches de descanso reparador podrían ser la cura que necesitas.

Desafío 2: "¡HAY DEMASIADO QUEHACER Y EL TIEMPO NO ALCANZA!"

"Estoy muy ocupado", dijo un adolescente. "Hago de todo. Estoy en una banda y en el equipo de bádminton; tomo clases de conducción, tengo dos empleos y doy lecciones particulares una vez a la semana. Soy socio de cinco clubes de la escuela y asisto a un montón de cursos especiales."

¡Tanto quehacer y tan poco tiempo! ¿Cómo puedo hacerlo todo? Puedes hacerlo todo, o casi todo, si administras tu tiempo. Como dijo Benjamin Franklin:

¿No sería sensacional que los días tuvieran 25 horas? Piensa en lo que podrías hacer con 7 horas extras a la semana. Pues ¿sabes qué? Apuesto a que pierdes de 7 a 20 horas por semana y ni cuenta te das. Para comprobarlo, anota cuánto tiempo pierdes en estas cuatro actividades. Ve llenando la tabla conforme discutimos cada actividad.

BUSCATIEMPO

ACTIVIDAD	HORAS DEDICADAS A ESTO LA SEMANA PASADA	HORAS QUE PODRÍA AHORRAR CADA SEMANA
Ve menos televisión		
Reduce tu gastatiempo personal (GP) (Mi GP:_____)		
Di que no con una sonrisa (Actividad menos importante: _____)		
Deja de posponer		
TOTAL DE HORAS		

Ve menos televisión

Ver televisión es, con mucho, la mayor pérdida de tiempo y lo que a los holgazanes les encanta hacer durante horas. Un poco de televisión está bien, pero en exceso es un desperdicio total, una actividad del cuadrante 4 que no es ni urgente ni importante (ve los cuadrantes del tiempo en la página 24). ¿Sabías que el adolescente estadounidense medio ve televisión 21 horas por semana? Y luego se quejan de que no tienen tiempo. Hmm...

 BUSCATIEMPO: Recuerda los últimos 7 días. Suma el tiempo que dedicaste a ver televisión o películas en ese lapso, incluido el fin de semana. Sé sincero y anótalo en el Buscatiempo, en la sección "Horas dedicadas a esto la semana pasada". Ahora, ¿cuánto tiempo crees que puedes quitarle sin desmoronarte? Anótalo en "Horas que podría ahorrar cada semana".

Reduce tu gastatiempo personal (GP)

Todos realizamos algunas actividades del cuadrante 4, donde vive el vago, que nos hacen perder tiempo. Yo las llamo gastatiempos personales, o GP. Cada quien tiene los suyos: puede ser entretenerte demasiado al teléfono enviando mensajes de texto, jugando con el PlayStation o Xbox, de compras, maquillándote, reacomodando tu cuarto o leyendo revistas. Necesitas tiempo para relajarte y descansar. No digo que te deshagas de tu GP, sino que lo recortes un poco. Conozco a un chico de 16 años, Miguel Juan, que pasa de dos a tres horas diarias comprando y vendiendo zapatos en eBay. Seguro que podría recortar ese tiempo a la mitad sin enloquecer.

BUSCATIEMPO: Anota tu GP en el Buscatiempo. Ahora recuerda los últimos 7 días y anota cuánto tiempo le dedicaste. Luego anota cuánto tiempo podrías recortarle sin sufrir un grave síndrome de abstinencia.

Di que no con una sonrisa

El cuadrante 3, hogar del hombre del eterno sí, es el infierno (ve los cuadrantes del tiempo en la página 24). Por quedar bien con todos y no perderte nada, dices que sí a todo y te saturas de actividades. Está bien que participes en deportes, te asocies a clubes y realices otras actividades, pero no exageres.

Lo primero que hay que analizar es tu trabajo. Unos dos tercios de los preparatorianos estadounidenses trabajan a medio tiempo durante el año escolar. Pregúntate: ¿de verdad necesito trabajar mientras estudio? Algunos deben hacerlo para ayudar a mantener a su familia, pero muchos otros no. Lo poco que ganas para comprarte ropa u otras cosas no vale la pena si el trabajo afecta tu rendimiento escolar.

Me gusta lo que dice el escritor y maestro Tomás Sinamor: "Hay quienes alegan que el trabajo enseña a ser responsable y a funcionar en el mundo real. Una manera mejor de aprender a ser responsable es inscribirse en los cursos más difíciles y terminar las tareas a tiempo y bien. ¿Quién está mejor preparado para el mundo real: alguien con aptitudes matemáticas y científicas o alguien con capacidad para voltear hamburguesas y dar el cambio en una caja registradora?"

Pregúntate: "¿Quiero abarcar mucho?" Si participas en demasiadas actividades y sientes que has perdido el control de tu vida, descarta las menos importantes y concéntrate en las pocas esenciales. Empieza a decir que no y dilo sonriendo, como aprendió Isabel, de la Preparatoria Hilliard Darby.

Una vez me pidieron que editara un video de tercer año. Yo no tenía idea de cómo editar videos. Al final tuve que decirle al encargado que no podría hacerlo. Me costó mucho trabajo porque no quería parecer irresponsable. He llegado al punto de tener que aprender a decir que no.

Simplifica. Haz unas cuantas cosas con excelencia en vez de muchas cosas con mediocridad.

> **BUSCATIEMPO:** *Elige una actividad poco importante de las que sueles realizar y anótala en el Buscatiempo. Anota cuánto tiempo le dedicaste en los últimos 7 días, incluido el fin de semana. Luego anota cuánto tiempo crees que ahorrarías si la redujeras o la abandonaras.*

Deja de posponer

En la preparatoria, mi hermano y yo compartíamos un Honda destartalado. Un día vi que tenía mal los frenos y debía llevarlo al taller para que lo arreglaran, pero lo dejé pasar hasta que empezó a hacer un ruido horrible al frenar. Cuando por fin lo llevé al taller, los frenos ya estaban deshechos. Se llevó varios días y mucho dinero repararlos: como cinco veces más que si lo hubiera llevado antes. Todo por dejar para mañana lo que debería haber hecho hoy. Posponer las cosas siempre acaba por costar y tardar más, ya sea hacer el trabajo de fin de curso, ofrecer una disculpa o pedir empleo en las vacaciones de verano. Ahora mejor me guío por la consigna: "Siempre que tengas un trabajo pendiente, hazte dos preguntas. Si no es ahora, ¿cuándo? Si no lo hago yo, ¿quién?"

¿Acostumbras desvelarte para estudiar? ¿No hacer nada durante semanas y luego estudiar toda la noche antes del examen? ¿Te funciona? Quizá en el corto plazo. ¿Alguna vez has trabajado en una granja? ¿En la granja puedes dejar todo para el final? ¿Olvidarte de sembrar en primavera, holgazanear todo el verano y luego aparecer en otoño para cosechar? Creo que no. La vida, a la larga, se parece más a una granja que a la escuela. Cosecharás lo que siembres.

Confieso que en la preparatoria fui un moroso profesional. Aplazaba el estudio, estudiaba toda la noche antes del examen y me iba bien, pero no retenía gran cosa. A esto lo llamo bulimia académica: memoriza y olvida; date un atracón y vomita. Cuando llegué a la universidad y a los cursos de posgrado tuve que compensar todos los años de estudiar de prisa. En muchos aspectos nunca recuperé el terreno perdido, y lo lamento mucho.

Hay un remedio para la morosidad. Se llama *Just do it* ("¡Hazlo!") (¡Gracias, Nike!) Mantente al día en tus estudios y no te retrases. Ve al cuadrante 2 (el priorizador) y adquiere el hábito de la planeación.

Te aconsejo usar una agenda. Muchas escuelas las dan a sus alumnos. Si no, cómprala. No son caras y se consiguen casi en cualquier tienda de artículos de oficina. Elige una que tenga calendarios mensuales y espacio para notas semanales o diarias. También podrías probar una agenda electrónica.

Bridgett, chica de 17 años que iba en primero de preparatoria en Joliet, Illinois, llamaba a su agenda su "mejor amiga".

Mi mayor reto es que el tiempo me alcance para todo lo que tengo que hacer, así que uso una agenda. Es mi mejor amiga. Me ayuda a organizar mis pensamientos. Soy muy olvidadiza, pero en ella puedes escribir todo lo que necesitas. Antes de salir de la escuela le echas un vistazo y allí está anotado lo que debes hacer el resto del día.

No la usé en primer año, pero en segundo me inscribí en un curso de biología con un profesor considerado el más estricto durante cinco años seguidos, y tuve que usarla porque deja mucha tarea. Una agenda parece una tontería, como que no te va a servir, pero, si sabes usarla, te sirve mucho.

Cuando tengas tu agenda, anota todo: exámenes, fechas de entrega de trabajos, días feriados, vacaciones, juegos, cumpleaños, acontecimientos familiares, etc. Anotar las cosas te hará descansar la mente porque no tendrás que recordarlo todo. Luego, al comenzar la semana, revisa qué hay que hacer. No esperes hasta el último minuto para estudiar para un examen o hacer un trabajo. Mejor haz las cosas poco a poco desde el principio.

> **BUSCATIEMPO:** Recuerda la última semana y anota cuánto tiempo crees haber invertido en rectificar cosas que postergaste (ejemplos: reanudar una relación que descuidaste, hacer trabajos o tareas extras porque te atrasaste, arreglar un aparato descompuesto por negligencia, sanar de una enfermedad sufrida por excederte). Luego anota cuánto tiempo crees que podrías ahorrar cada semana si dejaras de posponer las cosas.

Ahora suma la columna "Horas que podría ahorrar cada semana" y ve el resultado. ¿Llegó a 7 horas, a 15, a más? ¿No es asombroso? Y tú que pensabas que no tenías tiempo. Todos disponemos de 168 horas a la semana para hacer lo que queramos. Como escribió Miguel Altshuler: "Lo malo es que el tiempo vuela. Lo bueno es que tú eres el piloto".

Desafío 3:   "NO ME INTERESA"

¿Alguna vez te han dicho: "Eres un holgazán en la escuela. Si te aplicaras, te iría muy bien"? Si es así, no eres el único. Es fácil atrasarse, ir mal o perder el interés.

Si estás desmotivado y sientes que te arrastran a la escuela, piensa con detenimiento en lo que puedes y en lo que no puedes controlar. Desde luego, hay muchas cosas sobre las que no tienes control alguno, pero te sorprenderá saber que puedes controlar muchas otras.

Aunque no tiene que encantarte la escuela, tampoco te hagas la víctima. No te des el lujo de decir: "Como no me gusta, no me esforzaré". En vez de eso, concéntrate en lo que puedes controlar.

Tu instrucción es responsabilidad tuya, no de la escuela ni de tus padres. Cuando termines la adolescencia, querrás saber leer, pensar y expresarte bien. Querrás saber algo de historia, sobre países y culturas. Querrás haber leído muchos libros clásicos y saber de muchos de los grandes hombres y mujeres que te precedieron. De eso se trata la instrucción. ¡Y puede ser emocionante! Así que deja de ser pasivo ante ella. Sé activo. Éstas son algunas maneras de llenarla de vitalidad.

- *Cultiva un pasatiempo que te encante, como fotografía, pintura, danza o cualquier cosa que te apasione.*
- *Inscríbete en una materia optativa que siempre hayas querido cursar.*
- *Participa en actividades extraescolares divertidas y desafiantes, como asociarte a un club estudiantil o practicar un deporte.*
- *Solicita un empleo o internado de verano en un área que te interese.*
- *Toma un curso con el maestro que todos consideran el mejor.*
- *Comienza tu propio negocio.*
- *Elige un plan de estudios que te guste. Muchas escuelas ofrecen planes de estudios con énfasis en distintas materias.*
- *Viaja, dentro de tu país o al extranjero.*

A la vuelta de la esquina

"El mundo es un libro, y quienes no viajan leen sólo una página", escribió San Agustín, y yo no podría estar más de acuerdo. Ya sea viajar a otro continente o visitar un monumento cercano, no se me ocurre nada más divertido y educativo que viajar. Enumero a continuación sólo algunos de sus beneficios, tomados del libro *Majoring in the Rest of Your Life* ("Especializarse en el resto de tu vida"), de Carol Carter.

1. Viajar puede detonar la carrera de tus sueños. Podrías tener interés o pasión por algo y no saberlo hasta que se amplía tu experiencia.

2. Viajar puede darte una aptitud muy específica y tangible: hablar otro idioma. En algunos campos, cuanto más exótico sea el idioma, más cotizada es la aptitud. Poner "Pasé un verano en Rumania" a tu currículum te da ventaja.

3. Viajar puede aumentar tu seguridad y adaptabilidad. Luego de explorar ciudades, culturas e idiomas extranjeros, moverte en el ambiente social de tu país te parecerá pan comido.

4. Viajar puede hacerte apreciar otros pueblos y culturas y darte una profunda gratitud por tu país y tu patrimonio cultural.

5. Viajar es divertido. Divertirte mientras aprendes, ¡imagínate! Podrás ver lugares increíbles que sólo conocías por tus lecturas, como el Louvre en París, la Gran Muralla China, o Times Square en Nueva York.

Ahora quizá te digas "Sí, claro, ¿de dónde saco el dinero? ¿Y cómo caramba convenzo a mis papás de que me dejen viajar?" Si de verdad quieres hacerlo, dentro o fuera de tu país, hay infinidad de recursos, programas y personas dispuestos a ayudarte. No tienes que gastar una fortuna. Para empezar:

- **Aprovecha los programas de viaje de tu escuela.** Casi todas las escuelas tienen alguno. Habla con un consejero, administrador u otra persona enterada. A menudo puedes obtener créditos por viajar al extranjero. Cuando yo estaba en la preparatoria, fui a México en un viaje patrocinado por la escuela y viví con una familia de ese país. Un día salí a correr sin camisa y no entendía por qué los niños se reían de mí. Por fin me di cuenta de que jamás habían visto a alguien tan blanco. ¡Ay! Aun así tuve una experiencia increíble y aprendí algo de español.

- **Afíliate a una organización de voluntarios.** Hay muchas organizaciones a las que les urgen voluntarios. Podrías viajar a un país pobre y cambiar una vida al tiempo que enriqueces la tuya. Daniel, un vecino mío de 17 años, se afilió a Operation Smile, un grupo de médicos y voluntarios que viajan a diversos países pobres durante varios días al año y operan a miles de niños que tienen deformidades faciales, como paladar hendido. Son operaciones sencillas que les devuelven la vida a estos niños. "Ha sido lo más significativo de mi experiencia en la preparatoria", me contó Dan.
- **Participa en un intercambio de estudiantes.** Apúntate para vivir con una familia extranjera y sumérgete de lleno en su cultura.
- **Acompaña a tus padres en sus viajes de trabajo.** Durante el día, mientras tu mamá o papá trabajan, recorre la ciudad, visita sus museos o zoológicos o come en sus restaurantes. Por la noche, visita con ellos los lugares de interés.

Para conocer otras posibilidades de viaje, haz una búsqueda en Internet, habla con un consejero escolar, acude a la biblioteca o conversa con quien lo haya hecho. Bridgett, una estudiante de primero de 17 años, se ha divertido en grande en sus viajes.

Un día le dije a mi mamá: "Quiero viajar. ¡Sería tan divertido!" Me respondió: "Pues tal vez algún día puedas hacerlo, en uno de esos programas de intercambio escolar".

Consulté Internet y encontré muchos, y luego hablé con un consejero para cerciorarme de que eran legítimos. Encontramos uno llamado Youth For Understanding. Investigué y decidí que quería ir a Japón. Pero como costaba 5 000 dólares, pedí una beca de Okinawa Peace, y unos tres meses después supe que me la habían dado. Pagaba casi todos los gastos del viaje.

Y me fui a Okinawa, el Hawai japonés. Estuve allí seis semanas y no quería regresar. Mis padres me dijeron que no podría hacer más viajes de seis semanas, ¡pero este año me voy a Irlanda en una excursión patrocinada por maestros!

Después de todo, el mundo es un pañuelo. Así que busca nuevos horizontes y empieza a explorar el ancho mundo que te espera a la vuelta de la esquina.

Desafío 4: "YO NO SIRVO PARA LA ESCUELA"

Quizá te vaya mal en la escuela, o pienses que no tienes madera de estudiante. Levanta la frente, compañero. ¿Sabías que algunas de las mentes más brillantes llegaron a sentirse así?

Albert Einstein, considerado el pensador más influyente del siglo XX, empezó a hablar a los cuatro años y a leer a los siete. Sus padres creían que tenía retraso mental. Tartamudeó hasta los nueve años. Un maestro le aconsejó dejar la primaria: "Nunca llegarás a ser alguien, Einstein".

Isaac Newton, el inventor de la física moderna, era bastante malo para las matemáticas.

Patricia Polacco, prolífica escritora e ilustradora de libros infantiles, aprendió a leer a los 14 años.

Henry Ford, creador del famoso auto modelo T y fundador de Ford Motor Company, a duras penas terminó la preparatoria.

Lucille Ball, famosa comediante y estrella de la serie *Te quiero, Lucy*, fue expulsada una vez de la escuela de teatro por ser demasiado tímida y callada.

Pablo Picasso, uno de los más grandes pintores de todos los tiempos, fue sacado de la escuela a los 10 años por su pésimo desempeño. Un tutor contratado por el padre de Pablo se dio por vencido.

Ludwig van Beethoven fue uno de los compositores más grandes de la historia. Una vez, su maestro de música dijo de él: "No tiene ninguna esperanza como compositor".

Wernher von Braun, matemático mundialmente reconocido, salió reprobado en álgebra en tercero de secundaria.

Agatha Christie, la escritora de novelas de misterio más famosa del mundo y la más vendida de la historia en cualquier género con excepción de Shakespeare, tuvo dificultad para aprender a leer debido a la dislexia.

Winston Churchill, el famoso primer ministro británico, reprobó en sexto año.

A pesar de sus dificultades en la escuela, estas personas triunfaron en la vida y tú también puedes hacerlo. Que la escuela no se te facilite no significa que no seas listo. Hay muchos tipos de inteligencia, y la escuela se basa principalmente en uno de ellos, llamado CI (cociente intelectual), o inteligencia mental. El CI es nuestra capacidad de análisis, raciocinio, pensamiento abstracto y uso del lenguaje.

CI IE IEs IF

Pero hay otros tipos de inteligencia que son igualmente importantes; por ejemplo, la IE, o inteligencia emocional. Las personas con alta IE tienen mucha intuición, saben interpretar circunstancias sociales y tienen la virtud de llevarse bien con los demás. La escuela no mide esta inteligencia. También está la IEs, o inteligencia espiritual, que representa nuestro anhelo y capacidad de visión, valores y sentido. Nos permite soñar. La escuela tampoco la mide. Por último, está la IF, o inteligencia física. Tu cuerpo es listo por naturaleza. No tienes que recordarle al corazón que lata ni a los pulmones que se expandan. La inteligencia física también es la capacidad de aprender por medios sensoriales, como las sensaciones físicas y el tacto.

¡TIENE UNA IES MUY ALTA!

Quizá un amigo tuyo tenga más CI y tú más IE. Ninguno es mejor, sólo son distintos. Agradece tus cualidades particulares y no permitas que nadie te haga creer que no tienes alguna. Y si llegan a burlarse de ti, recuerda lo que dijo Albert Einstein, de quien también se burlaban: "Los grandes espíritus siempre se enfrentarán a la oposición violenta de las mentes mediocres".

¿Y si tengo un trastorno del aprendizaje?

Tal vez te hayan dicho que tienes una discapacidad para aprender, como TDAH (trastorno por déficit de atención e hiperactividad), TDA (trastorno por déficit de atención), dislexia o incapacidad para concentrarte. Si es así, aquí te doy un par de consejos: primero, consulta a un profesional para cerciorarte de que tienes un trastorno y, en ese caso, pregúntale qué te conviene hacer. A algunos chicos les sirve tomar medicamentos. Otros utilizan tratamientos alternativos, como dieta, psicoterapia, control del estrés, ejercicio, herbolaria o una combinación de muchas cosas. Otros más quizá no tengan ningún trastorno y sólo crean que lo tienen.

Segundo, ¡no pienses que tienes una discapacidad! Eres perfectamente capaz de triunfar en la escuela y en la vida sin importar lo que te hayan diagnosticado. Te sorprendería saber que hay miles de empresarios, abogados, médicos, maestros, músicos y actores exitosos a quienes les han diagnosticado dislexia, TDA u otro trastorno del aprendizaje.

Si te cuesta trabajo aprender, piensa que es un punto débil que debes esforzarte en superar… así como una persona sin coordinación tiene que superar esa debilidad para ser un buen futbolista. Es cierto que tendrás que trabajar un poco más que otros, ¡pero puedes convertir el punto débil en cualidad!

Gregorio Fox nos cuenta su experiencia:

Una maestra a la que nunca había visto me tocó el hombro y me pidió que la siguiera hasta un salón pequeño. Me preguntó sobre mi vida y anotó cuanto le dije. Al otro día nos reunimos en el mismo salón y me puso a hacer unas pruebas, lo que se volvió costumbre una vez a la semana durante todo el año escolar y toda la preparatoria. Algunos compañeros también hacían las pruebas. No lo sabíamos entonces, pero el sistema escolar nos había catalogado como discapacitados para el aprendizaje.

Como me consideraban discapacitado, los maestros me trataban como tal: me daban las respuestas a los problemas de matemáticas, me ayudaban a terminar las tareas y me dejaban hacer los exámenes sin límite de tiempo. Esperaban poco de mí, y obtenían poco. Cuando llegué a la preparatoria me había acostumbrado al trato especial, y por primera vez usé mi discapacidad como pretexto para librarme de las tareas. Me subestimaba.

Durante el último año me pusieron en una clase con otros adolescentes discapacitados, con un maestro nuevo, el señor Weisberg, un hombre de mediana edad que había dejado su carrera de abogado para ayudar a jóvenes como yo a darse cuenta de su verdadero potencial. Y logró lo que se había propuesto. No aceptaba ninguno de mis pretextos. Por primera vez en mi vida tuve que responsabilizarme de mi instrucción y dejar de dar excusas.

Como un adicto en rehabilitación, extrañaba la muleta que me había sostenido durante tantos años. Fue difícil, pero poco a poco el señor Weisberg me hizo volver a creer que era una persona con un potencial ilimitado. Al principio lo odié por no dejarme holgazanear, pero juntos rompimos las barreras invisibles del encasillamiento.

Terminé la preparatoria y ahora saco las mejores calificaciones en los cursos de licenciatura en letras inglesas. Sin embargo, independientemente del título y el promedio general, aprendí a creer en mí y a responsabilizarme de mi futuro. Sólo lamento los años en que me dejé encasillar por lo que otros pensaban de mí.

La verdad es que actuamos en gran medida conforme a lo que los demás y "nosotros" pensamos de nuestra persona. Si te cuesta trabajo aprender, persevera y no te subestimes. Lucha contra las etiquetas que quizá otros quieran ponerte y, por lo que más quieras, nunca te encasilles. Las etiquetas son miopes y no tienen en cuenta el talento con el que cada uno nace, como lo dijo el poeta persa Hafiz de Shiraz.

> *"¡Hay tantos regalos de cumpleaños todavía sin abrir, hay tantos regalos hechos a mano que Dios te ha enviado!"*

Recuerdo cuando conocí a una joven vivaracha llamada Amelia. Acababa de obtener su título en tecnología automovilística en la Universidad Estatal Weber y era la única mujer que se había graduado en esa especialidad. Le había ido tan bien que varias empresas importantes, entre ellas Harley-Davidson, le ofrecieron empleo.

Amelia tuvo toda clase de desventajas durante su infancia en Provo, Utah. Era hija de una madre soltera con otros cuatro hijos, que tenía varios empleos para mantenerlos.

"Mi mamá me dejó claro que no podía pagarme la universidad y me metió en la cabeza que una beca universitaria era mi boleto para una vida mejor."

Sin embargo, a Amelia no le fue bien en la primaria. Le costaba mucho trabajo leer. No fue sino hasta la preparatoria cuando supo lo que le ocurría.

"Una vez estaba leyendo en voz alta y me equivocaba constantemente. Mi mamá me preguntó por qué y le contesté: 'Es sin querer. Tengo que leer dos o tres veces cada palabra para decirla bien'. Entonces mi mamá se dio cuenta. Tras años de batallar en la escuela y preguntarme por qué detestaba leer, por fin me diagnosticaron dislexia grave. No entendía por qué me costaba tanto aprender, y ni mi mamá ni mis maestros sabían que padecía dislexia."

Por cierto, la dislexia consiste en que las letras que estás leyendo se te revuelven. Durante años se creyó que los disléxicos eran tontos, hasta que Margaret Rawson descubrió el trastorno y allanó el camino para millones de chicos que no sabían lo que les pasaba. Así es como una persona con dislexia podría ver una oración.

> Ungía Juⁿ n y Aldetro f e rn adra ⁿ p e o.
> —¿A puépu ieresj ug a¿ — regun tó Alde r to.
> —Nᵒˢ é — es nd qo ió J una—. ?A bónb e puier se ir?
>
> Si intentas leer este fragmento experimentarás la misma dificultad que un lector disléxico al leer un texto normal.
>
> Tomado de la p. 98, de Capossele, T.L. (1998). *The Harcourt Brace Guide to Peer Tutoring*. Orlando, Harcourt Brace & Company.

Por suerte, durante la preparatoria y la universidad Amelia tuvo algunos amigos verdaderos que la ayudaron a superar la dislexia.

En la universidad tuve la suerte de contar con una compañera de dormitorio excepcional, Abby. Me costaba mucho leer aun mi propia letra. A veces le dictaba mis trabajos a ella para que me los mecanografiara. Se pasaba horas trabajando conmi-

go. No habría podido graduarme sin ella. Muchas veces, cuando me angustiaba por la tarea, mi dislexia empeoraba. En los cursos superiores había que leer cinco o seis libros por clase y Abby me los leía todos. Terminaba su tarea y luego me leía la mía hasta las dos de la mañana.

Aunque la madre de Amelia siempre quiso que fuera abogada, no podía estar más orgullosa cuando se recibió de mecánica. Con trabajo duro y personas cariñosas, tú también puedes superar graves desafíos educativos, igual que Amelia.

7 SECRETOS PARA SACAR BUENAS CALIFICACIONES

Creo que todo el mundo puede sacar buenas calificaciones si quiere, aunque nunca le haya ido bien y aunque tenga trastornos del aprendizaje. Desde luego, la escuela es mucho más que sólo buenas calificaciones. De hecho, puedes sacarlas y no aprender nada. Pero, en general, las buenas calificaciones son señal de que te has esforzado. ¿Pero qué son buenas calificaciones? El concepto difiere para cada persona, así que tendrás que decidirlo por tu cuenta. A continuación te doy 7 secretos para lograrlo.

Secreto 1: Cree en tu capacidad

Todo comienza con tu esquema, con lo que piensas. Tienes que creer que puedes lograrlo. Un joven llamado Josué me contó esta experiencia:

Nunca tuve buenas calificaciones en la preparatoria. Era buen deportista, pero no me sentía capaz de destacar. Eso me hizo añicos la autoestima. Entré a la universidad con estos mismos sentimientos y ¿adivina qué? Tampoco allí saqué buenas calificaciones. Quería ser dentista, pero pensaba que nunca obtendría las calificaciones necesarias para lograrlo.

Un día me apareció en la computadora una prueba del CI. Mis padres me habían dicho que en la primaria mi CI había resultado muy alto. Hice la prueba, y mi puntuación me asombró. ¡Saqué 140! No podía creerlo. La computadora me dio una lista de profesiones para las que era apto, incluida la odontología. Enseguida cambió mi manera de pensar. Al siguiente semestre en la universidad saqué puros dieces y un 9.5. Quisiera haber creído en mí en la preparatoria como ahora.

Nunca se te ocurra pensar que eres tonto o "incapaz de sacar buenas calificaciones". Todo el mundo es capaz, incluso los que tienen algún trastorno del aprendizaje, aquellos a quienes les ha ido mal y los que no tienen apoyo de la familia. Todo comienza con que lo creas posible. (Si quieres hacer una prueba de CI o algo parecido, acude a la Oficina de Ayuda en la página 308.)

Secreto 2: Asiste a clases

"El 80 por ciento del éxito consiste en estar presente", dijo el gran cineasta Woody Allen. Muchos chicos no asisten a clases y luego se preguntan por qué sacan malas calificaciones. Si vas a la escuela, te ocurrirán cosas buenas. Estarás presente en el examen sorpresa, cuando tu maestro anuncie ese trabajo con puntos extras y cuando sugiera cómo prepararse para el siguiente examen.

Secreto 3: Aprovecha los puntos extras

Siempre que tu maestro ofrezca puntos extras, aprovéchalos. Los trabajos para obtenerlos suelen ser bastante fáciles, pero pueden subir mucho tu calificación y te ayudan a prepararte para los exámenes.

Por extraño que parezca, pocos estudiantes aprovechan los puntos extras. En un curso de trigonometría que llevé en preparatoria, por más que estudiara no sacaba más de 8 o 9 en los exámenes, pero por entregar todas las tareas y hacer todos los trabajos de puntuación extra permitidos, tuve una calificación final de 10. ¡Ja!

Secreto 4: Cáele bien al maestro

Saluda a tus maestros, sé amigable con ellos y muéstrales respeto. Cambia la opinión que tienen de ti sentándote en la primera fila. No caigas en la paranoia de pensar que están en tu contra. El 99 por ciento del tiempo no es así. Si no hiciste la tarea a tiempo, no temas preguntar si puedes entregarla tarde. A veces te dirán que sí.

Los maestros son como tú o como yo. Si eres amable con ellos, te corresponderán y de vez en cuando te darán un respiro. Rebecca, mi esposa, era especialmente buena para caerles bien a los maestros en la preparatoria.

En el primer año en la Preparatoria Madison tomé clase de química con el señor Kramer, un profesor desangelado, pero brillante. Yo era una nulidad en química y no entendía nada. Sacaba 3 y 4 en los exámenes. "Señor Kramer", le suplicaba, "¡por favor ayúdeme! Voy a salir reprobada en su materia, pero le juro que hago todo lo que puedo." Y se me salían las lágrimas. No fingía: lloraba porque me iba a reprobar. Entonces empecé a llegar antes de que comenzara la clase y él me ayudaba. Le preguntué si podía hacer trabajos de puntuación extra y entregué todo lo que me asignó. Me quedaba después de la clase. Acabé sacando nueves en su materia. Creo que fue porque le caí bien y porque me esforzaba mucho.

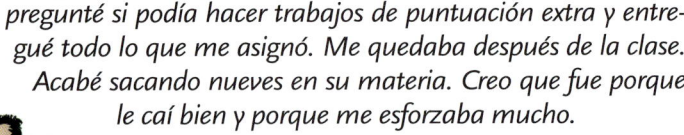

Si quieres, puedes llamar a esto adulación. Yo lo llamaría inteligencia.

Secreto 5: Sé fuerte en la zona roja

La zona roja son las 20 últimas yardas de la cancha de futbol americano, en las que es más difícil avanzar. Puedes mover el balón por la cancha cuanto quieras, pero si fallas en la zona roja, no obtienes puntos.

Así también hay muchos chicos que trabajan duro todo el semestre, pero fallan en las últimas semanas porque se cansan. En la escuela, la zona roja son esos momentos en que todo está en juego y debes resistir y cumplir. Es el importante examen de mañana que vale más que la suma de todos los trabajos que has entregado, o la última semana del semestre, cuando tienes muchos exámenes que presentar y muchos trabajos que entregar, o ese trabajo final que hay que entregar en tres días y que vale un tercio de tu calificación. Es entonces cuando debes ser fuerte. Muchas veces la única diferencia entre los adolescentes que obtienen buenas calificaciones y los que no es que los primeros son fuertes en la zona roja.

Nunca olvidaré cuando presenté el examen final de una materia en la universidad. Duraba tres horas y valía la mitad de la calificación. A la mitad del examen, un compañero se levantó, entregó el examen y se fue, evidentemente fastidiado. "Idiota", pensé. "¿Por qué no terminaste? Llevas cuatro meses tomando el curso. Has pasado cientos de horas haciendo tareas, y ahora, cuando la mitad de tu calificación está en juego, no pudiste resistir hasta el final."

La moraleja: sé fuerte cuando estén en juego los puntos más importantes.

Secreto 6: Aprovecha tus recursos

Cuando yo era niño, todos los veranos mi padre nos llevaba a esquiar en agua. Y, cuando alguno de sus hijos tenía problemas para levantarse en los esquís, nos gritaba desde la lancha: "Sigue intentando, cariño. Tú puedes. Alcaliniza tus fuerzas. Haz acopio de voluntad. ¡Aprovecha tus recursos!" Ninguno de nosotros llegó a saber qué rayos quería decir, pero no he olvidado sus palabras. Aunque nunca he sabido "alcalinizar mis energías", aprendí a "aprovechar mis recursos".

Tratándose de la escuela, aprovechar tus recursos significa hacer que otras personas, tales como maestros, amigos, primos, abuelos, padres, consejeros, mentores y demás, te ayuden a obtener buenas calificaciones. Busca a alguien que crea en ti y te quiera, y pídele ayuda para la escuela. La mayoría de las escuelas tienen consejeros excelentes a quienes les encantaría ayudarte; muchas tienen programas de asesoría impresionantes. Ve cómo mejoró sus calificaciones Jennifer cuando hizo participar en su vida a alguien que la quería.

Cuando era más joven siempre quise sacar las mejores calificaciones para ver qué decían mis padres, o si les importaba, pero me imaginaba que no era capaz de lograrlo porque ellos ni siquiera habían terminado la preparatoria. Las buenas calificaciones nunca me habían costado trabajo... hasta este año. Mis habituales dieces y nueves se convirtieron en sietes y seises.

Entonces acudí a alguien que es una figura materna para mí. Nos sentamos a hablar de mi situación y ella hizo una lista de mis quehaceres. Me dijo que podía lograrlo. El solo hecho de que me lo dijera me dio toda la fuerza y seguridad del mundo, porque me hizo sentir que mis calificaciones y yo le importábamos mucho.

Hice todo lo que me dijo y funcionó: mis calificaciones subieron muy pronto. Creo que no lo habría logrado sin ella; como no quería decepcionarla me esforcé mucho más. Cuando le conté cómo habían mejorado mis notas, me dijo que estaba orgullosa de mí, y eso me hizo sentirme en la gloria.

Secreto 7: **Ten hábitos de estudio inteligentes**

Estás ocupado. Tienes que hacer malabares con escuela, amigos, trabajo, actividades extraescolares y otras cosas. Por eso son indispensables los hábitos de estudio inteligentes. Imagínate a dos hermanas, Juanita y María. Juanita está en segundo de preparatoria y saca sólo dieces y nueves, mientras que María está en el último año y, aunque es muy brillante, saca ochos, sietes y seises. Investiguemos los hábitos de estudio de cada una.

Una tarde en la vida de Juanita

Juanita juega al futbol, y como tiene práctica después de clases, llega a casa hacia las seis. Cena, se descansa un poco y comienza la tarea a eso de las 7:30 en el cuarto de su madre. La madre tiene computadora y un escritorio grande donde Juanita puede colocar todas sus cosas. Se cerciora de tener todo lo que necesita (papel, lápices, libros, bocadillos de fruta) para no tener que levantarse cada cinco minutos.

A Juanita no le gusta la tarea, pero ha aprendido que es mejor concentrarse y hacerla pronto que dejarla pendiente. Suele llevarle cerca de hora

y media terminarla. Durante ese tiempo no habla por teléfono, no ve la televisión, no escucha música, no envía mensajes instantáneos ni se corta las uñas de los pies.

Juanita sigue un plan para estudiar. Primero trabaja en lo que debe entregar al día siguiente; luego en proyectos de largo plazo, como leer 25 páginas para un resumen de libro que debe entregar la semana entrante. Sabe cuándo hay que entregar todo porque lo apunta en un calendario.

Juanita usa una técnica que la ayuda a trabajar más rápido y a recordar más. Comienza por hojear el material, después lo lee a fondo y, al final, repasa lo que ha leído.

Una tarde en la vida de María

María también llega a casa a las seis casi todos los días. Después de cenar pasa varias horas al teléfono, viendo televisión y haciendo cosas en su cuarto. No le gusta tener una hora fija para la tarea, pero suele comenzar entre nueve y diez.

Le gusta estudiar en la cocina, donde está toda la acción. Parece que no le importa el ruido de fondo de la tele, el teléfono que suena ni las constantes entradas y salidas de su hermano y sus amigos.

Hacia las once, cuando acaba la acción, María por fin puede concentrarse. Pero como le molesta hasta la sola idea de usar un calendario, no siempre recuerda los pendientes, así que suele consultar a una amiga por teléfono o adivinar. Dedica la mayor parte del tiempo a hacer de prisa lo que debe entregar al día siguiente; no se concibe estudiando para un examen que será dentro de varios días.

No sigue ningún método de estudio; se limita a saltar de cosa en cosa al azar. A la medianoche suele estar demasiado cansada para seguir estudiando y se acuesta pensando: "No puedo creer que nos dejen tanta tarea".

Está muy claro: para ir bien en la escuela hay que tener hábitos de estudio sólidos (por cierto, copiar no es un hábito de estudio, y si lo haces pagarás después). Éstos son los cinco que acabamos de ver:

Hábitos de estudio inteligentes

- **ALIMENTA TU MENTE.** *Recuerda: el cerebro es parte del cuerpo y para funcionar bien necesita alimento, así que, si vas a estudiar pero te mueres de hambre, come algo.*
- **LUGAR ADECUADO.** *Busca un lugar tranquilo donde puedas colocar todas tus cosas, como un estudio o un cuarto poco usado. Aléjate de lugares donde acostumbras pasar el tiempo. Ten a la mano cuanto necesitas (papel, lápices, tijeras, engrapadora, bocadillos), para no tener que levantarte constantemente.*
- **MOMENTO ADECUADO.** *Reserva un momento para hacer la tarea cada día. Evita lo más posible las interrupciones. Si te cuesta concentrarte, haz la tarea por partes varias veces al día. Por ejemplo, trabaja quince minutos, descansa y date un premio, después vuelve a trabajar otros quince minutos y así sucesivamente a lo largo el día.*
- **AHORA Y DESPUÉS.** *Organiza lo que tienes que hacer. Primero concéntrate en el ahora y haz todo lo debas entregar mañana. Entonces concéntrate en el después y trabaja un poco en proyectos grandes, trabajos y exámenes para los que falta más tiempo.*
- **HOJEA, LEE Y REPASA.** *Digamos que tienes una hora para estudiar para el próximo examen de historia sobre el capítulo 9. En vez de sólo leer tu libro de texto y tus apuntes durante una hora, prueba este método (se basa en probados métodos de retención que existen desde hace mucho):*

    Hojea. *(10 minutos) Hojea el capítulo 9 y toma nota escrita o mental de los principales encabezados, puntos, personajes, palabras o fechas clave, preguntas de repaso, etcétera.*

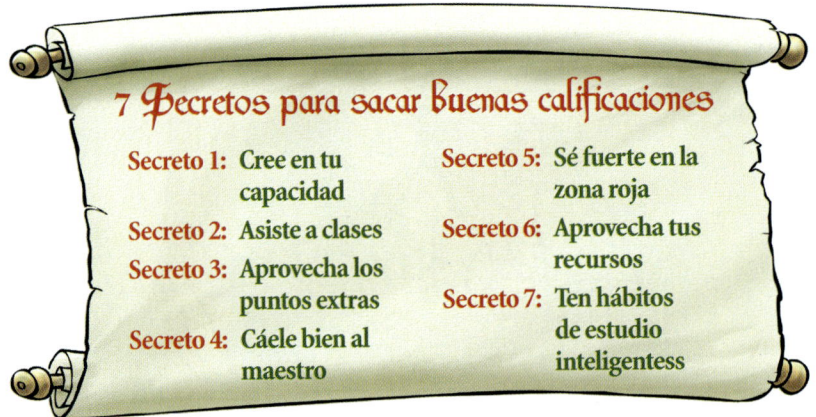

7 Secretos para sacar buenas calificaciones

- Secreto 1: Cree en tu capacidad
- Secreto 2: Asiste a clases
- Secreto 3: Aprovecha los puntos extras
- Secreto 4: Cáele bien al maestro
- Secreto 5: Sé fuerte en la zona roja
- Secreto 6: Aprovecha tus recursos
- Secreto 7: Ten hábitos de estudio inteligentess

Lee. *(30 minutos) Lee el capítulo 9 y los apuntes que hayas tomado en clase sobre el capítulo 9.*

Repasa. *(20 minutos) Repasa haciéndote una prueba. Responde preguntas sobre el capítulo o inventa y responde preguntas a partir de tus apuntes, palabras del vocabulario o imaginando lo que podría preguntar tu maestro. Prevé lo que quiere tu maestro que aprendas y no pierdas el tiempo en cosas que no necesitas saber. (Para obtener más información sobre hábitos de estudio, visita la Oficina de Ayuda en la página 308).*

A la universidad

Cuando iba a terminar la preparatoria, recuerdo haber pensado: "Se acabó la fiesta. Mis amigos se dispersan. Ahora tengo que ser responsable y algún día conseguir un trabajo de verdad. Tal vez hasta tenga que crecer. ¡Estoy tan deprimido!"

Dicho lo anterior, si tuviera que darte un solo consejo, sería: Obtén toda la instrucción que puedas. Termina la preparatoria. Después cursa una licenciatura y, si puedes, estudios de posgrado. Si te parece un salto demasiado alto, por lo menos haz una carrera universitaria de dos años. (En este capítulo uso la palabra "universidad" en el sentido amplio de cualquier instrucción posterior a la preparatoria, ya sea una carrera técnica o militar corta, un oficio, un programa de aprendizaje a distancia o algo así. Cualquiera de ellos es bueno.)

¿De veras vale la pena ir a la universidad? ¡Claro! La instrucción universitaria ofrece tres grandes ventajas:

1. ¡La instrucción universitaria enriquece tu vida!

Recuerdo haber tomado un curso sobre cuento en la universidad. Nuestro primer trabajo fue leer dos cuentos y discutir cuál era mejor. Luego de leerlos, yo no estaba seguro. En los meses siguientes el profesor me enseñó por qué uno era mucho mejor que el otro. Uno era rico en metáforas, simbolismo y desarrollo de personajes. El otro era entretenido, pero superficial. Al principio no me di cuenta, pero en unos cuantos meses mi cerebro se reeducó: distinguí la diferencia entre la buena y la mala literatura, y aprendí a apreciarla con otros ojos.

Así es la educación. Nos da la capacidad de entender y apreciar todas las cosas de la vida —música, pintura, ciencia, personas, naturaleza, nosotros mismos— con otros ojos.

Nunca olvides: El fin principal de ir a la universidad no es conseguir un buen empleo, sino construir una mente fuerte que aumente la conciencia de uno

mismo, la capacidad, la satisfacción y las posibilidades de servicio, lo cual, por cierto, debería servirnos para obtener un empleo mejor.

2. ¡La instrucción universitaria te abre puertas!

Imagínate que lees acerca de un trabajo sensacional en un sitio de empleos de Internet. Parece algo que te encantaría hacer y para lo que serías bueno. Te mueres por solicitarlo y pedir una entrevista, pero entonces lees: "Se requiere licenciatura". Se te va el alma a los pies. Quizá estés más capacitado para ese empleo que cualquier otro que lo solicite, pero no importa: ni siquiera te tomarán en cuenta. Cada vez más son las personas con título universitario quienes obtienen los empleos. Siempre hay excepciones, pero ¿para qué arriesgarse?

3. ¡Con instrucción universitaria ganas más dinero!

Es cierto que hay cosas más importantes que ganar dinero, y no es vergonzoso ser pobre, pero, en general, más dinero significa más oportunidades, opciones y posibilidades de ayudar a los demás. Y algún dinero extra no le hace daño a nadie. Si quieres asombrarte, échale un vistazo a cómo la preparación influye en dos trabajos distintos. (Estos datos fueron proporcionados por la Fundación para las Políticas de Empleo de E.U., y aunque las cifras pueden cambiar de un año a otro, la diferencia entre ellas es invariable.)

Los especialistas en apoyo técnico en computación sin diploma de preparatoria ganan apenas 2 583 dólares al mes, lo cual coloca el oficio entre los mejor pagados para personas con este nivel de estudios. Sin embargo, los técnicos que tienen diploma de preparatoria o una carrera de dos años ganan de 4 166 a 4 583 dólares al mes, y si tienen una licenciatura de cuatro años, 6 166 dólares al mes, mientras que aquellos con maestría ganan 7 666. ¡Vaya diferencia!

Un electricista sin preparatoria gana en promedio 2 666 dólares al mes, trabajo muy bien remunerado para un desertor de la preparatoria. Por otra parte, con más instrucción podrías convertirte en ingeniero eléctrico y electrónico y ganar 4 750 dólares con una carrera de dos años, 5 500 con una licenciatura de cuatro, 6 333 con maestría y 9 333 con doctorado. Si esto no te motiva a seguir estudiando, ¿entonces qué?

Si estas cifras no te convencen de adquirir más instrucción, examina estos datos, proporcionados por la Oficina de Estadística Laboral de E.U. (en dólares):

CUÁNTO GANAN LAS PERSONAS...	POR SEMANA	POR CUARENTA AÑOS
Sin diploma de preparatoria	$ 409	850,720
Con diploma de preparatoria	$ 583	1,212,640
Con una carrera de dos años	$ 699	1,453,920
Con licenciatura	$ 937	1,948,960
Con maestría	$ 1,129	2,348,320
Con doctorado	$ 1,421	2,955,680

CÓMO VENCER LA ADVERSIDAD

Hoy en día, para muchos adolescentes, sobre todo los de hogares pobres, familias que no los apoyan o países en desarrollo, ir a la universidad quizá parezca imposible, pero no lo es si en verdad lo deseas. Pregúntaselo a Andrés Marroquín Gramajo.

Andrés nació en Guatemala, en un pueblo vecino a la ciudad de San Marcos. Era indigente. En Guatemala, menos de uno por ciento de los jóvenes tiene acceso a una preparación universitaria. Pero Andrés siempre quiso ir a la universidad.

"Cuando tenía ocho años me di cuenta de que la única manera de mejorar mis posibilidades y ayudar a mi familia era ir bien en la escuela", me contó. "En la primaria era el primero de la clase, no por listo, sino porque trabajaba más que los demás."

Andrés siguió esforzándose y sobresaliendo. "Muchas veces mis amigos me invitaban a jugar basquetbol y yo no iba con tal de estudiar. No tenía padre y era difícil, pero compensé su ausencia con las historias de éxito que conocí en los libros, el cine y la televisión."

En el último año de preparatoria Andrés se propuso ir a una de las mejores universidades de la ciudad de Guatemala. Todos, hasta sus maestros, le dijeron: "Por favor, Andrés, es un sueño imposible. Todos lo tuvimos y míranos: enseñamos o trabajamos aquí en San Marcos".

Pero Andrés estaba decidido. Sólo había un problema: no tenía dinero. Así que se mostró proactivo y creativo. "Llamé a unas 15 embajadas y les pregunté si ofrecían becas para universitarios. Ninguna las ofrecía. Entonces averigüé el nombre del hermano del presidente en el directorio telefónico, lo llamé y le dije que ansiaba ir a la universidad y necesitaba una beca. Accedió a ayudarme, pero su hermano dejó el cargo y ahí acabaron las cosas."

Al fallar todo, Andrés presentó exámenes de admisión en las tres mejores universidades de la ciudad de Guatemala con la esperanza de que, si salía bien, pasaría algo bueno.

Una de las escuelas a las que solicitó ingresar, la Universidad Francisco Marroquín, es la más prestigiosa y cara de Centroamérica. Mónica, una funcionaria de admisiones, cuenta:

"Al revisar los resultados de los exámenes de admisión, vimos que Andrés había sacado 100 en la prueba de matemáticas y muy buenas notas en las demás. Pronto supimos que no podía pagar. Entonces lo entrevistamos como parte del proceso de admisión. Mi equipo y yo quedamos tan impresionados con él que decidimos aceptarlo.

"Nos respondió: 'Muchas gracias, ahora podré volver al pueblo y contarles a todos que me aceptaron en esta magnífica universidad, pero debo decirles que no puedo costeármela, así que pueden darle mi lugar a alguien más. Por lo menos estoy feliz de haber logrado mi meta, aunque no pueda inscribirme'.

"—No te preocupes, Andrés —le dije—. Eres el primer alumno aceptado en nuestro nuevo programa de becas, que te pagará todo: estudios, un lugar para vivir, libros y una suma generosa para tus gastos personales. ¡Felicidades!

"Andrés se quedó mudo de emoción durante tres minutos."

Algunos años después se recibió de economista, y hoy cursa el doctorado en Estados Unidos.

Andrés habría podido lamentarse de todos los obstáculos que tenía ante sí: "Soy pobre", "Es muy difícil", "Nadie lo ha logrado", pero en vez de eso se concentró en las cosas que podía controlar: su actitud, su iniciativa y su meta.

CÓMO ELEGIR LA UNIVERSIDAD ADECUADA

¿Cuál es la universidad adecuada para ti? Sólo tú puedes decidirlo. Pero esto es lo que no debes hacer: no elijas una universidad porque un amigo tuyo va allí, ni porque es famosa por sus fiestas. Hay cosas más importantes que considerar, como lo difícil que es el ingreso, su nivel académico y ubicación, cómo es el campus, cuánto cuesta, si se puede vivir en ella y cómo, y por qué es reconocida. Si piensas cursar, por ejemplo, una licenciatura en música, busca un conservatorio u otra escuela especializada.

Elegir la universidad adecuada es una gran decisión, así que asegúrate de revisar todas las opciones. Tal vez te convenga:

- *Asistir a una feria universitaria.*
- *Hablar con tus padres.*
- *Hablar con varias personas que asistan o hayan asistido a esa escuela. Pregúntales qué les gusta de ella y qué no.*
- *Leer folletos de universidades y visitar sus sitios de Internet.*
- *Visitar el campus, lo cual te dará la mejor perspectiva posible. Recorre los pasillos, asiste a un par de clases, ve a la biblioteca y a los dormitorios.*

- *Prueba a tomar un curso de nivel universitario impartido a alumnos de segundo y tercero de preparatoria, que además puede darte créditos tanto de preparatoria como de licenciatura.*

CÓMO CONSEGUIR LA ADMISIÓN

Entonces, ¿cómo conseguir que te acepten en la escuela elegida? Aunque varía en cada universidad, todas buscan las mismas cosas básicas, entre ellas:

Deseo: ¿Cuánto deseas el ingreso? Si te entusiasma mucho, se notará en tu solicitud y en la entrevista. El entusiasmo no se puede fingir.

Puntuación en los exámenes: ¿Qué nota obtuviste en el examen de evaluación académica, en el de admisión o en cualquier otra prueba estandarizada?

Calificaciones: ¿Cuál es tu promedio general? ¿Tomaste algún curso difícil?

Actividades extraescolares: ¿En qué otras actividades —deportes, clubes, teatro, banda, eclesiásticas o comunitarias— participaste?

Servicio: ¿Has sido voluntario en causas nobles?

Cartas de recomendación: ¿Qué piensan los demás de ti? Pídeles las cartas a personas que te conozcan bien; no acudas sólo a gente influyente. Además, elige personas que sepas que te darán una carta sobresaliente, no sólo buena. No te arriesgues en esto.

Aptitud para comunicarte: ¿Cómo te expresas por escrito (con base en tus trabajos de solicitud) y verbalmente (con base en las entrevistas que hacen algunas escuelas)?

Si tu promedio general o tu calificación en el examen es menor de lo que quisieras, no temas. Puedes ingresar a una buena escuela si tienes otras cualidades. Las oficinas de admisión consideran el conjunto, no sólo un aspecto. También buscan tendencias. Por ejemplo, si empezaste mal en la escuela, pero terminaste mucho mejor, es un punto a tu favor.

Si eres un capullo tardío que salió muy mal en la escuela pero ahora quiere ir a la universidad, convéncete de que puedes lograrlo. Recuerda: las universidades son un negocio, quieren tu dinero y siempre están en busca de alumnos nuevos. Quizá no entres a la mejor ni a la de tus sueños, pero existen otras muchas escuelas buenas.

CÓMO PREPARARTE PARA UNA PRUEBA ESTANDARIZADA

En la vida hay sólo dos cosas más difíciles que presentar un examen estandarizado: estacionar un coche y comer hígado. No me parecía justo que todo mi futuro dependiera del resultado de una prueba de cuatro horas. Me sentí mejor pensando que a los corredores olímpicos se les dan apenas 10 segundos para decidir su futuro; yo al menos tenía cuatro horas.

¿Cómo puedes prepararte? Es fácil. En tercero de preparatoria elige un área desafiante con cursos que amplíen tus miras y te enseñen a pensar. No hay alternativa.

A diferencia de las demás pruebas, no puedes estudiar deprisa para el SAT, el ACT o cualquier otra prueba estandarizada, así que empieza a practicar meses antes de presentar el examen. Hay múltiples recursos que te ayudarán. Sólo entra en tu buscador de Internet favorito, como Google, y escribe "preparación para el SAT" o "preparación para el ACT". Aparecerán suficientes fuentes de consulta para elegir entre ellas. Muchas son gratis.

FoxTrot © 2003 Bill Amend. Reproducido con permiso de Universal Press Syndicate. Derechos reservados.

Un error común que cometen los adolescentes al estudiar es que practican durante lapsos cortos, una hora por aquí y otra por allá. Recuerda que estas pruebas duran unas cuatro horas y debes preparar la mente para concentrarte todo ese tiempo. Te aconsejo hacer al menos dos ensayos generales. Si la prueba es de las 8:00 a.m. a las 12:00 p.m. un sábado, entonces haz un ensayo completo de las 8:00 a las 12:00 un sábado, por lo menos dos veces. Así, cuando presentes la prueba no habrá sorpresas.

Ten presente que, en general, puedes presentar estas pruebas cuantas veces quieras. Saber esto puede ayudarte a no tener miedo la primera vez que la presentes. ¡Ah, duerme bien la noche anterior y desayuna! Eso también ayuda.

CÓMO PAGAR TUS ESTUDIOS

La universidad es cara. Lo bueno es que hay un sinfín de becas y subvenciones. En su libro *How to Go to College Almost for Free* ("Cómo ir a la universidad casi gratis"), Ben Kaplan explica cómo lo hizo.

La realidad me golpeó, y fuerte, un día en primero de preparatoria, mientras hojeaba unos lustrosos folletos y soñaba con fabulosas aventuras universitarias. Entonces pensé en el dinero que me costaría hacer realidad ese sueño.

Esperaba inscribirme en una de las mejores universidades, pero ¿cómo iba a pagar los cientos de miles de dólares que costaba estudiar allí?

Un día, en el centro vocacional de mi preparatoria, me topé con un montón de coloridas solicitudes para un programa nacional de becas llamado Discover Card Tribute Awards. Al tomar una solicitud se me agolparon las preguntas en la cabeza: ¿Habría muchos programas como ése? ¿Tendría alguna posibilidad de aprovecharlos un chico como yo, que venía de una preparatoria pública de Eugene, Oregon?

A pesar de mis dudas decidí hacer el intento: escribí dos trabajos cortos, llené el formulario con esmero y conseguí algunas cartas de recomendación.

A la vuelta de dos meses recibí una carta que me cambió la vida: "¡Felicidades!", decía. "Ganaste una beca de 2500 dólares". Y no sólo eso. A las pocas semanas recibí una llamada telefónica para avisarme que, además de esa suma, que era una subvención estatal, ¡había ganado una nacional de 15000 dólares! Mis padres se pusieron a bailar de gusto por toda la casa.

Luego hice otro descubrimiento decisivo: muchas otras instituciones y grupos comunitarios están impacientes por donar dinero para sufragar estudios universitarios. Así que llené más formularios, escribí más trabajos, conseguí más cartas de recomendación y empecé a participar más en actividades escolares y comunitarias. Solicitar las becas me costó mucho trabajo, y perdí varios concursos, pero mi perseverancia dio frutos: cuando por fin entré en la universidad, había solicitado una treintena de becas y reunido casi 90 000 dólares en subvenciones que podía usar en la universidad que quisiera. Con ese dinero pagué casi toda mi educación universitaria.

Como descubrió Ben, abunda el dinero de todo tipo de instituciones para financiar la educación universitaria. La mayoría de las becas son de dos tipos: las basadas en la necesidad, dirigidas a adolescentes de familias pobres, y las basadas en el rendimiento académico, que son para todo tipo de talentos, no sólo por sacar buenas calificaciones y salir bien en los exámenes, aunque también las hay para eso.

Para saber más, te aconsejo acudir al orientador vocacional de tu preparatoria, comunicarte con el departamento de apoyo financiero de la escuela a

la que deseas ingresar o que compres el libro de Ben Kaplan. (Para obtener más información, visita la Oficina de Ayuda en la página 308.)

Que la falta de dinero no sea el motivo para no asistir a la universidad; no lo permitas. Si necesitas pedir un préstamo y trabajar mientras estudias, hazlo. Se compensará con creces. Hay sólo dos cosas por las que vale la pena endeudarse: una casa y la educación.

Busca tu vocación

"¿Qué quieres ser de grande?", les pregunté a unos niños. Respondieron:

- *"Quiero ser uno de esos repartidores del camión café que lleva cajas a las casas."* —Nathan, 6 años
- *"Quiero ser feliz."* —María, 10 años
- *"Quiero ser maestra de arpa y mamá."* —Elizabeth, 11 años
- *"Quiero ser repartidor de pizzas."* —Miguel, 8 años
- *"Creo que sería divertido ser físico nuclear."* —Pedro, 11 años
- *"De verdad, de verdad, de verdad quiero ser técnico en computación."* —Miguel, 11 años
- *"Quiero ser fotógrafa y viajar a todas partes, tal vez hasta al espacio."* —Daysa, 10 años
- *"Quiero ser veterinario de especies exóticas."* —Taylor, 10 años

Cuando yo era adolescente, si alguien me lo hubiera preguntado, le habría dicho: "No tengo ni idea". En ese entonces apenas intentaba decidir a quién invitaría al baile de graduación de secundaria.

Pero al acercarse el final de la preparatoria es hora de empezar a pensar en qué quieres ser de grande. No digo decidirlo, sino empezar a pensarlo. Tu meta última debe ser comenzar a labrarte una carrera o profesión, en vez de conformarte con una serie de empleos que no conducen a nada.

La clave es encontrar tu vocación. No me refiero a la vida religiosa, sino a encontrar lo tuyo, tu nicho, aquello para lo que naciste.

Imagina cuatro círculos.

¿Para qué soy muy bueno?
Esto es talento.

¿Qué me encanta hacer?
Esto es pasión.

¿Qué necesita el mundo tanto como para pagarme por hacerlo?
Esto es necesidad.

¿Qué siento que debería hacer?
Esto es conciencia.

El lugar donde los cuatro círculos se superponen representa tu vocación. Piensa en ellos cuando empieces a decidir a qué universidad asistir, qué empleos aceptar, qué área de estudios cursar, etc. Ante todo querrás que tu profesión concuerde con tu vocación.

Los cuatro círculos son importantes. Por ejemplo, puede ser que te encante la música (pasión) e incluso seas bueno para cantar o tocar un instrumento (talento), pero también debes discurrir una manera de vivir de ella (necesidad). Tu probabilidad de llegar a ser una estrella del rock es de una en diez mil, así que no apuestes a eso. En cambio, podrías ganarte la vida enseñando canto o un instrumento, o componiendo música para anuncios de televisión y películas.

De igual manera, no querrás acabar en una profesión que pague bien (necesidad), pero que no te haga feliz (pasión) o no requiera de tus dotes (talento).

Tal vez sientas, muy en el fondo, que debes hacer algo especial con tu vida (conciencia). Por ejemplo, Ben Kaplan, el que discurrió la manera de ir a la universidad gratis, hoy se dedica a ayudar a los jóvenes a conseguir subvenciones y becas para que ellos también puedan ir a la universidad. Ésta es la causa especial de Ben, motivada por su conciencia.

Yo tuve una agradable plática con Brinlee, una joven de California que, al descubrir su vocación, pudo cambiar su vida, y ahora está en vías de labrarse una profesión.

Cuando comencé la preparatoria me inscribí en un programa de excelencia académica de la escuela. Entonces era muy ambiciosa, pero de pronto mi mundo se vino abajo: tuve problemas familiares, y luego mi mejor amiga me traicionó. Pensaba que todos me odiaban.

Recurrí a las drogas y el alcohol, y empecé a frecuentar malos amigos y a desvelarme mucho. Mi promedio y mi desempeño académico se derrumbaron. Después de varios meses así, me desperté un día aturdida por la droga de la víspera y pensé: "No puedo seguir así toda la vida". Ese día una prima mía me regañó en tono muy enérgico. Me dijo: "Tu mamá reza todos los días, ¡y tú eres tan lista! ¿Qué pasa contigo? A mí me ocurrió lo mismo, y no puedes desperdiciar así tu vida porque tienes mucho a tu favor".

Dejé de drogarme al instante. Era adicta al alcohol, pero después de ver a mi papá, que también era alcohólico, decidí que no quería ser como él y acabé por dejar la bebida.

Pasé a segundo año y pensé: "Tengo que cambiar, tengo que hacer las cosas como se debe". Entonces decidí participar en el periódico escolar. En la secundaria me encantaba escribir cuentos; se los enseñaba a mis amigos y exclamaban: "¡Qué buena historia!" Y yo contestaba: "No es más que una tontería que escribí". Y ellos insistían:

"¡No, de veras es bueno! En serio".

Tomaba un curso de periodismo y empecé a escribir unos cinco cuentos por número. El asesor del periódico me dijo: "¡Guau, me asombras!" Durante años trabajé como loca. Ahora, en el último año de preparatoria, dirijo el periódico escolar. También trabajo en un periódico de mi localidad, y quiero ser editora.

Es agradable encontrar algo para lo que eres bueno, porque te hace olvidar las partes negativas de tu vida. Te mantiene ocupada y te divierte al mismo tiempo. Ayer, cuando volvía en coche a casa, pensé: "¡Vaya, qué feliz soy!"

Brinlee ha empezado a encontrar su vocación. Tú podrías tardar mucho más. Ten paciencia. Yo no supe lo que quería hacer con mi vida hasta algunos años después de la universidad. He aquí algunos asuntos que podrías tener en cuenta para ayudarte a encontrar tu vocación.

EXPLORA AMPLIAMENTE

"Explora en grande, pero cultiva en pequeño", dice un refrán. No sabrás si algo te gusta hasta que lo hayas probado. Por eso, mientras estés en la preparatoria, toma cursos muy diversos. Hay una amplia gama de materias que elegir. Encierra en un círculo las que te interesen.

aeróbics	astronomía
baile de salón	cerámica
diseño de moda	composición literaria
historia y literatura del cine	alimentos
joyería	periodismo (periódico escolar)
lecciones de música	asesoría a compañeros
fotografía	Shakespeare
lenguaje de señas	mercadotecnia de espectáculos deportivos
hábitos de estudio	producción de televisión y videos
levantamiento de pesas	anuario escolar

También hay muchos clubes o equipos a los que puedes afiliarte. Encierra en un círculo los que te interesen.

desafío académico	banda escolar
animadoras de deportes	club de ajedrez
coros	guardia de honor
sociedad empresarial	club de la moda
ciencia forense	pesca
hábitat para la humanidad	club de carreras de la salud
banda de jazz	club de entretenimiento
clubes de idiomas	liga de matemáticas
litigios simulados	modelo de la ONU
multicultural	programa de compañeros mentores
consejo estudiantil	
	compañía de teatro

Mira a tu alrededor. A veces un solo hecho puede detonar algo dentro de ti, como le ocurrió a Justin.

Un día mi papá me llevó un programa de arquitectura en tercera dimensión para la computadora, sabiendo que siempre me ha gustado el diseño. Me dijo que lo instalara y me divirtiera. Ése fue sólo el principio. En primero de secundaria el maestro de álgebra nos dijo que, como proyecto final, diseñaríamos una casa. Yo estaba embelesado. Me puse a trabajar al día siguiente y terminé una semana antes del plazo. Saqué una calificación de 99 por ciento. De ahí me nació el deseo de diseñar más casas. Un día diseñaré y construiré el rascacielos más alto del mundo.

También querrás explorar trabajos distintos, cuando sea posible. En vez de solicitar el mismo empleo de verano cada año, prueba algo diferente y, si eres audaz, intenta iniciar un negocio propio y volverte un empresario adolescente. A continuación, dos ejemplos de empresarios adolescentes, reseñados en una revista para pequeñas empresas llamada *The Costco Connection*.

```
Christopher Haas Enterprise
Christopher Haas
Temucula, California
```

Chris, de 17 años, siempre fue bueno para el basquetbol, a diferencia de la mayoría de sus compañeros. "Noté que muchos chicos tiraban mal porque no sabían tomar el balón", cuenta. Así que fue a su cochera, metió las manos en pintura y las puso sobre una pelota.

No sospechaba que su idea era genial: las huellas impresas en el balón mostraban exactamente cómo sostenerlo para lanzarlo. Hoy en día, muchísimas tiendas de artículos deportivos venden la pelota Hands-On Basketball y el balón Hands-On Football. De hecho, Chris ha vendido más de un millón de unidades de la Hands-On Basketball. El éxito no fue instantáneo, recuerda. "Me rechazaron 12 compañías en el lapso de año y medio, hasta que una decidió arriesgarse con mi invento."

Ahora Chris ha ganado suficiente dinero para pagar sus estudios universitarios y los de su hermano y su hermana, que colaboran con él en el negocio familiar.

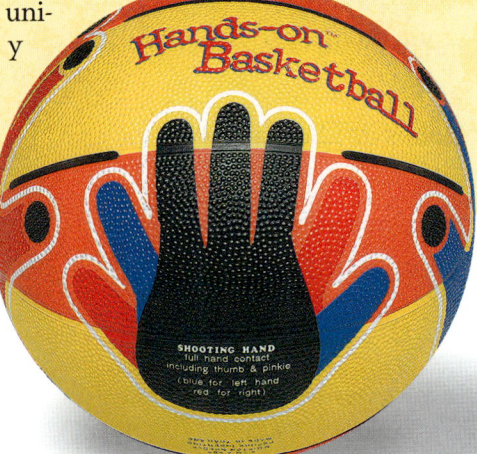

Foto usada con permiso de Sportime, LLC.

La granja del chocolate
Elise y Evan Macmillan
Denver, Colorado

Elise, hoy de 14 años, aprendió de su abuela a hacer chocolates cuando apenas empezaba a caminar. Pocos años después hizo y vendió algunos animales de chocolate en una feria juvenil en Denver.

"Pensamos que venderíamos el chocolate sólo un día, pero a todo mundo le encantó", cuenta. "Lo vendimos todo y, como la gente preguntaba cómo podía conseguir más, decidimos hacer negocio."

Elise combinó su talento con el de su hermano Evan, de 16 años, un mago de las computadoras. Ella empezó a inventar recetas de chocolate inspiradas en animales de granja, mientras Evan diseñaba una página de Internet interactiva donde la gente podía enviar por correo electrónico sugerencias de recetas y otras opiniones. Les empezaron a llover pedidos.

Ahora, www.chocolatefarm.com recibe unas 10 000 visitas al día y se ha convertido en un negocio floreciente. ¿Qué hacen con tanto dinero? Pues, además de patrocinar un programa local de becas, ahorran para la universidad y reinvierten en el negocio.

Foto de Jason McConathey

ABRE LOS OJOS A LA SERENDIPIDAD

Dos de mis palabras favoritas son plétora y serendipidad. Plétora significa "infinidad", mientras que serendipidad quiere decir "accidente feliz", suceso inesperado que resulta bien. Muchas veces la serendipidad puede ayudarnos a descubrir nuestra vocación.

Cuando me probaron para el equipo de futbol americano de primer año de la Preparatoria Provo, yo quería ser *running back*, pero al ver que no había *quarterback* el entrenador me asignó ese puesto. "¿Quarterback? ¡Qué posición tan tonta!", pensé. Para no hacer el cuento largo, jugué de *quarterback* en la preparatoria y conseguí una beca para serlo también en una importante universidad donde tomé un curso con un profesor que me animó a especializarme en letras, lo cual me llevó a escribir libros, y esto, a su vez, transformó mi profesión. Si me hubiera quedado de *running back*, quizá no habría jugado futbol americano en la universidad (no era lo bastante veloz), difícilmente habría conocido a ese profesor y todo lo demás no habría ocurrido. Ahora me alegro de que el entrenador de la preparatoria haya visto en mí algo que yo no veía. ¿No es éste un accidente feliz?

Debes estar atento a que la serendipidad se manifieste en forma de una oportunidad inesperada, un accidente, un vuelco del destino o una persona que ve en ti algo que tú no ves. Muchas veces la piedra con la que tropezaste al crecer se convierte en la piedra angular de tu futuro. Un amigo mío, John, tuvo enormes problemas de autoestima cuando adolescente, pero hoy es un escritor de gran éxito. ¿Quién iba a decir que la mayoría de sus libros tratan de cómo salir adelante en la adolescencia? Unas veces planeamos nuestra profesión y otras tropezamos con ella.

PIENSA PROFUNDAMENTE

Te sorprendería saber cuántas personas acaban en callejones sin salida profesionales porque nunca se dieron tiempo para pensar a qué querían dedicarse. ¿En qué debes pensar? Debes pensar en lo que te encanta hacer y en lo que detestas, en cuánto dinero quieres ganar y en el estilo de vida que deseas. Si quieres ser tu propio jefe, hazte empresario. Si no te gusta mudarte y desarraigarte constantemente, no te enroles en el ejército.

Mi cuñado Matt lo hizo bien. Decidió que quería ser médico, pero no sabía de qué especialidad. Entonces, en la universidad y la facultad de medicina, investigó con detenimiento varias especialidades. Habló con médicos de todo tipo y les preguntó qué vida llevaban, qué les gustaba y qué les disgustaba de su trabajo. Aunque le atraía la cirugía ortopédica, los especialistas que conoció llevaban una vida caótica y trabajaban muchas horas al día. De modo que eligió ser médico familiar, con lo que podría ganar bien y a la vez llevar una vida más equilibrada.

Quizá lo más importante de todo es que hagas algo que te encante. Me gusta cómo lo expresó Maya Angelou:

> Sólo puedes volverte **un profesional consumado** en algo que te fascine. No hagas del dinero tu meta. Mejor haz las cosas que **te encantan,** y hazlas tan bien que no dejes de llamar la atención.

Aunque el dinero no lo es todo, es un punto importante y algo que debes tener en cuenta. Analiza la siguiente tabla para comprender mejor tus opciones:

NIVEL PROFESIONAL	$ INGRESO	PREPARACIÓN REQUERIDA	TIPOS DE TRABAJO
Profesiones	Mucho dinero: nivel de vida alto	Preparatoria (necesaria) Licenciatura (en general necesaria) Maestría (en general necesaria) Doctorado (a menudo necesaria)	Contador público, programador, abogado, arquitecto, administrador, profesor universitario, ingeniero, médico, dentista, empresario exitoso, banquero
Carreras técnicas	Buen dinero: nivel de vida medio	Preparatoria (necesaria) Licenciatura (en general necesaria) Maestría (a veces necesaria)	Programador, policía, jefe de mecánicos, diseñador, piloto, electricista, granjero, analista financiero, vendedor de bienes raíces, maestro de primaria o secundaria, enfermero
Oficios	Dinero suficiente: nivel de vida medio-bajo	Preparatoria (necesaria) Licenciatura (en general necesaria)	Carpintero, mecánico, obrero, supervisor de tienda, chofer de camión, asistente administrativo, vendedor de seguros, vendedor de coches, soldado
Empleos no calificados	Poco dinero: nivel de vida bajo	Preparatoria (a veces necesaria)	Dependiente de tienda, empleado de restaurante, mesero, obrero, albañil, velador, jardinero, guardia de seguridad, empleos de medio tiempo

Seré claro. Lo que gana cada quien y el tipo de trabajo que desempeña no tiene nada que ver con lo que vale. Todo trabajo es digno, lo mismo los bien pagados (como el de médico) que los mal pagados (como el de cajero de supermercado). El punto es que una educación superior te da más opciones. La mayoría de las personas con trabajos mal pagados no están en ellos por elección sino por necesidad. Preferirían un empleo mejor remunerado, pero no pueden conseguirlo porque no tienen las aptitudes necesarias.

EL BUSCADOR DE VOCACIÓN

Para ayudarte aún más a descubrir tu vocación, realiza la actividad del Buscador de Vocación en las siguientes cuatro páginas.

TIERRA DE LA PASIÓN

5 ¿Qué es lo que siempre me ha gustado hacer desde niño?

6 ¿Qué es lo que más disfruto de la escuela? ("Nada" no es respuesta.)

7 Si no tuviera problemas de dinero, ¿a qué me dedicaría?

8 Si algún día fuera famoso, ¿por qué lo sería?

¡EUREKA!

TIERRA DE LA CONCIENCIA

13 ¿Cómo puedo ayudar y servir mejor a los demás?

14 ¿Qué me pide la vida?

15 ¿Hay algo que siempre haya sentido que debo hacer, aunque haya ignorado estos pensamientos? ¿Qué es?

16 ¿Cuál sería mi perdición si me descuido?

Paciencia, querido

Si aún no tienes ni idea de a qué quieres dedicarte, relájate. No hay prisa. No tienes que decidir hoy tu profesión, tu licenciatura ni nada más. Basta con que te mantengas atento y tomes conciencia de lo que te apasiona. Toma nota escrita o mental de lo que haces bien.

Una vez hablé con unos adolescentes de Seúl, Corea del Sur, sobre la vocación, y una chica preguntó: "¿Y si lo que te gusta hacer no coincide con lo que sientes que deberías hacer?" Buena pregunta. Le respondí: "La conciencia es lo primero, antes que el talento, la pasión y la necesidad. Pon especial atención a tu intuición: te llegará en forma de sentimientos, impresiones e ideas".

EL TRABAJO DE TU VIDA

Cuando naciste, el trabajo de tu vida nació contigo. En otras palabras, creo que todos tenemos una finalidad en el mundo y algo especial que debemos hacer. Me encanta cómo lo expresa la conductora de televisión Oprah Winfrey:

> *Ten el valor de seguir tu pasión, y si no sabes cuál es, comprende que una razón de tu existencia en la tierra es descubrirla. No te llegará en forma de un anuncio especial ni a través de una zarza en llamas como a Moisés. El trabajo de tu vida consiste en encontrar el trabajo de tu vida, y luego tener la disciplina, la tenacidad y la dedicación necesarias para ejercerlo.*

¿Cómo saber si estás en el camino correcto, con la persona indicada o en el empleo adecuado? Tal como sabes cuando no lo estás: lo sientes. Cada uno de nosotros está llamado a la grandeza, y como tu llamado es tan particular como tu huella digital, nadie puede decirte cuál es.

Presta atención a lo que te hace sentirte lleno de energía, comunicado, estimulado: aquello que te apasiona. Haz lo que te gusta, retribúyelo con servicio y habrás hecho algo más que tener éxito. Habrás triunfado.

Hoy se considera a Oprah una de las mujeres más influyentes del mundo, pero no siempre fue así. Nació en la pobreza, hija de una madre soltera. La crió su abuela y sufrió abusos y una grave discriminación racial en la niñez. A pesar de todo, siempre sintió que tenía algo especial que dar al mundo. En el transcurso de muchos años, poco a poco encontró su vocación: ¡ayudar a las mujeres a llevar una vida más plena y satisfactoria!

"Claro", debes de estar diciendo, "pero yo no soy Oprah." De acuerdo, no lo eres, pero tienes cualidades y dones únicos, que nadie más posee. Y sin duda hay algo especial que puedes hacer con tu vida y que nadie más puede. Hay muchas maneras de servir y contribuir: en la escuela, en el trabajo o entre las cuatro paredes de tu casa.

Escribir una declaración de misión puede ser una manera excelente de expresar tu vocación. La siguiente declaración, de una alumna de preparatoria de Kuala Lumpur, Malaisia, expresa a qué quiere dedicarse de grande y su plan educativo para lograrlo:

Declaración de Misión

Contadora, abogada, doctora, científica

Londres

Oxford

Cambridge

Gran Bretaña

Castillo

Salón Malaisio

Puente de Londres

Big Ben

Plaza Trafalgar

Torre

Estudiar mucho

ÉXITO

EL ERNOME PDOER DE LA METNE HUNAMA

Según un etsuido de la Unvierisdad de Cabmrigde, no importa el odren de las lertas de una plabara, con tal de que la primrea y la útlima estén en el lugar corertco. El rteso pedue etsar en coplmeto desroedn y aun así prodás leer sin problema. Etso se dbee a que la metne hamnua no lee cdaa ltrea snio la pralaba erenta.

¡Qué maravilla! ¡Y yo que simepre pesné que la otrorgaífa era ipromtnate!

Tu mente es de veras fenomenal. No la desperdicies; edúcala. Después de todo, lo que hagas con esa masa de materia gris que tienes entre las orejas es una de las 6 decisiones más importantes que tomarás en la vida. Espero que elijas el camino correcto quedándote en la escuela, dedicándole tu mayor esfuerzo (aunque no tengas ganas) y preparándote para la universidad y para una gran carrera basada en aquello que naciste para hacer. Si llevas años deambulando por el camino equivocado, desvíate al correcto hoy mismo. Claro que tendrás que ponerte al corriente, pero más vale tarde que nunca.

Alicia, de la Preparatoria Allen East, lo expresó así: "La educación es como la red de seguridad del circo. Si te caes durante el acto, te salva la vida". Coincido totalmente. Con preparación, puedes perder el empleo y encontrarás otro. La seguridad laboral no es tener un empleo fijo, sino ser capaz de conseguir un buen trabajo en cualquier momento y en cualquier lugar porque vale la pena darte empleo, porque sabes agregar valor y, como dijo Napoleón Dinamita, porque tienes "grandes aptitudes".

PRÓXIMAMENTE

¿Tienes que lidiar con chicas malas y con bravucones? Nos ha ocurrido a todos. Más adelante, entérate de cómo sobrevivieron otros.

PASO A PASO

Unas palabras sobre el paso a paso

Al final de cada capítulo he incluido una lista de 10 pasos pequeños y sencillos que puedes dar de inmediato para aplicar lo que acabas de leer. Pruébalos todos o elige sólo los que te interesen. Si quieres saber más sobre el origen del paso a paso, ve la película *What About Bob?*, protagonizada por Bill Murray. ¡Es divertidísima!

1. Si piensas dejar la preparatoria, prepárate para el futuro repitiendo todos los días en voz alta: "Quiero tener trabajos mal pagados toda mi vida".

2. Enumera tres beneficios de terminar la preparatoria e ir a la universidad.

_____

_____

_____

3. Una noche de esta semana, duerme ocho o nueve horas seguidas y comprueba lo bien que te sientes en la escuela al otro día.

4. Acepta el **"Desafío sin pantallas"** durante una semana. Pasa siete días completos sin televisión, películas, computadora, videojuegos, etc., y comprueba cuánto tiempo ahorras. Está permitido usar la computadora para las tareas.

5. Si pudieras ir a cualquier parte del mundo, ¿a dónde irías? Haz una lista rápida de ideas sobre cómo llegar allí algún día.

    Ideas:

_____

_____

_____

6. Si alguno de tus maestros ofrece puntos extras, ¡acepta el reto!

7. Haz todo lo posible por entablar una buena relación con uno de tus maestros.

Saluda, *pregunta,* sé amigable, haz un cumplido.

8. Establece tu propio horario para hacer la tarea y dale prioridad. Aparte, dedica determinadas horas todos los días para estudiar.

DÍA	MI HORARIO DE ESTUDIO
LUNES	
MARTES	
MIÉRCOLES	
JUEVES	
VIERNES	
SÁBADO	
DOMINGO	

9. Piensa en algún conocido que tenga un empleo que quisieras desempeñar algún día. Pídele permiso de acompañarlo durante un día de trabajo.

10. ¿Sobre qué tema quisieras saber más?

_____

¿Cómo podrías aprender más?

Libros y revistas que leer: _____

_____

Sitios de Internet que explorar: _____

_____

Personas con quienes hablar: _____

_____

Lecciones o cursos que tomar: _____

_____

Lugares que visitar: _____

_____

AMiGOS

¡Qué simpático...
y voluble!

Las 10 cosas más importantes que debes saber sobre los amigos...

10. Todos agradecen una llamada telefónica o una tarjeta. Lo supe cuando estuve hospitalizado.
— John Greene, 19 años, Dublín, Irlanda

9. Que no te intimiden las animadoras ni los deportistas.
— Kristin Peters, 17, Layton, Utah

8. Está bien guardar secretos entre amigos porque todos necesitan privacidad, pero no se vale engañar.
— Jenny Fann, 16 años, Taipei, Taiwán

7. Atrévete a decirles a tus amigos que se equivocan en su esquema de que ser malo es lo actual.
— Tsukasa Tsunoda, 15, Machida, Japón

6. Nunca olvides tus valores y principios.
— Juana, 17, Long Beach, California

5. Da apoyo y ánimo a tus amigos.
— Preyma Palansiamy, 17, Selangor, Malaisia

4. Cada quien es único, así que no tiene sentido no ser tú mismo. Tú eres tú, y nadie debe cambiarlo.
— Jane MacCallum, 15, Gullane, Escocia

3. Las amistades no se hacen en uno o dos días.
— Karla Mancilla Hinojosa, 18, Ciudad de México, México

2. A veces discutir con los amigos es normal y necesario.
— Belmn Llerena Mudiz, 15, Buenos Aires, Argentina

1. El trato nos hace parecer a la persona que tratamos. Si piensas que tus amigos son estúpidos y groseros, cambia de amigos, a menos que tú también quieras ser estúpido y grosero.
— Patrice Dean, 18, Vancouver, Washington

No camines delante de mí: quizá no te siga.
No camines detrás de mí: quizá no te guíe.
Camina junto a mí y sé mi amigo.

— Albert Camus, escritor

En toda mi vida he dado sólo un puñetazo... cuando golpeé a mi mejor amigo, Clar. Estábamos en segundo de primaria, jugando futbol entre los dos, y empezamos a discutir sobre las reglas. Me exasperé, lo derribé y le pegué en el ojo. Impresionado por lo que había hecho, me levanté de un salto y eché a correr mientras Clar lanzaba gritos.

Aunque le quedó el ojo morado durante dos semanas, di gracias de que me perdonara y me permitiera volver a ser su amigo. Nuestra amistad ha durado hasta el día de hoy.

Nada se compara con tener un mejor amigo, alguien con quien puedes ser tú mismo por completo. En palabras de un joven sabio: "Los amigos son el instrumento con el que Dios nos cuida". Aun así, los amigos a veces se vuelven en tu contra, cuentan chismes a tu costa o te irritan hasta el grado de querer noquearlos.

Hablemos, pues, sobre los **amigos,** la siguiente decisión que representa una bifurcación del camino.

¿A quiénes elegirás como amigos y qué clase de amigo serás? Puedes tomar el buen camino escogiendo amigos que te hagan crecer, siendo leal y manteniéndote firme ante las presiones negativas del grupo. O puedes tomar el camino equivocado eligiendo amigos que sean una mala influencia, siendo leal sólo en las buenas y cediendo a las presiones. Como ocurre en el caso de la escuela, aquello por lo que optas con respecto a los amigos no es una decisión, sino una serie de decisiones que tomas una y otra vez en el transcurso de muchos años.

PRUEBA SOBRE LOS AMIGOS*

Antes de seguir adelante responde este breve cuestionario.

ENCIERRA EN UN CÍRCULO TU ELECCIÓN	¡EN ABSOLUTO!				¡CLARO!
1. Tengo al menos un amigo verdadero.	1	2	3	4	5
2. Hago un esfuerzo por conocer gente y entablar amistades.	1	2	3	4	5
3. Los amigos con quienes me llevo tienen una buena influencia sobre mí.	1	2	3	4	5
4. Soy incluyente hacia los demás y no pertenezco a un círculo exclusivo.	1	2	3	4	5
5. No juzgo a otras personas antes de conocerlas.	1	2	3	4	5
6. Soy leal con mis amigos y no hablo de ellos a sus espaldas.	1	2	3	4	5
7. Perdono fácilmente a mis amigos cuando cometen errores.	1	2	3	4	5
8. Soy bueno para escuchar y no acaparo la conversación.	1	2	3	4	5
9. Soy amable con todo el mundo, no sólo con la gente que me cae bien.	1	2	3	4	5
10. Puedo resistir la presión de los compañeros y ser yo mismo.	1	2	3	4	5
TOTAL					

Suma tu puntuación para saber qué tal vas en este aspecto.

 Vas por el camino correcto. ¡Sigue así!

 Estás en medio de ambos caminos. Dirígete al camino correcto.

 Vas por el camino incorrecto. Pon especial atención a este capítulo.

Este capítulo te va a encantar. La primera sección, **Cómo superar los altibajos cotidianos de la amistad**, habla de los amigos volubles, las jóvenes crueles, los bravucones, la competencia y por qué nunca debemos centrar nuestra vida en los amigos. En **Cómo hacer y ser un amigo**, exploraremos los fundamentos de la amistad. Por último, **La presión de los compañeros** examinará cómo resistir las presiones negativas del grupo y construir un sistema de apoyo positivo propio.

Cómo superar los altibajos cotidianos de la amistad

Tarde o temprano, los amigos muestran su **CALIDAD MORAL**, es decir, qué clase de amigos son en realidad. Una chica llamada Madison me contó cómo la que había sido su mejor amiga durante tres años se volvió en su contra por ganarse la aprobación de un joven mayor:

Un día, la verdadera Bethany queda al descubierto...

Cuando estábamos en segundo de preparatoria, a mi mejor amiga, Shari, la buscaba un futbolista de tercero llamado Mitch, que tenía muy mala reputación. El futbol americano era muy importante en nuestra escuela y ella vio en Mitch su trampolín a la popularidad. Empezó a tratarme como si yo fuera una **mojigata** y a imitar las groserías de él. Como éramos amigas íntimas desde hacía años, decidí escribirle una carta en la que le confié que Mitch sólo quería usarla, y le advertí que por su culpa podía acabar mal.

Me di cuenta con horror de que Shari no sólo rechazó lo que le había escrito, sino que le mostró la carta a Mitch, quien se ofendió mucho porque yo lo había atacado de forma personal. Al otro día, acompañado de algunos de sus enormes compañeros futbolistas, me arrinconó en el comedor de la escuela y, delante de mis amigos y de todo el mundo, me gritó toda clase de insultos.

Lo que más me lastimó fue que Shari se quedó todo el tiempo detrás de él, riéndose, aunque había sido mi mejor amiga durante tres años y a él lo conocía desde hacía apenas un mes.

Reprimí todo lo que pude las lágrimas y salí corriendo a casa en vez de entrar a clase. Llevaba sólo unas semanas en esa escuela. Me sentía incapaz de volver a encarar a la gente.

Mis padres me calmaron y mi papá llamó por teléfono al subdirector, quien le advirtió a Mitch que no se me acercara. Eso sólo le echó leña al fuego. Al otro día me encontré con que Mitch había escrito una palabra obscena en mi casillero. Tal era mi vergüenza que falté a clase para borrarla.

Entonces tuve que decidir si permitiría que Mitch y Shari me arruinaran el año escolar. Mis padres me habían enseñado a responsabilizarme de mi vida en cualquier circunstancia, y decidí impedir que mi autoestima dependiera de ellos. Tomé las riendas y dejé de hacerle caso a Mitch, hasta que perdió el interés en molestarme.

Tal como me lo imaginaba, cuando encontró a otra chica bonita de segundo a quien explotar, desechó a Shari. Pero el daño estaba hecho: Shari se había ganado fama de "fácil" y ningún compañero decente quería salir con ella, y se quedó sin amigas íntimas porque las había abandonado mientras anduvo con Mitch. Al final se disculpó por lo que había pasado entre nosotras. Yo la perdoné y volvimos a ser amigas, pero ya nunca recuperamos la confianza perdida.

¿Te suena familiar? Casi todas las personas a las que conozco han tenido un "gran" amigo que enseña el cobre y los cambia por alguien a quien considera más popular. Si alguna vez te ha pasado, consuélate sabiendo que también les ha pasado a muchos otros. Compara la volubilidad de Shari en el relato anterior con la constancia de Curtis Walker en el siguiente:

De chico me costaba mucho hacer amistades. Los demás niños hacían como si no existiera o me molestaban. Siempre quise ser popular. Quienes sí me dirigían la palabra eran los niños a los que la mayoría trataba como bichos raros, igual que a mí.

Cuando entré en la preparatoria aumentó mi aptitud física y empecé a recibir algo de reconocimiento. Me admitieron por primera vez en mi vida en el equipo de futbol americano y parecía que por fin se me cumpliría el sueño de ser aceptado.

Los días de partido, los jugadores se ponían sus camisetas y andaban juntos. El día de mi primer partido tuve que tomar una importante decisión a la hora del almuerzo. Iba con mi bandeja buscando mesa y vi a los del equipo sentados juntos. Algunos que me conocían me hicieron señas de que fuera a sentarme con ellos.

Al acercarme, vi a mis viejos amigos sentados en otra mesa. Fue uno de esos momentos que duran una eternidad, pero de pronto supe quiénes significaban más para mí y fui a sentarme con ellos: los chicos con los que siempre había contado.

Hubo compañeros del equipo que ya no me trataron igual después de eso. Sé que me perdí muchas actividades con los alumnos populares de la escuela, pero al final valió la pena porque mi carácter se forjó ese día.

¿No te encantaría que Curtis fuera tu amigo? A propósito de la calidad moral de la gente, en un momento decisivo él se dio cuenta de que siempre contaría con sus viejos amigos, aunque perdiera su aptitud física. Espero que tú y yo siempre tengamos la valentía de ser como Curtis.

Lidiar con amigos volubles o inconsecuentes parece ser un desafío común de la amistad. Otras pruebas frecuentes son superar el juego de la popularidad, aguantar las pequeñas rarezas de los amigos, sobrellevar los chismes y a los bravucones, y padecer comparaciones y competencia.

A lo largo de esta sección hablaremos sobre cada uno de estos problemas. También te daré algunos consejos "salvavidas" en forma de pequeños recordatorios. Aquí está el primero:

 **Elige amigos constantes que te quieran por lo que eres, y no amigos volubles que te quieran por lo que tienes.**

¿EN QUÉ CENTRAS TU VIDA?

¿Cómo puedes lidiar con los amigos inconstantes? La clave es no hacer de los amigos el centro de tu vida. El centro de tu vida es lo que más te importa. Sea lo que sea, acaba por convertirse en un esquema, en los lentes por los cuales ves el mundo.

Los jóvenes tienen un sinfín de centros de vida posibles, pero los más comunes son las novias y los novios, los deportes, la popularidad y, por supuesto, los amigos. Hacer de ellos el centro de tu vida puede parecer buena idea, pero no lo es, porque los amigos son imperfectos, inestables y humanos. Se mueven, cambian y, a veces, se vuelven en tu contra. Si tu vida se centra en ellos, puede venirse abajo: tu bienestar emocional dependerá de cuántos amigos tienes o de cómo te han tratado últimamente, cederás a la presión negativa de tus compañeros o permitirás que los amigos se interpongan entre tus padres y tú.

A nadie le gusta que un amigo se vuelva posesivo y nos quiera sólo para él, pero eso es lo que ocurre cuando centramos nuestra vida en los amigos. Si quieres perder a tus amigos, centra tu vida en ellos. Como lo expresó el joven escocés Paul Jones:

> "Da espacio a tus amigos y **no te aferres** a ellos; si vale la pena conservarlos, siempre contarás con su apoyo."

Si los amigos no son buenos centros, ¿qué lo es? Los principios, esas leyes naturales duraderas e invariables, como la honestidad, el respeto y la responsabilidad. A diferencia de los amigos, los principios nunca fallan; no chismorrean sobre ti ni te dan la espalda. No te dejan con la palabra en la boca. Y lo mejor de todo: haz de los principios el centro de tu vida y todo lo demás se acomodará solo, incluidos los amigos. Más aún, si pones en primer lugar los principios, harás más amistades y serás mejor amigo. Irónico, pero cierto, porque tu seguridad no vendrá de fuera, sino de dentro. Serás estable y a todo el mundo le gusta estar con gente estable.

Haz todos los amigos que puedas, pero nunca centres tu vida en ellos.

¡TODO ES CUESTIÓN DE POPULARIDAD!

¿Qué te viene a la mente al oír la palabra *popularidad*? ¿Es algo que anhelas, o la sola idea de ello te da náuseas? Pues, como casi todo, la popularidad tiene su lado bueno y su lado malo.

Por el lado malo, el término *popular* se refiere a gente presumida, petulante, mimada, que se cree mejor que los demás, como esos chicos bien parecidos que dicen las cosas apropiadas y usan la ropa correcta. Aunque se sienten adorados por todos, muchos los odian, de modo que en realidad son populares sólo entre ellos. La popularidad se ha vuelto el centro de su vida. Me recuerdan al musical *Wicked*, donde la vanidosa bruja Glinda intenta enseñarle a su nueva amiga, Elphaba, cómo volverse popular como ella:

> "¡POPULAR!
> ¡Vas a ser popular!
> Sabrás trucos efectivos
> para atraer chicos;
> cómo flirtear y moverte,
> y qué zapatos llevar,
> modos de peinar,
> cuánto debes conocer
> para ser popular."

Por el lado bueno, todos conocemos personas queridas y respetadas porque son de verdad decentes: amigables con todos, sencillas y que a menudo se han esforzado mucho para destacar en algo. Mi amigo Duane era una de esas personas. Todas las chicas de la preparatoria en la que íbamos lo designaron el "preferido". Era un gran deportista, y no por eso dejaba de ser amable con todos. Era popular en el mejor sentido de la palabra. Y es que la popularidad en sí no es mala; se vuelve mala cuando quien la tiene empieza a sentirse mejor que los demás.

¿Qué pasa entonces si eres una buena persona, pero no eres popular? No te preocupes. No centres tu vida en la popularidad ni intentes volverte popular por la popularidad misma. Las cosas no funcionan así. Mejor sé tú mismo. Concéntrate en ello y te pasarán cosas buenas. Si sobre la marcha adquieres popularidad, qué bien; si no, también. Después de todo, la popularidad es un adorno secundario, no primario, de la grandeza. Se basa en cosas externas que el mundo atribuye a las personas grandes: fama y fortuna, belleza y músculos, todo lo cual no tiene nada de malo, pero que al final resulta no ser tan importante ni duradero.

La grandeza primaria, en cambio, no es lo que se ve en el exterior, sino lo que está dentro. La grandeza primaria es tu carácter: quién eres realmente. Eso sí es duradero.

Más aún, toda la idea de la popularidad parece estar desapareciendo. Antes, la única manera de volverse popular era siendo deportista o animadora de partidos. Ya no es así. Gracias a una explosión de actividades extracurriculares, no está tan claro quién es popular y quién no. Hay muchas maneras de serlo.

LUCKY COW     MARK PETT

No intentes ser popular. Mejor sé tú mismo; sé amable con todos y te pasarán cosas buenas.

DE ABEJAS Y LETRAS GRIEGAS

En un artículo clásico de *Newsweek*, Susannah Meadows analiza el libro *Queen Bees & Wannabes* ("Abejas reinas y aspirantes al trono"), de Rosalind Wiseman, que trata de la popularidad y la aceptación del grupo. Wiseman describe a tres tipos de chicas de preparatoria a las que estudió, designándolos *alfa*, *beta* y *gama*, grupo este último que no siempre se destaca. (Por cierto, alfa, beta y gama son los nombres de las tres primeras letras del alfabeto griego.)

Las alfa son las abejas reinas, aquellas para quienes la popularidad lo es todo: protegen su círculo a toda costa y expulsan de él a quienquiera que amenace su supremacía. Las beta son las aspirantes al trono, las que están dispuestas a todo por congraciarse con las primeras.

Reinas y aspirantes están tan enganchadas en la popularidad que no se dan cuenta de que otro grupo las aventaja. Wiseman las llama las gama, jóvenes a las que quizá no se reconozca como populares, pero que tampoco son unas perdedoras. Al contrario: son chicas que están a gusto consigo mismas; no son malintencionadas; les agradan sus padres, son listas y opinan que se ha sobreestimado la popularidad.

El artículo hablaba de chicas de la Preparatoria Valhalla, en California, que "no mueren por ser invitadas a fiestas: están demasiado ocupadas escribiendo en el periódico de

la escuela o practicando el *surfing* o la equitación". Una de ellas, Reyba Cooke, lo expresó así: "Para que el grupo me aceptara tendría que usar cierta ropa, ser más desenvuelta, ir a fiestas, fumar marihuana y tomar cerveza. Es degradante". En vez de eso, las chicas gama participan en actividades escolares, religiosas y sociales, y practican deportes de competencia.

Las gama son jóvenes que antes sufrían agresiones y burlas, por lo que han adquirido independencia y confianza en sí mismas. Tienen valores fuertes, disfrutan estar con su familia y han decidido no tener relaciones sexuales hasta casarse. ¡Alfas y betas, cuidado! (Lo siento, chicos, pero el siguiente consejo es para mujeres.)

Si estás cansada de representar el papel de una reina o aspirante, sé una joven gama.

RAREZAS, DEFECTOS Y DEBILIDADES

Tal como tú, tus amigos intentan descubrir su identidad y su propósito en la vida. Cambian de opinión, tienen altibajos y se equivocan. A veces incluso hablan de ti a tus espaldas sin intención de hacerte daño, o se ponen un poco celosos. Aunque no debes juntarte con amigos que suelen hacer maldades o actuar como patanes, debes tolerar las debilidades cotidianas de tus amigos y no reaccionar en forma exagerada a los pocos errores que cometan.

Perdona sus pequeñas rarezas, fallas, debilidades e inconsecuencias, así como esperas que ellos perdonen las tuyas.

Kevin nos contó esta historia:

Un día, antes de la práctica de beisbol, mandé mi bebida a las gradas y fui al baño. Cuando volví, le di un buen trago a mi refresco. Todos soltaron una carcajada. Me enteré de que alguien había escupido en mi vaso, pero en vez de explotar delante de todos, puse "pausa" en mi mente. Acababa de leer Los 7 hábitos y ensayé mentalmente la toma de decisiones proactivas y no reactivas.

Al poco rato fui con el compañero que había escupido en mi vaso y le pregunté por qué lo había hecho. Hablamos, él se disculpó y yo lo perdoné porque era mi amigo. Esa noche me fui a casa sintiéndome bien conmigo mismo porque había tomado la decisión de hablar y conservar nuestra amistad. Me di cuenta de que a veces con los amigos hay altibajos normales y lo mejor es no reaccionar de manera exagerada, sino perdonar y olvidar.

Kevin siguió el proverbio que dice:

"El **necio** da rienda suelta a su **ira,** mas el **sabio** la sosiega."

Hay un tiempo para perdonar a nuestros amigos cuando se equivocan, pero también llega la hora de ponerles un límite, como descubrió Kristine:

Varias veces mi amiga Cindi me gastó bromas pesadas. Una vez, ella y su amiga Monique escondieron mi traje de baño, mi ropa interior y mis pantalones cortos. Lo único que pude ponerme fue una camiseta larga, y tuve que andar así un kilómetro y medio hasta mi casa. Otras veces Cindi me llevaba a fiestas en el cañón, donde había barriles de cerveza, aunque sabía que yo no bebía, y luego se negaba a regresarme a casa. Claro, me castigaban. Luego ella llamaba por teléfono, se disculpaba y prometía no volver a hacerlo, pero todo se repetía.

Parece que Kristine debe cambiar de amiga, y tú también si tienes un amigo que constantemente te utiliza o te causa problemas. Sin embargo, hay una gran diferencia entre eso e hiperventilar por tonterías. Como escribe Richard Carlson: "No sudes por pequeñeces".

Perdona con facilidad los pequeños defectos de tus amigos, así como esperas que ellos perdonen los tuyos.

CHICAS CRUELES, RUMORES Y BRAVUCONES

Los jóvenes intimidan amenazando o golpeando a un compañero más débil; las chicas, de manera más sutil: murmurando, excluyendo, poniendo apodos, esparciendo rumores y cambiando constantemente de amigas, todo fríamente calculado para atormentar a sus víctimas. De ahí el término *chica cruel*.

Los rumores son especialmente desagradables. La mamá de Lacey, pensando que su hija debía probar la enseñanza abierta, la sacó de la secundaria pública a la que asistía. Una nueva compañera de Lacey empezó a murmurar que la habían expulsado de la escuela porque había hecho algo horrible. El rumor corrió como la pólvora. Cuando Lacey se enteró, estaba deshecha: los golpes pueden romperte un hueso, pero las palabras pueden hacerte más daño aún. Hay que ser muy cuidadosos con las reputaciones ajenas.

Si alguien inventa chismes sobre ti, puedes hacer varias cosas. Primero, quizá quieras hablar con la persona. En vez de pagarle con la misma moneda, acude a ella y dile algo como: "Sé que has hablado de mí a mis espaldas. Te agradecería que no lo hicieras. Cuando me conoces, no resulto tan mala persona". Se necesitan agallas, pero esto a menudo los deja callados, sobre todo si se lo dices controlando tus emociones. Aun así, ten cuidado. Hay personas tan mezquinas que hablarles de frente podría agravar el problema.

Otra opción es no hacer caso. A veces lo mejor es no darle importancia y seguir adelante.

Kaitlyn nos explica cómo lidió con las murmuraciones.

"Estoy en primer año y soy el tambor principal de la banda militar de mi escuela. ¡Muchas estudiantes de tercero son terribles! Sé que murmuran de mí a mis espaldas, pero decidí no contraatacar. Aunque siguen haciéndolo, al menos yo soy amable con ellas."

Tal vez al leer pienses: "¡Caramba, yo soy justo el tipo de persona que describes! Soy la cruel, el bravucón". En tal caso, por favor empieza a ser amable. ¡Tanta gente sale lastimada! Una madre me contó que a su hija la molestaban tanto en la preparatoria que hasta la fecha sigue afectada. ¡Y salió de la escuela hace más de diez años! Además: "¿Para qué vivimos si no para hacernos la vida más amable unos a otros?", escribió George Eliot.

RECUERDA: TODO LO QUE HACES SE REVIERTE. SI DAS VENENO, TARDE O TEMPRANO VOLVERÁ PARA ENVENENARTE.

Una de mis comedias favoritas es el clásico *Cuento de Navidad*. Trata de un niño inseguro llamado Ralphie que tiene que lidiar con un bravucón llamado Scott Farkus. Farkus (¡qué nombre tan feo!) acosa a Ralphie durante años hasta que un día éste pierde los estribos, derriba a su verdugo y le da la paliza del siglo. Yo no aconsejo la *violencia* como medio para resolver problemas, pero la *defensa personal* tiene su momento y su lugar.

Lee a continuación cómo Brandon Beckham lidió con su propio Farkus.

Cuando empecé la secundaria, me acosaban y golpeaban. Yo era un chico bajito y no está en mí pelear. Mi madre me aconsejaba poner siempre la otra mejilla. Mi padre me decía que no buscara pleitos, pero que me defendiera si era necesario.

Un día estaba en clase de gimnasia con un amigo y el resto de la clase esperando al maestro. Hice un breve contacto visual con un chico que estaba al otro lado del salón.

En seguida él reaccionó y empezó a gritarme groserías: "¿Qué #$+% ves?" Yo no respondí nada y miré hacia otro lado. Él se me acercó; gritando más insultos, me amenazó y dijo que me levantara a pelear. Yo me levanté, pero me dirigí hacia el otro lado. A esas alturas todos estaban de pie, azuzándonos. Yo seguí alejándome. Él me siguió, gritando insultos racistas y ofendiéndome. El maestro ya habría debido llegar, pero no había ni rastro de él. El bravucón empezó a empujarme y a decirme que le diera la cara para golpearme. Al cabo de diez minutos así, sentí que era cuestión de defensa personal. Mientras me seguía, reduje el paso hasta que me alcanzó; doblé el brazo y le di un brusco y potente puñetazo en la nariz. Él cayó al suelo, atónito. Le salía sangre de la nariz e intentaba contenerla con las manos. Me miró aturdido. Me lancé contra él, pero sus amigos me apartaron. Lleno de adrenalina, me escabullí dejándoles la camiseta y escapé ileso.

¿Por qué me cambió esta experiencia? Porque me di cuenta de que soy perfectamente capaz de defenderme solo si hace falta. Me volví más seguro, y mis compañeros empezaron a respetarme por haberme enfrentado al bravucón. Decidí que ya no aguantaría abusos.

CONSEJO SALVAVIDAS #6 — **Si tus compañeros murmuran de ti o un bravucón te acosa, enfréntate a ellos o encuentra la manera de que no te afecte.**

LOS CANGREJOS Y LA COMPETENCIA

Los cangrejos son muy graciosos. Si colocas a varios en un balde, ninguno podrá salir porque, cuando uno se acerca al borde, los demás tiran de él hacia abajo. ¿Has visto cómo, en cuanto alguien sobresale, los demás se ponen celosos de su éxito e intentan hundirlo?

Es muy natural mirar a tu alrededor y comparar tu ropa, tu físico o tus aptitudes con los de los demás, querer competir, ganar y sobresalir, y sentir celos cuando tus amigos triunfan. Pero lo natural no siempre es bueno. Antes bien, competir con tus amigos es peligroso. No me malinterpretes. La competencia es buena en cosas como los deportes y los negocios, pero no en la amistad.

El remedio para salir de las competencias y comparaciones mezquinas es practicar el hábito 4: pensar ganar-ganar. Es una filosofía que dice: "La vida no es una competencia. Quiero ganar y quiero que tú ganes. Hay suficiente éxito para todos".

Lora me escribió así sobre la magia que se produce cuando te desprendes de la necesidad de competir:

Querido Sean:

Me cuesta mucho romper los hábitos que me he formado en mis 16 largos años de vida. Una de las principales cosas que he logrado es dejar de competir con una compañera de la escuela. Es muy engreída (¡perdón, acabo de aprender la palabra y es perfecta! Significa grosera, arrogante y prepotente), y como le interesan las mismas cosas que a mí, muchas veces hemos tenido que competir. Antes permitía que mi antipatía por ella me agriara el goce de ciertas cosas, como la obra de teatro de la escuela y los torneos de oratoria.

¡Pero he mejorado mucho! La perdoné y he seguido adelante. Hoy escribí una nota en mi diario para recordarme que la vida NO es una competencia. ¿Y sabes qué? ¡Me siento MUCHO MEJOR, como si me hubiera quitado un gran peso de encima!

Pensar en ganar-ganar no significa que te derrumbes y dejes que tus amigos pasen sobre ti. Eso se llama perder-ganar y tampoco es sano. Ve si te identificas con Sonya, una estudiante de 16 años que está en el cuadro de honor, y que hace el siguiente comentario:

Soy conciliadora con mi familia y amigos. Siempre pensé que era la salida más fácil. Acabo callándome por no herir los sentimientos de nadie. Nunca quiero iniciar una discusión y me denigro yo sola. Me pongo de alfombra. Todo el mundo se aprovecha de mí. Quizá todo el mundo esté feliz, pero yo no estoy contenta conmigo misma. Siento que voy a explotar.

Tratándose de amistades, deja de competir o compararte, y empieza a pensar en ganar-ganar.

¿POR QUÉ YA NO JUEGAS CON NOSOTROS?

Mi mejor amigo en la primaria era un niño llamado Paul. Jugábamos en los mismos equipos de tenis, basquetbol, beisbol, natación y futbol. Nos quedábamos a dormir uno en casa del otro. Éramos inseparables, los mejores amigos del mundo.

Cuando entramos en la preparatoria nuestros caminos se apartaron. Paul no me abandonó ni yo lo abandoné; simplemente cambiaron nuestros intereses. Él optó por el basquetbol y yo por el futbol. Empezamos a salir con amigos distintos. Seguíamos sintiendo un fuerte lazo, pero dejamos de hacer muchas cosas juntos.

¡CÓMO HAS CAMBIADO, MARTHA!

Acepta que tus amigos y tú cambian, y está bien. Tu mejor amigo este año puede no serlo el próximo, sobre todo si cambias de nivel académico, como de secundaria a preparatoria. Hay una gran diferencia entre abandonar a tus amigos y hacer nuevas amistades porque tus intereses han cambiado. Así que no te alteres si de manera natural empiezas a alejarte de un amigo porque sus respectivos intereses los llevan en direcciones distintas.

Recuerda que está bien que tus amigos y tú cambien y adquieran intereses distintos.

Hay 101 altibajos cotidianos en las amistades. Nosotros hemos abordado sólo unos cuantos. Pero por desafiante que resulte la amistad, todos necesitamos amigos. Son "la sal de la vida". Como me dijo alguien: "Los amigos en tu vida son como las columnas de tu casa. A veces te sostienen y a veces se apoyan en ti. A veces basta con saber que contamos con ellos".

Cómo hacer y ser un amigo

Les pedí a varios chicos que definieran a un verdadero amigo. Esto dijeron. Un verdadero amigo:

"Toma a alguien como es y lo mejora." —Tyler

"Comparte tus principios." —Jay

"Sabe cuándo escuchar y cuándo hablar." —Elisa

"No es dominante." —Jarrett

"Sale en tu defensa." —Carlos

"No te humilla ni te hace sentir estúpido." —Natalia

"Sabe que no es el único amigo que tienes." —Metta

Para algunos, hacer amigos es pan comido; para otros está en chino. "Yo soy un solitario en la escuela", me dijo José. "Quisiera tener a alguien con quien hablar y contarle cómo me ha ido y cosas así. Supongo que todo mi problema en la escuela se reduce a la falta de confianza en mí mismo. Siempre me siento menos que los demás. No puedo evitarlo."

Una joven de preparatoria escribió lo que le costaba aceptar que algunos compañeros la llamaran Keiko debido a su peso (¿hasta dónde llega la crueldad?). "Me dolía que la gente nunca se diera tiempo para conocerme; no veían en mí más que a una chica gorda, ruidosa y molesta."

Créeme: *todo el mundo* busca su lugar en el mundo y quiere sentirse aceptado por su comunidad y adaptado a ella.

Si anhelas entablar amistades y conservarlas, y ser un buen amigo, sigue leyendo. Te presentaré siete pasos básicos para lograrlo.

NO TE APRESURES A JUZGAR

Estoy convencido de que nos privamos de toda clase de amigos porque somos demasiado rápidos para juzgar.

En la Preparatoria Hilliard Darby, en Ohio, la maestra Susan Warline organizó un Día de Integración para promover la tolerancia y ayudar a los alumnos a salir de sus círculos íntimos y conocerse mejor. Ese día, en el almuerzo, animó a los jóvenes a conversar con compañeros a quienes nunca habían dirigido la palabra.

> SERÉ SINCERA, AMANDA. A VECES JUZGAS DEMASIADO A LOS DEMÁS

Una alumna era una somalí refugiada de la guerra y la pobreza que desgarran su país. En el almuerzo le preguntó sin rodeos a un compañero: "¿Por qué nos llaman 'somalíes malolientes'?".

"¿Qué vienen a hacer aquí?", replicó él. "¿Por qué no vuelven a su país?"

Ella guardó silencio unos segundos y luego le contó cómo había presenciado la matanza a tiros de toda su familia, menos un hermano y algunos primos que escaparon. Agregó que Somalia estaba en poder de militares y habló de la gratitud que sentían ella y sus familiares sobrevivientes por vivir en un país libre.

Ya te imaginarás lo estúpido que se sintió el muchacho. ¡Vaya cambio de esquema! Antes de que hablaran, lo único que sabía de ella era que tenía un aspecto peculiar, y eso le molestaba. Una vez que conoció el panorama completo, todo le pareció distinto. Como dice el dicho: "Que tus palabras sean suaves y dulces, ¡por si tienes que tragártelas!"

La misma maestra averiguó que, de 582 jóvenes encuestados en su escuela, 88 por ciento sentían que eran juzgados exclusivamente por su aspecto físico.

Además, la mayoría pensaban que los juzgaban con base en si tenían un cuerpo atlético o no y en el lenguaje que usaban. ¿Te gustaría que te juzgaran sólo por esos factores, sin que nadie se interesara en conocerte bien? Creo que la preparatoria no ha cambiado tanto desde que estuve en ella. Las etiquetas siguen a la orden del día.

Stephanie, de la Preparatoria Warren Central, lo dijo así: "Es muy frecuente juzgar a los demás por pura costumbre. Todo el mundo —y yo me incluyo— emite juicios automáticos sobre la persona con quien se cruza en el centro comercial, en la escuela o en cualquier otro lugar, sin siquiera enterarse de lo que hace".

Tal fue el caso de Anna al cambiarse de escuela. "Al principio no conocía a nadie. Una vez que hice amigos me dijeron que al verme habían pensado que era una presumida. No podía creerlo. La verdad es que me mostraba reservada porque era muy tímida."

Sal del círculo en que estás cómodo y conoce gente. Las personas siempre tienen más de lo que uno piensa. Los desconocidos son amigos en potencia.

TEN LA INICIATIVA

Conozco a una joven que siempre se queja de que sus amigos no se esfuerzan por tenderle un lazo, pero cuando la veo interactuar con ellos, me doy cuenta de que ella tampoco hace esfuerzo alguno por acercarse.

Si quieres hacer amistades, sé proactivo y ten la iniciativa. No esperes a que ellos acudan a ti. "Hay que esperar mucho con la boca abierta para que nos entre volando un pato asado", dice un refrán chino. Debes ser tú quien dé el primer paso y, si al principio fallas, debes perseverar.

A ver si la historia de Ángela te parece familiar:

Sé demasiado bien lo que se siente ser excluida de un círculo de amigos. Primero de preparatoria fue una época solitaria para mí. No era ni segura ni extrovertida, y estaba desesperada por tener amigos.

En mi parroquia había un grupo juvenil numeroso. La primera vez que fui, entré sola y perdí tiempo y energías en parecer que hablaba con alguien. Le dije a mi mamá que no quería volver, pero ella me preguntó cómo iba a hacer amistades si no asistía.

Estaba tan desesperada por integrarme a un grupo que volví sola, una semana tras otra, sin éxito.

Una noche cantamos una canción de Michael Smith llamada Friends ("Amigos"). Puse mucha atención a la letra y se me saltaron las lágrimas. Por dentro me sentía sola e insignificante. ¿Por qué ninguna chica quería ser mi amiga?

¡A veces tu vida social consiste en cuidar a tus sobrinos los viernes por la noche y ver el Disney Channel! No siempre será igual. Sigue intentándolo y no te encierres en ti mismo ni en la autocompasión. Me encantan las palabras del orador motivacional Og Mandino:

Confía siempre en que las cosas cambiarán.

Aunque tengas un pesar en el corazón, el cuerpo herido, el bolsillo vacío, y no haya quien te consuele, aguanta. Así como sabes que mañana saldrá el sol, también debes creer que tu tiempo de infortunio acabará. Así ha sido siempre. *Así será siempre.*"

En cuanto a Ángela, sus desgracias terminaron. Más adelante escribió: "Unas semanas después empecé a asistir a otro grupo juvenil, y acabé encontrando un maravilloso círculo de amigos. Guardo muy gratos recuerdos de mis demás años de preparatoria; tuve dificultades sólo al principio".

ABRE UNA CUENTA BANCARIA DE RELACIONES

La cantidad de confianza que depositas en una relación es como una cuenta bancaria. Yo la llamo cuenta bancaria de relaciones, o CBR. Si haces muchos depósitos pequeños en tus amigos siendo considerado, leal y cosas así, cultivarás su confianza, o una cuantiosa CBR. Si haces muchos retiros siendo grosero, desleal y demás, agotarás tu CBR.

Supón que posees un saldo de 500 puntos en la cuenta que tienes con tu amiga Alicia. El lunes, cuando ves su nuevo corte de pelo, exclamas delante de todos: "¡Pero, Alicia! ¿Qué te hiciste? ¡Qué lástima!" Buen trabajo. Acabas de hacer un retiro de 200 puntos. Tu saldo ha bajado a 300.

El miércoles, por ser graciosa, le preguntas en presencia de su novio si le siguen doliendo las hemorroides. A él no le hace gracia y ella se sonroja. Hiciste otro retiro de 200 puntos y tu saldo queda en 100. Si sigues así, acabarás en el hoyo. Empiezas a sentir una tensión en la relación, que solía ser estrecha.

Así que buscas la oportunidad de depositar. El viernes se te presenta una: a la una de la mañana, al volver del antro adonde fueron a bailar, Alicia te llama. Tras unos minutos de charla intrascendente, te abre su corazón y habla hasta las dos de cómo su novio se pasó la velada flirteando con otra. Aunque estás rendida y tienes que levantarte temprano para una clase de deportes, haces un esfuerzo genuino por escucharla.

Se despiden acordando que ella debe salir con otros jóvenes. Cuelga sintiendo que se le ha quitado un peso de encima, y agradecida de tener una amiga con quien hablar.

¡Bravo! Hiciste un enorme depósito de 500 puntos, lo que aumenta tu saldo a 600. Ahora tu relación aguantará los pequeños retiros normales que todos hacemos de vez en cuando (a veces a propósito, a veces sin querer).

¿Entiendes cómo se forja una amistad?

A continuación hay una lista de los cinco depósitos clave que puedes hacer para construir una amistad. Cada depósito tiene su correspondiente retiro.

DEPÓSITOS	RETIROS
+ Ten pequeños gestos de bondad	− Haz pequeñas maldades
+ Pide perdón	− Sé orgulloso, no te disculpes
+ Sé leal	− Murmura y habla a espaldas de la gente
+ Cumple tus promesas	− Rompe tus promesas
+ Escucha mucho	− Habla mucho

El depósito que gana más puntos entre los amigos es escuchar. Es el hábito 5: Busca primero entender, luego ser entendido. Debes saber que todo el mundo quiere comprensión; es la mayor necesidad del corazón y la base de toda buena comunicación. No olvides que por algo tenemos dos oídos y una sola boca: úsalos en esa proporción.

```
Todo el mundo oye lo que dices.
Los amigos escuchan lo que dices.
    Los buenos amigos escuchan lo que no dices.
```

SÉ MÁS SIMPÁTICO

No puedes caerle bien a toda la gente, pero puedes aumentar tu simpatía. ¿Cómo? Siendo consciente de tus debilidades y tratando de corregir las que se puedan corregir.

Me gusta lo que el escritor Juan Porcierto dice al respecto:

En las clases de conducir, constantemente se advierte a los alumnos sobre los "puntos ciegos": aquellos donde pueden estar otros autos sin ser visibles, ni siquiera por los espejos retrovisores. Sería buena idea que todos buscáramos un adulto de confianza y le pidiéramos ayuda para identificar nuestros "puntos ciegos". Basta con que le digas: "Si alguna vez notas que hago algo que me dificulta tener amigos, ¿me lo dirás?" Quizá se necesite algo de humildad, pero también puede serte útil para ver algunas cosas que te ayudarán.

Recuerdo que una vez mi papá me habló de uno de mis puntos ciegos. Me hizo ver que tenía la costumbre de dejar desórdenes por todas partes, o *ganar tiempo*, como él decía. Si, por ejemplo, me comía un bocadillo en la cocina, iba dejando tras de mí un rastro inconfundible. Me advirtió que era un hábito que debía cambiar si no quería sufrir las consecuencias en otras esferas de mi vida. Me dolió un poco, pero me alegró más conocer la existencia de ese punto ciego, del cual no sabía nada.

Si te cuesta trabajo tener amigos y aun si los tienes en abundancia, quizá te ayude echarte un vistazo para ver si eres alguien con quien *quisieras* estar. De vez en cuando hazte las siguientes preguntas y cambia lo que creas necesario.

- ¿Te han dicho que eres pesado, ruidoso, imprudente o que no cierras la boca?
- ¿Le preguntas a la gente cómo está o todo gira siempre en torno a ti? ¿Apenas dejas hablar a quienes te rodean?
- ¿Podrías tener una mejor higiene, bañarte, usar desodorante o lavarte el pelo y la ropa más a menudo?
- ¿Te vistes adecuadamente? ¿Usas ropa demasiado ajustada, pasada de moda o estrafalaria? ¿Te pones maquillaje en exceso? ¿O te falta un poco?
- ¿Te crees mejor que los demás? ¿O te pasas la vida menospreciándote, diciendo que eres un perdedor y que todo el mundo te odia?
- ¿Te tomas demasiado en serio o te gusta hacerte el gracioso y tomar todo a broma?

En cuanto a volverte más simpático, dedícate a las cosas que puedes controlar y olvida las que no. No puedes controlar tu estatura, tu fisonomía ni tu complexión general, pero sí tu higiene personal, tu aptitud física, tus modales, tu forma de vestir y tu porte. El teólogo Reinhold Niehbuhr lo resumió muy bien:

"Dios, concédeme serenidad para aceptar las cosas que no puedo cambiar, valor para cambiar las que sí puedo, y sabiduría para distinguir la diferencia."

SÉ INCLUYENTE

¿Recuerdas la historia de Ángela sobre sus dificultades para hacer amigos? Pues mientras estaba en la universidad, los papeles se invirtieron cuando alguien intentó entrar en su recién formado círculo.

Cuando entré en la universidad conocí a Leslie, que se ha vuelto una amiga de toda la vida. Por fin tenía una amiga íntima a quien contarle mis secretos y con quien compartir la ropa. También trabamos amistad con dos muchachos muy divertidos que nos cuidaban como hermanos. Los cuatro nos volvimos inseparables.

Había otra chica, Alyssa, que tenía muchas ganas de integrarse a nuestro grupo. No sé por qué yo me oponía tanto. Creo que tenía miedo de que me desbancara.

Un día estábamos los cuatro en una mesa de la cafetería. Alyssa nos vio y preguntó si podía acompañarnos. Como me sentí presionada le dije que sí, pero con sentimientos encontrados.

Se sentó en el extremo de la mesa y se sintió ajena e incómoda tan sólo por su posición. Nos pasamos la comida sin hacerle caso, hablando y riendo entre nosotros de cosas que ella no entendía.

Más tarde me buscó y me dijo que había cometido un error al sentarse con nosotros. Dijo que le había quedado claro que no queríamos tratarla. Cuando se fue me dieron ganas de llorar. No podía creer que hubiera maltratado tanto a otra persona a sabiendas de lo que se siente. Ella estaba desesperadamente sola. Sin embargo, yo no había tenido suficiente seguridad para compartir mis amistades con ella, por miedo a perder lo que tenía.

En ese instante me prometí no volver a excluir a nadie, y cada vez que veo a alguien que parece estar incómodo, me desvivo para presentarme y hacerlo sentir a gusto.

Quizá ahora disfrutes la seguridad de un círculo bien cohesionado, sin darte cuenta de que afuera hay quienes quieren entrar. Hasta los jóvenes que parecen tenerlo todo suelen sentirse inseguros. Katie es un buen ejemplo:

Recuerdo los rostros en las gradas y la música de la banda mientras me paseaba por la cancha. Era el partido de futbol americano de bienvenida y me habían designado la reina. Nunca había sentido tal mezcla de felicidad y soledad.

A la noche siguiente era el baile de bienvenida y yo no tenía pareja. ¿Qué pasaba conmigo? ¿Cómo era posible que la gente hubiera votado por mí y sin embargo ningún chico me invitara al baile?

Quise rechazar la corona cuando me la ciñeron, y pasé una velada terrible en el baile. Me fui temprano y me dirigí a casa de mi amiga Lindsey, sintiendo lástima de mí misma. Pero cuando llegué me recibieron con sonrisas cálidas y no pude menos que sonreír también. Nos divertimos tanto esa noche, las mujeres solas, que mi percepción de una de las peores noches de mi vida cambió diametralmente.

Emily Dickinson escribió:

"Quizá no me necesiten, pero quizá sí, dejaré que me vean.
Una sonrisa tan pequeña como la mía quizá sea lo que precisamente necesitan."

A lo mejor las amigas de Katie nunca sabrán que sus sonrisas eran precisamente lo que ella necesitaba, y lo que la salvó de una noche deprimente.

Sé incluyente en lo tocante a los amigos. Abre tu corazón y deja entrar a otros.

ANTE LA GROSERÍA, SÉ AMABLE

A menudo habrás escuchado: "¿Por qué he de ser amable con él, si él es tan grosero conmigo?" Es fácil tratar bien a quienes son amables contigo. Cualquiera puede hacerlo. El verdadero desafío es tratar bien a quienes son groseros, ser amable ante la descortesía, pero actuar así obra milagros.

Una chica rumana llamada Iulia era nueva en su escuela y por lo mismo recibía mucha atención, lo que hizo que algunas de las jóvenes más populares se pusieran celosas y decidieran sabotearla esparciendo rumores sobre ella. Además, la excluían de sus actividades y la hacían sentir que no era bienvenida en su círculo.

Esto le hizo la vida tan imposible que pensó en cambiar de escuela, pero una compañera, Catalina, se hizo su amiga. Iulia iba a dar una gran fiesta de cumpleaños y Catalina la animó a invitar a las jóvenes que la habían calumniado.

Al principio Iulia rechazó la idea, pero después de pensarlo decidió ser amable con ellas. Las chicas recibieron con sorpresa la invitación, y no sólo asistieron a la fiesta, sino que le llevaron flores y regalos para disculparse

por lo que le habían hecho. Las mismas chicas que se habían propuesto arruinar su reputación terminaron queriéndola como amiga.

Abraham Lincoln solía ser criticado por tender lazos amistosos a sus enemigos en vez de deshacerse de ellos. Él respondía: "¿No es eso lo que hago cuando convierto en amigo a un enemigo?"

ANIMA A LOS DEMÁS

Conozco a un joven llamado Kyle que de chico pertenecía a un grupo de amigos del mismo barrio. En el último año de preparatoria se mezcló con una pandilla de jóvenes pendencieros y se sintió demasiado importante para seguir llevándose con sus viejos amigos. Una vez, sus nuevos amigos le dieron drogas y lo dejaron en su casa con un terrible "viaje" que casi lo mata.

Cuando Kyle terminó un programa de rehabilitación, sus padres pidieron a sus viejos amigos que volvieran a recibirlo, y ellos, en vez de excluirlo, así lo hicieron.

Al principio era incómodo estar con él porque se vestía como rufián y alardeaba de las drogas que había probado. Ningún joven del barrio se drogaba y no querían tener nada que ver con ese estilo de vida, pero fueron pacientes y siguieron invitándolo a jugar basquetbol y a participar en actividades juveniles de la iglesia. Poco a poco cambió sus modales y su forma de vestir, hasta que se asimiló al grupo. Volvieron a tener intereses comunes en los deportes y el alpinismo, y empezaron a reunirse en casa de los distintos compañeros.

Un año después, gracias a los amigos que lo apoyaban y a base de esfuerzo y compromiso, Kyle cambió radicalmente de vida. Incluso inspiró a sus viejos amigos para que superaran sus propios retos, porque se dieron cuenta de que eran pequeños comparados con los de él.

Kyle tuvo dos tipos diferentes de amigos: uno que lo destruyó y sacó lo peor de él, y otro que lo regeneró e hizo surgir su mejor parte. **¿Qué clase de amigos tienes tú? La prueba decisiva es: ¿Eres mejor cuando estás con ellos?**

De vez en cuando, en los deportes, te encuentras con un atleta único, que mejora la calidad de juego de quienes lo rodean. Michael Jordan, considerado el mejor basquetbolista de la historia, ejercía esa influencia. Todos jugaban mejor cuando él estaba en la cancha. Ése es el tipo de amigo que necesitas,

Gracias por haber adquirido nuestros libros.
Lo invitamos a conocer más a fondo la filosofía
Franklin Covey asistiendo a nuestros cursos.

Nuestra misión:
Contribuir a la grandeza de las personas
y organizaciones en todo el mundo.

Diagnósticos y evaluaciones:

- Diagnóstico xQ: Evaluación electrónica
- Perfil 360°: Evaluación impresa y/o electrónica

Cursos, talleres y conferencias:

- Focus, Logre sus más altas prioridades (Time management)
- Las 4 Disciplinas de la Ejecución (Enfoque y ejecución)
- Administración de Proyectos
- Los 7 Hábitos de la Gente Altamente Efectiva (Liderazgo)
- Los 7 Hábitos para Adolescentes, Docentes y Universitarios.
- Los 4 Roles del Liderazgo
- Conferencias en diversos temas

Nuestras soluciones pueden ser impartidas para:
- Usted
- Su familia o sus hijos
- Su empresa
- Su institución educativa

Para conocer nuestra oferta completa, contacte a nuestros consultores.

Productos

Planificadores, libros, portafolios, bolsos y gran variedad de productos que le ayudarán a incrementar su liderazgo y productividad.

Pregunte por nuestras tiendas.

SI DESEA CONOCER MÁS A CERCA DE NOSOTROS O ASISTIR A ALGUNO DE NUESTROS CURSOS, CONTACTE A LA OFICINA DE SU CONVENIENCIA:

MÉXICO
Tel: (52) 55-5322-3800
Lada sin costo nacional 01 800 711 6192
E-mail: *mexico@franklincovey.com*
Website: ***www.franklincovey.com.mx***

ARGENTINA / URUGUAY
Tel: (54) 11-4372-5820
E-mail: *info@franklincovey.com.ar*
Website: ***www.franklincovey.com.a***r

COLOMBIA / CHILE / VENEZUELA
Tel: (57)-1-610-2736
E-mail: *clccolom@colomsat.net.com*
Website: ***www.fcla.com***

COSTA RICA
Tel. / fax: (506) 231-4184
E-mail: *franklincoveycr@fcla.com*
Website: ***www.fcla.com***

EL SALVADOR
Tel: (503) 2263-3377
Fax: (503) 2264-3510
E-mail: *phuezo@fcla.com*
Website:: ***www.fcla.com***

GUATEMALA
Tel: (502) 2385-8867
(502) 2385-2472
Fax: (502) 2385-2472
E-mail: *franklincoveygu@fcla.com*
Website: ***www.fcla.com***

HONDURAS
Tel: (504) 553-6981 / 550-5756
Fax: (504) 552-6601
E-mail: *msabillon@fcla.com /
franklincoveyhn@fcla.com*
Website: ***www.fcla.com***

NICARAGUA
Tel: (505) 270-7864
Fax: (505) 278-8659
E-mail: *franklincoveyni@fcla.com*
Website: ***www.fcla.com***

PANAMÁ
Tel: (507) 264-8899/ 264-4331
264-8660
Fax: (507) 264-3728
E-mail: *soluciones@fcpma.com*
Website: ***www.fcla.com***

PUERTO RICO
Tel: (787) 977-9094
E-mail: *franklincoveypr@fcla.com*
Website: ***www.fcla.com***

y el que debes ser: una persona que mejora la forma de jugar de cuantos la rodean. Así que de vez en cuando hazte esta pregunta: ¿Toman mejores decisiones mis amigos cuando estoy con ellos?

Leí que los estudiantes de la Preparatoria Murray eligieron a Shellie Eyre su reina del partido de bienvenida. Shellie, alumna de tercero de 17 años, nació con síndrome de Down. Su primera dama, April Perschon, también tenía discapacidades físicas e intelectuales a raíz de una hemorragia cerebral que sufrió a los 10 años. Cuando se coronó a Shellie y a sus damas, todo el estadio prorrumpió en una ovación de pie.

Al cesar los aplausos, el subdirector dijo: "Esta noche los estudiantes votaron por la belleza interior". Padres de familia, maestros y estudiantes derramaron lágrimas. Un estudiante dijo: "Lloré de felicidad. Es asombroso que la escuela haga esto". ¡He aquí un gran ejemplo de un numeroso grupo de amigos que mejoraron el juego de todos!

El poeta John Greenleaf Whittier lo dijo muy bien:

"Elévame y yo te elevaré y juntos vamos a ascender."

La presión de los compañeros

—¿A qué altura estoy? —les grité a los de la lancha, que estaban abajo.

—A unos 21 metros —me respondieron—. A ver, salta.

—No sé si deba. Se ve muy alto desde aquí.

Me encontraba en el lago Powell, adonde había ido con mis amigos para saltar al agua desde acantilados. Comenzamos a unos nueve metros de altura, pero no dejábamos de retarnos unos a otros a subir cada vez más. La presión era intensa. Nadie quería ser un gallina.

—¡Anda! ¡Salta!

Haciendo acopio de valor, salté, pero mientras caía pensé: "¡Qué idiota soy!"

Al caer sentí el agua como concreto y todo mi cuerpo se sacudió. Salí con trabajos a la superficie, sofocado. Me revisé de prisa y vi con alivio que estaba ileso. ¡Fiu!

DEBÍ HABLAR DE ESTO CON MIS PAPÁS.

La presión de los compañeros te lleva a hacer cosas estúpidas que no harías normalmente cuando estás solo o piensas con más lucidez. En las situaciones en que interviene esta presión parece como si olvidaras el cerebro en casa.

Recuerdo haber leído sobre un joven neoyorquino de 14 años a quien sus amigos incitaron a encaramarse en un vagón del metro. Como no quería decepcionarlos, lo hizo: una viga lo derribó hacia el otro lado, donde murió atropellado por otro tren. ¿Quién sabe lo que habría podido hacer de su vida?

¿Qué es exactamente la presión de los compañeros? Es cuando la gente de tu edad te presiona para actuar de determinada manera. Es positiva si los compañeros esperan cosas buenas de ti, y negativa cuando te convencen de ser conformista o hacer cosas que no te convienen, como faltar a clases, robar en una tienda, tener relaciones sexuales, drogarte, mentir, cometer actos de vandalismo, maldecir, vestir de cierta manera, esparcir rumores y abusar de los débiles, entre otras cosas.

Cedes porque quieres ser aceptado, complacerlos y no atraer la atención hacia ti. Quieres ser como todos los demás.

Una joven danesa, Mette, cuenta cómo se sintió presionada para molestar a alguien:

Una vez, en la preparatoria, fui a una fiesta con unos chicos de mi clase. En eso llegó un joven con una enfermedad que lo hacía retener líquido, por lo que estaba muy gordo. Mis compañeros decidieron echar suertes para ver quién le daba un puntapié por detrás y le preguntaba por qué tenía senos. Yo perdí, e hice algo de lo que me he arrepentido millones de veces. Me sentía muy presionada porque iban a despreciarme si no lo hacía. Me acerqué al chico, dije lo convenido y corrí al baño. Me gané la admiración de mis compañeros, pero me sentí muy mal. Nunca me he disculpado con él, ni me atrevo a mirarlo a los ojos. Mis compañeros siguen riéndose de eso y me palmean la espalda, pero a mí me remuerde la conciencia. Como a mí también me han molestado, me sorprendió haber sido capaz de maltratar a otra persona.

Cuando estamos solos, nunca se nos ocurriría hacer algo tan cruel. Pero en grupo, cuando hay presión, desconectamos el cerebro y hacemos cosas estúpidas. Como le dijo el profesor Dumbledore a Harry Potter:

"Hace falta mucho valor para enfrentarte a tus enemigos, pero se necesita mucho más para enfrentarte a tus amigos."

Para enfrentarte a tus amigos necesitas algún mecanismo de defensa. Yo lo llamo "escudo contra la presión de los compañeros". Sus tres piezas vitales son la preparación, un sólido sistema de apoyo y valor en el momento.

PREPARACIÓN

¿Recuerdas la espantosa sensación de cuando vas a hacer un examen y no estás preparado? ¿Y no se siente maravilloso cuando sí lo estás?

Estoy convencido de que solemos ceder a la presión de los compañeros porque no estamos preparados ni hemos pensado bien qué hacer en situaciones difíciles. A continuación, algunas situaciones de mucha presión en las que debes pensar desde ahora:

SITUACIÓN DIFÍCIL	QUÉ HARÉ AL RESPECTO
El grupo empieza a burlarse de alguien.	
Me siento presionado para mentir, engañar o robar.	
Me ofrecen drogas.	
Mi novio o novia me presiona para que tengamos más contacto físico del que yo quisiera.	
Otras:	

Aclarar tus metas y ganar la Victoria privada cotidiana son otras dos formas de prepararte.

Aclara tus metas

Es mucho más fácil rechazar la presión de los compañeros si tienes claras tus metas. Una vez, al hablar con unos estudiantes, les pregunté si alguno quería decirnos sus metas. Uno de segundo de preparatoria, Kameron, pasó al frente.

Yo esperaba que balbuceara algunas metas en las que no había pensado en realidad, como suele suceder, pero él sacó su cartera, tomó una tarjeta enmicada y leyó frente al grupo:

- *Sacar y mantener un buen promedio.*
- *Ser más musculoso, rápido y fuerte. En tercero, pesar 90 kilos, correr 40 yardas en 4.6 segundos y levantar 90 kilos ocho veces.*

- *En tercero, ser uno de los 22 principiantes del equipo universitario de futbol americano. Contribuir a ganar el campeonato estatal.*
- *Ser un buen hermano y ejemplo para mis tres hermanos menores.*

Todos se quedaron impresionados pensando: "¡Guau, quizá yo también debería fijarme algunas metas realistas!" Con metas específicas como ésas, ¿ves cuánto más fácil será para Kameron resistir la presión negativa de los compañeros? ¿Ves lo fácil que le será estudiar mucho, mantenerse en forma y tratar a sus hermanos con respeto, aunque reciba presiones externas para actuar de otro modo?

Comienza con el fin en la mente y fíjate metas claras. Si no lo has hecho, escribe algunos objetivos o la declaración de tu misión personal. La joven Laney Oswald dice que su declaración la ayuda a mantenerse fiel a sus valores y decir que no a las cosas que no quiere hacer.

Declaración de mi misión

- » **SER HONESTA.**
- » **HACER LO CORRECTO.**
- » **SER AMABLE CON TODOS.**
- » **HACER EL MAYOR ESFUERZO POSIBLE.**
- » **ENTREGARTE A TODO AL MÁXIMO.**
- » **DIVERTIRTE.**
- » **Y RECORDAR SIEMPRE QUIÉN ERES Y EN QUÉ CREES.**

Gana la Victoria privada cotidiana

Los desafíos públicos a los que te enfrentas a diario puedes ganarlos mucho antes de que te alcancen en la privacidad de tu cuarto. Tan sólo prueba esta estrategia de tres pasos, que te llevará 20 minutos, al levantarte o acostarte. Yo la llamo la Victoria privada cotidiana.

- *Ponte en contacto* contigo mismo escribiendo en tu diario, leyendo libros de superación, rezando, meditando o haciendo cualquier cosa que te inspire y aumente tu autoconciencia.
- *Repasa* tus metas, ambiciones o declaración de misión.
- *Visualiza* los desafíos a los que te enfrentarás al otro día. Decide desde ahora cómo los manejarás.

Yo lo hago casi todas las mañanas y me lleva unos 20 minutos. Me fortalece para resistir la presión de los compañeros (los adultos también la tenemos) y me prepara para tener un día exitoso. Así, cuando llegan los desafíos, ya he ganado.

UN SÓLIDO SISTEMA DE APOYO

Después de la preparación, el siguiente paso para protegerte contra la presión de los compañeros es construir un sólido sistema de apoyo. Rodéate de amigos, familiares y adultos de confianza que te inspiren para ser lo mejor posible. Fijen metas entre ustedes y responsabilícense de ellas. Participa en actividades extracurriculares; son excelentes estructuras de apoyo. Si juegas en algún equipo o actúas en la obra de teatro de la escuela, no tendrás tiempo para meterte en problemas. Éstos suelen presentarse cuando no tienes nada que hacer.

Mira cómo estos cinco jóvenes de Memphis, Tennessee, construyeron su sistema de apoyo positivo.

Cuando Ahmaad, Derron, Víctor, Tyrone y Tyjuan estaban en secundaria, notaron que la mayoría de sus conocidos no tenían éxito y solían meterse en problemas con la ley. Otros se drogaban o se alcoholizaban y trabajaban turnos nocturnos en trabajos mal pagados con pocas posibilidades de un futuro mejor porque habían dejado la escuela. Comprendieron que ellos iban por el mismo camino.

A menudo hablaban de cómo querían más de la vida y se hacían preguntas como: ¿Qué hace que alguien sea un campeón o un narcotraficante? ¿Qué se necesita para conseguir un buen empleo? Decidieron romper con el estereotipo racial y tener éxito. En vez de trabajar de noche querían ser los tipos de traje y corbata que aprueban los préstamos de la gente o trabajan en otros negocios respetables.

Un día, en una de sus reuniones, hicieron un pacto. Acordaron, primero, sacar calificaciones lo bastante buenas para poder asistir a la universidad; segundo, no drogarse, y tercero, no beber. Víctor había visto abusos en su familia por culpa del alcohol y no quería nada de eso.

Los resultados de este pacto en la vida de los chicos fueron extraordinarios.

En primero de preparatoria, Ahmaad se unió al equipo de futbol americano y llamó la atención de los estudiantes de tercero, que lo invitaban a salir con ellos. Preocupados de que adoptara los malos hábitos de jóvenes tan mayores que él, sus cuatro amigos íntimos le dijeron: "Nosotros somos tus amigos, Ahmaad, no tienes nada que hacer con los mayores".

Al principio Ahmaad se molestó con ellos por meterse en su vida, porque lo halagaba la atención de los mayores, pero sabía que sus amigos tenían razón, y desde entonces no se apartó de ellos.

Una vez viajó a San Luis, Missouri, a jugar un partido con unos jóvenes mayores que llevaron a una bailarina desnudista al cuarto de hotel sin que él lo supiera. Ahmaad se levantó de un salto y dijo: "Yo me voy de aquí". Ellos se enojaron y lo arrojaron a la cama. Tuvo que pelear a golpes para poder salir.

Ahmaad siguió destacando en el futbol y ganó una beca para jugar en el equipo de la Universidad de Alabama. Fue uno de los cinco finalistas propuestos para el codiciado premio Doak Walker, que se otorga al mejor *running back* del país, pero se lastimó la rodilla. La mayoría de la gente pensó que no volvería a jugar, pero con mucho esfuerzo y terapia de rehabilitación, logró que lo contratara la NFL. Hoy trabaja en un bufete de abogados.

Derron y Tyjuan también llegaron a ser grandes deportistas, estrellas del equipo de basquetbol de preparatoria. Ambos ganaron becas para la Universidad Fisk, donde fueron compañeros de dormitorio. Derron jugó bien hasta que a su madre le diagnosticaron cáncer. En seguida dejó el equipo y tomó un avión de vuelta a casa para cuidar a su madre y a su hermano menor. Antes de que ella muriera, le prometió terminar la carrera y educar a su hermano, de 14 años, promesas que cumplió. No lamenta su decisión.

Tyjuan terminó la universidad y es maestro de niños con necesidades especiales y entrenador de basquetbol de preparatoria. Derron y él siguen siendo amigos íntimos y suelen salir juntos de vacaciones.

A Víctor le fue bien en la preparatoria, terminó la universidad y es maestro en California, donde ayuda a jóvenes de toda condición a superar los desafíos.

Tyrone también fue un deportista muy exitoso y juega en la NFL. Aunque le falta terminar la universidad, está decidido a obtener el título.

Contra grandes adversidades, los cinco amigos se forjaron vidas excelentes y todos, menos uno, han terminado la universidad. Son profesionales que se ponen traje y corbata cuando quieren. Al recordar sus experiencias, Ahmaad dijo:

"Los amigos son importantísimos, sobre todo si coinciden en ciertos valores y se responsabilizan unos ante otros. Nosotros siempre hablamos francamente. A veces no pensamos igual sobre todos los temas, pero nos ayudamos entre nosotros a tomar buenas decisiones, aunque no sean decisiones populares. Todos queremos ayudarnos a tener éxito. Es nuestro sistema de apoyo. Somos una especie de verificadores unos de otros."

El poeta estadounidense Edwin Markham escribió:

"HAY UN DESTINO QUE NOS VUELVE HERMANOS, NINGUNO SIGUE SU CAMINO SOLO. Todo lo que damos a las vidas de los demás REGRESA A NUESTRA PROPIA VIDA."

Las pandillas

Con demasiada frecuencia los jóvenes que no tienen un sistema de apoyo se unen a una pandilla, que después de todo es una especie de sistema de apoyo, mas no el que te conviene. Dentro de la pandilla, la presión de los compañeros es inmensa. Un chico originario de Tonga llamado Haloti Moala me contó cómo es esa vida.

Haloti se crió en Tonga con ocho hermanos. Sus padres sabían que si querían dar un futuro a sus hijos, tenían que salir del país, donde había pocas oportunidades de educación y empleo. Tras ahorrar dinero pescando durante nueve años, el padre de Haloti emigró con su familia a California, donde creía que podrían cumplirse los sueños que tenía para sus hijos.

Haloti cuenta: "Tenía que perseguir el autobús para llegar a la clase de inglés, y lloraba amargamente si lo perdía. Sabía, ya a los seis años, que aprender el idioma y educarme era vital para triunfar en mi nuevo hogar".

Su familia vivía en Lennox, el gueto de Englewood, California, donde es difícil sobrevivir tanto en la calle como en la escuela, y Haloti no tardó en unirse a una pandilla.

Al mirar atrás me doy cuenta de que la pandilla determinaba qué ropa usaba, con quién salía, en qué delitos participaba y lo que valoraba cada día. No nos importaba nadie salvo nosotros mismos y nos pasábamos la vida robando, peleando y causando problemas. Mis padres no sabían lo que hacíamos porque trabajaban de sol a sol. Yo pensaba que no me apoyaban en nada, pero hoy comprendo que me apoyaban de la única manera que sabían.

Aunque Haloti no tomaba drogas, en secundaria empezó a traficar con ellas para ganar dinero y seguir en la pandilla. Fue entonces cuando todo cambió.

Le estaba vendiendo droga a un amigo cuando unos sujetos se acercaron en coche gritando que les había vendido droga adulterada. De improviso uno le disparó a mi amigo y se alejaron. Mi amigo murió desangrado allí en la calle.

No podía creerlo: el ser más querido para mí en el mundo había muerto. Si la bala se hubiera desviado unos centímetros, me habría matado a mí, y además en cualquier momento yo podía terminar igual que él.

Cuando llegó la policía, lo declararon muerto por disparo hecho desde un auto en marcha. Yo sabía la verdad. Lo que había matado a mi amigo eran las drogas, las pandillas y una serie de malas decisiones. Desde entonces dejé las drogas y las pandillas. Me di cuenta de que eres igual a la gente con quien andas, y ya no quería seguir con los robos, las mentiras ni la violencia.

Por ese entonces Haloti se mudó a casa de su hermana y su cuñado, que se convirtieron en sus mentores y lo encauzaron hacia la escuela y los deportes. Ellos fueron su nuevo sistema de apoyo. "Aunque dejé de juntarme con pandilleros, tardé un poco en quitarme la mentalidad de las pandillas y seguía buscando pleitos".

Al terminar la preparatoria ingresó en la Universidad de Utah, donde jugó futbol americano, se recibió y conoció a la que sería su esposa. Veinte años después, Haloti está criando a sus hijos y ha cumplido el sueño de sus padres. Por desgracia, algunos de sus hermanos nunca escaparon del pandillaje y vuelven una y otra vez a la cárcel.

"Tuve suerte", concluye. "El día en que murió mi amigo desperté y dejé una vida que me habría destruido."

Si piensas unirte a una pandilla, piénsalo dos veces. Si ya estás en una, déjala mientras puedas. Sigue tu intuición: si te dice que tu grupo de amigos no va por buen camino, ¡deja de juntarte con ellos! Estarás mejor sin ningún sistema de apoyo que con uno inapropiado.

Este poema, escrito por el joven Jonathan Maldonado, expone la brutal realidad del pandillaje:

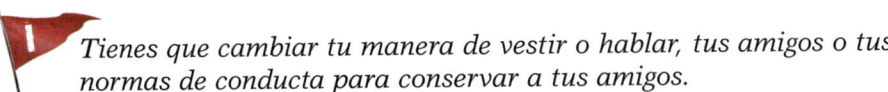

Diez tipos rapados en la esquina,
humo que sube; los ojos rojos, entrecerrados, ven en cámara lenta.
Festejan, revientan un barril, aturdidos, enloquecidos
Gritan, gozan con sus alaridos: *"¡Hay que ponernos borrachos!"*
Guateque en el cantón de Saúl, sin escuela, pura fiesta,
¡con chicas que están muy chulas!
Van por la negra autopista, con botes de pintura azul
para marcar su territorio.
Los chicos del barrio traen el caos.
Ahora parece muy lindo. Después, entrada segura a la cárcel.

A continuación hay cuatro banderas de advertencia de que quizá te convenga cambiar de amigos:

1. *Tienes que cambiar tu manera de vestir o hablar, tus amigos o tus normas de conducta para conservar a tus amigos.*

2. *Haces cosas que luego lamentas, como robar, pelear o drogarte.*

3. *Sientes como si te utilizaran.*

4. *Sientes que no llevas las riendas de tu vida.*

VALOR EN EL MOMENTO

Por bien que te prepares y por sólido que sea tu sistema de apoyo, tendrás difíciles momentos de presión de los compañeros que son imprevisibles. Ni siquiera tendrás tiempo para pensar, pero debes ser valiente.

Cuando Kourtney, una joven de segundo año de la Preparatoria Skyline, volvía de clases a casa un día, se topó con una multitud de muchachos en mitad de la calle. Al acercarse reconoció a John, un vecino menor que ella. Parecía aterrado, mientras muchos jóvenes mayores se burlaban de él y le daban empellones. Olvidando que era menor, y mujer, Kourtney se abrió paso entre ellos y se les enfrentó.

—Oigan, ¿qué están haciéndole a John? ¡Son unos maricones! ¿Diez contra uno? ¡Déjenlo en paz y váyanse de aquí! ¡Váyanse! ¡En serio!

De manera sorprendente, tras un breve silencio y algunas palabras entre dientes, los bravucones retrocedieron despacio. Al minuto se habían ido todos, uno por uno. John, visiblemente aliviado, le dio las gracias y corrió a su casa. Esa noche llamó por teléfono a Kourtney para decirle que no sabía qué habría hecho si ella no hubiera intervenido. Con voz emocionada agregó:

—Pensé que ni siquiera sabías mi nombre.

Al recordar lo ocurrido Kourteny me confió: "No sé qué habría hecho si se hubieran negado a irse, pero sabían que estaban actuando mal y yo se lo dije."

En nuestros momentos difíciles, espero que nosotros seamos tan valientes como Kourtney.

SÉ AMIGO EN LAS BUENAS Y EN LAS MALAS

Hemos hablado mucho sobre los amigos, cómo elegirlos, cómo hacerlos y cómo serlo. Te exhorto a optar por el buen camino. Escoge amigos que te hagan mejor, sé un verdadero amigo tú mismo y resiste la presión negativa de los compañeros. Ten cuidado de no centrar tu vida en los amigos. Si tienes pocos, sigue los principios para hacer más y los tendrás.

Si has tomado muchas decisiones malas, no te tortures y aprende de ellas. Puedes tomar mejores decisiones a partir de ahora.

Una de las personas más admirables de nuestra época fue la madre Teresa, una mujer pequeña y frágil que dedicó su vida a servir a los desamparados y enfermos de países pobres. Su influencia, que comenzó en los barrios más pobres de Calcuta, India, se extiende hoy por todo el mundo. Ella no poseía nada, no tenía títulos ni buscaba la fama, pero llegó a ser un modelo excepcional para millones de personas. En una pared de su casa en Calcuta estaba este hermoso poema, una versión de "Los Mandamientos Paradójicos" de Kent Keith. Me gusta considerarlo una guía de vida en relación con los amigos.

Las personas suelen ser irrazonables, ilógicas y egoístas.
AUN ASÍ QUIÉRELAS.

Si haces el bien, te acusarán de tener motivos egoístas ocultos.
AUN ASÍ HAZ EL BIEN.

Si triunfas, ganarás falsos amigos y enemigos verdaderos.
AUN ASÍ TRIUNFA.

El bien que hagas hoy quedará olvidado mañana.
AUN ASÍ HAZ EL BIEN.

La honestidad y la franqueza te hacen vulnerable.
AUN ASÍ SÉ HONESTO Y FRANCO.

Lo que construyas con años de esfuerzo puede ser destruido de la noche a la mañana.
AUN ASÍ CONSTRUYE.

La gente necesita ayuda, pero, si la ayudas, puede atacarte.
AUN ASÍ AYUDA A LOS DEMÁS.

Da al mundo lo mejor de ti y te abofetearán.
AUN ASÍ DA AL MUNDO LO MEJOR DE TI.

••• PRÓXIMAMENTE •••

A continuación, entérate del misterio del Fénix.
Nunca más verás un ave como hasta ahora.

PASO A PASO

1. Sé amable con todo el mundo durante un día entero. Nada de buscar pleitos, murmurar, ignorar, excluir, pegar, burlarte, criticar, reírte de los demás ni dar golpes bajos. No firmes ni anotes la fecha sino hasta que lo hagas a la perfección.

   Firma _____

   Fecha _____

2. En el centro del diagrama anota el centro de tu vida. Ten en cuenta los siguientes centros posibles: amigos, escuela, popularidad, trabajo, diversión, deportes, pasatiempos, enemigos, héroes, yo, novio, novia, padres, religión u otra cosa. Piensa en cómo repercute en tu vida ese centro.

3. Escribe un depósito que puedas hacer en la cuenta bancaria de relaciones que tienes con uno de tus amigos.

   Amigo: _____

   Depósito que puedo hacer: _____

4. Anota los tres principales cambios que harían de ti un amigo más simpático.

   _____

   _____

   _____

5. ¿Alguien ha intentado entrar en tu círculo de amigos? De ser así, ábrele tu corazón y déjalo entrar.

   Persona que intenta entrar: _____

   Cómo puedo abrirle mi corazón: _____

6. Memoriza esta cita de George Eliot: **"¿Para qué vivimos si no para hacernos la vida más amable unos a otros?"**

7. Piensa en un amigo que te haya ofendido hace poco. En algún momento de esta semana, asómbralo siendo amable ante la grosería.

8. Si hay alguien con quien constantemente compites o te comparas, concéntrate y repite en voz alta: *"Dejaré de competir y compararme con_____"*

9. ¿Tienes uno o varios amigos que te ocasionan problemas? De ser así, discurre una manera de salir de esa relación o de ese grupo.

   Mi plan de salida: _____
   _____

10. Haz una lista de cinco cosas por las que estarías dispuesto a luchar ante la presión negativa de los compañeros:

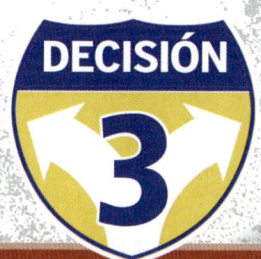

DECISIÓN 3

PADRES

¡QUÉ VERGÜENZA!

Las 10 cosas más importantes que debes saber sobre los padres...

Cuando yo tenía catorce años, mi padre era tan ignorante que su presencia me resultaba casi insoportable. Pero cuando cumplí veintiuno me asombró cuánto había aprendido en siete años..

— Mark Twain

En mi primer año de universidad empecé a jugar de *quarterback* en el equipo juvenil, que la semana anterior había logrado una gran victoria. Yo lancé muchos pases para *touchdown* y la gente fue amable conmigo después del partido.

A la semana siguiente jugamos en casa contra uno de los mejores equipos del país. Naturalmente yo quería jugar bien delante de mis conocidos. Además, mi papá había vuelto en avión de no sé dónde sólo para verme jugar. Pensé que no llegaría, pero allí estaba, justo antes del primer silbatazo.

Fue el peor juego de mi vida. El defensa estrella del equipo contrario se pasó el tiempo derribándome. ¿Podía haber algo peor? Pues sí: cometí muchos errores estúpidos, lancé un sinfín de pases interceptados y acabé apaleado. Perdimos por una treintena de puntos.

Al terminar me moría de vergüenza y quería esconderme. ¿Has perdido por mucho y jugado mal? En el vestuario todo el mundo te rehúye como si tuvieras algo contagioso. Me duché y me vestí en silencio. Cuando salí, mi padre estaba esperándome. Me abrazó, me miró a los ojos y dijo: "Es el mejor partido que te he visto jugar, no porque hayas ganado ni anotado muchos puntos, sino porque fuiste más tenaz que nunca. No dejaban de apalearte y seguías levantándote. Nunca había estado tan orgulloso de ti".

Me quedé estupefacto. Acababa de dar el peor juego de mi vida, ¿y él estaba orgulloso de mí? Creí que nadie podría consolarme, pero él lo había hecho. En vez de recordarme mis errores, se enfocó en lo único que hice bien: seguir levantándome. Sus palabras de aliento me hicieron ver las cosas en su verdadera medida: no era el fin del mundo; la vida seguía adelante.

Tuve la suerte de que me tocaran unos padres maravillosos. Aunque me avergonzaban mucho, también me querían. Y aunque a veces estaba convencido de que venían de otro planeta, la mayor parte del tiempo eran bastante modernos. No hay más que preguntarles a mis amigos.

Ojalá tú seas tan afortunado. Espero que también tengas una mamá excelente, un papá increíble, o ambos. Si no vives con ellos, ojalá te esté educando un magnífico tío, abuela, padrastro o lo que sea. Lo bueno de la mayoría de las mamás y los papás es que, aunque tengan problemas y no sean tan juveniles como antes, quieren de verdad a sus hijos y harían cualquier cosa por ellos.

Hemos llegado a la tercera decisión que representa una bifurcación del camino: los padres.

¿Qué harás con respecto a la relación que tienes con ellos? ¿Por qué es ésta una de las 6 decisiones más importantes de tu vida? Porque, quieras o no, ellos serán parte de tu vida durante mucho tiempo. Dentro de 10 años ya no tendrás los amigos que ahora tienes. Tú crees que sí, pero te equivocas. Tomarán caminos distintos, y esto no ocurre con tus padres.

Es probable que vivas con uno de ellos o con ambos hasta los 18 o 19 años, y a partir de entonces, según cómo se lleven, serán un gran apoyo o un tremendo dolor de cabeza durante varias décadas. Te acompañarán en todo tipo de sucesos, como graduaciones y bodas, nacimientos y muertes, dichas y desdichas. ¿Entiendes ahora por qué es tan importante tu relación con mamá y papá?

A lo largo de este capítulo usaré la palabra *padres* sólo por comodidad. Sé que hay todo tipo de familias. Puede ser que a ti te críen tu mamá y tu papá, sólo tu mamá, sólo tu papá, una tía o un tío, tu mamá y un padrastro, una abuela, un tutor, una pareja de extraterrestres o alguien más. Entonces, cada vez que veas la palabra *padres*, *mamá* o *papá*, cámbiala por la que corresponda a tu situación. No se necesita un lazo de sangre para ser familia; sólo se necesita amor.

Entonces, ¿qué camino tomarás? Puedes elegir el camino correcto cultivando buenas relaciones, buscando soluciones para los problemas y mostrando amor y respeto, o puedes tomar el camino incorrecto renunciando a las buenas relaciones, peleando o poniendo mala cara cada vez que tienen un desacuerdo, y no mostrando ningún respeto.

PRUEBA SOBRE LOS PADRES

Antes de seguir adelante responde este breve cuestionario para saber qué terreno pisas en lo tocante a tus padres.

ENCIERRA EN UN CÍRCULO TU ELECCIÓN	¡EN ABSOLUTO!				¡CLARO!
1. Tengo una buena relación con mis padres.	1	2	3	4	5
2. Respeto a mis padres.	1	2	3	4	5
3. Mis padres confían en mí.	1	2	3	4	5
4. Suelo ayudar a mis padres sin que me lo pidan.	1	2	3	4	5
5. Sé mucho sobre mis padres; por ejemplo, qué les gusta y qué no, cuáles son sus sueños, sus valores y su personalidad.	1	2	3	4	5
6. Mis padres saben mucho de mí; por ejemplo, qué me gusta y qué no, cuáles son mis sueños, mis valores y mi personalidad.	1	2	3	4	5
7. Hay una buena comunicación entre mis padres y yo.	1	2	3	4	5
8. Somos bastante buenos para resolver problemas y conflictos.	1	2	3	4	5
9. Si llegamos a pelear o a discutir, mis padres y yo nos reconciliamos muy pronto.	1	2	3	4	5
10. Puedo decir francamente que quiero a mis padres.	1	2	3	4	5
TOTAL					

Suma tu puntuación y ve cómo te calificas en este concepto.

 Vas por el camino correcto. ¡Sigue así!

 Estás en medio de ambos caminos. Dirígete al camino correcto.

 Vas por el camino incorrecto. Pon especial atención a este capítulo.

Este capítulo se divide en cuatro secciones. La primera se llama **Cuenta bancaria de relaciones.** Como la CBR que tienes con tus amigos, ésta es una atinada manera de entablar mejores relaciones con mamá y papá. En **¡Me exasperas!** hablaremos de cómo lidiar con lo que te molesta y enfurece de tus padres. En **Cómo cerrar la brecha** exploraremos maneras de salvar la brecha de comunicación que hay entre tus padres y tú, aunque te parezca que ellos hablan marciano y tú un idioma terrestre. Sé que algunos de ustedes tienen padres que no afrontan la vida, que se drogan o son abusivos. Ésta es una situación muy distinta, que exige un tratamiento especial. La última sección, **Cuando tú tienes que educar a tus padres,** está dedicada especialmente a los jóvenes que se enfrentan a estos desafíos.

Cuenta bancaria de relaciones

Cuando yo era niño, lo que enfurecía a mamá era que se me olvidara sacar la basura. Con demasiada frecuencia las mañanas de viernes la oía gritar: "Sean, ¡levántate ahora mismo! Aquí viene el camión de la basura y olvidaste sacarla… ¡otra vez!" Con el tiempo recurrió a dejarme notas por todas partes: en la puerta, el refrigerador, el espejo del baño, la almohada. "SEAN: ¡SACA LA BASURA O TE MATO!"

También aprendí algunas formas de tenerla contenta. Le encantaba que yo sacara buenas calificaciones. Pegaba mi boleta en la pared para que la vieran todas sus amigas y presumía sin cesar. También se ponía feliz si la ayudaba a lavar los platos o a guardar las compras del súper. Así compensaba yo todas las veces que se me olvidaba sacar la basura, y mantenía nuestra relación con saldo positivo.

En el capítulo anterior, sobre los amigos, hablamos de la cuenta bancaria de relaciones (CBR), que representa la cantidad de confianza de la que gozas en una relación. En lo tocante a tus padres, ¿cómo anda tu CBR? Si 1000 puntos representan una relación sólida con ellos, ¿cuánto tienes depositado? ¿Tienes los 1000 puntos o más bien unos 500? Quizá te hayas quedado en ceros o tu saldo sea de -1000; es decir 1000 puntos en contra. Sea cual sea tu situación, la fórmula es la misma: la relación se va construyendo de depósito en depósito.

A continuación verás cinco depósitos que parecen funcionar bien con los padres. Por supuesto, cada depósito tiene su correspondiente retiro.

DEPÓSITOS	RETIROS
+ Entiende lo que es importante para ellos	- Adivínalo
+ Di la verdad	- Miente y calla
+ Identifica la tarea y hazla	- Espera a que te digan que la hagas
+ Recuerda los detalles	- Olvida los detalles
+ Ábrete	- Ciérrate
+ Usa las palabras más importantes	- Evita las palabras más importantes

ENTIENDE LO QUE ES IMPORTANTE PARA ELLOS

Nunca des por hecho que lo que es un depósito para tu cuenta lo es también para la de tus padres. Cuando estás con tus amigos, quizá consideres un depósito el que tus padres te dejen solo. En cambio, cuando ellos están con sus amigos, es posible que consideren un depósito para ellos el que te quedes a conversar un rato. Como ves, tus padres no usan la misma moneda que tú. Hice a varios padres la pregunta: "¿Cuál es el mayor depósito que tu hijo adolescente podría hacer en tu CBR?" Lee con atención lo que contestaron:

- *"Leer un libro."*
- *"Mantener su cuarto lo bastante limpio para poder siquiera asomarme."*
- *"El mayor depósito que mi hija podría hacerme es tratar bien a sus hermanos."*
- *"Entré al cuarto de mi hija para saludar a sus amigas y charlar un minuto. Cuando ya me iba, ella y sus amigas me pidieron que me quedara a platicar más tiempo. ¡Ése fue un depósito inmenso!"*
- *"Mi hija asistió a una reunión en la que se exhortó a los alumnos a perdonarles a sus padres los errores que habían cometido. Mi hija me dijo que yo había sido una madre inmejorable. ¡Guau!"*
- *"Que hagan sus quehaceres todos los días sin que haya que pedírselo."*
- *"Hacer cualquier cosa sin tener que pedírselo."*

Éstas son cosas buenas, y si las pusieras en práctica, obtendrías muchos puntos con mamá y papá.

DI LA VERDAD

Nada destruye tanto la confianza que te tienen tus padres como mentir. Es un enorme retiro, y lleva meses e incluso años recuperarla. En palabras de un joven: "Sé honesto. Aunque sea duro decir la verdad, para tus padres es diez veces más duro darse cuenta de que has mentido".

Lo cierto es que tarde o temprano se van a enterar. Los padres tienen un asombroso olfato para las mentiras y saben si estás callando algo, así que sé sincero con ellos, pues la honestidad nunca pasa de moda.

La historia de Jana es un buen ejemplo:

Cuando tenía 13 años conocí a Alfonso, que tenía 17. Creíamos que estábamos enamorados. Pero mis padres no querían que yo saliera con chicos antes de los 16 años, y menos con uno mayor que yo. Fue entonces cuando comenzaron los pleitos.

Una noche de viernes tenía muchas ganas de estar con él, así que inventé que iba a ir a casa de una amiga y fui a verlo. Mis padres tardaron apenas una hora en darse cuenta de la mentira y me cayeron. Me prohibieron volver a hablar con Alfonso y me castigaron dos semanas sin salir y sin teléfono. ¡Estaba furiosa!

El ciclo de escaparme y de que mis padres se enteraran continuó durante años. Fue difícil porque los quería mucho, y me habría gustado que se dieran cuenta de que Alfonso no era un mal tipo y que me dejaran estar con él. Alfonso y yo seguimos juntos a pesar de mi pésima relación con mis padres. Ellos no confiaban en mí y yo no quería ni verlos.

Cuando cumplí 16 años me puse feliz porque ya podía salir con él cuando quería. Salimos unos seis meses. Luego me di cuenta de que me estaba perdiendo mucho y quería vivir más plenamente mi adolescencia. Él era mayor y ya estaba en la universidad, y yo no me sentía preparada para eso. Decidí terminar con él y disculparme con mis padres.

No fue fácil. Les había mentido tanto que no me tenían ninguna confianza. Sabía que iba a llevarme tiempo. Hice todo lo que estaba en mis manos. Limpiaba la casa, cuidaba a mis hermanas y, sobre todo, decía siempre la verdad.

Por fin comprendieron que era sincera y empezaron a abrirse de nuevo conmigo. Sabía que siempre me habían querido, pero yo debía corresponderles. Ahora me doy cuenta de que sabían un poco más que yo de la vida.

IDENTIFICA LA TAREA Y HAZLA

¿Hay que lavar los platos? ¿Tu hermana menor necesita que la lleven a casa? ¿A tu mamá le vendría bien un descanso? No esperes a que te lo pidan… identifica la tarea y hazla.

"Mis padres nunca han esperado gran cosa de mí", dijo Ryan, de 13 años. "Hago la tarea de la escuela y algunas cosas de la casa, pero eso es casi todo. Una vez que mi mamá estaba muy cansada después de la cena, me ofrecí a limpiar la cocina. Casi se muere de la impresión. Me dio mucho gusto que se relajara un poco."

Si tienes un hermano o hermana menores, una de las mayores necesidades de los padres es que los trates bien y ayudes a educarlos. Recuerdo cuando Joshua, mi hermano menor, empezaba la preparatoria y lo preocupado que estaba mi padre por él. Había asistido a otra escuela en secundaria y casi no conocía a nadie. Era flaco y torpe. Yo identifiqué la tarea y procuré que Joshua contara conmigo. Hasta ayudé a entrenar a su equipo de futbol. Nunca olvidaré lo agradecido que quedó papá conmigo. ¡Tilín!

Un día conversé con un joven de 16 años llamado Destin, y cuando le pregunté por su mamá, le brillaron los ojos. "¿Mi mamá? Haría cualquier cosa por ella. La adoro. A veces chocamos, pero nos reconciliamos."

Agregó que ella acababa de divorciarse y estaba abrumada de trabajo. Le preocupaba mucho, y creía que lo mejor que podía hacer era ayudarla con su hermana de nueve años y su hermano de siete.

"Ahora soy lo que se dice el hombre de la casa", agregó. "Trato de que todo marche bien para que mamá no esté estresada ni malhumorada todo el tiempo. Después de clases recojo a mis hermanos y los llevo a casa, veo que hagan la tarea, comemos y luego jugamos un rato. Si a mamá se le ofrece algo, lo hago o la ayudo de cualquier otra forma."

RECUERDA LOS DETALLES

En las relaciones, los detalles cuentan mucho. ¿Qué son los detalles? Una palabra amable, una sonrisa cálida, una nota de agradecimiento. Gabby me contó esta historia:

Aunque mi relación con mamá no es terrible, tenemos problemas. Decidí escribirle una nota diciéndole cuánto significa para mí; se la puse en el coche cuando me llevó a la escuela. Cuando volví a casa, mamá me sorprendió esperándome en la puerta y dándome un fuerte abrazo. Me dijo que era el mejor regalo que le había dado en la vida… una sencilla nota de agradecimiento y reconocimiento de todo lo que hace.

Esto me recuerda una vez que le di a mamá un regalo especial el Día de las Madres. En vez de comprarle el típico perfume que ella siempre fingía apreciar ("¡Ay, Sean, perfume... otra vez! ¡Qué lindo!"), le escribí un poema sobre la magnífica madre que era, titulado "Un niño y su madre". Me dijo que era el mejor regalo que le había dado en la vida y hasta lo colgó en su "pared de los trofeos".

ÁBRETE

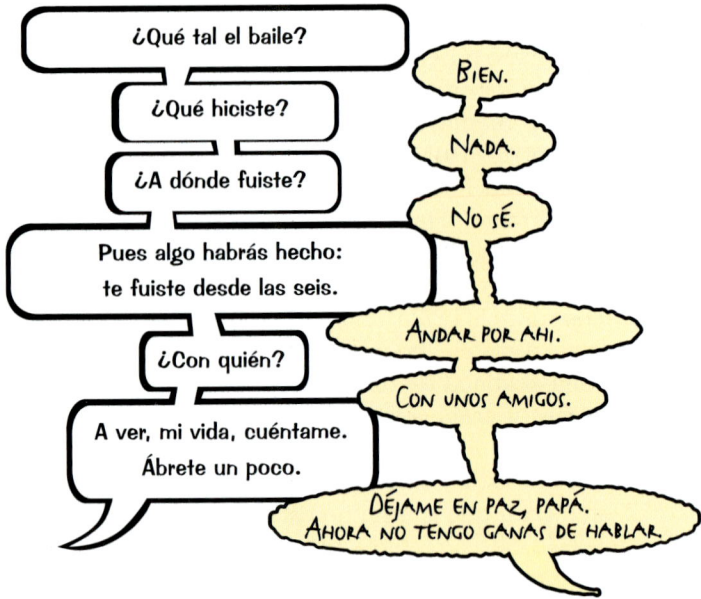

Si te suena familiar, eres normal. A veces no tienes ganas de hablar, y menos cuando parece un interrogatorio. Pero todo tiene su momento... hay un momento para cerrarte y otro para abrirte. El hecho es que nunca te acercarás a tus padres si no compartes con ellos lo que tienes en la cabeza.

A los adolescentes les cuesta mucho pedir consejo a sus padres, pero conviene hacerlo porque, aunque ellos no sean modernos, suelen ser sabios. Tú estás más actualizado en moda y tendencias, pero ellos saben más sobre amor y felicidad. Son especialmente buenos para ayudarte a lidiar con traiciones, resolver dificultades relacionadas con novios y novias, y hacerte sentir mejor cuando has tenido un día horrible.

Una vez un viejo amigo de la familia me dijo: "Sean, si hablas con tus padres de todas tus decisiones importantes, nunca cometerás un error grave". Su consejo fue tan peculiar que nunca lo olvidé y he tratado de seguirlo.

¿Qué pasa, pues, si quieres abrirte con tus padres, pero te da miedo el resultado? Te da miedo que se enojen o se decepcionen y que digan cosas como: "¡¿Que hiciste qué?!" o "¡Qué idea tan estúpida!" Aquí te doy un método que funciona casi siempre. Comienza por decir algo como:

—Mamá, me interesa mucho hablar contigo sobre algo, pero tengo miedo de que te enojes.

—¡Claro que no! —es probable que diga ella.

—Sí, siempre te enojas y luego me arrepiento de haber hablado.

—Te lo juro, mi cielo: me quedo tranquila. ¿Qué pasa?

—Está bien, pero tienes que prometer que vas a escuchar y no te vas a molestar.

Este proceder la preparará para lo que vas a decirle; probablemente escuchará mejor y tendrá más cuidado con su respuesta.

USA LAS PALABRAS MÁS IMPORTANTES

Para llevarte bien con tus padres, la expresión más importante de todas es *por favor;* a continuación *gracias,* después *te quiero,* y por último *¿en qué puedo ayudar?* Hay magia y poder en todas ellas.

Decir *por favor* es amable y muestra respeto. Lo mismo ocurre con *gracias.* Nada perturba más a los padres que la ingratitud. Así que busca la manera de dar las gracias siempre que puedas.

"Gracias, mamá. La cena estuvo deliciosa."

"Papá, muchas gracias por haberme prestado el coche ayer. Me divertí mucho."

Te quiero es la siguiente frase más importante. En algunos hogares los abrazos y otras muestras de cariño se dan abiertamente; en otros el ambiente no es tan afectuoso, sino más bien frío. Si ése es tu caso, trata de ser quien rompa el ciclo iniciando una nueva tendencia en la que expreses cariño y afecto de una u otra forma. Sólo se necesita una persona para empezar. Así lo hizo Sherwin:

Mi papá es fantástico, pero tiene muy mal genio y a veces me da miedo. Cuando era chico siempre me gritaba, y me dolía hasta el alma. Pero por dentro no lo culpaba a él. Siempre pensé que la culpa era mía.

Una vez vi un programa en el que el papá se muere y el hijo nunca puede decirle "te quiero". Me sentí identificado: qué iba a pasar si nunca le decía a papá que lo quería y mis últimas palabras hacia él eran: "Sí, voy a poner la lasaña en el horno". Desde entonces, todos los días le doy un fuerte abrazo, que es mi forma de decir "te quiero".

La primera vez que lo abracé me sorprendió que no le pareciera raro. Le dije que nunca quería despedirme, y que me gustaría que estuviéramos en buenos términos sin importar lo que pasara. Él era del mismo sentir y me dejó claro que podía acudir a él siempre que lo necesitara. Lo quiero mucho. Aunque a veces me caiga pésimo, lo abrazo todos los día, sin decir una palabra. Nuestra relación ha mejorado mucho.

Como canta James Taylor:

Colma de amor a los tuyos.
Demuéstrales cuánto los quieres.

¿En qué puedo ayudar? es la siguiente frase más importante. Cuidado: asegúrate de que tus padres estén sentados cuando pruebes con ellos esta pregunta, porque puede darles el soponcio.

—Mamá, sé que estás toda estresada. ¿En qué puedo ayudar?
—¡Caramba! Mira el garaje. Parece que pasó un huracán —comenta tu papá.
—¿En qué puedo ayudar, papá? —respondes.

Después de todo lo dicho sobre abrir una CBR con tus padres, si tuviera que resumirlo en una palabra diría: Mantén limpio tu cuarto. Por alguna extraña razón, esto les encanta. Puedes incluso cometer muchos errores y lograr que te perdonen, siempre y cuando tu cuarto esté limpio. También ayuda si tus hermanos tienen su cuarto muy desordenado, porque te da ventaja.

¡Me exasperas!

Como todos sabemos, los padres pueden ser exasperantes. En particular, éstas son cinco de las quejas principales:

» **MIS PADRES SIEMPRE ME COMPARAN.**
» **MIS PADRES NUNCA ESTÁN SATISFECHOS.**
» **MIS PADRES ME AVERGÜENZAN.**
» **MIS PADRES SON SOBREPROTECTORES.**
» **MIS PADRES SE PASAN LA VIDA PELEANDO.**

Por cada queja, tienes una decisión que tomar. Puedes dejar que el problema te vuelva loco o acabe contigo, o encontrar formas de lidiar con él.

Si tienes dificultades con el modo de ser de tus padres, recuerda acudir a tu círculo de control. No desperdicies tus energías en cosas que no puedes controlar, como las debilidades de tus padres o sus hábitos desagradables. Mejor dedícate a lo que sí puedes controlar, como tu actitud y tus reacciones a lo que ellos hacen. Tú no puedes tomar decisiones por ellos, sino sólo por ti.

MIS PADRES SIEMPRE ME COMPARAN

"¿Por qué no te pareces más a tu hermano?" ¡Ay!

"¿Por qué no participas en actividades extracurriculares como tu amiga Tania? Ya tiene preparado su acto." ¡Ay!

Sondra me contó que siempre se sentía humillada por su padre cuando la comparaba:

Cuando era chica mi papá era muy cariñoso, pero ya no. Tengo una hermana mayor y dos hermanos menores. Mi hermana me lleva sólo 11 meses y papá me compara mucho con ella. Es muy inteligente. Papá siempre me dice que no tengo suficiente capacidad, ni madera para estudiar una carrera. Pero no me importa: ya me acostumbré.

Hace poco estábamos en casa de mi tía y hablando de quién se parece a quién. Papá dijo: "Sí, Sondra se parece a mí, mas no en inteligencia, mientras que su hermana sí". Papá tiene la frente amplia como mi hermana, y agregó: "Las personas de frente amplia son inteligentes; por eso Sondra tiene la frente estrecha". Me sentí muy mal. Quería tener con él la relación que tiene con mi hermana.

Apuesto lo que quieras a que el padre de Sondra en realidad la quiere y no está consciente de cuánto la hieren sus comentarios. Es difícil que no te compares con la chica de cabello perfecto o el muchacho del promedio más alto. Y así como a ti te cuesta no hacerlo, también les cuesta a tus padres. Es una tendencia humana. Por alguna extraña razón y con la mejor de las intenciones, los padres piensan que compararte con alguien te motivará, pero, como todo adolescente sabe, sucede lo contrario.

A veces no te comparan de manera abierta, sino sutil. En palabras de McKayla: "Mi mamá dice que mis amigas son femeninas, lo cual implica que yo no lo soy".

Si te comparan mucho, haz lo siguiente: primero, no te lo tomes a pecho. Sólo recuerda lo que se siente y proponte no hacerlo con tus hijos.

Segundo, quizá quieras hacerles ver cómo te sientes. La próxima vez que te comparen con un hermano, amigo o dios griego, di algo así como: "¿Saben qué? Me duele mucho que me comparen con tal persona. Yo soy diferente y les agradecería que no volvieran a hacer ese comentario".

Todos queremos que nuestros padres nos quieran. Una vez, estando en una fiesta con mi hermano menor, alcancé a oír que alguien le preguntaba a papá: "Entonces, ¿cuál de tus hijos se parece más a ti?" Papá contestó: "Pues no sé. Creo que Joshua". Eso me hizo sentir mal, como si Joshua le cayera mejor que yo. Fue algo muy pequeño. Él no quería hacerme daño, pero el comentario me hizo darme cuenta de lo mucho que deseamos complacer a nuestros padres y no ser comparados con los demás.

Todos venimos en diferentes formas y tamaños, pero todos tenemos un valor infinito y no deben compararnos con nadie. Me encanta cómo lo dijo Ruth Vaughn:

ATENEA
Diosa de la sabiduría, las artes y la industria

ERES UNA personalidad única, QUE NUNCA HA EXISTIDO NI VOLVERÁ A EXISTIR.

Aquilata la importancia de esto.

MIS PADRES NUNCA ESTÁN SATISFECHOS

Sarina me contó:

Mi papá y yo no nos llevamos bien. Él cree que podría irme mejor en la escuela, aunque saqué seis dieces y dos ochos. Lo único que pudo decirme fue: "Sube tus calificaciones y asistencias". Me hizo enojar muchísimo.

Éste es un desafío típico que yo llamo el síndrome del que nunca está conforme. Tus padres te presionan constantemente. Parece que no puedes hacer nada bien. Quieres que estén orgullosos de ti, pero parece imposible complacerlos.

Si te sientes así, no pienses que tus padres no te quieren. Como ocurre con las comparaciones, a menudo no se dan cuenta de lo que hacen y tienen buenas intenciones. Quizá así los educaron. Cuando eres padre, no te dan un manual para hacerlo maravillosamente.

Algo que puedes probar es destacar las cosas buenas que haces. Por ejemplo, Sarina podría decir: "Sí, puedo hacerlo mejor, papá, pero tienes que reconocer que sacar seis dieces en el último periodo es bastante bueno, y mucho mejor que el año pasado".

MIS PADRES ME AVERGÜENZAN

No sé cómo sea en tu caso, pero mis padres me avergonzaron tanto cuando era chico que ya nada me da vergüenza. Soy inmune a ese sentimiento.

Nací en Irlanda, donde mi familia vivió algunos años y de donde mi mamá tomó algunas tradiciones. Cuando volvimos a Estados Unidos, todos los días de San Patricio se presentaba en mi escuela primaria con un peinado enorme y una inmensa caja de galletas en forma de trébol y, con voz de cantante de ópera, entonaba un popurrí de canciones populares irlandesas. Mis maestros y compañeros siempre se divertían mucho, pero yo me escondía debajo del pupitre.

Papá era todavía más embarazoso. Cuando íbamos al cine y le daba sueño, doblaba su chaqueta en forma de almohada y se acostaba a dormir en el pasillo. Una vez nos llevó a mis hermanos y a mí a ver una obra en Broadway, a la mitad de la representación desapareció misteriosamente y reapareció a la media hora con bolsas de comida china.

Papá es escritor y a menudo la gente me pregunta:

—¿Es usted hijo de Stephen Covey?

—Mmm, sí.

—¡Guau! ¿Qué se siente tener un padre tan famoso?

—Mmm, no sé.

—¿Sería tan amable de decirle a su padre que sus libros me han cambiado la vida?

—Mmm, como quiera —contestaba yo, pero para mis adentros decía: "¿Sabrá que mi papá sale a correr con calcetines negros de vestir?"

Cuando cumplí 19 años, por fin leí uno de sus libros para ver por qué todo el mundo estaba tan encantado con él, y me sorprendió lo mucho que papá había crecido.

Quizá tu mama y tu papá te avergüencen como los míos, o estén fuera de onda en lo que se refiere a la moda y a la música. ¿Y qué? Por lo general están muy en onda en lo relativo a las cosas importantes; por ejemplo, cómo recuperarte cuando tu novio o novia te dejaron.

Por si no lo has notado, tienen bastante más experiencia que tú. Como dice Anya, estudiante de Florida: "¡Han vivido tanto! Mis padres son mi fuente de consulta número uno sobre el mundo". El escritor Wayne Rice usa un poco de matemáticas para explicar esto, como se muestra aquí.

De seguro tus padres son más listos de lo que crees. Una vez leí: "Quisiera ser sólo la mitad de maravilloso de lo que me consideraba mi hijo pequeño y sólo la mitad de estúpido de lo que me considera mi hijo adolescente".

MIS PADRES SON SOBREPROTECTORES

Joaquín siempre pensó que sus padres lo sobreprotegían.

Cuando era chico no me dejaban ver el programa de los Power Rangers porque era muy violento. A los nueve años, a las pocas semanas de mi cumpleaños, llegué de la escuela y entré al cuarto de mis padres. Distraído, abrí un baúl que tenían en los pies de la cama. Lo primero que me llamó la atención fue un muñeco verde de los Power Rangers, aún medio envuelto y con una tarjeta que decía: "Para Joaquín, de Esteban".

No podía creerlo. ¡Mis propios padres habían robado mi regalo! Así que me les enfrenté. Después de una breve discusión, reconocieron que debían haberme avisado. Pregunté si, ya que lo había encontrado, podía quedármelo, y aun así me prohibieron jugar con él.

Tal vez tus padres no se roban tus regalos como los de Joaquín, pero ¿sientes a veces que son demasiado controladores?

De las siguientes afirmaciones, marca aquellas que se apliquen a tus padres.

- ☐ **Siempre tienen que saber exactamente dónde y con quién estoy.**
- ☐ **Me fijan una hora de llegada estricta.**
- ☐ **Siempre me sacan de los problemas en que me meto.**
- ☐ **Juzgan a los amigos con quienes me llevo.**
- ☐ **Son muy selectivos respecto a con quién salgo.**
- ☐ **Si cometo un error, me aumentan las restricciones.**
- ☐ **Son entrometidos y no respetan mi intimidad.**
- ☐ **Son muy estrictos y ponen demasiadas reglas.**

Si marcaste muchas de las afirmaciones anteriores, hay dos conclusiones posibles: o tus padres no te tienen confianza o se preocupan demasiado por ti. En la mayoría de los casos los padres sobreprotectores simplemente se preocupan en exceso y lo demuestran fijando muchas reglas y queriendo saberlo todo. Que no te afecten de más las reglas. Después de todo, si tuvieras que elegir, ¿no preferirías unos padres aprensivos a unos que no parecen preocuparse en absoluto?

Si eres digno de toda la confianza de tus padres y te parece que aun así son absurdamente estrictos, ¿qué puedes hacer? Por desgracia, no tengo una buena respuesta, salvo insistir en que sigas ganándote su confianza; sigue diciendo la verdad y procura que su rigidez no te afecte hasta el grado de querer rebelarte.

En preparatoria yo tenía un gran amigo, Randy, cuya madre era muy estricta: siempre parecía tener buenas razones para no dejarlo hacer cosas con sus amigos, como ir a acampar o a un concierto. Al principio a Randy parecía no importarle, pero después la situación lo sacaba de quicio. Cuando por fin se fue a vivir solo, se rebeló durante varios años, sólo para vengarse de su madre. Al final sentó cabeza, pero fueron años tristes para él y creo que lamentó sus decisiones.

Uno de los mayores desafíos es la hora de llegada. A tus padres les gusta y a ti no. Quieran o no, la mayoría de los adolescentes tienen horas de llegada, aunque no lo admitan. Para los jóvenes, las horas de llegada se inventaron para arruinarles la vida. Lo que pasa es que a tus padres les preocupan las drogas, los conductores ebrios y los psicópatas que rondan en la noche. Parece ridículo, pero es cierto. Sin embargo, una hora de llegada también puede serte ventajosa. Si alguna vez tienes que zafarte de una situación incómoda, échale la culpa a tu hora de llegada: "Lo siento, pero tengo que irme. Es la estúpida hora de llegada que tengo".

"El viernes llegaste casi a las nueve de la noche, ayer tomaste refresco en vez de leche y hoy no usaste el hilo dental. A tu padre y a mí nos preocupa que te estés descarriando."

© 1999 Randy Glasbergen.   www.glasbergen.com

Lo bueno es que las horas de llegada pueden negociarse un poco. Te doy tres técnicas que quizá quieras probar.

1. **Te rasco la espalda si tú me la rascas a mí.** A veces tus padres pueden flexibilizar las reglas si haces algo que sea importante para ellos: "Mamá, si limpio el garaje, ¿me dejas llegar tarde el viernes?"

2. **La reserva.** Demuestra que eres responsable obedeciendo sin falta tu hora de llegada durante un tiempo y creando una reserva de confianza: "Mamá, si cumplo religiosamente con mi hora de llegada durante todo el verano, ¿podemos recorrerla una hora?"

3. **El gran compromiso.** Si tienes algún compromiso importante próximamente, avisa a tus padres con mucha anticipación. A menudo acceden a hacer excepciones: "Mamá, el sábado Laura va a dar una fiesta por el fin del semestre. ¿Puedo llegar tarde esa noche?"

MIS PADRES SE PASAN LA VIDA PELEANDO

¿Tu hogar es apacible, o un campo de batalla? Como dijo un joven: "Mis padres pelean y discuten mucho. Casi siempre se contentan, pero me asusta".

Si se añade un poco de alcohol a la mezcla, las cosas pueden incendiarse, como me contó Abril: "Mi padre bebe mucho. Cuando nos sentamos a cenar empieza a beber con mi hermano mayor. Mamá trata de impedírselo, y entonces se arma una batalla campal".

La violencia puede llegar al grado de que no soportas estar en casa, como ilustra la letra de la canción "Stay Together for the Kids" ("Seguir juntos por los niños"), del grupo blink-182:

> Su **furia** me hiere los oídos.
> Llevan así siete años.
> Lejos de **avenirse**,
> **nada** resuelven.
> No tiene **sentido**.
> Los **veo a diario**.
> Nos llevamos **bien**, ¿por qué ellos no?
> Si es lo que él **quiere**
> y lo que ella **quiere**,
> ¿por qué entonces tanto **DOLOR?**

_{Letra y Música de Tom DeLonge, Mark Hoppus y Travis Baker. © 2001 EMI APRIL MUSIC INC. y FUN WITH GOATS. Todos los derechos controlados y administrados por EMI APRIL MUSIC INC. Todos los derechos reservados. Asegurados los derechos internacionales. Reproducida con autorización.}

En situaciones así no puedes controlar otra cosa que a ti mismo. No puedes cambiar a tus padres, pero puedes decidir no gritar ni tomar partido. Puedes ser agradable, conciliador, y es un buen comienzo.

Daniela se enfrentó precisamente a ese desafío.

Mis padres no se llevaban bien. Un día, cuando yo tenía 15 años, pelearon como de costumbre y me fui a dormir. Lo siguiente que recuerdo fue que me despertaron los gritos de mi madre diciendo "¡No te vayas sin despedirte de los niños!"

Me quedé conmocionada cuando papá entró a mi cuarto para decirme que me quería. Me incorporé en la cama y, muerta de pánico, le pregunté qué pasaba. Me dijo adiós, y lo único que atiné a contestar fue: "¡Espera!" Pensé que debía hacer algo para que no se fuera.

—¿Podemos hablar? —añadí.

Su cuarto estaba al otro lado del pasillo y los tres entramos y nos sentamos. Les recordé el compromiso que tenían, lo mucho que yo los quería y necesitaba, y les pedí que rezaran juntos. Recé en voz alta por todos. Cuando terminé, tenían los ojos húmedos. Papá se levantó, me dio las gracias, me dijo que me quería y se fue.

Lloré casi toda la noche y al día siguiente estuve como zombi en la escuela, pero cuando llegué a casa papá había vuelto. Me explicó que sólo necesitaba un poco de tiempo y tranquilidad para pensar. Creo que mamá también. Yo les había recordado por qué estaban juntos y aprendí, una vez más, que no puedo tomar decisiones por nadie más que por mí.

Esta historia terminó bien, pero no siempre es así. Lo importante es que Daniela fue una influencia positiva y conciliadora en su hogar. Se concentró en lo que podía hacer.

Cómo lidiar con el divorcio

Las peleas constantes a veces conducen al divorcio. Es triste decirlo, pero uno de cada dos matrimonios termina así. Como mis padres siguen juntos, no puedo decir que sé lo que se siente, porque no lo sé. Pero Liliana sí. Ella sufrió mucho con el divorcio de sus padres, pero después se adaptó bien. Le pregunté qué consejo daría a otros jóvenes, y esto es lo que dijo:

Empezaría por decirles que no es su culpa. Cuando mis padres se divorciaron, me explicaron que no tenía nada que ver conmigo.

Al principio es muy difícil porque sientes que nunca podrás adaptarte a que tus padres vivan en distintas casas, pero después de un tiempo se vuelve natural y descubres que la situación tiene ventajas. Por ejemplo, tal vez recibas el doble de regalos en Navidad y en tu cumpleaños, aunque no puedas pasar las vacaciones con tus dos padres.

El divorcio me hacía sentir que me faltaba algo, pero no sabía por qué. Me sentí frustrada, enojada y triste durante mucho tiempo, pero al final me hice a la idea. Comprendí que no habría querido que siguieran juntos si no eran felices. Me sentía sola porque creía que los demás no entendían por lo que estaba pasando. ¡Luego me di cuenta de que mis tres hermanos sí lo entendían! Así que empezamos a hablar del asunto y eso nos facilitó mucho las cosas.

Al principio, estaba furiosa con mi hermano porque había decidido vivir con papá. Lamento haber tenido ese resentimiento porque ahora es prácticamente mi mejor amigo. En resumen, trata de sacar el mayor provecho de la situación y vivir el presente.

Además, el doctor Ken Cheyne ofrece los siguientes consejos para que los jóvenes puedan sobrellevar mejor un divorcio:

Sé justo. Según la mayoría de los adolescentes, es importante que los padres no intenten hacerlos tomar partido.

Mantente en contacto. Quizá te convenga mantenerte en contacto con aquel de tus padres al que ves menos por la distancia. Incluso un breve *e-mail* para decirle que te acuerdas de él puede mitigar la añoranza.

Vive tu vida. En algunos divorcios los padres están tan absortos en sus problemas que sientes que tu vida se queda en suspenso. En ese caso puede ayudarte conservar tus actividades escolares y salir con tus amigos. Además, cuídate comiendo bien y haciendo ejercicio con regularidad: dos magníficos medios para eliminar el estrés.

Deja que te apoyen. Si estás deprimido o molesto, deja que tus amigos y familiares te apoyen. Esos sentimientos suelen disiparse. De lo contrario, o si no puedes concentrarte en tus actividades normales, acude a un consejero o terapeuta. Algunos se especializan en hijos de padres divorciados. Tus padres, tu consejero escolar o el médico pueden ayudarte a encontrar uno. También puede serte muy útil hablar con chicos de tu edad que han pasado por la misma experiencia.

EL FÉNIX

Quizá hayas oído hablar del Fénix, esa ave mitológica que, tras vivir mil años, muere en una pira funeraria hasta quedar reducida a cenizas, de las cuales renace y vuelve a vivir otros mil años. Lo importante de esto es saber que a veces la vida resurge de las cenizas de una desgracia, como el divorcio de tus padres. Por ejemplo, quizá ellos sean más felices viviendo separados. Lidiar bien con un divorcio puede hacerte crecer en fortaleza, compasión y madurez. Puedes estrechar los lazos con un hermano porque tienen que contar más el uno con el otro. Bethany escribió:

Un día antes de que yo empezara el último año de preparatoria, todo cambió. Llegué a casa del trabajo para descubrir que papá nos había dejado a mi madre y a mí. La nota decía: "Así son las cosas. Adiós".

Al principio me sentí bien: no tener a papá en casa era casi una bendición, porque no había que oírlo decir cosas crueles y desagradables sobre mi madre. Pero pronto descubrimos que las cuentas por pagar tenían por lo menos un mes de atraso. Mamá podía trabajar sólo tres días a la semana porque tenía un tobillo fracturado. Tuve que cambiarme de trabajo, pero ni así ganaba suficiente dinero.

Pasé el último año de preparatoria llorando y ahorrando para ayudar a pagar las cuentas. Al principio a mamá le costaba mucho trabajo aceptar mi ayuda. No quería decirme cuánto era el atraso de los pagos. Yo era joven e ingenua y no me daba cuenta de lo endeudadas que estábamos.

Llené solicitudes y me aceptaron en la universidad, pero a los dos meses tuve que volver a casa para ayudar a sostener a mamá. Muchas veces lloré porque la situación era muy injusta. En vez de estar en la escuela estudiando y divirtiéndome, trabajaba jornadas completas.

Acabé por darme cuenta de que no podía permitir que las cosas malas que habían pasado me arruinaran la vida. Tenía que demostrar que era lo bastante fuerte para salir adelante.

Eso fue hace cuatro años. Después compré una casa donde hoy vivimos mamá y yo. Trabajo de tiempo completo como supervisora en una tienda de artículos para oficina y también administro un negocio propio. Estoy saliendo con el hombre de mis sueños. No cambiaría nada si pudiera. Creo que, extrañamente, todo se lo debo a los tiempos difíciles que pasé cuando mi padre nos abandonó.

Cómo cerrar la brecha

—¿No te enseñaron a tocar la puerta? —se queja Natalia cuando su madre entra a su cuarto.

—Tienes que limpiar tu cuarto, Natalia. Esto es un asco.

—Después, mamá. Ahora estoy ocupada.

—No, en este momento.

—Es mi cuarto, mamá. Lo voy a limpiar. Sólo dame unos minutos. Y no vuelvas a entrar sin tocar.

—Ésta es mi casa y no vas a decirme lo que puedo y no puedo hacer aquí.

—Sí, pero es mi cuarto y necesito privacidad.

—Pues no vas a tener ninguna privacidad hasta que tu cuarto esté limpio. Así que muévete.

—¡Ashhh, mamá, por favor vete de aquí!

"Si me oyes dame una señal."

© The New Yorker Collection 1993 Frank Cotham de Cartoonbank.com. Todos los derechos reservados.

¿Has sentido que tus padres y tú hablan idiomas distintos? Pues en cierto modo así es. Verás, mientras que a ti te preocupa qué dirán tus amigos de tu nuevo corte de pelo, a tus papás les preocupa cómo van a pagar las cuentas. Tus padres y tú ven la vida a través de cristales de distinto color. Tú dices una cosa y ellos oyen otra, y viceversa.

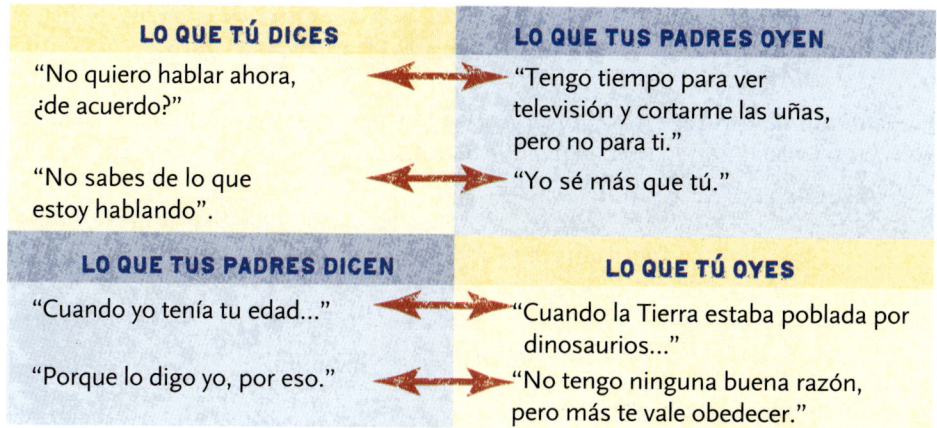

LO QUE TÚ DICES	LO QUE TUS PADRES OYEN
"No quiero hablar ahora, ¿de acuerdo?"	"Tengo tiempo para ver televisión y cortarme las uñas, pero no para ti."
"No sabes de lo que estoy hablando".	"Yo sé más que tú."
LO QUE TUS PADRES DICEN	**LO QUE TÚ OYES**
"Cuando yo tenía tu edad..."	"Cuando la Tierra estaba poblada por dinosaurios..."
"Porque lo digo yo, por eso."	"No tengo ninguna buena razón, pero más te vale obedecer."

Para entender de lo que hablo, haz este pequeño experimento: acude a la página 150 y mira la imagen durante sólo un segundo. Luego entrega el libro a alguien que esté cerca, de preferencia uno de tus padres, y pídele que vea la imagen de la página159 durante un segundo, sin verla tú.

Ahora, juntos, vean la imagen de la página 163 y describan lo que ven. ¿Es una joven o un saxofonista? Lo más probable es que tú veas un saxofonista y la otra persona vea una joven. Sigan hablando hasta que los dos vean ambas imágenes. Quizá quieras revisar las imágenes de las páginas 150 y 159 para entender por qué estaban condicionados a ver lo que veían.

Piensa sobre esto. Si un experimento de un segundo puede hacerlos ver la misma imagen de distintas maneras, ¿no crees que la diferencia de años de experiencia entre tus padres y tú influye para que vean el mundo de maneras diametralmente opuestas? Cuando te comunicas con tus padres, ellos ven una joven y tú ves un saxofonista, y los dos tienen razón. Una historia siempre tiene dos caras. Esto se llama *brecha de comunicación*.

CONOCIMIENTO MUTUO

Una manera excelente de superar la brecha de comunicación es llegar a conocerse mejor. Quizá pases bastante tiempo con uno de tus padres o con ambos, pero ¿cuánto los conoces?

Toma una pluma y responde las siguientes quince preguntas sobre ellos. Puedes contestarlas sólo sobre tu mamá, sólo sobre tu papá o sobre los dos. Al terminar, entrégales el libro para ver si ellos pueden responder las quince preguntas de la página 149 sobre ti. Cuando todos terminen, reúnanse para hablar de las respuestas. Apuesto a que habrá muchas respuestas que ni siquiera imaginaban.

¿Cuánto conoces a TU MAMÁ/PAPÁ?

1. ¿De qué color tiene los ojos tu mamá/papá? _____
2. ¿Cuál es la actividad favorita de tu mamá/papá? _____
3. ¿Qué sería para tu mamá/papá lo mejor que podrías hacer por ella/él? _____
4. Si tu mamá/papá tuviera todo el tiempo y el dinero del mundo, ¿a qué se dedicaría? _____
5. ¿Cuál es la opinión de tu mamá/papá sobre el matrimonio? _____
6. ¿Cuál es el mayor sueño sin cumplir de tu mamá/papá? _____
7. ¿Cuál fue el primer empleo de tiempo completo de tu mamá/papá? _____
8. ¿Quién es el mejor amigo de tu mamá/papá? _____
9. ¿Cómo se conocieron tus padres? _____
10. ¿Cuál es la música favorita de tu mamá/papá? _____
11. ¿Cuál es el programa de televisión favorito de tu mamá/papá? _____
12. ¿Por quién votó tu mamá/papá en las últimas elecciones? _____
13. ¿Tu mamá/papá van a la gasolinera cuando el tanque está a la mitad o casi vacío? _____
14. ¿Cuál es el lugar favorito de tu mamá/papá para ir de vacaciones? _____
15. ¿Qué preferiría hacer tu mamá/papá: ver un buen programa de televisión, ir al cine, salir a cenar con amigos o leer un libro? _____

¿Cuánto conoces a tu HIJO ADOLESCENTE?

1. ¿Cuál es la materia favorita de tu hijo en la escuela? _____
2. ¿Qué sería para tu hijo adolescente lo mejor que podrías hacer por él? _____
_____
3. ¿A qué quiere dedicarse tu hijo cuando sea mayor? _____
4. ¿Cuál es la música favorita de tu hijo? _____
5. ¿Qué enfurece a tu hijo? _____
6. ¿Cuál es el sitio de Internet favorito de tu hijo? _____
7. ¿Qué es lo que a tu hijo le gustaría cambiar de sí mismo? _____
8. ¿De qué quisiera tu hijo hablar contigo, pero le da miedo? _____
_____
9. ¿Qué mascota querría tener tu hijo: un perro, un gato, un hámster, un caballo, un pájaro, una tortuga, una serpiente, ninguna o todas las mencionadas? _____
10. ¿Quién es el mejor amigo de tu hijo? _____
11. Si tu hijo pudiera viajar a cualquier parte del mundo, ¿a dónde iría? _____
_____
12. ¿Qué preferiría hacer tu hijo: ir al cine con amigos, leer un buen libro, jugar videojuegos o practicar su deporte favorito? _____
_____
13. ¿Tu hijo(a) tiene novia(o)? Si tiene, ¿quién es? _____
_____
14. ¿Cuál ha sido uno de los momentos más memorables en la vida de tu hijo? _____
_____
15. ¿Cuáles han sido las mejores vacaciones de tu hijo? _____
_____

Entonces, ¿cuánto conoces a tus padres y cuánto te conocen ellos? Si cualquiera de ustedes tuvo 11 o más aciertos ¡no está mal! Si tuvieron entre 6 y 10, deberían convivir un poco más. Si tuvieron 5 o menos, deben comunicarse, hablar. Siempre es útil ver la vida a través de los ojos de otro. Esto me recuerda una profunda reflexión de Jack Handy:

> Antes de criticar a alguien, deberías andar un kilómetro con sus zapatos. Entonces te habrás alejado un kilómetro y llevarás puestos sus zapatos

BASTA CON UNO

¿A veces sientes que tienes la misma conversación con tu mamá o tu papá una y otra vez, o que puedes predecir el final de casi cualquier plática?
—Marco, ¿no crees que ya tomaste suficiente refresco para todo el día?
—¡Ay, papá, no me voy a morir por tomar refresco!
—Pues tampoco te va a hacer ningún bien.
—Yo no te digo qué debes beber. ¿Por qué entonces te pasas la vida diciéndome lo que yo debo beber?
—No te digo lo que debes hacer. Sólo digo que...
—Sí, sí, ya sé. Ya me lo sé de memoria.

Si hay una brecha de comunicación entre tus padres y tú, aunque sea del tamaño del mundo, tengan esperanza. El final de cualquier conversación puede cambiar si sólo uno de ustedes está dispuesto a adoptar otro enfoque. Quizá pienses: "Sí, pero tú no conoces a mi papá. Él nunca va a cambiar. Es una persona imposible". De acuerdo, tal vez *sea* imposible y *nunca* vaya a cambiar, pero tú puedes hacerlo. Puedes empezar a comunicarte de una manera mejor y más inteligente. A continuación te propongo tres hábitos probados que son la base de toda buena comunicación.

Hábito 1: Pensar ganar-ganar

¿Siempre piensas en tu conveniencia y no en la de ellos? Como dijo Mariel: "Desde que llegué a la adolescencia tengo problemas de comunicación con mis padres. Cuando quería algo, les decía lo que quería y cómo iban a ser las cosas. No me importaba lo que querían ellos".

Pues a ti también debe importarte lo que ellos quieren. En eso consiste la mentalidad ganar-ganar, el cuarto hábito de los adolescentes altamente efectivos. Lo irónico es que si te importa lo que ellos quieren, obtendrás mucho más de lo que tú quieres. Lo opuesto a la mentalidad ganar-ganar es la mentalidad ganar-perder, es decir, pensar sólo en ti mismo. Ves las conversaciones como una competencia y te propones ganar a toda costa. Ocurre entonces algo como lo siguiente:

Reinaldo vuelve a casa de la escuela. Como está cansado, enciende el televisor y se deja caer en el sofá, mientras su madre entra corriendo.

—*Reinaldo, hijo, creo que no hay tiempo para que veas la tele. Me urge que me ayudes ahora.*

—*Mamá, estoy cansado. Sólo quiero verla unos minutos.*

—*Lo siento, pero hoy no hay tiempo para eso. Esta noche vienen los García y necesito que me ayudes a limpiar la casa ahora mismo. Es un desastre.*

—*¿Los García? ¿Por qué siempre tienen que venir? No los soporto, ¡uf!*

—*No tienen que caerte bien mis amigos, pero siquiera sé amable y saluda.*

—*Está bien, pero no voy a ayudarte a limpiar.*

Reinaldo, al pensar sólo en sí mismo, lo echó todo a perder. Él ganó y su madre perdió, al menos en el corto plazo. Lo malo de la mentalidad ganar-perder es que lo que haces se te revierte y te causa problemas. Dos días después, cuando Reinaldo pida prestado el coche, su madre podría pensar: "¿Y por qué habría de prestártelo cuando tú te negaste a ayudarme el otro día?"

Con sólo un esfuerzo mínimo y un poco de mentalidad ganar-ganar, Reinaldo habría podido dar un giro a la situación. Intentémoslo de nuevo.

—Reinaldo, hijo, creo que no hay tiempo para que veas la tele. Me urge que me ayudes ahora.

—Mamá, estoy cansado. Sólo quiero verla unos minutos.

—Lo siento, pero hoy no hay tiempo para eso. Esta noche vienen los García y necesito que me ayudes a limpiar la casa ahora mismo. Es un desastre.

—Está bien. Te ayudo a limpiar un rato, pero no quiero pasar toda la noche con tus amigos. Sólo saludo y ya.

—Muy bien. Muchas gracias por ayudarme a limpiar. No sabes lo ocupada que estoy ahora.

Al sacrificar un poco de lo que quería en ese momento, Reinaldo hizo un gran depósito en la CBR que tiene con su madre, y es probable que más adelante obtenga más de lo que quiere.

Cuando tus padres y tú no estén de acuerdo, o cuando quieras convencerlos de entender tu punto de vista, prueba a usar la siguiente tabla, ya sea mental o escrita. Por un lado enumera qué quieres ganar; por el otro, lo que crees que ellos quieren ganar. En el caso de Reinaldo y su madre, la lista quedaría así:

QUÉ QUIERES GANAR	QUÉ QUIEREN GANAR ELLOS
Estoy cansado y quiero ver televisión	A mamá le urge ayuda para limpiar
No quiero pasar toda la noche con los amigos de mamá	Mamá quiere que haga un pequeño esfuerzo para saludar a sus amigos

Prueba las siguientes frases propias de la mentalidad ganar-ganar y observa la magia que surge de ellas:

- *¿Qué opinas?*
- *¿Cómo ganarías en esta situación?*
- *Pienso que las cosas importantes para ti son...*
- *¿Cuál es tu versión de la historia?*

Hábito 2: Busca primero entender, luego ser entendido

Éste es el quinto hábito de los adolescentes altamente efectivos, y significa sencillamente que conviene ante todo escuchar y luego hablar, contra nuestra tendencia natural de hablar primero y después fingir que escuchamos.

Tomás tiene 16 años y su hora de llegada es medianoche. Hoy va a salir con algunos amigos a jugar billar y le pide a su padre permiso para llegar más tarde.

—Lo siento, Tomás, pero ya hemos hablado de eso y tú sabes tu hora de llegada. Quiero que estés aquí a las 12 y punto.

—Pero, papá, ¡qué injusto! Todos mis amigos tienen permiso hasta mucho después. Sus papás los dejan hacer lo que quieran. Esteban ni siquiera tiene hora de llegada.

—No me importan los permisos de tus amigos. En esta casa tenemos reglas propias.

—¿Por qué siempre quieres controlarme? ¡Estoy harto! —dice Tomás en tono irrespetuoso.

—Sigue hablando así y nunca te dejaré llegar más tarde.

—No sé por qué armas tanto alboroto. Caramba, ni que tuviera 10 años. Me largo...

Date cuenta de lo que pasó: como nadie escuchaba, no hubo una comunicación verdadera. Está claro que el padre de Tomás es un poco autoritario, pero él, al no hacer ningún esfuerzo por entenderlo, no se ayudó a sí mismo.

Entonces ¿cómo se escucha? Actuando como un espejo. ¿Qué hace un espejo? Refleja. No discute ni replica. Reflejar no es más que *expresar en tus propias palabras lo que la otra persona dice y siente*. Es casi repetir como un loro, sólo que, a diferencia de éste, tu meta no es remedar a la otra persona, sino entenderla a fondo.

Por ejemplo, tu madre te dice: "No me gusta nada que salgas con Clara Jiménez. No me gusta la influencia que tiene sobre ti. Siempre que la ves te pones muy malcriada".

Quizá tu respuesta sería: "Pues aguántate, porque me gusta estar con ella".

Una respuesta con efecto de espejo sería: "Entonces crees que Clara es una mala influencia para mí".

Tu padre dice: "Creo que es un gran error que dejes el futbol. Juegas desde los ocho años y vas a tirar todo por la borda".

Tal vez tu respuesta típica sería: "No es tu problema".

Una respuesta con efecto de espejo sería: "Entiendo que te preocupa mucho que deje el futbol".

Tendemos a preparar nuestro siguiente comentario mientras la otra persona aún está hablando y, en consecuencia, no la escuchamos de verdad. Cuando escuchas sinceramente te das cuenta de que suele haber algo más profundo de lo que se ve en la superficie. Es como pelar una cebolla. Quizá tengas que quitar varias capas antes de llegar a la parte sustanciosa.

Volvamos con Tomás, pero esta vez imaginemos que trata de entender a su padre.

—Lo siento, Tomás, pero ya hemos hablado de eso y tú sabes tu hora de llegada. Quiero que estés aquí a las 12 y punto.

—Te tomas muy en serio esto de la hora de llegada.

—¡Claro! Los jóvenes se meten en muchos problemas a altas horas de la noche. Es cuando hay accidentes. Lee el periódico. No pasa nada bueno después de la medianoche. Sólo me interesa que estés a salvo.

—¿Entonces para ti es cuestión de seguridad?

—Exacto. Tal vez pienses que soy demasiado rígido, pero lo hago por tu bien. Tienes toda la vida por delante y no quiero que te pase nada. Eso es todo.

Tomás asiente con la cabeza y guarda silencio.

—Mira, Tomás: hoy llega a tiempo y ya hablaremos de esto después. Quizá puedas llegar un poco más tarde o hagamos algunas excepciones. No quiero aguarte la fiesta, sólo me interesa tu seguridad. ¿Me entiendes?

Compara esta conversación con la anterior. ¡Qué diferencia! Y lo único que se necesitó fueron dos respuestas con efecto de espejo por parte de Tomás. Por primera vez su padre se siente comprendido, y Tomás se da cuenta de que no es un hombre tan necio... solamente quiere que su hijo esté a salvo. Aunque es posible que Tomás no obtenga lo que desea ahora, parece que más adelante conseguirá una hora de llegada más flexible.

Cuando intentas entender a alguien, a veces lo mejor es guardar silencio, como hizo Tomás. No se trata de no hacer caso a la gente, sino de captar lo que dice y darle la posibilidad de explayarse sin interrupciones.

Abajo está el carácter chino tradicional que significa "escuchar". Nota que el acto de escuchar requiere más que sólo los oídos; también exige usar los ojos y el corazón.

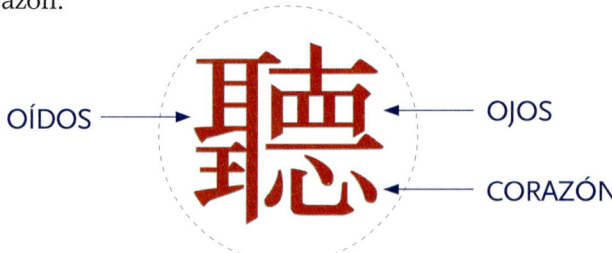

Las siguientes son algunas frases de las que debes echar mano cuando quieres escuchar:

- *"Entonces, estás diciendo que..."*
- *"Por lo que entiendo, te sientes..."*
- *"Si te entiendo bien, piensas que..."*
- *"Sientes _____ respecto a _____."*

Hábito 3: Sinergizar

¿A veces sientes que te topas contra la pared con tus padres? Tú ves las cosas de una manera y ellos de otra. Quieres más independencia y ellos más control. Quieres una tarjeta de crédito y ellos no te consideran preparado para tenerla. Parece como si las cosas sólo pudieran ser a tu manera o a la de ellos.

Lo cierto es que casi siempre hay una tercera opción, una manera nueva y mejor. Sólo tienes que ser lo bastante maduro para plantearla. Yo llamo a esto *sinergizar*, el sexto de los 7 hábitos.

Conozco a una joven llamada Nieves que se moría de ganas por un perro, pero su madre huía de los animales como de la peste. Era una obsesiva de la higiene y no soportaba la idea de que un animal esparciera microbios por toda su casa. "¿Quieres un perro o una mamá?", solía responderle.

Durante meses riñeron por el asunto.

—¿Por qué no me dejas tener un perro? —se quejaba Nieves—. Todos mis amigos tienen uno y a sus padres no les importa. ¿Cuál es el problema?

—En esta casa no entra un perro. Es como cuidar a otro niño y yo voy a terminar ocupándome de él. No hay perro y punto —gritaba su madre.

Por fin, al ver que no llegaba a ninguna parte, Nieves se desveló una noche para escribir una propuesta. Reflexionó en las preocupaciones de su madre y redactó un contrato estipulando lo que estaba dispuesta a hacer para remediarlas, si le permitía tener un perro. Entonces puso el escrito sobre la almohada de su madre.

La madre de Nieves se conmovió tanto que se abrió a la posibilidad de adquirir un perro. Juntas pasaron varias semanas haciendo indagaciones sobre perros en Internet. Nieves quería uno cariñoso y fiel; su madre, uno pequeño que no mordiera, tirara pelo, ladrara

> Querida mamá:
> Si me dejas tener un perro, esto es lo que te prometo hacer:
> 1. Estudiar piano cinco veces a la semana.
> 2. Esforzarme más por tratar bien a mis hermanos.
> 3. Ayudar más en la limpieza y el orden.
> 4. Tratar mejor a mamá y papá.
> 5. Ser más ordenada y mantener limpios mi cuarto y mi baño.
> 6. Ser más feliz en la vida.
> 7. Comer mejor y hacer más ejercicio.
> 8. Cuando empiecen las clases, hacer la tarea y esforzarme por sacar buenas calificaciones.
> 9. Leer más libros.
> 10. Esforzarme más por no hacer rabietas, obedecer y no replicar.
> 11. Cuidar mucho a mi perro.

y ni siquiera hiciera popó. Ambas se escucharon a fondo por primera vez en la vida, sabiendo que si no se ponían de acuerdo en la raza, no habría perro.

El día que Nieves cumplió 14 años, un criador de perros que vivía en otra ciudad se presentó en su casa con un cachorro maltés blanco, el perro más tierno y lanudo que puedas imaginarte.

Cuando tus padres y tú no estén de acuerdo en algo, en vez de pelear, sean maduros y sinergicen. Resuelvan el desacuerdo hablando. Busquen una solución que funcione para todos. Siempre hay buenas opciones si se habla abiertamente. A continuación hay un sencillo proceso de cinco pasos que los ayudará a hacerlo:

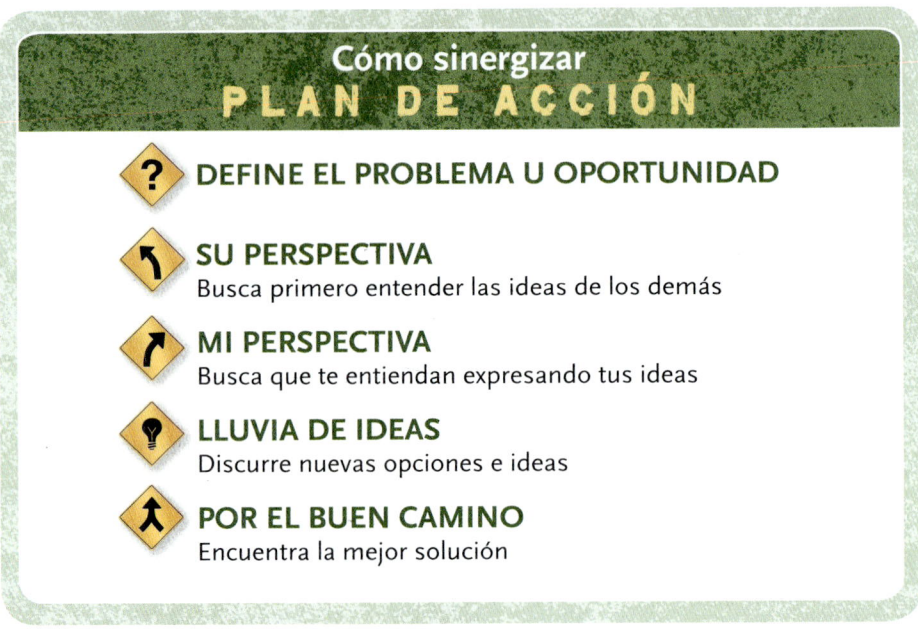

Como habrás notado, los hábitos de Pensar ganar-ganar y Busca primero entender, luego ser entendido están dentro de este plan de acción. Los tres hábitos funcionan juntos.

Supón que tu madre y tú tienen una eterna discusión sobre la escuela. Ella se pasa la vida importunándote con que hagas la tarea y saques mejores calificaciones, mientras que tú estás cansado de sus constantes regaños. La mayoría de sus conversaciones suenan así:

—Hijo, sería bueno que apagaras la televisión e hicieras la tarea.
—Relájate, mamá. La hago después. Te lo juro.
—No existe el después. Sólo existe el ahora.
—Te agradecería mucho que dejaras de presionarme. Por si no te has dado cuenta, tus regaños no ayudan.

—Yo no tendría que mencionar tu tarea si de verdad la hicieras, pero no la haces. Es como si no te importara.

—Efectivamente... Soy un perdedor. Déjame en paz.

Esta conversación es demasiado común. Y es inútil. Pelear y discutir no lleva a nada, pero acabas de aprender el plan de acción para sinergizar y estás decidido a probarlo. Después de todo, ¿qué puedes perder?

Así que una noche, cuando tu madre está en un momento de buen humor, te le acercas.

 Define el problema u oportunidad

—Mamá, ¿puedo hablar contigo?

—Claro, hijo, ¿qué pasa?

—Sólo quería hablar sobre la escuela. Estoy harto de vivir peleando por eso.

—Sí, yo también.

 **Su perspectiva (busca primero entender las ideas de los demás)**

—Mamá, quisiera entender por qué siempre me presionas. ¿Qué opinas del asunto?

—Siento mucho que parezca que te hostigo. Ésa no es mi intención. Sólo me preocupan tus calificaciones. Te iría mucho mejor si te esforzaras un poco más.

—¿Crees que no hago todo lo que puedo?

—Sí. A veces creo que la escuela no te importa, que si yo no te recordara la tarea, no la harías. Es básico que asistas a una buena universidad y para eso necesitas buenas calificaciones.

—En resumen, ¿opinas que la escuela no me importa gran cosa y que me conviene ir a una buena universidad?

—Sí, es mi punto de vista.

 Tu perspectiva (busca que te entiendan expresando tus ideas)

—¿Me dejas explicarte lo que siento yo?

—Sí, quisiera entenderte.

—Sí me importa la escuela, aunque quizá no tanto como a ti. Además, quisiera decidir a qué hora hacer la tarea y no que me lo digas tú. Por eso me molesta tanto que me presiones.

—¿A qué te refieres?

—A que tus constantes regaños realmente no me motivan a hacer la tarea, sino todo lo contrario: esos regaños me quitan las ganas de hacerla

y hasta me hacen sentir un perdedor. Es como si no me consideraras capaz de nada.
—¿En serio?
—Sí, creo que me iría mucho mejor si dejaras de presionarme y me ayudaras sólo si te lo pido.

Lluvia de ideas (discurre nuevas opciones e ideas)

—Entonces ¿qué crees que hay que hacer? —pregunta mamá.
—Para empezar, quisiera que dejaras de regañarme todo el tiempo.
—A mí tampoco me gusta regañarte, mi vida, pero me parece que es la única forma de lograr que hagas la tarea.
—¿Qué quieres que haga para que no me regañes?
—Demuéstrame que vas al día en la escuela.
—¿Sabías que en cualquier momento puedes consultar mis calificaciones y trabajos de cualquier materia en Internet?
—No, no lo sabía.
—Pues es posible. Sólo necesitas mi contraseña. ¿Qué tal si hacemos la prueba? Tú entras a Internet cuando quieras para ver cómo voy y, si no hay problema, me dejas en paz.

Por el buen camino (encuentra la mejor solución)

—Me parece bien, pero tienes que enseñarme a entrar.
—Claro, mamá. Entonces, ¿estás de acuerdo? ¿Trato hecho?
—Estoy de acuerdo, hijo.

No siempre es así de fácil, pero a veces sí. Siempre hay soluciones para los desacuerdos si hablas con tus padres. Hace falta paciencia y esfuerzo, pero funciona. En resumen, los tres hábitos para cerrar la brecha de comunicación son:

- *Pensar ganar-ganar: no sólo pienses en lo que tú puedes ganar, sino también lo que pueden ganar tus padres.*
- *Busca primero entender, luego ser entendido: dedica tiempo a entender a fondo el punto de vista de tus padres antes de abrir la boca. Repite con tus propias palabras lo que dicen y sienten.*
- *Sinergicen: resuelvan el desacuerdo hablando. Primero entiende su punto de vista, luego expresa el tuyo y, por último, exploren las opciones y elijan la mejor. Es así de simple.*

Armado con estos hábitos, ya puedes considerarte un comunicador de cuidado.

CÓMO DESARMAR A TUS PADRES CON UNA FRASE O MENOS

Los padres suelen decir cosas que enfurecen, como "Porque lo digo yo. ¡Por eso!" o "Si no obedeces, atente a las consecuencias..." En cierto modo desenvainan la espada y te retan a duelo. Lo peor que puedes hacer ante eso es desenvainarla tú también y dar batalla, porque llevas las de perder. Mejor desármalos haciendo alguna de las siguientes tres cosas:

1 *Discúlpate.*

2 *Muérdete la lengua y guarda silencio.*

3 *Busca primero entender repitiendo con tus palabras lo que dicen y sienten.*

Si tú no desenvainas la espada, los obligarás a soltar la suya. Y casi siempre basta una frase para desarmarlos. Sólo observa:

Escena 1: Tu mamá y tú discuten sobre tu forma de vestir. Los ánimos se acaloran y te sales de tus casillas.

—No puedo creer que me hables así —dice ella—. Soy tu madre. ¿Cómo te atreves?

Si quisieras pleito, podrías responder:

—Yo te hablo como me da la gana.

Pero si eres listo y quieres desarmarla, dirás:

—Perdón, mamá. No debí haberte hablado así.

Escena 2: Te quejaste con tu padre de lo injusto que te parece hacer todas las labores pesadas, mientras que tu hermana menor hace todas las fáciles.

Él, frustrado, dice con un suspiro:

—Ya te he explicado lo que opino sobre eso. No quiero volver a oírte decir ni pío al respecto. Lo digo en serio. ¿Entendiste?

Si quieres empezar la Tercera Guerra Mundial, di "pío".

Si quieres desarmar a tu padre, muérdete la lengua y calla.

Escena 3: Tu papá y tú hablan sobre un muchacho con el que has empezado a salir y que a él no le cae bien.

Tu padre dice:

—Mi cielo, ese muchacho no me da buena espina. Creo que no debes salir con él. Lo digo muy en serio.

Quizá lo primero que te venga a la mente sea contestarle que no le incumbe, lo cual lo sacará de quicio.

Pero también podrías desarmarlo, y después hablar en serio al respecto, reflejando que lo comprendes:

—Papá, me doy cuenta de que esto te preocupa mucho.

DOS ERRORES GARRAFALES CLÁSICOS

Dos errores que los jóvenes suelen cometer indignan a los padres y destruyen la confianza. Evítalos. No valen la pena. Tal vez te sientas bien momentáneamente por haber asestado ese golpe, pero después lo pagarás caro. Los dos errores son *tener la última palabra* y *decir que los odias*.

La última palabra

A Mario se le hace tarde para llegar a su trabajo como embolsador en el supermercado. Su madre sale de su desordenado cuarto echando lumbre por los ojos.

—Mario, ven ahora mismo a limpiar tu cuarto. No voy a decírtelo dos veces.

—Pero, mamá, está limpio.

—¿A esto le llamas limpio? Hay ropa desperdigada en el suelo, no hiciste la cama y hay basura por todas partes. No puedo creer que seas tan sucio.

—Mamá, llego tarde al trabajo. Lo hago al volver. Te lo juro.

—No es cierto. Tu trabajo tendrá que esperar hasta que limpies tu cuarto.

—No puedes decirlo en serio. Es broma, ¿verdad?

—Más vale que me creas, porque no estoy jugando.

Mario corre a su cuarto. Al pasar junto a su madre dice entre dientes:

—¡Imbécil!

—¿Qué dijiste?

Mario no resistió la tentación de tener la última palabra. No pudo contenerse, y al hacerlo desató una guerra. Es que los padres tienen oídos biónicos y oyen todos los insultos que murmuras, como "imbécil", "idiota", "anticuado", "no sabes nada" y otros que no puedo publicar. Cuando la conversación ha llegado a una conclusión natural, resiste el impulso de dar un último golpe. Sólo conseguirás abrir otra caja de Pandora. Elige tus batallas con sabiduría.

Te odio

Jimena y su familia comerán en casa de sus abuelos el domingo. Su madrastra lleva algún tiempo recriminándole su forma de vestir, pero a ella le parece que no es asunto de su incumbencia

—Ah, no. No vas a llevar esa ropa a casa de mis padres. Es totalmente indecente.

—Relájate, mamá. ¿Qué tiene de malo?

—Mírate nada más. Con esa blusa enseñas demasiado.

—No tengo otra cosa que ponerme.

—No me salgas con eso. ¿Cuántas veces te he llevado de compras últimamente? Tienes muchas cosas bonitas que ponerte. ¿Qué tal ese bonito coordinado verde que te compramos?

—¡Qué asco! Es horrible. ¿Y desde cuándo eres mi asesora de moda? Voy a ponerme lo que yo quiera.

—Para ir a casa de mis padres no. Puedes ponerte otra cosa o quedarte encerrada el fin de semana. Tú decides.

—¡Ay, mamá, qué rara eres! ¡Te odio!

Te odio no es más que una frase cómoda que lanzamos contra nuestros padres cuando estamos furiosos o frustrados y no se nos ocurre otra cosa. Creo que rara vez lo decimos en serio. Yo algunas veces se lo dije a mamá cuando estaba fuera de mí. Unas veces ella no me hacía caso, y otras me daba cuenta de que le dolía mucho. Lamento habérselo dicho.

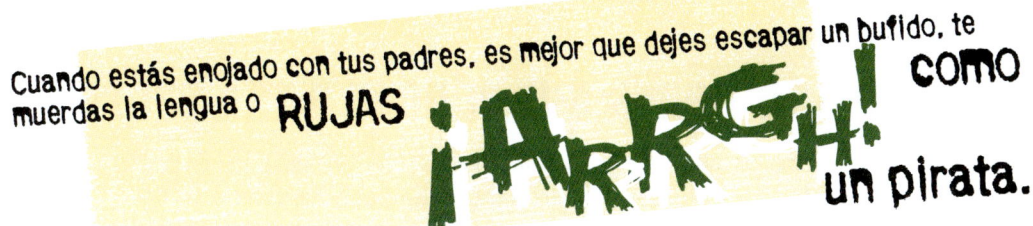

Cuando estás enojado con tus padres, es mejor que dejes escapar un bufido, te muerdas la lengua o RUJAS ¡ARRGH! como un pirata.

CÓMO DAR MALAS NOTICIAS A TUS PADRES

Una madre entra al cuarto de su hija y ve una carta sobre la cama. Con el peor presentimiento, la toma y lee con manos temblorosas:

> Querida mamá:
>
> Tengo el gusto de comunicarte que me fugué con mi nuevo novio. Encontré la pasión ¡y él me resulta tan atractivo con todas esas perforaciones y tatuajes y con su enorme moto! Además, estoy embarazada y Beto me dijo que seremos muy felices viviendo en su remolque. Quiere que tengamos muchos hijos y ése es uno de mis sueños. He aprendido que la marihuana no hace ningún daño. Vamos a cultivarla para nuestro consumo y el de sus amigos, que nos dan todo el éxtasis que queremos. Mientras tanto, rezaremos para que la ciencia encuentre la cura del sida. Beto se lo merece.
>
> No te preocupes, mamá, ya tengo 16 años y sé cuidarme. Algún día vengo a verte para que conozcas a tus nietos.
>
> Tu hija,
>
> Judith
>
> P.D. Mamá, es broma: estoy en casa de Alicia. Sólo quería demostrarte que hay cosas peores que mi boleta de calificaciones que está en el cajón del escritorio. ¡Te quiero!

El mayor desafío de la comunicación es cuando tienes que dar una mala noticia a tus padres. Así que, si arruinaste el coche de la familia, quizá una estratagema como la anterior te dé resultado, porque da su justa dimensión a las cosas pequeñas.

Cuando tú tienes que educar a tus padres

La mayoría de los padres hacen todo lo que pueden. Pese a sus defectos, te quieren y te desean lo mejor. Sin embargo, algunos jóvenes no son tan afortunados y tienen padres con graves problemas. Algunos de ustedes padecen el abandono de un padre o la mala influencia de uno que es drogadicto o alcohólico, que se acuesta con cualquiera que pasa o que somete a sus hijos a maltrato verbal o físico. Es posible que aun así te quiera, pero ha perdido el control de su vida. Sus adicciones y hábitos son más fuertes que su amor.

Nunca olvidaré la carta que me escribió un joven vietnamita llamado Trinn.

Querido Sean:
Tengo 11 años, estoy en sexto de primaria y tengo un problema. Mi papá se droga y mi mamá sale mucho y lo engaña. Quisiera recuperar el control de mi familia. ¿Puedes darme algunas ideas de lo que debo hacer?

Al principio yo no sabía qué decirle, pero terminé escribiéndole que él sólo podía decidir por sí, no por sus padres, y que hiciera cuanto pudiera por salir adelante. Si tú estás en una situación parecida, he aquí algunas cosas que debes tener en cuenta.

BUSCA AYUDA

Si tus padres son adictos a las drogas o al alcohol, necesitan ayuda urgente: acudir a un terapeuta o a un programa de rehabilitación. Una de las señales de la adicción es la negación: no reconocen que tienen un problema. Y rechazarán tu ayuda. Considera, pues, la posibilidad de recurrir a un abuelo, tío u otro adulto amigo, o acude a un consejero escolar o maestro de tu confianza. Cuéntales lo que pasa y ve si pueden ayudarte. Si tienes miedo de que tu mamá o papá se enojen o se pongan violentos si los delatas, consulta en la Oficina de Ayuda (página 308) algunos números a los que podrías llamar.

Si en casa te golpean o abusan sexualmente de ti, debes buscar ayuda de inmediato. Nadie merece vivir en esas condiciones. Ponte en contacto con un pariente u otra persona de confianza y cuéntale lo que pasa. Quizá debas irte de casa o incluso llamar a la policía. Si tienes miedo, busca en la Oficina de Ayuda (página 308) información sobre organizaciones a las que puedes acudir. En ellas hay expertos en estas situaciones, que pueden escucharte y proponerte opciones y soluciones.

AMOR Y PERDÓN

Si tus padres son totalmente disfuncionales, no querrás seguir sus pasos, pero puedes quererlos y, por difícil que te resulte, perdonarlos. Tal fue el caso de una joven llamada Liz Murray. La escuché contar su historia y me conmovió el profundo amor que sentía por sus padres, aunque ellos la tenían abandonada, al igual que a su hermana menor.

Liz y su hermana vivían con sus padres en el distrito neoyorquino del Bronx. Ambos padres eran drogadictos. Liz recuerda las incontables veces en que amables desconocidos llevaron a su madre a casa desde el bar, con sangre y vómito en la ropa desgarrada. Ella tenía que bañarla y acostarla. Su departamento olía mal y estaba siempre sucio, y casi nunca había comida porque sus padres gastaban en droga el dinero que recibían de la beneficencia.

"El primer día del mes era como Navidad, y el cartero como Santa Claus", cuenta Liz. Era el día que llegaba el cheque. Toda la familia iba a cobrarlo y a Liz y a su hermana las llevaban a un restaurante de comida rápida. Luego los padres las dejaban en la puerta de un edificio mientras ellos entraban a comprar la droga.

La vida de Liz, que ya era un desastre, empeoró todavía más cuando a su madre le diagnosticaron sida. Las autoridades separaron a la familia y a Liz, en sus primeros años de adolescencia, la enviaron a un orfanato. Después de vivir muchas experiencias desagradables allí, a los 15 años guardó sus pertenencias en una mochila y se fue. Unas veces dormía en casa de sus amigas; otras, en bancas de parques o, si hacía frío, en el metro. En ocasiones pasaban dos semanas sin que pudiera bañarse.

Liz cuidó a su madre agonizante hasta que murió de sida. Entonces ella tenía 16 años, y ése fue el momento decisivo de su vida. "Al ver a tantos adultos en la miseria, pensé que si no tomaba las riendas de mi vida, acabaría como ellos... Ver que no tenía nada me aterró, y ese miedo me hizo volver a la escuela."

Pese a no tener un hogar, Liz se entregó a sus estudios. Tomaba cursos matutinos, nocturnos y sabatinos. Estudiaba en todas partes: pasillos, escaleras o el metro. Después de dos años, terminó la preparatoria.

Luego solicitó una beca universitaria patrocinada por el *New York Times*. El comité de selección quedó tan impresionado con su extraordinaria historia que le otorgó una de las seis becas, y la Universidad Harvard la admitió. Con el tiempo escribió un libro sobre su vida, *Breaking Night* ("Rompiendo las tinieblas"), y ayudó a dirigir una película de Lifetime Television, *Homeless to Harvard* ("De indigente a Harvard").

Para mí lo más asombroso es cómo Liz trató a sus padres durante todo ese calvario. Tenía todo el derecho de odiarlos, pero les correspondió con amor. "El amor es la respuesta", dice cuando le preguntan por qué se ocupa de su padre cuando él la tenía abandonada.

"No les guardo rencor. Ellos se preocupaban por mí y yo les pago con cariño. Eran adictos desde antes de que naciéramos mi hermana y yo, y quizá no deberían haber tenido hijos. Pero les estoy agradecida. Me enseñaron qué camino no tomar. Y también tengo buenos recuerdos: mi madre iba a mi cuarto en la noche y me arropaba, y me cantaba. Si hoy pudiera decirle algo, sería: "Ya no te preocupes por mí: estoy bien. Gracias por todo. Y te quiero".

CÓMO ROMPER EL CICLO

La vida no es justa. ¿Cómo es posible que un niño crezca en un hogar donde recibe afecto y lo hacen sentir importante, mientras que otro se cría en un hogar donde abusan de él y lo hacen sentir que no vale nada? Si este último es tu caso, puedes preguntar: "¿Qué hice para merecer esto?" Tú no hiciste nada para merecerlo. No está bien y no es tu culpa.

Puedes hacer algo al respecto. ¿Cómo? Rompiendo el ciclo. Si tus padres son un desastre y tus abuelos también lo eran, tú puedes romper el ciclo no repitiendo esos hábitos negativos en tu vida y transmitiendo buenos hábitos a tus hijos cuando los tengas.

Quizá hayas nacido en una familia que se debate en el abismo de las drogas, la violencia, el maltrato, el abuso sexual o el abandono desde hace generaciones, pero puedes elevarte sobre estas condiciones y evitar que tus hijos las hereden. Tal vez por eso naciste en esta familia: para curar su enfermedad, para ser una influencia purificadora, para ser el miembro estable, el ejemplo que los demás pueden seguir. Si han abusado de ti, puedes transmitir amor. Si te han abandonado, puedes mostrar mucho cariño. Si creciste en un hogar conflictivo, puedes formar un hogar apacible. Puedes cambiarlo todo de ahora en adelante.

José creció en un hogar violento, pero ahora está en camino de romper el ciclo:

Cuando yo era niño, mi madre era alcohólica. Solía dejarme en el coche mientras ella bebía hasta desmayarse en la casa. Yo sabía bien que mis padres no podían resolver sus desacuerdos sin violencia. Recuerdo una vez en que mi madre cayó de rodillas porque mi padre le asestó un puñetazo con todas sus fuerzas. Me sentí impotente y me eché a llorar. Mamá también lloraba y suplicaba: "Que José no vea esto, por favor."

Se divorciaron cuando yo todavía era chico. Como mi madre siempre estaba ebria, papá ganó mi custodia, o era mi "dueño", como le gustaba decir. Durante años me golpeó sin cesar.

El último verano que estuve en su casa me obligó a hacer trabajos pesados como cavar en la tierra y llevar y traer piedras y bloques de construcción casi 16 horas diarias. Un día tiré la pala y le dije que necesitaba un descanso. Él me derribó de un golpe. Luego se abalanzó sobre mí y siguió pegándome hasta dejarme inconsciente. Esa noche llamé a la policía para que me ayudara.

Cuando cumplí 16 años lo demandé para poder mudarme de nuevo con mamá. Ella seguía siendo alcohólica, pero lo disimuló para ganar mi custodia. Trataba de mantenerse sobria, pero nunca aguantaba más de seis meses sin beber. Cuando estaba ebria, se quedaba en cama días enteros sin que nada le importara, ni siquiera yo. Nunca nadie me dijo que había hecho algo bien, y no tenía ningún apoyo. No me importaba la escuela, ni trabajar, ni la vida, así que tenía dificultades y fracasaba en todo. Era muy infeliz y estuve a punto de suicidarme.

Cuando iba a terminar primero de preparatoria, mamá bebió mucho y papá se enteró. La demandó y tuve que volver a vivir con él, lo que me aterraba.

Por suerte, se había vuelto a casar con una mujer decente a la que le preocupaban mis problemas y que se interesó en mí. También me dio un libro de autoayuda que me motivó mucho. Mi vida en seguida empezó a mejorar.

Tuve que hacer nuevos amigos porque me di cuenta de que los que tenía no eran buenos. Al final dejé de tratarlos porque me habrían llevado al camino de las drogas. Tomé la iniciativa de acudir al consejero de la escuela en busca de ayuda. Por primera vez tuve el deseo y la motivación de terminar la preparatoria en vez de dejarla como mis amigos. El consejero me ayudó a entrar a la universidad.

Empecé a creer que, si seguía esforzándome, las cosas mejorarían. No dejaba de repetírmelo y, por primera vez, tuve esperanza.

Mis nuevas metas son trabajar duro, terminar la universidad, conseguir un buen empleo y ganar lo suficiente para formar una familia. Ante todo, quiero que mis hijos se sientan seguros y apoyados en un hogar donde sepan que sus padres los quieren.

TU INFLUENCIA NÚMERO UNO

Hay muchos mitos sobre los adolescentes. Uno de los principales es que sus padres no les caen bien. Falso. A la mayoría de los adolescentes les caen bien sus padres, quieren llevarse bien con ellos y quisieran pasar más tiempo juntos. Es más, consideran a sus padres la influencia número uno en su vida, por encima de los amigos, los medios de comunicación, la religión, los héroes o cualquier otra cosa.

Tábata es un ejemplo de lo que digo. "Mi familia no es perfecta", dice, "pero tenemos lazos estrechos entre nosotros. Hablo con mis padres de casi todo, aunque tengo mis secretos. Nos reunimos a cenar. A veces peleamos, pero al final nos contentamos. Rara vez me quedo a dormir en casa de mis amigas; me siento más cómoda en la mía. Son ellas las que vienen a mi casa porque mis padres las hacen sentir como de la familia. Todo el mundo es bienvenido aquí."

Hay muchas cosas divertidas que puedes hacer con tus padres: jugar a la pelota, asistir a un partido o a un concierto, acampar, ir de excursión, pescar, salir a comer, hacer galletas, contemplar las estrellas, ir de paseo los domingos, ver tu programa de televisión favorito o escuchar música. Aunque sólo tengan una cosa en común, aprovéchala, como hizo Nilda:

Yo tenía unos pleitos terribles con mi mamá. Parecía que nunca nos llevaríamos bien, pero nos unía el gusto por el teatro. Nos encantaban las comedias y los musicales. Una o dos veces al mes mamá compraba boletos para ir juntas a una obra. Por lo general, antes íbamos a cenar y podíamos conversar a solas. Yo siempre estaba de buen humor en esas veladas y podía abrirme con ella y hablarle de la escuela, mis amigos y mis cosas. Ella casi siempre se limitaba a escuchar. Así nos comunicábamos. Ahora me doy cuenta de que quizá ella buscaba a propósito esa cercanía.

Tal vez a estas alturas ya te hayas dado cuenta de que no puedes elegir a tus padres. Lo siento, pero tienes los que te tocaron. Por eso lo que decidas hacer con el sentimiento que hay entre ustedes es una de las 6 decisiones más importantes de tu vida. ¿Cómo será? ¿Les tendrás respeto o no? ¿Fortalecerás la relación o huirás de ella? ¿Abordarás los problemas hablando o peleando?

Creo que te conviene tomar el buen camino, por difícil que parezca a veces. Si la relación con tus padres no existe, comienza por hacer depósitos hoy, por pequeños que sean. Di a menudo **"por favor"**, "gracias", **"te quiero"** y "¿en qué puedo ayudar?" De vez en cuando tendrás que tragarte tu orgullo y obedecer órdenes irrazonables, pero dentro de diez años agradecerás tener una relación dulce con ellos. Nunca renuncies al cariño de tus padres, así como esperas que ellos nunca renuncien al tuyo.

••• PRÓXIMAMENTE •••
Todo lo que siempre has querido saber sobre el noviazgo y el sexo está en el siguiente capítulo. No querrás perdértelo, ¿verdad?

PASO A PASO

1. En el siguiente espacio anota tres depósitos enormes que podrías hacer en las cuentas bancarias de relaciones que tienes con tus padres.

   DEPÓSITOS ENORMES A MIS PADRES

   _____

   _____

   _____

2. Deja tu cuarto más limpio que nunca. Luego véndale los ojos a tu mamá o papá y dale la sorpresa.

3. Hoy usa las cuatro expresiones mágicas por lo menos una vez con tu mamá o papá:

   Por favor   Gracias   Te quiero   ¿En qué puedo ayudar?

4. Si hay algún asunto por el que tus padres y tú pelean constantemente, diles: "Ayúdenme a entender su punto de vista" y escucha. Repite con tus propias palabras lo que dicen y sienten hasta que se sientan comprendidos.

   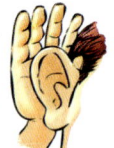

5. ¿Cuál es tu actividad favorita con mamá o papá? ¿Ver una película? ¿Dar un paseo el domingo? ¿Comer fuera? Planeen juntos volver a hacerlo pronto.

   Mi actividad favorita con mamá o papá es _____

6. Invita a tus padres a participar en tu vida. En algún momento de esta semana ábrete y diles lo que sientes y piensas.

7. Si en tu hogar hay poco cariño, propón a tus padres reservar una noche en familia a la semana para hacer algo divertido juntos.

8. Si no ves con frecuencia a uno de tus padres, escríbele una nota expresándole tu cariño.

9. Descarga un timbre para tu celular que te recuerde ser amable con tus padres cuando te llamen; por ejemplo, alguna canción de amor.

10. Si tus padres son alcohólicos o adictos a las drogas, o si eres víctima de abuso, ¡busca ayuda sin tardanza! Ten en cuenta los recursos enumerados en la Oficina de Ayuda.

DECISIÓN 4

OViAZGO Y SEXO

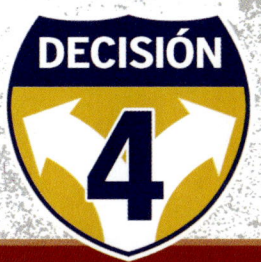

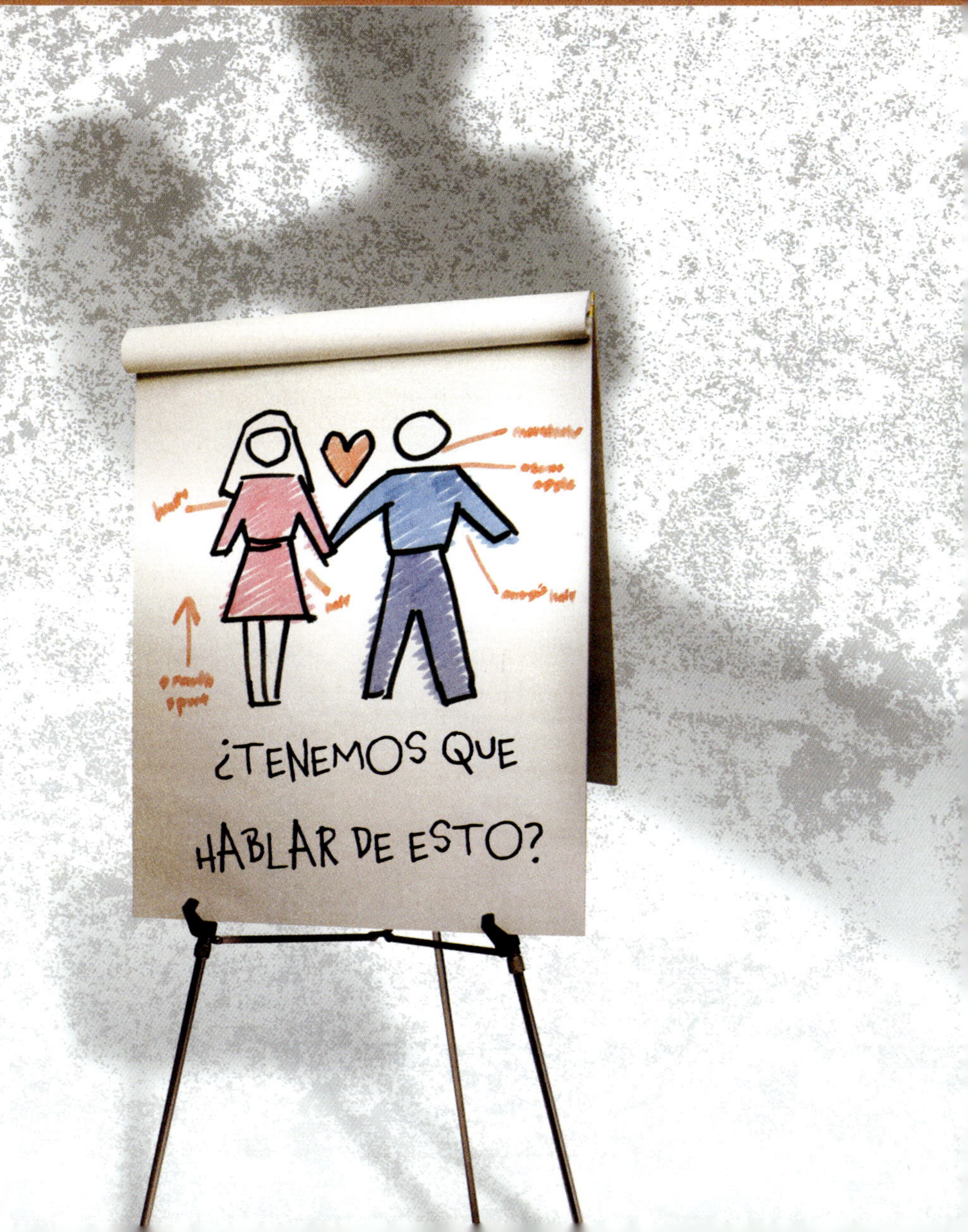
¿TENEMOS QUE
HABLAR DE ESTO?

Las 10 cosas más importantes que debes saber sobre el noviazgo y el sexo...

MENÚ

10. Nunca de los nuncas utilices ni cedas al "Si de veras me quisieras..." Si de veras te quisieran, no te manipularían.
    LOGAN KENDELL, 19 AÑOS, POCATELLO, IDAHO

9. El amor no se mide por el número de personas con las que has salido o te has acostado. No es una competencia.
   METTE FOGED, 19 AÑOS, COPENHAGUE, DINAMARCA

8. Mantente a cargo.
   HWA YOUNG LEE, 15 AÑOS, SUNG NAM-SI, COREA

7. No necesitas estar loca por una persona antes de salir con ella; puedes llevarte una agradable sorpresa.
   JENNIFER HASTIE, 19 AÑOS, GULLANE, ESCOCIA

6. No tomes ninguna decisión si tienes dudas.
   BAASANJAV, 16 AÑOS, UVS, MONGOLIA

5. Reconoce que tu conducta no sólo puede afectarte a ti, sino a tu familia.
   TAKU WADA, 19 AÑOS, AKITA, JAPÓN

4. Sal con personas de tu misma edad.
   JANET, 17 AÑOS, LONG BEACH, CALIFORNIA

3. Nunca pienses que la vida se acabó porque tu novio/novia terminó contigo.
   SOPHIA IACAYO, 18 AÑOS, MANAGUA, NICARAGUA

2. No tengas relaciones sexuales antes de casarte; no te arrepentirás.
   NICK ADAMS, 16 AÑOS, WINCHESTER, VIRGINIA

1. Salir con alguien a veces es difícil. ¡No! Siempre es difícil.
   RACHEL TURNER, 17 AÑOS, BRIELLE, NUEVA JERSEY

Las relaciones son difíciles. Son como un trabajo de tiempo completo y hay que abordarlas así. Si tu novio o novia piensa dejarte, debería avisarte dos semanas antes, pagarte una indemnización y, el día antes de dejarte, encontrar un sustituto temporal.

— Bob Ettinger, escritor

A continuación, las frases más cursis de algunas películas clásicas:

"Amar significa nunca tener que decir 'lo siento'."
Jenny Cavilleri (Ali MacGraw) en *Historia de amor*

"Bésame. Bésame como si fuera la última vez."
Ilsa Laslow (Ingrid Bergman) en *Casablanca*

"Ídem."
Sam (Patrick Swayze) cuando Molly (Demi Moore) le dice "Te amo" en *Ghost: La sombra del amor*.

"¿Te amo porque eres bella o eres bella porque te amo? ¿Eres el dulce invento del sueño de un enamorado o eres tan bella como pareces?"
El príncipe azul a Cenicienta en *Cenicienta*

"No soy más que una chica que le pide a un chico que la ame."
Anna Scott (Julia Roberts) en *Notting Hill*

"Siempre esperé conocer una chica agradable y amistosa, que me gustara su físico, que el mío no le diera náuseas, proponerle matrimonio y… mmh… sentar cabeza y ser felices. A mis padres les funcionó. Bueno, dejando de lado el divorcio y todo eso."
Tom (James Fleet) en *Cuatro bodas y un funeral*

"Cállate… no abras la boca. Me conquistaste cuando dijiste hola."
Dorothy (Renée Zellweger) en respuesta a la afirmación de Jerry (Tom Cruise)
"Te amo. Me complementas." en *Jerry Maguire*

En el fondo todos somos románticos, y si tú eres como la mayoría de los jóvenes, sin duda te brincaste la mitad del libro hasta aquí. Todo el mundo quiere saber lo más posible sobre amor, noviazgo y sexo. ¡Bienvenido al mundo del drama, incluidos la emoción y el trauma! Prepárate y aguanta.

De todas las decisiones que tomarás en la adolescencia, ésta quizá sea la más importante porque tiene grandes consecuencias que te afectarán a ti y a muchas otras personas. De nuevo hay un camino correcto y uno incorrecto: puedes seguir el correcto decidiendo con inteligencia con quién sales, dando al sexo la importancia debida y esperando a encontrar el verdadero amor y el compromiso; o puedes optar por el incorrecto eligiendo a lo tonto con quién sales, usando el sexo como si fuera un juguete y perdiendo el tiempo con cualquier pareja como si el futuro no existiera. Lo bueno es que puedes estudiar cada camino y aprender de los éxitos y fracasos de quienes ya los han transitado.

Dudé mucho si debía escribir este capítulo porque es muy delicado, sobre todo la parte del sexo. Por un lado, no quiero ser descuidado ni superficial con algo tan importante; por el otro, debo ser brutalmente honesto y decir las cosas como son. Haré cuanto pueda por encontrar el equilibrio adecuado. Desde luego, la mejor fuente de información sobre el noviazgo y el sexo son tus padres, y no pretendo tomar su lugar. Considérame su complemento. Mi enfoque sobre el sexo no es ni religioso ni político, sino práctico y basado en principios, aplicable de manera universal a los adolescentes.

PRUEBA SOBRE NOVIAZGO Y SEXO

El cuestionario que aparece a continuación te dará una idea de cómo vas en estos aspectos. Suma tu puntuación y observa qué te indica.

ENCIERRA EN UN CÍRCULO TU ELECCIÓN	¡EN ABSOLUTO!				¡CLARO!
1. Elijo cuidadosamente con quién salgo y no lo hago con cualquiera.	1	2	3	4	5
2. Tengo decidido de antemano qué haré y qué no al salir con alguien del sexo opuesto.	1	2	3	4	5
3. Mis relaciones con el sexo opuesto se basan en una amistad genuina y no sólo en lo físico.	1	2	3	4	5
4. Estoy a gusto con las decisiones que he tomado en lo que respecta a noviazgo y sexo.	1	2	3	4	5
5. Mis relaciones románticas son saludables.	1	2	3	4	5
6. Estoy bien informado sobre las ETS, el embarazo y los riesgos emocionales de tener relaciones sexuales.	1	2	3	4	5
7. No he centrado mi vida en mi novio/novia.	1	2	3	4	5
8. Tengo el valor de negarme a las cosas que no quiero hacer.	1	2	3	4	5
9. Trato a mi cuerpo con respeto.	1	2	3	4	5
10. Pienso esperar hasta estar en una relación estable y comprometida para tener relaciones sexuales.	1	2	3	4	5
TOTAL					

Suma tu puntuación y determina cómo vas.

 Vas por el camino correcto. ¡Sigue así!

 Estás en medio de ambos caminos. Dirígete al camino correcto.

 Vas por el camino incorrecto. Pon especial atención a este capítulo.

Este capítulo contiene tres secciones. La primera está dedicada a ese juego que llamamos salir con alguien. Se llama **Noviazgo inteligente**. Después abordaremos **Los cuatro grandes mitos sobre el sexo**. ¿No te da curiosidad saber cuáles son? Por último examinaremos el significado del verdadero amor en **El amor espera**. Aquí vamos…

Noviazgo inteligente

Noviazgo inteligente: salir con alguien de manera exitosa; ser selectivo con las personas con quienes sales; pasar el tiempo y divertirte; permanecer estable pese a los altibajos naturales de la relación; mantener tus principios.

Noviazgo a lo tonto: salir con alguien sin buen resultado; salir con la primera persona que te encuentres; centrar tu vida en tu novio o novia; que te rompan el corazón una y otra vez; hacer lo que parece que todo el mundo hace.

Noviazgo. La palabra evoca todo tipo de emociones, buenas y malas. Todo el mundo habla, piensa, lee, reza y se preocupa al respecto.

Con este término me refiero al proceso por el cual chicos y chicas llegan a conocerse. No le des demasiada importancia. Habría podido hablar de *salir o estar con alguien, o ver a alguien*. Tus abuelos lo llamaban cortejo, y los abuelos de ellos de otra manera.

En el mundo del noviazgo, todos parecen estar en uno de los siguientes seis terrenos, y a veces entre dos. Elige el terreno en el que encajas mejor:

Terreno **Quisiera**: *No sales con nadie y te gustaría hacerlo.*

Terreno **¿A quién le importa?**: *No sales con nadie y no te importa.*

Terreno **¡Es lo máximo!**: *Te encanta tener pareja y te preguntas por qué no todo el mundo piensa igual.*

Terreno **¡Auxilio!**: *Estás atrapado en una mala relación.*

Terreno **Nunca más**: *Te rompieron el corazón y ya no quieres salir con nadie.*

Terreno **Probando**: *Sólo pasas el tiempo con alguien. El noviazgo te parece un ritual anticuado.*

Terreno **¿Qué tal será?**: *Eres muy joven para tener novio/novia, pero te da mucha curiosidad.*

Sin importar dónde estés, puedes alcanzar un noviazgo inteligente siguiendo los principios de esta sección. Empecemos por responder algunas preguntas:

6 PREGUNTAS UNIVERSALES SOBRE EL NOVIAZGO

1. ¿QUÉ DEBO ESPERAR?

Espera un gran drama. El noviazgo es un terreno complicado y emotivo, lleno de altibajos. Ver a mis hermanos con sus novios y novias era como vivir en una telenovela. Cynthia, mi hermana mayor, se enamoraba y desenamoraba constantemente. Tuvo muchos novios: Mark el carnicero, Steve el estudiante, Vic el virginiano, Castellano el italiano, Lennon el fachoso y Jake el dios griego. Hasta puso en su cuarto una foto de tamaño natural de Jake. ¡Qué raro!

Mi hermano y yo nos introducíamos en su cuarto a leer su diario. Nunca olvidaré la parte en la que escribió con grandes letras: "¡Me encanta besar!" Yo era muy pequeño y me impactaba que mi hermana hubiera **besado** a alguien. ¡Qué enfermo!

Y luego estaba mi hermano mayor, Stephen, que era celoso como Otelo. Se enamoró de una chica llamada Vicki. Una noche me hizo esconderme con él detrás de unos setos cerca de casa de ella para ver si el joven con el que salía intentaba alguna maniobra en la puerta.

Y nunca olvidaré a mi hermana menor, Colleen, la reina del drama. Podía estar extasiada y de un momento a otro llorar amargamente por algún fulano. Me cansa recordarlo. Sí, los noviazgos son dramáticos.

Espera volubilidad, caprichos e indecisión. Digámoslo sin rodeos: en lo relativo al amor, los adolescentes son indecisos, volubles, elitistas, quisquillosos e impredecibles. Es normal. Eres joven. No sabes bien lo que quieres. Tienes derecho a ser así.

En mi adolescencia yo era voluble como un camaleón. Me gustaba una chica distinta cada semana. Me atraía el detalle más simple, como la forma en que una joven se tocaba el pelo. Y me desencantaba el detalle más estúpido, como una vez en que una muchacha dejó de gustarme porque siempre usaba camisetas. Yo no me proponía lastimar a nadie. Tan sólo era inmaduro. No sabía expresar mis sentimientos, como tantos otros adolescentes. Como dijo el comediante Conan O'Brien:

"Un estudio publicado en el *Washington Post* dice que **las mujeres tienen más aptitudes verbales que los hombres.** Sólo quiero decirles a los autores del estudio: **¡Bah!**"

Las chicas no son tan distintas de los chicos. Cristina, que estudia tercero de preparatoria, suena tal como me sentía yo:

Estoy harta de los chicos. Tengo novio desde hace unos nueve meses y quiero un cambio. A veces él se enoja cuando voy a fiestas con mis amigos. Su modo de ser está arruinando nuestra relación y estoy pensando en terminar con él. Además, me gusta alguien más y nadie lo sabe. Estoy en un callejón sin salida. No sé cómo manejarlo.

Cristina está insegura e indecisa sobre quién le gusta. Quizá su novio se sienta igual. Hasta cierto punto, todo el mundo manipula a los demás. ¿Entiendes por qué no conviene tomarse demasiado en serio el noviazgo cuando eres joven? Estás en una edad para explorar, conocer a mucha gente distinta y tener la libertad de cambiar de opinión.

"¿Es el teléfono de dedicatorias de FM 96? La próxima vez que prueben el sistema de transmisión de emergencia, quisiera dedicárselo a mi novio, ¡porque nuestra relación es un desastre!

© 1999 por Randy Glassbergen.

Espera hacer el ridículo. Si eres como la mayoría de los adolescentes, de vez en cuando cometerás errores garrafales, entre ellos los siguientes:

- *Decir algo* **estúpido** *como "¿Puedes repetirme tu nombre?"*
- *Ser* **tímido** *hasta el grado de no poder llevar una conversación.*
- *Tratar* **CON FRIALDAD,** *sin querer, al chico/chica con quien sales.*

- **Hacer creer** *a la otra persona, sin proponértelo, que estás enamorada(o) de él/ella.*
- **Expeler una ventosidad** *(sucede, ¡créeme!)*

Michael nos contó lo siguiente:

Era la fiesta anual de la preparatoria y yo estaba emocionado con la chica que iba a ir conmigo. Mi amigo Steve había invitado a Lori y yo a una guapa joven llamada Kaitlyn. En la escuela tenemos la tradición de ir de paseo la víspera de la fiesta, así que varios ascendimos la cañada, asamos hot dogs y malvaviscos y organizamos algunos juegos. Steve no se despegaba de Kaitlyn y hablaba hasta por los codos. Era obvio que ella le interesaba más que Lori. Se sentó con nosotros y dejó a Lori sola.

Me molestó un poco, pero como era mi primera cita no sabía qué hacer y no dije nada. Se veía que Lori estaba incómoda y tampoco sabía qué hacer. Steve parecía no darse cuenta.

Al otro día Steve estaba furioso. Cuando le pregunté por qué, dijo que todas las amigas de Lori lo habían llamado idiota. Lori se moría de vergüenza y no quería ir al baile con él. Él no sabía que su coqueteo había resultado tan obvio y se dio cuenta de que había hecho el ridículo. Lamentaba haber hecho sentir tan incómoda a Lori. Además, la invitación le costó setenta y cinco dólares, y lo único que consiguió fue una mala reputación.

Sí, Steve metió la pata y quizá tú también la metas alguna vez. De hecho, algunas salidas resultan una pesadilla. Está bien: aprende de ellas. Salir con jóvenes del sexo opuesto te enseñará aptitudes de comunicación y adaptación que necesitarás para sobrevivir en la vida. Por ejemplo:

- ¿Tu timidez incomoda a la persona con quien sales y la obliga a llevar sola la conversación?
- ¿Te ríes de ella cuando tratas de ser gracioso?
- ¿Quedas como una persona grosera o sarcástica?
- ¿Tienes las aptitudes sociales para conocer a los padres de la chica/chico y responder sus preguntas de modo que les caigas bien?
- ¿Prestaste atención a las lecciones de modales de tus padres; por ejemplo, cómo comer un filete sin levantarlo y llevártelo entero a la boca, o no hablar con la boca llena?
- ¿Sabes bailar, pedir la comida en un restaurante, planear una noche divertida sin Xbox, y tienes alternativas por si las cosas salen mal?
- ¿Si algo sale mal en una cita, puedes afrontarlo o pierdes la compostura?

Si tienes dificultades con cualquiera de estos puntos, ten paciencia y sigue practicando. El tiempo y la práctica te permitirán resolverlas.

2. ¿CON QUIÉN DEBO SALIR?

Cuando eliges a alguien para salir, ¿qué es lo primero en lo que te fijas? Exacto: su físico. No puedes evitarlo. La atracción física es el principio de todo, pero una persona es mucho más que su físico.

Mi amiga y colega Durelle Price imparte un seminario sobre noviazgo inteligente, en el que compara invitar a alguien a salir con elegir un coche. ¿Has acompañado a alguien a comprar un auto? ¿Entran a la agencia y esperan a que el vendedor lo elija? ¡Claro que no! Casi siempre hacen muchas indagaciones previas y una lista mental de cualidades que debe reunir y otras que son prescindibles. Quizá decidan que la marca, el color y la fiabilidad del auto son requisitos indispensables y que el quemacocos, el ahorro de gasolina y la garantía no importan tanto.

Quienes buscan salir con alguien de manera inteligente ponen el mismo cuidado para elegir a la persona. No dejan que les llegue por casualidad. Tienen una lista de requisitos de personalidad e intereses que debe cumplir, y de cosas prescindibles. ¿Qué requisitos exiges tú? ¿Tiene que ser una persona bien parecida, amable, divertida, centrada? ¿Deben gustarle los niños? ¿Caerles bien a tus padres? ¿Ser espiritual? ¿Quieres a alguien que saque lo mejor de ti?

¿Y de qué puedes prescindir? ¿Qué pasa si no es una persona muy popular, si no sabe bailar o no tiene coche? ¿Puedes prescindir de estas cosas? ¿Qué tal si es alguien con mala reputación o que se droga? ¿Es algo que podrías pasar por alto?

Dedica unos minutos a llenar la siguiente lista:

Cualidades de la persona con quien quisiera salir

IMPRESCINDIBLES	PRESCINDIBLES
1.	1.
2.	2.
3.	3.
4.	4.
5.	5.
6.	6.

En suma: comienza con el fin en la mente. Un paso clave para salir con alguien de manera inteligente es aclarar aquello que te importa y en lo que no estás dispuesto a ceder. No salgas con cualquiera. Sé selectivo.

3. ¿Y SI NADIE ME INVITA A SALIR?

Si tienes 19 años y nadie te ha besado, o si estás en tercero de preparatoria y nunca o pocas veces has salido con alguien del sexo opuesto, no importa.

Tienes la SUERTE de haberte ahorrado buena parte del drama.

Si de veras quieres salir con alguien, tendrás mucho tiempo para eso en los años que vienen. Salir no es un concurso para ver quién consigue más novios o novias o reúne más besos.

Conozco a una joven que ganó el concurso de talento de su preparatoria. Es una excelente pianista y bailarina, y una mujer bellísima. También sé que al terminar la preparatoria sólo había salido unas cuantas veces con muchachos. Era un poco tímida y prefería estar con sus amigas y su familia. Ahora que está en la universidad ha empezado a salir más con chicos. Hay muchos chicos y chicas maravillosos que no salen mucho durante su adolescencia, y eso está perfectamente bien. Ya tendrán muchas oportunidades en el futuro. Así que no te preocupes por ello ni sientas que te pasa algo malo.

Nunca olvides que hay muchas alternativas al noviazgo y diferentes maneras de conocer chicos y chicas. Ten sólo amigos, sal en grupo y haz cosas con ellos sin que oficialmente lo llames "noviazgo".

No obstante, si te mueres por salir con alguien y no lo estás haciendo, he aquí algunas preguntas que te convendría responder:

- *¿Soy amigable con todos?*
- *¿Podría invitar yo a alguien en vez de esperar a que me inviten?*
- *¿Invento excusas para no salir?*
- *¿Hago todo lo que puedo por ser atractivo?*

Para ser atractivo no es forzoso que tengas los genes ni el cuerpo perfecto. Un importante servicio de parejas realizó una encuesta informal entre solteros para averiguar cuáles se consideran los mayores atractivos. Esto encontraron:

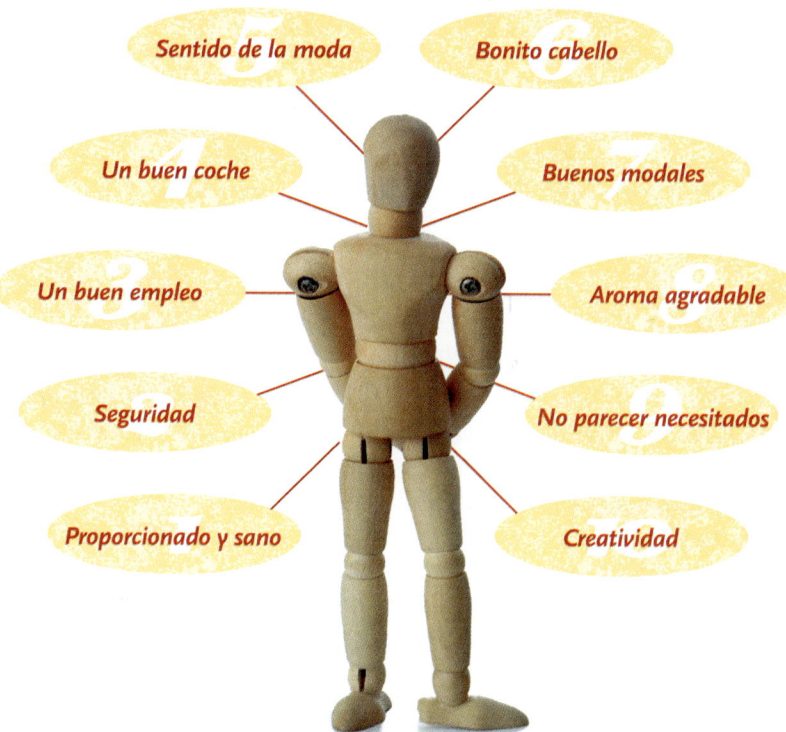

Curiosamente, todos los aspectos de la lista están bajo tu control… salvo quizá el buen coche.

4. ¿CUÁL ES EL MAYOR ERROR DE LOS ADOLESCENTES EN EL NOVIAZGO?

La respuesta es fácil: centrar su vida en el novio o la novia.

No hay nada malo en tener novio o novia, pero si empiezas a centrar tu vida en ellos, provocarás un rompimiento. Con demasiada frecuencia, lo que empezó como una relación de amistad se convierte en una de posesión. Tu novio o novia se vuelve lo más importante en tu vida y no puedes pensar en nada más. Te vuelves adicto a esa persona, por así decirlo. A continuación, tres señales de que has centrado tu vida en tu novia o novio:

- *Tu estado de ánimo cotidiano depende de cómo te trata tu novia o novio.*
- *Te vuelves posesivo(a) y celoso(a).*
- *Dejas de convivir con tus familiares y amigos y pasas casi todo el tiempo con tu novio o novia.*

Cuando yo tenía 16 años, lo único en lo que podía pensar era en Mandy. Ella era una joven coqueta y yo me ponía terriblemente celoso y posesivo. Creo que la divertía el control que tenía sobre mis emociones. No me gustó lo que me pasó por centrar mi vida en ella. Me alejé de mis amigos y familiares y dejé de divertirme.

Es irónico, pero cierto: cuanto más centras tu vida en tu pareja, menos atractivo le resultas. Casi siempre terminas perdiendo a la persona en torno a la cual has construido tu vida. Estefanía nos contó lo siguiente:

Me vi en dificultades cuando centré mi vida en mi ex novio. Él era todo para mí... no existía nada más. Yo no me daba cuenta porque quería estar con él las 24 horas del día, los 365 días del año. Y cuanto más quería yo estar con él, menos quería él verme. Cuanto más me acercaba a él, más me rechazaba.

Ahora me doy cuenta de lo poco atractiva que me volví. No había conquista, ni diversión, ni incertidumbre sobre nada porque me tenía con él todo el tiempo. Las relaciones son más divertidas cuando tienen sorpresas y son espontáneas, no planeadas y obsesivas. Yo era la que siempre sentía que necesitaba tener esas nauseabundas pláticas de "¿en qué plan estamos?".

Estefanía y su novio terminaron porque él no aguantó más. Y es que cuando centras tu vida en un novio o novia, esa persona se vuelve tu esquema, los lentes a través de los cuales ves el mundo y, en consecuencia, se distorsionan las demás cosas importantes de tu vida, como la escuela, los amigos y la familia.

Puede gustarte una persona para salir en su compañía sin que centres tu vida en ella. Como hemos dicho en capítulos anteriores, el único centro verdadero es el de los principios, las leyes naturales que rigen el universo. Si tienes el centro adecuado, serás más estable y seguro y menos dependiente del trato que te den los demás. Recuerda: muy pocos nos casamos con la misma persona con quien salimos en preparatoria. Así que por convencido que estés de que tu novio o novia actual es *el definitivo*, lo más probable es que no lo sea.

5. ¿CÓMO SÉ SI DEBO TERMINAR CON ALGUIEN?

Hay cuatro tipos de relaciones: ganar-ganar, ganar-perder, perder-ganar y perder-perder. Si tu relación no es del tipo ganar-ganar, tienes que arreglarla o romperla.

Ganar-ganar: **La relación es buena para ambos. ¡Disfrútala!**

Ejemplo: Quico y Sonia salen juntos, pero también por separado con otras personas. Se divierten mucho juntos. Su relación está basada en la amistad. Hacen aflorar lo mejor el uno del otro.

Ganar-perder: **La relación es buena para ti, pero mala para la otra persona. ¡Arréglala o termínala!**

Ejemplo: Jazmín obtiene mucho roce social de la relación con su novio, Carlos. Él es popular y las amigas de ella la admiran por su suerte. Jazmín espera que Carlos se dedique a ella en cuerpo y alma y la llame por teléfono a diario, mientras que él se siente atado y no quiere estarlo, sino divertirse y ser libre.

Perder-ganar: **La relación es mala para ti, pero buena para la otra persona. ¡Arréglala o termínala!**

Ejemplo: Laura sale con Quintín desde hace tres años. Al principio él era cariñoso y dulce, pero ahora la insulta y es posesivo. A Quintín le gusta que su novia sea sólo para él. Laura se siente atrapada y no sabe cómo liberarse.

Perder-perder: **La relación es mala para ambos. ¡Termínala de inmediato!**

Ejemplo: Jaime y Esmeralda centran su vida por entero el uno en el otro. Pelean sin cesar y se acusan mutuamente de engañarse y coquetear. Rompen con frecuencia, pero se reconcilian pronto porque dependen el uno del otro. Suelen decirse "te amo" y "¡qué idiota eres!" en la misma conversación.

PAREJA

	PERDER	GANAR
TÚ GANAR	RELACIÓN ENFERMIZA ¡Arréglala o termínala!	RELACIÓN SANA ¡Disfrútala!
TÚ PERDER	RELACIÓN ENFERMA ¡Termínala de inmediato!	RELACIÓN ENFERMIZA ¡Arréglala o termínala!

Otra manera de saber si debes terminar con tu novio o novia es observar señales de que algo anda mal. Tómalas en serio. A continuación hay cinco señales que debes tener en cuenta:

Ultimátums. En la universidad yo tenía una novia que me llamaba por teléfono la víspera de los partidos televisados en cadena nacional en que yo jugaba y me decía: "¿Tienes un compromiso conmigo o no? Decídelo antes de mañana por la mañana o te dejo".

Llegaba el otro día y ella se retractaba, pero a las dos semanas me imponía otro ultimátum. Por fin me di cuenta de la señal y rompí con ella. ¡Quisiera haberlo hecho antes!

Con frecuencia los ultimátums son más serios, como: "Deja de coquetear con él o vas a pagarlo caro", o "Si no te acuestas conmigo, te dejo". Los ultimátums son una señal de inmadurez y control, e indican que debes terminar la relación.

2. El complejo de salvador.

Es cuando sientes que quieres cambiar a alguien o salvarlo de sí mismo. Observa cómo Julia quedó atrapada en esto y no veía la salida:

> Estuve con un chico durante dos años. La mayor parte del tiempo fue horrible. Él tenía muchos problemas y yo intentaba cambiarlo. He aprendido que no podemos cambiar a nadie. Yo salía a recorrer la calle en coche para cerciorarme de que él estaba bien. Por alguna razón no podía dejarlo en paz. Por fin lo detuvieron y está en la cárcel. Sigo amándolo con toda el alma y haría lo que fuera por él. Espero que lo ayuden a ser mejor y podamos resolver nuestros problemas.

Tú lo has dicho, Julia: no podemos cambiar a nadie; sólo a nosotros mismos. Olvídalo y sigue adelante.

3. Mentiras.

Si alguien te miente, tu relación se basa en pura palabrería. Mi amiga Ana entrevistó a una joven llamada Astrid sobre su novio. He aquí un fragmento de la entrevista:

Ana: ¿Tu novio, Carlos, va a la escuela aquí?

Astrid: No, estudió en otra ciudad. Dice que terminó la preparatoria anticipadamente, pero no sé si terminó o dejó la escuela.

Ana: ¿A qué se dedica?

Astrid: Mmh, dice que trabaja. Creo que no es muy honesto.

Ana: Te voy a preguntar algo: ¿quieres que él sea tu pareja definitiva?

Astrid: Sí. No. Él no... a mí no me miente. Bueno, a veces miente para quedar bien..

Astrid, ¡despierta! ¿No ves la señal?

4 Nadie más te querrá. Si alguna vez te dicen esto, estás ante una señal del tamaño del mundo. Una joven nos contó lo siguiente:

Cuando yo tenía 14 años estaba enamorada de Andrés. Él tenía 17, manejaba un coche deportivo rojo, y era alto y, según yo, con mucha clase.

Empezamos a salir y al principio todo iba bien. Era un perfecto caballero, me respetaba y yo pensé que me quería, pero pronto se le acabó la caballerosidad y le dio por maltratarme en todas las formas imaginables. Me decía que nunca iba a encontrar a nadie más que me quisiera, y yo le creía.

Tras casi un año de maltrato, por fin terminé con él.

5 Si me dejas, me mato. Ésta es otra señal. Cuando Benjamín tenía 17 años, empezó a salir con una joven. Todo iba bien al principio; sin embargo, al cabo de unos meses ella comenzó a amenazarlo con quitarse la vida. Primero, Benjamín se asustaba mucho, y esperaba que ella no volviera a decirlo, pero durante dos meses fue su único tema de conversación, hasta que él dejó de sentirse afectado y buscó ayuda. "Cuando ella lo supo", cuenta él, "me impuso el ultimátum de que ya no hablara o cumpliría su amenaza".

"Yo estaba harto y no sabía qué hacer. No podía romper con ella porque temía lo peor, pero tampoco podía vivir con el miedo constante de que se suicidara. Sus amenazas se habían adueñado de mi vida."

La ayuda profesional hizo ver a Benjamín que ella no hablaba en serio y sólo quería llamar la atención. Echándoselo en cara pudo romper la relación de manera pacífica.

Ahora bien, si alguien amenaza con suicidarse, debes tomarlo en serio y tratar de facilitarle ayuda profesional. Lo que no debes hacer es sentirte obligado a mantener la relación. Busca una manera civilizada de terminarla.

Sólo he abordado algunas señales; hay muchas más. Ante todo, escucha a tu conciencia y confía en tu intuición. Busca el consejo de quienes más te quieren. Evita las relaciones peligrosas.

6. ¿CÓMO SALGO DE UNA RELACIÓN DE MALTRATO?

Mi amiga Durelle Price, a quien ya mencioné, ideó un programa estupendo para ayudar a los adolescentes a identificar relaciones de maltrato y salir de ellas. La siguiente información es de ella y yo la he adaptado con su permiso.

Todo comienza con un insulto, un empellón o una bofetada. Se diría que es un incidente aislado, seguido con toda probabilidad de una disculpa. No quieres creer que puede repetirse, pero lo cierto es que el incidente supuestamente aislado no es más que la punta del iceberg, el primer vistazo a una pauta de conducta que inevitablemente seguirá ocurriendo.

Como dice el comediante Jim Carrey:

"¿SABES CUAL ES EL PROBLEMA DE LA VIDA REAL? NO HAY MÚSICA PELIGROSA."

Nadie quiere ni merece sufrir maltrato. Lo único que todos queremos es ser amados y aceptados, como Malena. Ella estaba perdidamente enamorada de Justino, un atractivo deportista estrella de la preparatoria. Él podía ser muy dulce: le decía que era bellísima y que la amaba con locura. Muchas jóvenes querían salir con él, pero él la eligió a ella. Al principio de su noviazgo fueron a una fiesta y el joven que los recibió en la puerta comentó que ella tenía unos ojos muy bonitos. Antes de que Malena pudiera darle las gracias, Justino lo derribó de un puñetazo.

Malena sentía una aprensión horrible en el estómago, pero todas sus amigas le decían: "¡Qué suerte tienes! ¡Te quiere tanto!" A los pocos años decidieron casarse.

Una semana antes de la boda tuvieron un pequeño descuerdo. Justino se abalanzó sobre Malena y la agarró por el cuello.

Para Malena fueron los 20 segundos más largos de su vida. La agresión cesó tan de repente como había empezado. Él cayó de rodillas, la abrazó por la cintura y le pidió perdón. Con lágrimas en las mejillas, se disculpó diciendo que estaba nervioso por la boda y juró no volver a hacer tal cosa.

Malena no sabía qué hacer. Le habían enseñado a perdonar, ¿no es cierto? Estaba humillada y confundida. No se lo contó a su hermana, menos

LA PUNTA DEL ICEBERG

a su madre y ni siquiera a su mejor amiga. Rezó por que no se repitiera jamás. A la semana se casaron, y ella quedó atrapada.

Durante los años que siguieron el maltrato físico y emocional fue de mal en peor, hasta que Malena por fin se armó de valor para dejar a Justino. Él siguió acechándola durante años.

La historia de Malena no es rara. Antes bien, una de cada tres adolescentes dice sufrir violencia física a manos de su novio. Si a ti te ocurre, no lo aceptes. Y por favor no pienses: "Es que así son los hombres". Créeme: hay muchos jóvenes decentes que no son así.

Responde el siguiente cuestionario para saber si estás atrapada(o) en una relación de maltrato y debes romperla de inmediato.

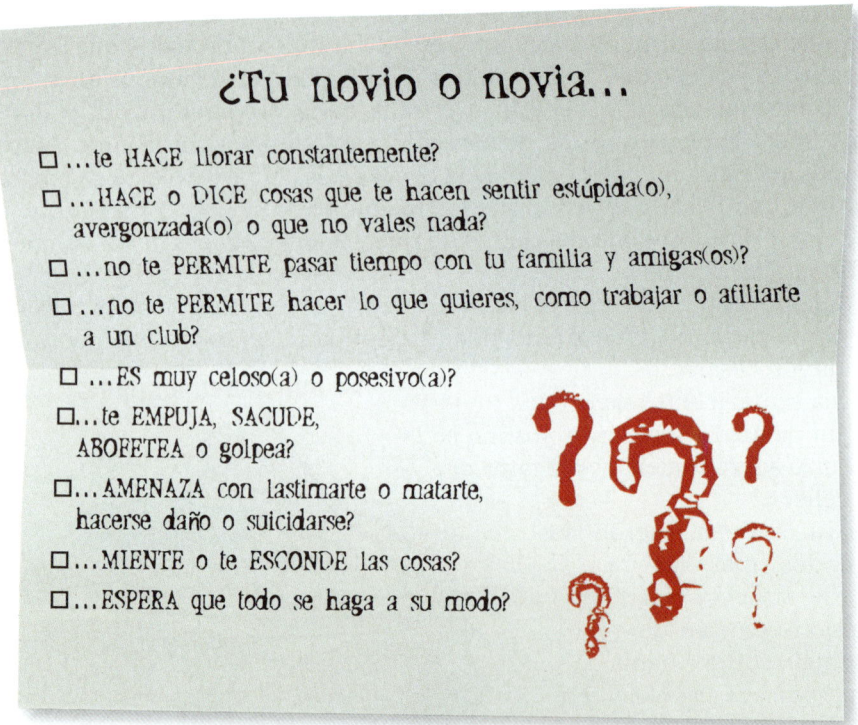

¿Tu novio o novia...

- ...te HACE llorar constantemente?
- ...HACE o DICE cosas que te hacen sentir estúpida(o), avergonzada(o) o que no vales nada?
- ...no te PERMITE pasar tiempo con tu familia y amigas(os)?
- ...no te PERMITE hacer lo que quieres, como trabajar o afiliarte a un club?
- ...ES muy celoso(a) o posesivo(a)?
- ...te EMPUJA, SACUDE, ABOFETEA o golpea?
- ...AMENAZA con lastimarte o matarte, hacerse daño o suicidarse?
- ...MIENTE o te ESCONDE las cosas?
- ...ESPERA que todo se haga a su modo?

Si respondiste afirmativamente aunque sólo sea una de las preguntas anteriores, debes decir **"¡HASTA AQUÍ!"**

Hay una manera correcta y una incorrecta de terminar con una persona abusiva. A continuación doy un ejemplo de la incorrecta:

Javier insultaba y hacía llorar constantemente a Charo. Ella, sabiendo que debía romper la relación, un día fue a casa de la abuela de Javier, donde él se encontraba solo, para devolverle un suéter y un estuche de discos compactos. En cuanto Javier abrió la puerta adivinó sus intenciones y, agarrándola de los cabellos, la arrojó contra la puerta y la llenó de insultos. La joven estaba lastimada y aterrada.

Charo cometió varios errores en su plan para terminar con Javier:

- *Fue sola.*
- *Lo vio en un lugar privado.*
- *Subestimó lo que era capaz de hacer.*

Ahora veamos un ejemplo de la manera correcta de romper con una persona abusiva:

Demián ya no podía aceptar la conducta posesiva ni los celos de Cristal, quien lo seguía a todas partes y lo espiaba de lejos. Le gritaba falsas acusaciones, y cuando él se defendía, lo abofeteaba.

Demián habló de esto con el padre de su parroquia, sus amigos y su familia, llamó a Cristal por teléfono y le dijo que habían terminado, que no volviera a llamarlo ni a acercársele. Fue difícil, porque seguía acordándose de cómo eran las cosas al principio, cuando Cristal era muy dulce. El sacerdote lo ayudó a superar esos sentimientos, y sus familiares y amigos lo apoyaron mientras recuperaba el ánimo.

El plan de rompimiento de Demián fue inteligente:

- *Terminó con Cristal por teléfono.*
- *Habló del abuso con sus amigos y familiares, y con el religioso.*
- *Buscó ayuda para superar el desánimo después de la ruptura.*

6 LINEAMIENTOS PARA UN NOVIAZGO INTELIGENTE

Nuestra sociedad ha creado dos mitos sobre el noviazgo que tendemos a creer sin siquiera reflexionar:

PAREJA:

Tener novia o novio es la única manera de ser feliz.

CONTACTO FÍSICO:

Cuanto más te gusta alguien, más contacto físico deben tener. No se puede demostrar amor más que con el cuerpo.

Las consecuencias son decepciones y una serie de relaciones efímeras. Tú no tienes que creerlo. Puedes despedirte del absurdo enfoque de nuestra cultura sobre el noviazgo.

A continuación te propongo seis lineamientos para triunfar en el noviazgo, recopilados entre jóvenes como tú. Evitarán que centres tu vida en tu novio o novia, te ayudarán a tener relaciones sanas y sin maltrato, y acentuarán su aspecto divertido.

1. NO TENGAS NOVIO(A) DEMASIADO PRONTO

Habla con cualquier adolescente que haya tenido novia o novio a muy corta edad. Casi todos habrían preferido esperar. Comienza antes de tiempo y te meterás en problemas como que abusen de ti, tener contacto físico demasiado joven o no saber cómo romper. Un buen lineamiento es esperar hasta cumplir los 16 años para iniciar un noviazgo.

2. SAL CON GENTE DE TU EDAD

Este lineamiento, relacionado con el primero, se aplica sobre todo a las chicas. Salir con muchachos de dos a cuatro años mayores quizá te resulte halagador, pero no es sano. He sabido de mil historias como ésta, aportada por una joven de la Preparatoria Allen East:

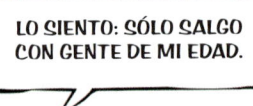

Tuve mi primer noviazgo serio cuando estaba en sexto de primaria. No sé qué le vi, pero me fascinó: sin darme cuenta, estaba loca por él. Creo que me gustaba que un chico varios años mayor se interesara en mí.

Él tenía muchos problemas. Era muy controlador y le gustaba mangonearme. Nunca me dejaba ver a mis amigas ni hablar con otros chicos. Tardé mucho en darme cuenta de que eso no era normal, y menos a mi edad. Le tenía miedo y no sabía a quién decírselo. Fuimos novios hasta que terminé primero de preparatoria.

Es muy fácil que se aprovechen de ti cuando sales con personas mayores. ¿Para qué arriesgarte?

3. CONOCE A MUCHAS PERSONAS

Parece que llevamos el amor en las venas. A todos nos gustaría encontrar nuestra alma gemela y ser felices para siempre. Por eso parece natural que nos enamoremos de la primera persona que conocemos, pero al hacerlo creamos expectativas y nos impedimos entablar otras relaciones.

A Ricardo nunca le había interesado Julia. Después de todo, era su vecina. Pero un verano en que ella se presentó en una fiesta, muy llamativa, fue como si la viera por primera vez. La llamó por teléfono para invitarla a salir y pronto se hicieron novios y se pasaban la vida juntos. Ricardo estaba en primero de preparatoria y Julia, que cursaba segundo, era la primera muchacha que le gustaba. Se enamoró profundamente de ella.

Ese verano, Ricardo se fue tres semanas de vacaciones con su familia. Al volver, se enteró de que en su ausencia Julia había salido con dos amigos de él y hasta había besado a uno. ¡Estaba furioso y se sentía traicionado! Pensaba que tenían un acuerdo tácito de sólo salir el uno con el otro.

Cuando Ricardo se lo echó en cara, ella replicó: "Es que te fuiste mucho tiempo, ¡y él también me gusta! Tú y yo no somos novios ni nada". Esto lo destrozó porque él pensaba que eran precisamente eso.

Ricardo se propuso no volver a buscarla y lo cumplió durante meses. Julia, en cambio, no entendía por qué tanto drama. Salió con muchos otros jóvenes mientras Ricardo rumiaba su rencor. Pasó mucho tiempo para que volviera a salir con una chica y a confiar en ella.

¿Ves lo que puede pasar si tomas el noviazgo demasiado en serio y crees que la primera persona de quien te enamoras es tu único amor? Tus años de secundaria o preparatoria no son el momento para enfrascarte en una relación seria.

Mi papá nos decía:

LA REGLA EN ESTA CASA ES nunca salir con la misma persona dos veces seguidas.

Era su manera de velar por que conociéramos a muchas personas y no quedáramos atrapados en una sola relación. Debo confesar que rompí la regla más de una vez (¡perdón, papá!), pero, en general, su enfoque me ayudó a no quedarme enganchado con una sola persona.

La situación de Ashley es muy común:

Estoy en preparatoria y tengo novio desde hace unos dos años y medio, por lo que no tengo la experiencia de salir con nadie más, y me preocupa mucho. Nunca he sabido si me conviene esta decisión de salir con una sola persona. Mi novio me da seguridad, y en parte por eso sigo con él.

¡Cómo quisiera haber conocido a este maravilloso joven después de la preparatoria! Entonces las cosas podrían ser diferentes. Como no puedo cambiar eso, quisiera al menos que saliéramos con otras personas y viéramos qué pasa después de la preparatoria.

No tengas mucha prisa para tener novia o novio. Ahora es momento de salir con distintas personas, divertirte y no tomarte las relaciones demasiado en serio. Ya habrá tiempo después para restringir tus opciones y empezar a salir con una persona en serio, ¡mas no cuando eres adolescente! No te conviene entrar demasiado pronto en el mundo de los adultos, que no es ni la mitad de divertido. Disfruta tu soltería mientras puedas.

4. SAL EN GRUPO

Salir en grupo, ya sea en dos parejas o con más personas, tiene muchas ventajas. Casi siempre es más divertido y menos peligroso. Conocerás a más gente y crearás menos expectativas. Aarón, estudiante de tercero de preparatoria, cuenta esta experiencia:

Mi mejor amigo y yo siempre salimos con dos chicas. Sólo una vez hemos tenido dificultades. Todo comenzó bastante bien: recogimos a las muchachas y fuimos a jugar a los bolos. Los cuatro estábamos muy divertidos. Luego las cosas se pusieron horribles. La chica de Cristóbal se sentó en las piernas de él, y la mía siguió su ejemplo.

Como apenas las conocíamos y no buscábamos una relación formal, tanto Cristóbal como yo estábamos muy incómodos. Entonces supimos lo útil que es leerse el pensamiento. Todo es cuestión de comunicarse con la mirada. Decidimos quedarnos sentados en la mesa de anotación después de nuestros respectivos turnos, y esto funcionó a las mil maravillas. Al abordar el problema con delicadeza, no sólo nos sentimos más cómodos, sino que les evitamos a las chicas la vergüenza de un enfrentamiento directo.

LA VERDAD, ESTAS CITAS EN GRUPO EMPIEZAN A CANSARME.

5. FÍJATE LÍMITES

Define desde ahora con qué tipo de gente quieres salir y con cuál no, y hasta dónde estás dispuesto a llegar, y no dejes que nadie te convenza de otra cosa. No esperes hasta estar en la cama; para entonces ya es demasiado tarde. Si no has decidido de antemano cuáles son tus límites, ocurrirán cosas que no tenías planeadas.

La mejor manera de protegerte contra decepciones amorosas, expectativas exageradas, enfermedades, embarazos o tocamientos indeseables son las normas personales que te fijas. Si una persona tiene mala reputación, ¡por Dios, no salgas con ella! Una regla general segura es sólo salir con personas que respeten tus normas y cuya compañía mejore tu calidad humana. Ten en cuenta el mensaje de la película ***Un paseo para recordar***:

Landon Carter es un líder audaz que destaca en la preparatoria por su gran físico y su bravuconería. Él y sus populares amigos de la preparatoria Beaufort ridiculizan públicamente a todo aquel que no encaja en el grupo, entre ellos la anticuada Jamie Sullivan, que usa el mismo suéter todos los días y da lecciones de regularización gratuitas a los estudiantes rezagados.

Landon irrumpe en el mundo de Jamie por azares del destino y no puede menos que notar que ella es distinta: no le importa quedar bien con los jóvenes populares ni amoldarse a su manera de ser. Landon se asombra ante lo segura de sí que ella parece y le pregunta: "¿No te importa lo que piensan de ti?" Al convivir más con ella, comprende que Jaime es más libre que él porque no se deja controlar por las opiniones de los demás.

Al poco tiempo, pese a la resistencia de ambos, se enamoran, y Landon tiene que elegir entre su estatus en Beaufort... y Jamie. "¡Esa muchacha te cambió y tú no te has enterado!", le grita su mejor amigo. Landon admite: "Ella tiene fe en mí. Quiere que sea mejor".

Landon la elige a ella.

Al terminar la preparatoria, Jamie le revela a Landon que se está muriendo de leucemia. Durante sus últimos meses de vida, Landon hace cuanto puede por cumplirle sus sueños, incluido el de casarse en la misma iglesia que los padres de ella. Pasan un verano maravilloso, enamorados de verdad.

Aunque Jamie sueña con un milagro, muere. Deshecho, pero animado por la fe que ella tenía en él, Landon ingresa con muchos esfuerzos en la facultad de medicina. Sin embargo, se lamenta con el padre de ella de no haber podido cumplir su último deseo: presenciar un milagro. El padre de Jamie le asegura que su hija sí presenció un milagro antes de morir, pues el corazón de alguien había cambiado radicalmente: el de Landon.

¡Es una película memorable!

Nunca te disculpes por tener normas elevadas, y no las bajes por complacer a nadie; mejor eleva las de esa persona. He aquí algunos ejemplos de normas de noviazgo que se han fijado algunos adolescentes:

- salir **siempre** en parejas o en grupo
- salir sólo con personas de **buena reputación**
- evitar **situaciones comprometedoras**, como quedarse solos en un estacionamiento, beber, drogarse o cuidar niños con tu novio si los padres no están en la casa
- no **quitarse** la ropa ni **ponerle** las manos encima a nadie

Si tú no te fijas límites, alguien más lo hará por ti.

6. TEN UN PLAN

Melinda, de 16 años, escribe lo siguiente:

Chicos, pongan atención: si quieren impresionar a una muchacha, tienen que esforzarse. La semana pasada tuve un muy mal rato. Álex me invitó a jugar a los bolos con varias parejas. Me pareció muy divertido y esperaba con ansias ir. Pero resulta que Álex y otra pareja pasaron por mí con media hora de atraso. Aunque me molestó, lo dejé pasar... Ya en el boliche, esperamos una hora y no conseguimos pista.

Terminamos yendo a casa de Álex, donde él y los demás hombres se pasaron dos horas jugando con el Xbox mientras las chicas nos sentamos a platicar. ¡Qué pérdida de tiempo! Sobra decir que no vuelvo a salir con él.

Cuando salgas, ten un plan principal y uno de respaldo por si las cosas no resultan como esperabas. Les pregunté a varios adolescentes cuál había sido su mejor salida con chicos del sexo opuesto, qué habían hecho, y éstas son algunas de sus respuestas:

> "Mi amigo Cristóbal y yo jugamos un partido de tenis doble con dos chicas de nuestra edad." —Aarón

> "Cuando el chico con el que quedé pasó por mí para ir a esquiar, toda mi familia se unió al plan. Él no se quejó y, en vez avergonzarse, decidió que todos pasáramos un día maravilloso." —Ana

> "Ella y yo jugamos a las escondidas con otras parejas en el campo." —Jano

> "Organizamos una carrera sobre bloques de hielo, vimos *La era del hielo* y fuimos por un helado." —Keli'i

> "Paseamos a pie por la ciudad, fuimos a un museo y él me llevó a recorrer la estación de bomberos donde trabajaba su padre. Lo que más me gustó es que me llevó a lugares que sabía que yo disfrutaría y fue respetuoso." —Shannon

No necesitas mucho dinero para divertirte. Abajo hay una lista de 20 actividades divertidas y baratas para salir en parejas o en grupo:

Ideas divertidas y económicas para salir

1. Hagan galletas y llévenselas a otro amigo.
2. Asistan al partido de futbol o beisbol de un sobrino o sobrina.
3. Organicen juegos de mesa con un grupo de amigos o con la familia.
4. Asistan a alguna actividad juvenil de la comunidad o de la iglesia.
5. Reúnanse en grupo y túrnense para ver la película cómica preferida de cada uno.
6. Hagan palomitas y vean una película en casa.
7. Salgan de día de campo.
8. Vayan de excursión o a escalar.
9. Asistan a una obra de teatro de la escuela y luego vayan a tomar un helado.
10. Jueguen al golf en miniatura.
11. Visiten un museo de arte, historia o ciencia.
12. Asistan a un concierto.
13. Jueguen a "más grande y mejor": vayan de puerta en puerta por un barrio conocido intercambiando un objeto por algo cada vez más grande y mejor, empezando por un lápiz. Reúnanse para ver quién consiguió el objeto más grande y mejor.
14. Vayan a esquiar en agua o a patinar.
15. Asistan a un espectáculo gratuito (consulten las opciones en el periódico).
16. Organicen una fiesta de karaoke.
17. Vayan en grupo a la playa o al campo y asen malvaviscos.
18. Consigan cámaras de video, divídanse en equipos y que cada uno grabe una película corta. Reúnanse a ver todas las películas. La mejor gana un premio.
19. Vayan a un campo de práctica de golf y ensayen golpes de salida.
20. Pidan prestado un telescopio y observen las estrellas.

Para aquellos a quienes no acaba de gustarles la idea de salir con jóvenes del sexo opuesto, recuerden las palabras clásicas de *Hitch* en la película del mismo nombre:

Así que esta noche, cuando te preguntes qué decir, si estás guapo o si a ella le gustas o no, recuerda que ya aceptó salir contigo; dijo que SÍ cuando habría podido decir que no. Hizo un plan en vez de rechazarte. Por lo tanto, tu trabajo ya no es congraciarte con ella. Tu trabajo es NO echarlo a perder.

Los cuatro grandes mitos sobre el sexo

Los mitos son creencias generalizadas, pero el hecho de que todo el mundo crea algo no significa que sea cierto. He aquí algunos mitos comunes:

Mito: *Comer chocolate causa acné.*
Lo cierto: Contra lo que suele creerse, no hay relación entre comer chocolate y tener acné.

Mito: *Las arañas patonas son las más venenosas, pero su boca es demasiado estrecha para morder a las personas.*
Lo cierto: Eso se dice de varios arácnidos de ese tipo, pero no hay pruebas científicas de que ninguno de ellos tenga un veneno especialmente potente.

Mito: *Si te pasas el chicle, tardarás siete años en digerirlo y en que recorra tu tracto digestivo.*
Lo cierto: El chicle, aunque es casi indigerible, recorre el tracto digestivo en el mismo tiempo que cualquier cosa que se ingiere.

Lo mismo ocurre en cuanto al sexo. Hay muchos mitos: creencias populares falsas, no respaldadas por hechos. Más adelante te presento cuatro de los principales. Pero antes de entrar en materia, responde el siguiente cuestionario para ver cuánto sabes del tema. Te daré las respuestas sobre la marcha.

13 COSAS QUE SIEMPRE HAS QUERIDO SABER SOBRE EL SEXO, PERO NO TE ATREVÍAS A PREGUNTAR

1. Cierto o falso. La gran mayoría de los estudiantes de preparatoria tienen relaciones sexuales.

2. Cierto o falso. Cada vez es más común tener relaciones sexuales en la adolescencia.

3. ETS significa
   a) Estrategia para terminar con el sexo
   b) Ejemplar de temperamento salvaje
   c) Enfermedad de transmisión sexual
   d) Estudioso, talentoso y sencillo

4. Cada año uno de cada ____ adolescentes sexualmente activos contrae una ETS.
   a) mil
   b) cien
   c) cincuenta
   d) cuatro

5. Cierto o falso. Cuanto más joven es una persona al iniciarse en la vida sexual, más riesgo corre de contraer una ETS.

6. Cierto o falso. Las ETS siempre se manifiestan con síntomas o señales evidentes.

7. Cierto o falso. Se puede contraer una ETS por medio del sexo oral.

8. Cada año se embarazan alrededor de __ adolescentes en E. U. 80% de estos embarazos son imprevistos.
   a) 7
   b) 300 000
   c) 3 000 000
   d) 30 millones

9. Cierto o falso. Una chica puede embarazarse en la primera relación sexual.

10. ¿Cuántos muchachos que embarazan a una chica se casan con ella?
    a) 100 por ciento
    b) 50 por ciento
    c) 20 por ciento
    d) 10 por ciento

11. La única protección ciento por ciento eficaz es
    a) tomar anticonceptivos con regularidad
    b) usar condón cada vez
    c) la abstinencia
    d) ducharse dos veces al día

12. Cierto o falso. Diez por ciento de los adolescentes que han tenido relaciones sexuales preferirían haber esperado.

13. Después de tener relaciones sexuales muchos adolescentes
    a) sienten remordimientos
    b) se deprimen y sufren de baja autoestima
    c) se sienten decepcionados, heridos y traicionados
    d) cualquiera de las anteriores

TODO EL MUNDO LO HACE
Realidad: No todo el mundo lo hace.

Algunos adolescentes tienen relaciones sexuales antes de casarse porque piensan que todo el mundo lo hace y quieren ser como todo el mundo. Pues has de saber que alrededor de la mitad de los adolescentes no tienen relaciones sexuales. La cifra varía según el país: en Estados Unidos es la mitad; en Europa más de la mitad, y en Asia menos. En tu escuela puede ser mayor o menor.

> **Respuesta a la pregunta 1: falso**
>
> No es la mayoría, sino la mitad de los estudiantes.

Por tanto, si has decidido esperar para tener relaciones (o si ya las tuviste, pero optaste por no continuar) y te sientes un bicho raro, anímate: tienes mucha compañía.

Quizá pienses que las únicas personas que no lo hacen son las que no pueden, pero no es cierto. Hay muchos académicos, bailarines, animadoras de deportes, deportistas, estudiantes populares y adolescentes normales que han decidido esperar. Y el número de los que esperan va en aumento. ¿Por qué? Creo que los adolescentes han empezado a darse cuenta de que tener relaciones sexuales en la adolescencia no es tan bueno como dicen, además de que se pueden contraer muchas enfermedades.

¿Recuerdas a las chicas gama, de las que hablamos en la página 98? Son muchachas que participan en muchas actividades, tienen confianza en sí mismas, piensan que se sobreestima la

> **Respuesta a la pregunta 2: falso**
>
> Al contrario, las relaciones sexuales en la adolescencia son cada vez menos comunes.

popularidad y, sobre todo, que han decidido esperar hasta casarse para tener relaciones sexuales.

Otra persona que decidió esperar fue el basquetbolista A. C. Green, quien ostenta la marca de más partidos consecutivos jugados en la NBA. Después de jugar durante 16 temporadas en la NBA, a los 38 años se casó siendo aún virgen. ¿Te parece difícil de creer? A. C. fue fiel a su meta de esperar hasta el matrimonio siguiendo unas cuantas normas clave que se había impuesto:

- **Yo controlo lo que veo y lo que escucho.** *No veo programas de televisión ni películas que muestren relaciones sexuales, ni escucho música que invita a tenerlas.*

- **Evito las situaciones de presión.** *No invito a una mujer a mi casa después de medianoche para conversar o ver una película.*

- **Uso el sistema del amigo.** *Suelo ir acompañado de un amigo en vez de estar a solas con una mujer. Es más fácil controlarme en presencia de alguien que me ayuda a ser responsable.*

MITO 2: EL DESEO ES TAN FUERTE QUE NO PUEDES CONTROLARLO

Realidad: Puedes controlar tus impulsos.

¡El hombre es una criatura asombrosa! Manipulamos genes, construimos rascacielos de cien pisos y acomodamos mil millones de transistores en una pastilla de silicio del tamaño de una uña.

Tengo un amigo, Erik Weihenmayer, que ascendió el Everest... ¡y es ciego! He leído sobre Juana de Arco, la valiente francesa que a los 14 años se volvió guerrera, salvó a Francia de sus enemigos y luego fue condenada a la hoguera. Recuerdo haber visto en televisión el reportaje de un avión que se estrelló en un río helado y cómo un hombre pasaba la cuerda salvavidas una y otra vez a las víctimas hasta que, exhausto y aterido de frío, se ahogó, dando su vida por personas a las que no conocía. Éstos son ejemplos del triunfo del espíritu humano.

Por eso, cuando oigo decir a alguien que "los adolescentes tienen relaciones sexuales porque no pueden controlar sus hormonas", me dan ganas de vomitar. ¡Qué absurdo! No somos perros en celo. Los adolescentes varones, en particular, tienen la inmerecida fama de no ejercer control alguno sobre sus funciones corporales.

Ningún adulto responsable te dirá que es bueno tener relaciones sexuales en la adolescencia, pero muchos *dicen*: "Como no es posible impedir que los adolescentes tengan relaciones sexuales, hay que enseñarlos a protegerse".

De ahí que en la escuela te enseñen medidas de protección contra las enfermedades y el embarazo. La intención es buena. Lo malo es que se da por hecho que eres incapaz de controlar tus impulsos.

Es en lo que yo disiento. Si podemos dividir el átomo, podemos controlar nuestros impulsos. Somos seres humanos, no animales, y tenemos la libertad de elegir. Ten en cuenta las siguientes historias, escritas por dos muchachos de un sitio de Internet llamado **greattowait.com**.

Craig: *¿Que si un muchacho rechazaría el sexo? Yo lo hice. Mi ex novia quería tener relaciones sexuales, pero yo me negué. Ella no dejaba de presionarme, no sé si para retenerme o qué, y eso me confundía mucho. Ella me gustaba, pero yo no estaba listo para tal grado de compromiso. Supongo que consiguió lo que quería con su siguiente novio, aunque ya terminaron. El mes pasado me dijo que yo era el único chico con quien había salido que respetaba a las mujeres y no las usaba. Añadió que quisiera seguir conmigo.*

Ray: *Tengo novia desde hace unos seis meses. Cuando empezamos a salir le dije que había decidido no tener relaciones sexuales ahora. Ella respeta mi decisión, pero reconozco que a veces no es fácil... Cuando siento mucho deseo, me contengo y me sobrepongo a mis impulsos. Me digo: "Puedo esperar". Créanme: paso mucho tiempo repitiéndome estas palabras, pero está funcionando.*

Y es que entre lo que sentimos (el estímulo) y la manera en que actuamos ante él (nuestra reacción) hay un espacio, y en ese espacio se encuentra nuestra libertad de elección. En esto consiste ser proactivo.

Craig y Ray pudieron cumplir su compromiso usando sus herramientas: la autoconciencia, la conciencia, la imaginación y la fuerza de voluntad.

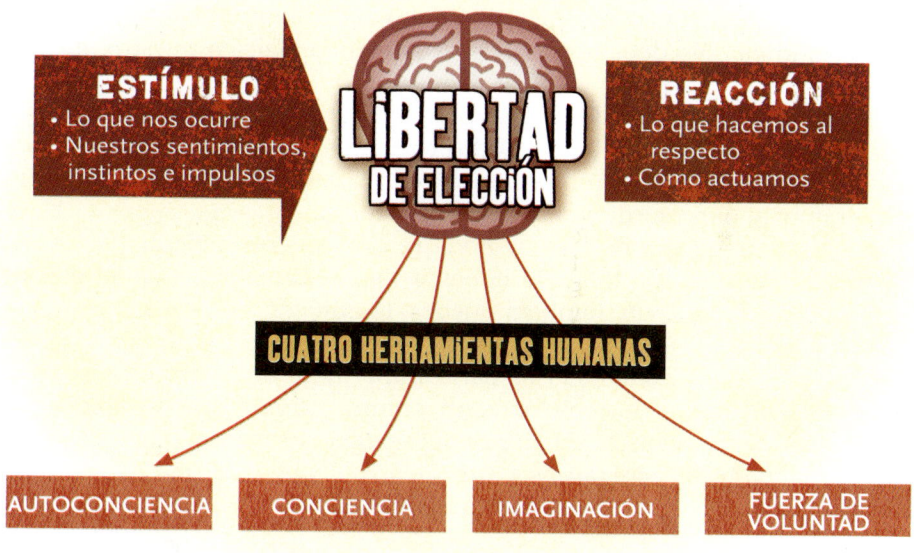

AUTOCONCIENCIA: Observo mis pensamientos y acciones como desde fuera de mí mismo. *(Craig y Ray sabían que necesitarían mucha fortaleza para esperar.)*

CONCIENCIA: Escucho mi voz interior y distingo entre lo bueno y lo malo. *(Craig y Ray sentían que lo correcto era esperar.)*

IMAGINACIÓN: Preveo el futuro y las consecuencias de mis actos. *(Craig y Ray visualizaron que tener relaciones sexuales en ese momento los ataría y cambiaría la naturaleza de sus relaciones.)*

FUERZA DE VOLUNTAD: Soy libre para elegir y actuar pese a fuertes influencias. *(Craig y Ray optaron por esperar ante sus impulsos.)*

Cómo controlar tus impulsos

Nuestro impulso sexual tiene tres cualidades notables: es fuerte, constante y bueno. Sin él nadie querría sentar cabeza y tener hijos, y en poco tiempo se acabaría la gente. Pero debe usarse en el momento oportuno y con la persona adecuada, controlarse como cualquier otro impulso.

¿Te imaginas qué mundo sería éste si actuáramos siguiendo cualquier impulso que se nos presentara? Si te enojaras con alguien, lo noquearías. Si te diera sueño, faltarías a la escuela o a donde tuvieras que ir y te quedarías dormido. ¡Caramba, si yo diera rienda suelta a mis impulsos, pesaría 190 kilos, porque mi instinto me dicta comer cuanto veo. En el cine siempre siento el impulso de comprar palomitas, un *hot dog*, un refresco de un litro, orozuz y nachos de postre, pero debo controlarme porque no quiero pesar 190 kilos. ¿No deberíamos aplicar la misma lógica a nuestro impulso sexual?

Se necesita un poco de disciplina, pero bien lo vale. Como dice el filósofo de la administración Jim Rohn: "Todos debemos sufrir uno de dos dolores: el de la disciplina o el del remordimiento. La diferencia es que la disciplina pesa gramos y el remordimiento pesa toneladas".

Yo no me trago eso de que es poco realista querer esperar para tener relaciones sexuales. No lo es. Millones de adolescentes de todo el mundo esperaron y esperan, y tú también puedes. El autocontrol es más fuerte que las hormonas.

Es cierto que tu sexualidad es parte importante de tu vida, pero no es lo único ni lo esencial, como nuestra cultura quiere hacerte creer. Hay aspectos más importantes de ti que tu sexualidad, como tu inteligencia, tu personalidad, tus esperanzas y tus sueños. Como dijo una adolescente: "Somos mucho más que nuestros impulsos".

DISCIPLINA

ARREPENTIMIENTO

MITO 3: EL SEXO "SEGURO" ES SEGURO

Realidad: El sexo seguro no existe.

Mi mayor miedo en la vida es que me ataque un oso. Desde que era niño mi familia veranea en la cabaña de mis abuelos, cerca del Parque Yellowstone, donde hay muchos osos. Ahora bien, nunca he visto un oso, pero siempre he presentido que uno me va a atacar, y hasta he comprado libros sobre cómo sobrevivir al ataque de un oso. Mi familia me ve como un bicho raro, pero al menos estoy preparado.

Ahora que he confesado mi miedo secreto, ¿a qué le temes tú: a los tiburones, a los rayos, a los accidentes aéreos?

Pues siempre es útil dar a tus miedos su justa dimensión, que es precisamente lo que hizo David Ropeik para el Centro para el Análisis de Riesgos de Harvard según se presentó en la revista *Prevention*.

Grandes temores y riesgos reales entre la población mundial

TEMOR	RIESGO REAL
Morir atacado por un tiburón	1 en 280 millones
Morir en un atentado con ántrax	1 en 57 millones
Morir en un accidente aéreo	1 en 3 millones
Morir por el disparo de un francotirador	1 en 517 000
Perder el trabajo	1 en 252
Sufrir allanamiento y robo de morada de noche	1 en 181
Contraer cáncer	1 en 7
Contraer un mal causado por la comida este año	1 en 4
Contraer una enfermedad de transmisión sexual	1 en 4
Contraer una enfermedad del corazón	1 en 4
Morir de cinco a diez años antes por sobrepeso	1 en 4
Morir de una enfermedad causada por fumar	1 en 2

Lo que más me asombró de esta gráfica es que no incluye ataques de osos y que...

¿Te parece increíble?

Aún más asombroso es un informe de los Centros para el Control y la Prevención de Enfermedades de E.U.A., que calcula que la mitad de los jóvenes norteamericanos sexualmente activos contraerá una ETS antes de cumplir 25 años. ¡Uno de cada dos! Después de lo que he aprendido sobre las ETS, créeme que no querrás contraer una.

Ahora, antes de que pienses "¡Ay no, otro adulto que quiere disuadirme del sexo asustándome!", permíteme terminar. La sexualidad en sí no es mala ni incorrecta. Antes bien, es maravillosa, en el momento oportuno y con la persona adecuada, como aquella con la que compartirás el resto de tu vida, pero es muy peligroso en otro momento y con otra persona.

> **Respuesta a la pregunta 3:**
> ETS significa enfermedad de transmisión sexual.

> **Respuesta a la pregunta 4:**
> Cada año, uno de cada cuatro adolescentes sexualmente activos contrae una ETS.

¡QUÉ DESAGRADABLE!

En 1950 había dos ETS bien conocidas. Hoy existen más de 25. Tan sólo en E.U.A. más de tres millones de adolescentes contraen una ETS cada año. Como sólo hay unos 28 millones de adolescentes, ¡es muchísimo! Los efectos de estas ETS son tan feos como sus nombres: gonorrea, sífilis, pediculosis púbica, verrugas, chancros, clamidiasis, enfermedad inflamatoria pélvica, papiloma, herpes. ¡Qué asco! Las ETS pueden causar cáncer cervicouterino, verrugas genitales, esterilidad y enfermedades que pueden contagiarse a los fetos y a los recién nacidos. Son causa de dolor y depresión ¡y pueden matarte! A menor edad, más susceptible eres de contraer algo, porque los adolescentes tienen menos anticuerpos que los adultos.

> **Respuesta a la pregunta 5: cierto**
> A menor edad, más susceptibilidad a las ETS.

Suena grave ¿no? A mí también me impactó. Quizá sientas repugnancia, pero debes enterarte. A continuación hay más información sobre cuatro ETS comunes. Gran parte de ella proviene de fuentes públicas confiables, así como del excelente libro de la doctora Meg Meeker *Epidemic: How Teen Sex Is Killing Our Kids* ("Epidemia: Cómo el sexo entre adolescentes mata a nuestros hijos").

Herpes: la ETS incurable. El herpes es **INCURABLE**, y también asqueroso. Aunque sus dolorosos síntomas pueden ir y venir, el virus se queda en el cuerpo de por vida. Es particularmente desagradable porque

> **Respuesta a la pregunta 6: falso**
>
> Las ETS suelen permanecer latentes durante años sin mostrar señales ni síntomas.

nunca desaparece, sólo se oculta en algunas células nerviosas. Puede permanecer latente durante meses o años hasta que algo, como el estrés, ocasiona un brote en que el virus produce dolorosas úlceras o ampollas alrededor de los genitales o la boca. ¿No te da asco? Aunque el herpes quede inactivo durante ocho años o más, se puede contagiar a una pareja sexual.

El herpes es sumamente doloroso y humillante. Las madres infectadas pueden dar a luz bebés con lesiones cerebrales o malformaciones físicas debidas a la enfermedad. Los portadores dicen sentirse como leprosos y apestados; no sabían que tener relaciones sexuales ocasionales los afectaría de por vida.

"Pensé que ella se había acostado conmigo de inmediato porque yo le gustaba", dice Allen, "pero sólo quería divulgar que lo había hecho conmigo. Quisiera olvidarla, pero nunca podré porque toda mi vida, cada vez que tenga una relación, tendré que decirle a la persona que padezco la peor ETS, el herpes simple tipo 2, que es incurable. Me salen erupciones y ampollas en la zona genital y me da mucha comezón. Necesito descansar mucho, porque si estoy estresado, aparecen las ampollas. No sé si alguien querrá estar conmigo sabiendo que padezco esto y que es contagioso. Estoy furioso con la chica, que me contagió sin advertirme nada. Se suponía que la actividad sexual me haría sentir muy bien, pero me avergüenzo de mí mismo. Ella no fue fácil; yo fui fácil."

Papiloma: la ETS más común. Se calcula que 20 millones de estadounidenses están infectados. Una vez la doctora Meeker, que se especializa en tratar adolescentes que padecen ETS, preguntó a un grupo de jóvenes si el sexo podía causar cáncer. Todos prorrumpieron en carcajadas. "¡El cáncer no da por tener relaciones sexuales!", gritaron. Ojalá tuvieran razón.

El papiloma es la segunda causa de muerte por cáncer entre las mujeres: unas 5000 mueren cada año de esta enfermedad. El agente causal (virus del papiloma humano) infecta las mucosas, y las jovencitas son el grupo más vulnerable.

Aunque el virus causa a los órganos internos un daño del que quizá pasen años sin que te enteres, también produce verrugas genitales en jóvenes tanto varones como mujeres. Estas verrugas pueden crecer y doler mucho, y deben tratarse con medicamentos o cirugía. Aunque es tratable, el papiloma, como el herpes, es **INCURABLE**. Lo tienes de por vida.

Mark escribe: "Se habla del sida a toda hora, pero pensé que nunca le pasaría a un conocido. Entonces le dio a la mejor amiga de mi hermana. Era animadora de deportes, sacaba buenas calificaciones y tenía una gran personalidad. Ahora sufre muchas infecciones... Le pregunté cómo contrajo la enfermedad, ¿y sabes qué me respondió? 'Confié en alguien'. Quién sabe, a lo mejor esa persona no sabía que la padecía... Lo que sabemos es que ella se va a morir".

El Matutino
Infección por VIH/sida:
LA ETS MÁS MORTÍFERA

¿Por qué se da tanta publicidad al sida? Porque es con mucho la ETS más mortal. Es la principal causa de muerte entre los afroamericanos varones de entre 15 y 44 años.

Te puedes infectar con el VIH si entras en contacto con sangre, semen, flujo vaginal o leche materna infectados. Puedes contagiarte teniendo relaciones heterosexuales, no sólo homosexuales, y también se ha propagado entre las mujeres. Hoy en día el 80 por ciento del contagio es por vía sexual, no por inyectarse drogas ni por transfusiones de sangre contaminada.

Como ocurre con el herpes, puedes resultar seronegativo en la prueba de VIH y aun así portar el virus.

Sífilis: la ETS de los bebés. La sífilis sigue propagándose y muchos adolescentes que la padecen quizá no lo sepan. Los fetos pueden contraerla en el útero. Si la madre no recibe tratamiento, hay un riesgo de 20 por ciento de que se produzca un aborto o el niño nazca muerto, 25 por ciento de que muera poco después de nacer y 33 por ciento de que sufra lesiones cerebrales o físicas permanentes.

Cadenas de contagio

En un estudio publicado en el *American Journal of Sociology*, los investigadores intentaron documentar todo contacto sexual ocurrido entre los estudiantes de una preparatoria durante 18 meses, para averiguar cómo se propagan las ETS entre los adolescentes. Para ello se realizó una encuesta en una escuela de la zona centro-oeste de Estados Unidos (a la que llamaron Jefferson), con unos 1000 estudiantes. El resultado fue un mapa que causó asombro, pues mostró que, de 832 chicos encuestados, 288 formaban una red sexual gigantesca, y muchos más constituían redes más pequeñas. Así se propagan las ETS.

CADENAS DE CONTAGIO

Cada punto representa a un alumno de la Preparatoria Jefferson. Las líneas que los unen representan relaciones sexuales tenidas en un lapso de 18 meses.

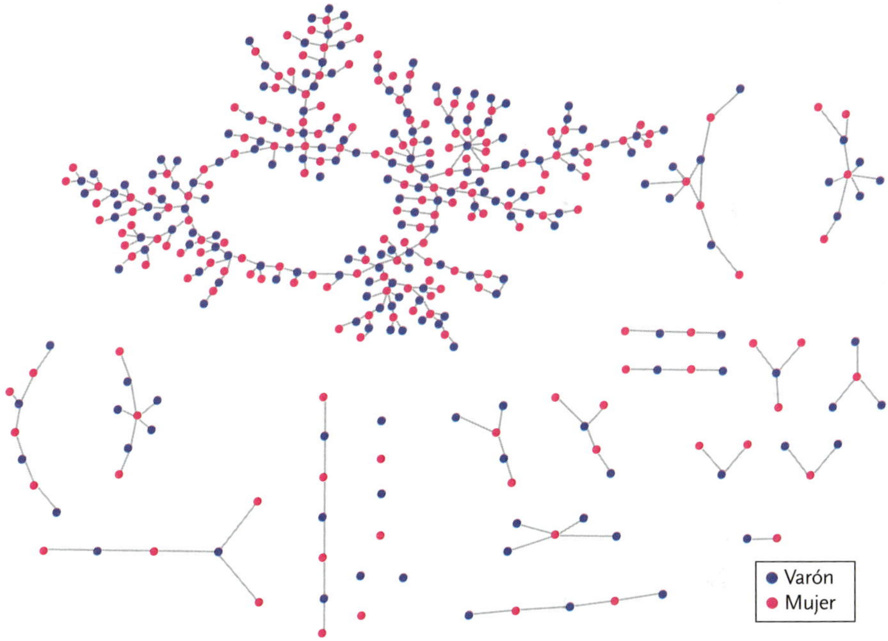

● Varón
● Mujer

Bearman, Moody y Stovel: Chains of Affection, AJS 2004.

A continuación, algunos hechos clave del estudio:
- *Con cuantas más personas tenemos contacto sexual, mayor es el riesgo de pescar algo. Si fueras parte de la cadena de 288 estudiantes, te arriesgarías a contraer una ETS de cualquier integrante, aunque sólo tuvieras una pareja. Es decir, si tienes relaciones sexuales con alguien, las tienes con todos aquellos con quienes ese individuo se ha acostado.*
- *Varios cientos de estudiantes de la Preparatoria Jefferson no tenían parejas sexuales y no corrían riesgo de contraer una ETS.*
- *La larga y compleja cadena fácilmente podría romperse si una sola persona decidiera abstenerse de las relaciones sexuales. Piensa en lo rápido que podrían reducirse o eliminarse las ETS por medio de decisiones inteligentes.*

Las tendencias siempre cambiantes

¿Qué hay del argumento que solemos escuchar: "Si practico el sexo seguro y uso condón no contraeré ninguna ETS"? Siento desengañarte, pero no es tan sencillo.

Cuando yo era joven, podía uno asolearse todo el día y quemarse, pero ahora los expertos dicen que incluso dos quemaduras fuertes pueden producir cáncer de piel años después. Así también, en la década de los noventa los especialistas decían que el condón permitía tener sexo seguro. Ahora, algunos de los mismos expertos dicen que el uso del condón no da una seguridad total y sólo reduce los riesgos.

La doctora Patricia Sulak, profesora de la Facultad de Medicina de la Universidad A&M de Texas, es una especialista que ha cambiado de opinión. "Yo pensaba que no había más que repartir condones en las escuelas", comenta, "pero después de revisar la información, cambié diametralmente mi parecer sobre los adolescentes y el sexo."

¿Sabes qué descubrieron en años recientes? Que no hay pruebas científicas claras de que el uso del condón brinde una prevención significativa contra varias ETS, entre ellas la más común e incurable: el papiloma. ¡Vaya! Una razón de lo anterior es que algunas ETS, como el papiloma, se transmiten por contacto piel con piel de la zona genital, no sólo por la parte que el condón recubre.

De manera similar, la píldora anticonceptiva ayuda a prevenir el embarazo, pero no protege contra las ETS.

Además, los condones a menudo no se usan bien, pueden resbalarse o perforarse y, aun con la mejor intención, la mayoría de las parejas no tienen la disciplina de usarlos sin falta.

Tu siguiente pregunta podría ser qué hay del sexo oral. ¿Ése sí es seguro? Dejaré que te responda Rhonda Katz, sexóloga de la adolescencia.

Pregunta: *He oído decir que los adolescentes practican mucho el sexo oral. Creen que es seguro y que no es una verdadera relación sexual... ¿Qué riesgos tiene?*
Respuesta: El sexo oral conlleva el riesgo de contraer (y esparcir) enfermedades graves: gonorrea, sífilis, herpes, sida, clamidiasis y otras. Las ETS pueden transmitirse fácilmente a la boca y la garganta, y el herpes labial (fuegos) puede infectar los genitales. La mayoría de las chicas no usa condones para practicar el sexo oral, lo que aumenta aún más el riesgo de contraer una ETS... Las úlceras herpéticas en la boca no sólo son incómodas, sino que entrañan peligro de contagio por sexo oral y aun por besos.

Si lo anterior te sorprende y asusta un poco, ¡qué bueno! Ojalá hagas algo al respecto. Si hasta ahora has sido sexualmente activo, tal vez quieras iniciar un nuevo capítulo.

Quizá conozcas a algún afectado por una ETS o sospeches que padeces una. De ser así, acude al médico y sométete a una prueba de inmediato. Es posible que necesites ayuda, y cuanto antes la obtengas más opciones tendrás. Consulta la Oficina de Ayuda para obtener más información.

> **Respuesta a la pregunta 7: cierto**
>
> Puedes contraer una ETS por medio del sexo oral.

¡AY, DIOS!

La píldora anticonceptiva puede fallar... suele fallar. Por eso millones de adolescentes se embarazan cada año en todo el mundo sin haberlo planeado.

Si eres sexualmente activo(a), es muy probable que embaraces a tu pareja o quedes embarazada, aun si usas protección.

También puede suceder en un solo encuentro sexual. Sé de una chica australiana que se supo embarazada el mismo día que la admitieron en una prestigiosa universidad para estudiar música. Sólo se acostó una vez con su novio, pero esa vez bastó. En consecuencia, no fue a la universidad y su vida tomó un rumbo totalmente distinto.

> **Respuesta a la pregunta 8: 3 000 000**
>
> Unos 3 000 000 de chicas adolescentes se embarazan cada año en Estados Unidos, ocho de cada diez de manera imprevista.

Chicas: Sólo tú te embarazas, tu pareja no, y si es así, tu vida cambiará para siempre. Jerusha, que dio a luz a los 16 años, nos cuenta cómo era un día normal en la Escuela para Madres Jóvenes:

> **Respuesta a la pregunta 9: cierto**
>
> Una chica puede quedar embarazada la primera vez que tiene relaciones sexuales.

Cada chica estaba en una etapa distinta. Algunas tenían pocos meses de embarazo, otras ya iban a dar a luz y otras más tenían hijos de uno o dos años. Al principio era muy confuso porque había que sentarse en clase con las jóvenes y sus bebés. A la mitad de un examen podía haber cuatro o cinco niños berreando junto a una.

Así era un día típico para mí y para mi hija, Kristin.

6:30 A.M.: Me levantaba y me arreglaba.
7:00 A.M.: Levantaba a Kristin, le daba de comer, la bañaba, peinaba y vestía, preparaba el almuerzo para las dos y dejaba lista su pañalera.
8:00 A.M.: Salía hacia la escuela.
8:15 A.M.: Trataba de dejar a Kristin tranquila en la guardería (solía llorar y no quería que me fuera). Yo lloraba porque me dolía mucho dejarla.
8:30 A.M.: Empezaban las clases. Intentaba hacer mi tarea, pero me preocupaba cómo estaría Kristin sin mí. A menudo me llamaban a media clase para que fuera a cambiarle el pañal, y luego tenía que volver a dejarla berreando.
MEDIODÍA: A la hora del almuerzo tenía que recogerla a toda prisa, darle de comer en una silla alta, limpiar el desastre que hacía y, si tenía suerte, almorzar, todo en media hora. Ella volvía a llorar cuando la dejaba de nuevo en la guardería.

Y ésta es apenas la primera mitad de la jornada de Jerusha.

Muchachos: Si embarazas a una chica y ella tiene al bebé, serás padre. Te cases o no con ella, ¡el niño es tuyo! Lo mismo si te responsabilizas y ocupas del niño que si eres irresponsable y lo abandonas, tendrás obligaciones para con ese niño de por vida. ¿Estás listo para ser padre de una criatura de carne y hueso que necesita amor y atención?

> **Respuesta a la pregunta 10: 20%**
>
> **20 por ciento** de los jóvenes que embarazan a una chica se casan con ella

Lee a continuación cómo un embarazo imprevisto afectó a Dylan.

Recuerdo el día en que mi novia me dijo que estaba embarazada. De no tener ninguna preocupación, en un instante pasé al agobio total. No me malinterpreten: no renunciaría a mi hija por nada. Pero ahora, mientras que mis amigos se divierten juntos, yo tengo que trabajar para medio mantenerla. Tener relaciones sexuales me hacía sentir como adulto, pero eso es muy distinto que serlo. Apenas estoy aprendiendo lo que es ser responsable de otra persona. Siempre estaré atado a mi novia por mi hija.

Personas completas

Hasta aquí hemos abordado sólo los riesgos físicos de la actividad sexual, como las enfermedades y el embarazo, pero también hay graves riesgos emocionales, como las decepciones, el arrepentimiento, el sentimiento de culpa y la depresión. Recuerda que constamos de cuatro partes: cuerpo, corazón, mente y alma, y las cuatro están unidas en un gran todo. Como las ruedas de un auto, si una está desalineada, las cuatro se desgastan en forma dispareja.

> **Respuesta a la pregunta 11: c)**
>
> La abstinencia en la adolescencia es la única protección **ciento por ciento** eficaz contra enfermedades, embarazos y heridas emocionales.

Así también las relaciones sexuales, algo físico, afectan tu corazón, mente y alma aunque tú no quieras. Nunca podrás tener contacto físico con alguien sin que eso afecte tus emociones. Tener relaciones sexuales en la adolescencia es como jugar a la ruleta rusa con tu futuro. Hay un riesgo en cada turno.

Después de todo lo expuesto, ¿entiendes por qué digo que el sexo seguro no existe?

MITO 4: EL SEXO NO ES IMPORTANTE
Realidad: ¡El sexo es importantísimo!

Dado que te faltan unos diez años para casarte, ¿qué hay de malo en que te diviertas un poco, mientras no lastimes a nadie y nadie salga embarazada?

No puedo culpar a quienes creen que el sexo no es importante. Después de todo, los medios de comunicación lo tratan como una forma desechable de entretenimiento que se compra, vende, alquila o intercambia dondequiera las 24 horas del día en todas sus formas: vivas, virtuales, celulares, auditivas e impresas. Tan sólo durante tus años de adolescencia verás y escucharás unas 98 000 alusiones sexuales en televisión. ¡Vaya!

Por supuesto, algunos sostienen que lo que ves en las películas y en la televisión no te afecta. Luego ellos mismos pagan millones de dólares por un comercial de 30 segundos en el Super Bowl. Si un comercial de 30 segundos puede hacerte cambiar de champú, sin duda 98 000 impresiones pueden influir en tu manera de pensar. Como dijo Alicia:

Si el SEXO se presenta todo el día en televisión, ¿cómo esperan que la gente no quiera probarlo?

En el cine todo el mundo lo hace, casi siempre en la primera cita. Cuando ves esto hasta la saciedad, empiezas a pensar que las cosas son así y que está bien. Olvidamos que las películas mienten sobre cómo es la realidad.

Por ejemplo, ¿cuándo fue la última vez que viste un programa en el que una pareja tenía relaciones sexuales y luego sentía culpa o arrepentimiento o uno de ellos contraía una ETS? ¿Alguna vez has visto una película romántica que muestre la traición que siente una mujer al saber que está embarazada y que su novio no quiere volver a verla? Nunca la has visto porque no sería divertida ni romántica. No creamos tan fácilmente la idea de Hollywood de que el sexo no es importante. Tal cosa es mentira.

Intimidad y compromiso

El cuerpo, formado por casi siete billones de células que funcionan organizadamente, es algo extraordinario que merece respeto, no un carrusel al que todo el mundo puede subirse. No tiene sentido que dos personas compartan sus partes íntimas mientras no se comprometan entre sí. La intimidad sin compromiso es como obtener *algo por nada;* va en contra de un principio básico. ¿Qué es una relación con compromiso? El matrimonio es la mejor forma que conozco. Casándote obtienes un documento legal, una celebración pública, un anillo, una unión reconocida y una profunda promesa de amor mutuo en la salud y en la enfermedad.

¿Qué hay de los noviazgos de preparatoria en los que existe verdadero amor? ¿Eso cuenta como compromiso? En realidad no. Aunque puede haber un lazo muy fuerte, no hay un verdadero compromiso. No hay un contrato, ni una celebración, ni se comparte la renta. No lavan los platos, no tienden la ropa ni pagan las cuentas entre los dos. Pueden romper, mudarse, ir a la universidad, gustarles otra persona y así sucesivamente.

Algunos adolescentes creen que si no has tenido relaciones sexuales, aún puedes considerarte "técnicamente virgen", pero seamos realistas: el sexo es sexo.

Perdón por ser tan directo, pero ya sea con penetración o sin ella, manual, seco, oral o como lo llames, si desabotonas o quitas ropa, metes la mano por debajo de ella, intercambias líquidos o tocas y te tocan las "partes privadas" (como las llaman los niños), es un acto íntimo y es sexo. Aunque algunas de sus formas quizá no representen tanto peligro físico, son igual de peligrosas en el plano emocional.

Nadie coincide en cuanto al significado de expresiones como *ligar* o *ser amigos con derechos*, pero no es otra cosa que tener uno o más encuentros sexuales sin ataduras; una forma de usar el cuerpo del otro para obtener placer sin ninguna expectativa ni compromiso: rápido, fácil e insatisfactorio.

Depresión: la ETS emocional

Me interesaba saber qué opinaba un médico sobre el impacto emocional del sexo. Luego de tratar a miles de adolescentes durante 20 años, la doctora Meeker está convencida de que tener relaciones sexuales en la adolescencia ocasiona graves trastornos, y ha llegado incluso a llamar a la depresión "la ETS emocional". En su opinión:

"Aunque muchos adolescentes varones dicen que el sexo es divertido, en privado muchos admiten que después de un encuentro sexual pierden respeto por sí mismos. Quizá alardeen de sus hazañas sexuales y parezcan adquirir confianza en sí mismos, pero en privado reconocen que algo cambió en su interior cuando empezaron a tener relaciones sexuales. La pérdida de respeto por sí mismos es por haber entregado su intimidad sexual a alguien a quien no querían profundamente.

"Las chicas pueden sufrir una pérdida aún mayor de respeto por sí mismas. Al animarlas a descubrirse cada centímetro de piel, la sociedad les enseña que su cuerpo no merece protección. Pueden entregarse sexualmente (lo cual significa mucho para ellas) a un chico al que quieren mucho; si él no recibe este regalo con respeto, la chica pronto se da cuenta de que sólo le interesaba el sexo.

"Proteger nuestra virginidad debe de ser un acto de conservación muy arraigado en nosotros, pues he visto a cientos de adolescentes lamentar su pérdida. En el fondo todos sentimos y sabemos que es algo preciado y privado, y que si la entregamos y luego nos decepcionan o rechazan, sufrimos una pérdida irreparable."

> **Respuesta a la pregunta 12: falso**
>
> Alrededor de la mitad de los adolescentes que han tenido relaciones sexuales habrían preferido esperar.

En un artículo aparecido en la revista *Newsweek*, Lucian refirió el sufrimiento que para él representó perder la virginidad, y cómo se recuperó.

Lucian tenía pensado no ejercer su sexualidad sino hasta casarse, pero eso era antes de que una noche le diera una oportunidad inesperada: "Ella estaba dispuesta a todo", cuenta. "Su actitud era de por qué no intentarlo." Pero el gran suceso terminó en un instante y en él no hubo amor ni intimidad. "En las películas, cuando la gente se acuesta, siempre es romántico", añade. "Lo físico sí fue agradable, pero lo emocional me resultó muy incómodo. No fue lo que yo esperaba."

Lucian estaba abrumado por el sentimiento de culpa. "Me preocupaba que, al haberme entregado a ella, nuestra relación se había vuelto mucho más seria. Temía qué esperaría ella de mí." También temía alguna enfermedad y el embarazo, y se propuso no volver a hacerlo.

El joven, que hoy estudia una especialidad en ingeniería en una universidad de Canadá, se considera un "virgen renovado". Sus padres siempre

> **Respuesta a la pregunta 13: d)**
> Luego de las relaciones sexuales, muchos adolescentes tienen culpa y autoestima baja, o se sienten decepcionados y traicionados.

habían insistido en la castidad, pero él no lo entendió sino hasta después de haberla perdido. "Es algo muy especial y serio", continúa. "La abstinencia tiene que ver con la idea de si respetarás a la otra persona." Ahora, cuando sale con chicas, se limita a besarlas. "No porque piense que lo demás es malo, sino que cuanto más te involucras físicamente con alguien, más difícil es parar... Espero tener una relación íntima con mi esposa, una mujer a la que amaré de verdad y con quien querré compartir mi vida. Parece cursi, pero es en serio."

SÍ, EL SEXO ES MUY IMPORTANTE.

El amor espera

Todos los veranos practico el esquí acuático en un bello aunque gélido lago de las Rocallosas. He aprendido a empezar en el muelle en vez de en el agua. Me coloco en el muelle sosteniendo la cuerda mientras la lancha arranca despacio.

Una vez extendida la mayor parte de la cuerda, grito "¡Dale!" y la lancha acelera. Luego, cuando la cuerda se tensa, doy un paso al vacío para caer al agua y empiezo a esquiar.

Me llevó muchos intentos dominar la técnica. Aprendí que si daba el paso antes de tiempo y la cuerda seguía floja, me hundía en el agua helada y empezaba a hiperventilar; si tardaba en darlo, la lancha me arrastraba sobre el muelle y los brazos casi se me descoyuntaban; si lo hacía a tiempo, pisaba suavemente el agua y empezaba a esquiar sin mojarme, que es la mejor sensación del mundo.

La intimidad sexual se parece a eso. Si la tienes en el momento equivocado, te hundes en el agua helada o se te descoyuntan los brazos. Si la tienes en el momento oportuno y con la persona adecuada, es la mejor sensación del mundo. Todo está en saber esperar.

Recuerdo haber leído una entrevista hecha a un universitario de 21 años, que dijo: "La castidad me preocupa mucho. Fracasé en conservarla porque no pude responder la pregunta: ¿Por qué esperar para tener relaciones sexuales? Cedí porque no tenía una respuesta firme".

Buena pregunta. Si tú tampoco tienes una respuesta firme, ten en cuenta las siguientes razones:

ESPERA POR EL NIÑO

Dos de las cosas más importantes en la vida son cómo viene la gente al mundo (nacimiento) y cómo se va (muerte). Somos muy cuidadosos en cómo se va la gente: hay severas condenas por asesinato; hacemos todo lo posible por prolongar la vida; lloramos a nuestros difuntos. Pero somos muy descuidados en cuanto a cómo viene la gente: cada año nacen en el mundo millones de bebés por embarazos imprevistos... y se aborta a millones más.

Tu capacidad para dar vida es como un cerillo: puede hacer mucho bien o mucho mal. Un cerillo puede alumbrar a todos en un cuarto oscuro, pero también puede quemar la casa.

Cada vez que tienes relaciones sexuales juegas con fuego. Siempre cabe la posibilidad de que concibas un niño, y es muy injusto para él nacer sin un padre responsable y con una madre que ni siquiera ha terminado la preparatoria. Algunas chicas se embarazan sólo porque dar a luz les da atención y alguien a quien querer, lo cual quizá sea cierto, pero es muy injusto para el bebé. Los niños necesitan todas las ventajas posibles para triunfar en la vida. Si quieres que tu hijo crezca en la pobreza, tenlo en la adolescencia. Es el indicador más certero.

Muchos niños se crían sin padre. Por suerte hay madres solteras admirables. Si tú no tienes padre, puedes ser quien rompa el ciclo y llegue a ser el padre que siempre habrías querido tener. Quizá conozcas a James Earl Jones, quien hace la voz de Darth Vader en *La guerras de las galaxias*. Hace poco, al recibir un premio de la Iniciativa de Paternidad de E.U.A., declaró: "Este premio significa más para mí que cualquiera de los que he recibido por actuar. Yo nunca conocí a mi padre, y mi padre nunca conoció al suyo, pero mi hijo me conoce".

No te arriesgues a traer un hijo al mundo hasta que estés listo para ser un gran padre o madre. Dale a tu hijo las mejores oportunidades para triunfar. Espera, por el niño.

INSTRUCCIONES: (MAMÁ Y PAPÁ, POR FAVOR LEAN CON CUIDADO.)

SOY UN BEBÉ CIENTO POR CIENTO GENUINO. VÍSTANME, CUÍDENME Y DENME DE COMER CON FRECUENCIA. CUANTO MÁS TIEMPO Y ATENCIÓN ME DEN, MEJOR CRECERÉ. ME GUSTA JUGAR, CANTAR, BAILAR, HABLAR, PASEAR Y HACER GARABATOS. A VECES NECESITO DISCIPLINA. LOS MEJORES RESULTADOS SE OBTIENEN CUANDO ME EDUCAN UNA MAMÁ Y UN PAPÁ.

EL TAMAÑO PUEDE VARIAR.

ESPERA POR LA RELACIÓN

Las relaciones siguen una de dos rutas. Ambas comienzan con la **atracción**. Muchas cosas nos atraen o excitan: una mirada, un gesto, una voz. El rumbo de la relación a partir de allí depende de nosotros.

La **ruta egoísta de la lujuria** suele comenzar con el **encandilamiento**, que se siente como el amor auténtico pero es una obsesión pasajera. Poco después empezamos a buscar a la siguiente llama. La etapa **material** es cuando se llega al contacto físico porque se siente bien y parece el siguiente paso lógico en la relación. Tú crees que es amor, pero en realidad es lujuria. El **rompimiento** es lo que ocurre de manera inevitable cuando la relación está basada sobre todo en lo físico.

Si quieres construir una relación hombre-mujer sólida, tomas la ruta del **amor desinteresado**. Comienza con un cimiento de **amistad**: conocer y sentir simpatía por alguien, no importa qué obtengas de su cuerpo. La **vinculación** es empezar a entender y preocuparse por alguien de manera más profunda, descubrir sus sueños y esperanzas, sus temores y fe. Puede incluir abrazos y besos basados en el afecto, no en la lujuria. El **compromiso** es cuando ambas personas desean compartir su vida en una relación comprometida, de largo plazo, comúnmente llamada **matrimonio**. En esta etapa el sexo es bueno y los hace sentir realizados.

Hoon, un joven de 17 años que vive en Seúl, Corea, tuvo que elegir qué ruta tomar en su relación.

Llevaba más de seis meses con mi novia. Como casi todos los chicos de mi edad, tenía curiosidad y admiración por las relaciones sexuales. Unos amigos me habían dicho que eran lo máximo, así que naturalmente pensaba en tenerlas cuando llegara la ocasión.

Un día estábamos los dos solos en el departamento, y después de ver la televisión puse manos a la obra. Al besarla la miré a los ojos y vi que se moría de miedo. Me sobresaltó al grado de que le pregunté qué le pasaba.

—Nada —contestó—. Es que estoy nerviosa. No tenemos edad suficiente.

Ella tenía 20 años y yo era aún menor, pero yo había dado por hecho que teníamos edad suficiente. Lo que me dijo entonces me hizo desistir de mi empeño en hacer el amor: ella quería entregarse intacta al hombre con el que se casara. Además, se imaginó los problemas que nos traería un embarazo. También me confesó que no quería que el sexo apresurado se volviera un obstáculo en nuestra relación.

Sus palabras me mostraron lo que el sexo habría significado realmente para nosotros. La abracé para demostrarle que la quería y sentí calidez en todo el cuerpo.

Entonces, ¿qué es ir demasiado lejos? Todo el mundo te dirá que, una vez que empiezan a besarse apasionadamente y a excitarse, es muy difícil calmarse y las cosas tienden a seguir adelante. Así que conviene no ir más allá de abrazos breves y besos ligeros. Si quieres mantener relaciones sanas y evitar el riesgo de embarazo, ETS y cicatrices emocionales, mantente del lado del afecto y guarda la pasión para después.

Mantente del lado del afecto

AFECTO
- Tomarse de la mano
- Un abrazo
- Abrazos breves y besos ligeros

PASIÓN
- Besos apasionados
- Tocamientos, caricias
- Coito, sexo oral, otras formas de sexo

Mantenerse del lado del afecto no ocurrirá solo. Tendrás que hacer que ocurra. ¿Cómo? Creando tus reglas. Cuando yo empecé a salir en serio en la universidad, tuve que fijarme reglas para no pasar del afecto, como no salir con chicas que tuvieran fama de fáciles. Un adolescente dijo: "Te enseñan todos los hechos sobre el sexo, pero ninguna regla." Pues aquí hay tres reglas de sentido común que te ayudarán a no ir más allá del afecto.

- *Fíjate metas y escribe la declaración de tu misión,* en la que expreses lo que quieres lograr. Esto te dará fuerza para resistirte a lo que no quieres hacer.
- *Evita situaciones comprometedoras,* en las que es fácil bajar la guardia, como estar a solas con tu novio(a) en un dormitorio.
- *No te llenes la mente* de música, películas ni imágenes obscenas, que influirán en tus pensamientos y acciones.

Imagina por un momento a la persona con quien esperas casarte. ¿Qué aspecto tiene? ¿Es chistosa, inteligente, amable? ¿Cómo esperas que viva ahora? ¿Te molestaría saber que cada fin de semana se acuesta con alguien o que ha tenido cinco, diez o quince parejas en los últimos años? ¿O te haría ilusión saber que se está reservando para ti? ¿Por qué no vivir tu vida como quisieras que viviera la suya? Espera, por la relación.

ESPERA POR LA LIBERTAD

¿Cuándo fue la última vez que volaste una cometa? ¿Has notado que cuando una cometa vuela la tensión del hilo es lo que la mantiene arriba? Si cortas el hilo, que es la fuerza de contención, la cometa se vendrá abajo.

Lo mismo ocurre con el amor. La contención mantiene vivo el amor y las relaciones. A veces nos preguntamos por qué no dar rienda suelta a nuestras hormonas. La respuesta es que las reglas y limitaciones no nos restringen; antes bien, aumentan nuestra libertad. Si no eres sexualmente activo, piensa en la libertad que tu decisión te ha otorgado. Eres libre de preocupaciones, arrepentimiento, enfermedades, embarazo, complicaciones y responsabilidades para las que no estás preparado.

Así lo expresa Maisey, una estudiante de preparatoria de California:

No tengo relaciones sexuales; creo que debo esperar hasta casarme. No quiero vivir preocupándome por una ETS. Quiero ser libre para hacer lo que quiera. Tengo una amiga que tuvo relaciones sexuales y estaba aterrada por el VIH. Y yo le dije: "Vaya, tan joven y preocupada ya por eso". Yo no quiero preocuparme por eso ni por tener un hijo y no poder divertirme.

A la hora del romance, si no tienes un plan, todo puede y suele suceder. Más de la mitad de las chicas de tercero de preparatoria que han tenido relaciones sexuales dicen que ocurrió sin planearlo. Chicas, tengo que referirme aquí en particular a ustedes porque es más probable que sean a las que sus novios presionen para decir que sí al sexo. Quizá ya sintieron esa presión y no supieron qué decir.

Pues tengo algunos buenos argumentos para ustedes. Kristen Anderson, en su libro *The Truth about Sex by High School Senior Girls* ("La verdad sobre el sexo en palabras de chicas de tercero de preparatoria"), da algunas salidas inteligentes a frases clásicas que los hombres han empleado desde el principio de los tiempos para hacer caer a las mujeres. También podrían aplicarse a los muchachos presionados por ellas.

FRASE: Anda, por favor... Llevemos nuestra relación al siguiente nivel.
SALIDA: Creo que el sexo arruinaría lo que tenemos ahora en vez de mejorarlo.

Explícame por qué no. No entiendo.
Porque no. [No hace falta mayor explicación.]

Tal vez deberíamos terminar hasta que madures.
Tal vez deberíamos terminar hasta que **tú** madures.

¿Vas a esperar hasta después de casarte? Yo no sé si algún día me casaré.
Qué lástima, porque entonces nunca podrás tener relaciones sexuales conmigo.

De todas las chicas a las que les gusto, te escogí a ti.
Creo que tienes buen gusto.

Ya has tenido relaciones sexuales. ¿Cuál es el problema?
Que hice algo de lo que me arrepiento y no quiero volver a pasar por eso.

Relájate y déjate llevar.
[Si estás tenso o nervioso, es por algo. Tu mente y tu cuerpo quieren decirte algo. Respeta tu intuición y da por terminado el momento.]

Si me quisieras, lo harías.
Si me quisieras, no me presionarías.

Pase lo que pase, no cambies de opinión al calor del momento. Una dama o un caballero auténticos no te pedirán que hagas algo que no quieres hacer. Espera, por la libertad.

Vale la pena esperar

A continuación hay dos cartas de adolescentes que estuvieron dispuestos a hacer públicas sus razones para esperar.

Para los jóvenes que piensan que deben practicar el sexo para ser aceptados

De un joven que dice que no y se siente a gusto

Cuando entré a la preparatoria todo el mundo sabía que mi mamá era la maestra de educación sexual, y mis compañeros dieron por hecho que yo tenía las mismas ideas que ella. Mis padres me enseñaron que el cuerpo es un templo y que el sexo debe reservarse para el matrimonio. Además, la información que mi mamá tiene sobre ETS es aterradora y razón suficiente para que yo mantenga mi compromiso de abstinencia hasta el matrimonio.

Cuando terminé la preparatoria recibí una beca de la Universidad Temple para jugar futbol. Nuestro equipo está integrado por jóvenes magníficos, pero como yo no conocía a nadie tuve que reubicarme socialmente. Al principio algunas personas a las que me acerqué respetaban mis creencias, pero no sabían si hablaba en serio sobre la abstinencia porque no conocían a nadie como yo. Ahora tengo excelentes amigos con normas de conducta parecidas, y es bueno juntarse con quienes opinan igual sobre el sexo antes del matrimonio.

He tenido algunas novias y salido con muchas jóvenes, y nunca he tenido problemas con el sexo porque ellas sabían de antemano mi sentir y lo respetaban. Nos comunicamos por medios distintos que sólo el sexo y llegué a conocerlas bien. A veces me preguntan cómo puedo abstenerme del sexo. Siempre respondo que si crees firmemente en algo, no estás dispuesto a romper tu juramento. Espero casarme y formar una familia con alguien para quien me he reservado.

Para chicas que se sienten presionadas para tener relaciones sexuales

De Sue Simmerman, una chica que ha pasado por eso

Mi decisión de no tener relaciones sexuales no fue difícil en la secundaria, pero cuando entré a la preparatoria me trajo problemas. Muchas más de mis amigas empezaron a tener relaciones sexuales con muchachos mayores.

Como yo tuve el mismo novio desde segundo de secundaria hasta el primer año de universidad (cinco años y medio), en vez de decir que no a muchas personas, sólo se lo dije a él. Debo admitir que varias veces faltó poco para que claudicara porque estaba HAAARTA de tener la misma discusión sin cesar.

A veces, por frustración, terminaba diciendo: "Está bien. Como quieras". Pero enseguida recapacitaba y decía: "¿Sabes qué? ¡No voy a permitir que me arruines la experiencia, pues yo lo haría por pura frustración". Luego me disculpaba por mis creencias, cosa que detestaba y de la que luego me arrepentía. Por suerte al fin me di cuenta de que era una relación inmadura y enfermiza y me armé de valor para terminarla.

Ahora tengo 19 años y no hay un solo día en que haya lamentado mi decisión de abstinencia. Al contrario, cada día estoy más contenta. Tengo un novio nuevo que me respeta y no me hostiga, y nuestra relación es maravillosa.

Si hay alguna chica que esté indecisa sobre abstenerse o no, le diría por mi experiencia que sea leal a sus principios. Si tus amigas o tu novio no aceptan tu decisión o se burlan de ti, no son amigos de verdad.

Ésta es mi lista de las ventajas que tiene esperar:

1. Podré darle a mi esposo un regalo que nadie más tendrá jamás.
2. Me he librado del trauma emocional que han sufrido muchas de mis amigas por haberse acostado con diferentes personas y haber sido víctimas de abuso.
3. Me he salvado de tener una mala reputación.
4. He adquirido una enorme cantidad de respeto por mí misma.

5 *He aprendido a contenerme.*

6 *Sé que mi decisión complace a Dios y a mi familia.*

7 *No he tenido las preocupaciones de muchas de mis amigas y compañeras sobre el embarazo y las enfermedades.*

El efecto dominó

Quizá hayas andado con demasiadas personas, en relaciones abusivas, y hayas perdido tu autoestima. Quizá te embarazaste o embarazaste a alguien. ¿Qué debes hacer entonces?

Pase lo que pase, no seas como una hilera de fichas de dominó que caen, en las que un error conduce a otro y así sucesivamente. A veces, cuando caemos, pensamos: "Al diablo. ¿Qué importa lo que pase ahora?" Sólo recuerda que un error no es tan grave como dos o tres. Si has hecho algo de lo que te arrepientes, impide que caigan las fichas tomando el control y evitando otro error.

Recuerda, el presente no es eterno. La situación desesperada en la que te encuentres ahora mejorará si trabajas para lograrlo. Las cosas cambian, la gente perdona, puedes reponerte y la vida puede sonreírte otra vez.

Mira cómo Andrea Small detuvo el efecto dominó en su vida:

Di a luz una hija cuando apenas tenía 15 años. A los 16 vivíamos en un departamentito en el centro y yo trabajaba para salir adelante. No había cursado ni un año de preparatoria, pero pasaba mucho tiempo en una librería Barnes & Noble leyendo libros sobre todos los temas. Como obtuve mi certificado y saqué una buena calificación en el examen de aptitudes, entré a la universidad un año antes que si hubiera cursado la preparatoria. Un año después ingresé en la Universidad de Virginia.

Mientras estudiaba, trabajaba en una cafetería y llevaba a mi hija a una guardería. Por las noches le leía de una antología de la literatura en vez de cantarle canciones de cuna ¡porque tenía que hacer la tarea!

Pues los años han pasado, esa pequeña pronto cumplirá 14 años ¡y todos los años de su vida académica ha estado en el cuadro de honor! Es la mayor de mis cuatro hijos, todos alumnos brillantes.

He aprendido que no se puede vivir basado en un solo éxito o fracaso. Siempre se encuentran nuevos desafíos y la vida nunca es como la planeamos. Me alegra que no sea nada aburrida.

Podría continuar con historias de adolescentes que han dado un giro diametral a su vida tras haber cometido un error: una madre soltera que dio a su hijo en adopción a una pareja amorosa porque quería una vida mejor para él, un joven que se casó con la chica a la que embarazó y se volvió un padre y esposo dedicado, y un adolescente promiscuo que se ganó muy mala fama, pero dio un giro de 180 grados y abordó las relaciones de manera muy distinta.

Si hasta ahora has sido sexualmente activo y empiezas a lamentarlo, nunca es tarde para hacer borrón y cuenta nueva. A Anthony Maher sus padres le enseñaron la importancia de los valores: "Supe desde muy pequeño lo que estaba bien y mal en las relaciones", cuenta. "Por eso, al comenzar primero de preparatoria, hice el firme propósito de mantenerme casto hasta el matrimonio. Pensé que sería fácil. Lo que no sabía era que por seguir rodeándome de amigos sexualmente activos estaba disponiéndome al fracaso.

"Era mi ultimo año de preparatoria y en un momento de mal juicio perdí algo que nunca podré recuperar. Al instante supe que me había defraudado a mí mismo."

En ese momento Anthony se propuso lo que él llama "segunda virginidad", pero esta vez era en serio. Ahora es un futbolista profesional de 22 años y ha permanecido fiel a su propósito.

"Ya no soy el estudiante de preparatoria de 16 años que pensaba que sería fácil conservar la segunda virginidad. Ahora siento que tengo un cimiento sólido que incluye definir mi compromiso, rodearme de amigos con los mismos valores y mantenerme en guardia. Creo con todo el corazón que al hacerlo tendré más posibilidades de lograr un matrimonio excelente y todo lo que lo acompaña."

TAN TAN

Llegamos al final del capítulo. Espero que no te haya ofendido con mis opiniones ni con mi franqueza. Sólo he querido equiparte para tu búsqueda del amor verdadero.

En cuanto a mí, como siempre he tenido dificultad para tomar decisiones importantes, dudaba que alguna vez llegara a casarme. ¡Vaya decisión! Luego, cuando estaba en la universidad, conocí a una chica llamada Rebecca, que me encantó.

No sin sorpresa, me enamoré, tome la decisión y me casé. Una de las mejores cosas fue que antes de casarnos teníamos una excelente relación basada en la amistad y el cariño, no en la pasión. ¡Eso marcó toda la diferencia!

Hay dos caminos que puedes elegir. Espero que elijas el correcto saliendo de manera inteligente con gente del sexo opuesto, abordando el sexo y la intimidad como algo muy importante y esperando hasta encontrar el verdadero amor y el compromiso. Te prometo que nunca te arrepentirás. Créeme, no quieres que te decepcionen, sentirte usado, criar a un niño cuando tú mismo sigues siendo un niño, ni tener que decirle a tu futuro cónyuge: "¡Perdón, pero tengo una extraña enfermedad sexual que contraje en primero de preparatoria!"

Así que elige con sensatez.
Ten cuidado con tus besos.
Y recuerda que
el amor sin duda es algo por lo que vale la pena esperar.

••• PRÓXIMAMENTE •••

Si te has preguntado qué significan expresiones como chochos, pastas, bacha, grifa, blancanieves, pericazo, chemos, arponazo o similares, pronto lo averiguarás. Sigue leyendo.

PASO A PASO

1. Haz un plan original y divertido para salir con alguien del sexo opuesto. Date ideas en Internet escribiendo en un buscador *"diversión sana"*.

2. Si conoces a alguien que esté atrapado en una relación abusiva, préstale tu libro e invítalo a leer la sección *Noviazgo inteligente.* Apoya a tu amigo(a) y recuérdale que nadie merece ser víctima de abusos.

3. Ve la película *Un paseo para recordar*. Mientras la ves, pregúntate según qué normas quieres regir tu vida.

4. Comparte los *6 lineamientos del noviazgo inteligente* con otra persona (un hermano, pariente o amigo).

5. Escribe cinco razones de peso por las que conviene esperar para tener relaciones sexuales.

   _____
   _____
   _____
   _____
   _____

6. Anótalo: **"¡El momento oportuno lo es todo!"**

7. Haz una lista de salidas para alguien que te hace insinuaciones indeseables. Practícalas frente al espejo o frente a tu muñeco de peluche más intimidante.

8. Traza en tu espejo una línea con lápiz labial o crayón para recordarte que debes mantenerte del lado del afecto y reservar la pasión para después.

9. Si tienes un noviazgo basado en lo físico, cámbialo para que esté basado en la amistad. Si es una relación sana, durará; si se basa en el encandilamiento, no. Sea como sea, saldrás ganando.

10. Imagina a la persona con quien te casarás algún día. ¿Cómo esperas que viva ahora, sobre todo en lo relativo al noviazgo y al sexo? Espero que mi futuro amor esté...

    _____
    _____
    _____

DECISIÓN 5

ADICCIONES

**Es fácil dejarlas...
Yo lo he hecho
muchas veces**

Las 10 cosas más importantes que debes saber sobre las adicciones...

10. Las adicciones pueden ser buenas o malas. Hazte adicto a tener tu tarea lista siempre a tiempo.
Jason Ormond, 16, Orem, Utah

9. Las adicciones son caras, son un riesgo para la salud, dañan a la familia, matan a las personas y es muy difícil librarse de ellas.
Joy Wu, 16, Singapur

8. Beber NO es una norma social.
Muhammad Faiz Gin Abdul Rahmat Mordiffi, 18

7. El secreto de casi todo en la vida es que hay que hacer las cosas con moderación. Cualquier exceso, incluso el ejercicio, te consume lentamente, tanto a ti como a tu personalidad.
Paul Jones, 19, Gales

6. Una adicción es señal de un problema más grave. Nunca vencerás la adicción a menos que busques el verdadero problema y lo resuelvas.
Martin Palmer, 19, Honolulu, Hawai

5. Cuando te haces adicto a algo te vuelves esclavo de esa adicción..
Shahd Bakir, 16, Ramalá, Palestina

4. Ten la fuerza necesaria para alejarte de los amigos que te presionan.
Logan Kendell, 19, Pocatello, Idaho

3. Fumar no sólo te mata a ti, también a tus amigos, no fumes, fumar apesta.
Almee Peyton, 17, Tacoma, Washington

2. Los amigos que conoces por las adicciones sólo te buscan porque tú formas parte de su adicción. No son amigos de verdad.
Jennifer Hastie, 18, Gullane, Escocia

1. Consumir drogas no es elegante ni es cool. Es un riesgo y una imprudencia que puede costarte la vida.
Kanchan Kaicker, 15, Gurgaon, India

Fumar mata. Si mueres, habrás perdido una parte muy importante de tu vida.

— Brooke Shields, actriz

A continuación te mostramos algunas de las últimas palabras más grandiosas que ha dicho la gente antes de lanzar el último suspiro.

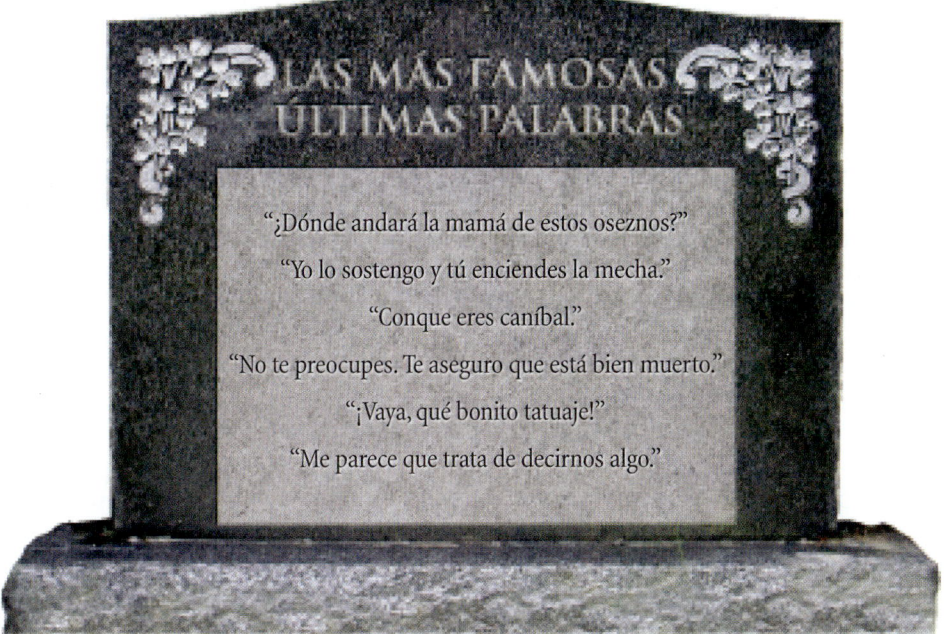

LAS MÁS FAMOSAS ÚLTIMAS PALABRAS

"¿Dónde andará la mamá de estos oseznos?"
"Yo lo sostengo y tú enciendes la mecha."
"Conque eres caníbal."
"No te preocupes. Te aseguro que está bien muerto."
"¡Vaya, qué bonito tatuaje!"
"Me parece que trata de decirnos algo."

Ahora vienen otras famosas últimas palabras, pero éstas dichas por adolescentes cuando iniciaron el viaje sin retorno de las adicciones.

- *"No, amigo, esta cosa es completamente natural e inofensiva. Por eso le dicen hierba."*
- *"Una vez que lo haga no va a dañarme."*
- *"Todo el mundo lo hace."*
- *"Puedo dejarlo cuando quiera."*
- *"Sólo se vive una vez."*
- *"Es mi vida. No estoy dañando a nadie."*

Hay infinidad de cosas a las que puedes volverte adicto, como el tabaco, el alcohol, las drogas ilegales y los medicamentos por prescripción, la comida, el sueño, los desórdenes alimenticios, las compras excesivas, los comportamientos compulsivos, las obsesiones, la televisón, los videojuegos, navegar por Internet, los mensajes instantáneos, el sexo, la pornografía, las cartas, las apuestas o incluso la automutilación, que consiste en herirse con cuchillos. Muchas adicciones son insignificantes y en realidad no hacen daño, como jugar a las cartas sin parar o morirte por comer cierta golosina. Son más una preferencia que una adicción. Pero otras son graves y pueden trastornar tu cerebro, llevarte a hacer cosas estúpidas o incluso matarte.

Vivimos en una sociedad invadida por las adicciones. En las encuestas que envío a los jóvenes, el alcohol, el cigarro y las drogas siempre están entre los principales retos a superar. En muchas escuelas los consideran el *mayor* reto.

¿Pero de verdad las drogas son tan importantes? Considera lo siguiente.

Durante la Segunda Guerra Mundial, Viktor Frankl, un psiquiatra judío, fue llevado a los campos de exterminio nazis. Sus padres, su hermano y su esposa ya habían muerto en los campos o en los hornos de cremación. A Frankl lo sometían a torturas indescriptibles, siempre con la incertidumbre de que en cualquier momento también a él podían llevarlo a los hornos.

Un día, en su barraca, se dio cuenta de lo que llamó "la última libertad del hombre"... que los nazis jamás le arrebatarían. Podían asesinar a su familia, torturarlo, pero el único capaz de decidir en su interior cómo lo afectarían estos hechos era él. *Era libre de decidir cómo reaccionar a lo que le ocurría.*

Para no perder la esperanza, Frankl se imaginaba liberado de los campos de exterminio, dando conferencias a estudiantes. En su mente veía cómo les narraba sus experiencias en prisión. Con el tiempo se volvió una inspiración para sus compañeros cautivos, a muchos de los cuales ayudó a encontrar un motivo para vivir a pesar del sufrimiento. Frankl sobrevivió a la guerra y llegó a ser un gran profesor y escritor, tal como lo había imaginado.

El mayor don que posees, aparte de la vida misma, es el de poder elegir. Pero cuando te vuelves adicto a algo, renuncias a ese poder, es decir, a tu libertad. Te vuelves el esclavo, y tu adicción, el amo. Cuando la adicción te ordena: "Salta", tú le preguntas: "¿Qué tan alto?" Por eso, lo que elijas hacer en torno a las adicciones es una de las decisiones más importantes que tomarás. Puedes seguir el camino correcto y respetar tu cuerpo, decir "no" desde el principio y evitar las adicciones como a la peste, o puedes elegir el camino incorrecto, que es abusar de tu cuerpo con la idea de que "una vez no hace daño" y quedar atrapado en una situación perjudicial.

En este capítulo nos concentraremos en las adicciones más serias, aquellas que de verdad pueden destruirte. Ofrezco disculpas por el tono fuerte de esta sección, pero el hecho es que las adicciones no tienen nada de gracioso,

excepto tal vez las palabras tan ingeniosas para referirse a ellas (grapas, pastas, activo) y el torpe comentario de Brooke Shields cuando la entrevistaron como vocera de una campaña contra el tabaquismo y que cité al principio.

Este capítulo consta de tres secciones: **Tres crudas realidades** explica el impacto que tienen las adicciones en tu vida y en la de quienes te rodean. **La verdad, toda la verdad...** ofrece datos fríos y reveladores que, espero, aclararán la mayoría de tus dudas sobre las drogas más comunes. En **Cortar de raíz** exploraremos la forma de evitar y superar las adicciones. Además, describo en esta sección la que considero la droga del siglo XXI.

PRUEBA SOBRE LAS DROGAS

Antes de que sigas leyendo, responde este cuestionario para identificar en cuál de los dos caminos estás parado.

ENCIERRA EN UN CÍRCULO TU ELECCIÓN	¡EN ABSOLUTO!				¡CLARO!
1. He decidido que nunca probaré las drogas.	1	2	3	4	5
2. No sufro ningún comportamiento compulsivo como apostar, ir de compras, comer en exceso, navegar por la red o ver TV sin descanso.	1	2	3	4	5
3. Cuando se trata de alcohol, tabaco y drogas, yo tomo mis propias decisiones y no cedo ante la presión de mis amigos.	1	2	3	4	5
4. He sido capaz de pasar 30 días seguidos sin tomar ni fumar nada.	1	2	3	4	5
5. Evito situaciones que puedan conducir a beber en exceso o consumir drogas.	1	2	3	4	5
6. Evito la pornografía por Internet.	1	2	3	4	5
7. Los amigos con los que me junto comparten mis opiniones sobre el abuso de sustancias prohibidas.	1	2	3	4	5
8. Animo a mis amigos a que se mantengan lejos de las sustancias dañinas.	1	2	3	4	5
9. Jamás dejo que un amigo mío beba si conduce.	1	2	3	4	5
10. No padezco ningún desorden alimenticio como anorexia o bulimia.	1	2	3	4	5
TOTAL					

Suma tu puntuación para saber qué tal vas en este aspecto.

 Vas por el camino correcto. ¡Sigue así!

 Estás en medio de ambos caminos.
Dirígete al camino correcto.

 Vas por el camino incorrecto. Pon especial atención a este capítulo.

Tres crudas realidades

Cuando hablamos de sustancias o actividades adictivas, todos debemos enfrentar tres verdades muy crudas.

Cruda realidad 1: Pueden volverse más fuertes que tú

Solía pensar que los adictos a las drogas eran gente débil y egoísta. Hoy que conozco más sobre el tema, lamento mi falta de comprensión. Las adicciones atacan a los mejores y más brillantes de entre nosotros. Nadie es inmune. Muchas buenas personas son adictas al alcohol, al juego o a las drogas. Y en realidad no son tan diferentes de ti o de mí. Tienen las mismas esperanzas, los mismos sueños. Lo único que las separa del resto son unas cuantas decisiones que tomaron mal, por lo general cuando eran adolescentes.

Tengo un buen amigo que se llama Phil. Es estupendo: inteligente, sincero, honesto. Nunca me imaginé que hubiera sido alcohólico durante años.

Cuando tenía trece años, Phil sufría porque tenía una autoestima muy baja. Un día sacó de contrabando una botella de licor del camión de un amigo de su padre. La guardó en espera del momento adecuado para probarlo. La oportunidad se presentó una semana después, durante un baile al que le rogó a su mamá que le diera permiso de asistir.

Cuando entré al salón de baile llevaba la pequeña botella oculta en el interior de mi bota vaquera. Me fui directo al baño de los hombres. Le di un trago y de inmediato sentí que se me encendía el rostro. Estaba relajado y eufórico. Mi timidez y falta de confianza parecieron desaparecer. Algo despertó en mi cerebro que me pedía más. Pensé que el alcohol era el ingrediente necesario para aumentar mi autoestima.

Durante su adolescencia, Phil empezó a beber más y más, y robaba o mentía para obtener lo que deseaba. En varias ocasiones se embriagó por completo, como cuando él y sus amigos casi mueren al caer en su auto a un precipicio. A pesar de eso, nada parecía suficiente para detenerlo.

"En la universidad", cuenta Phil, "rara vez me sentía a gusto si no bebía. Para el final del tercer año llevaba a clases una botella de whisky en el portafolios. Pasaba la mayor parte de mi tiempo libre en una taberna cercana."

Años después Phil se casó. No obstante, su forma de beber no cambió, al grado de que comenzó a afectar su matrimonio, familia y carrera. Phil no dejaba de prometerle a su pequeña hija, quien era su adoración, que dejaría de beber. Para animarlo, su hija le escribía pequeñas notas, como éstas:

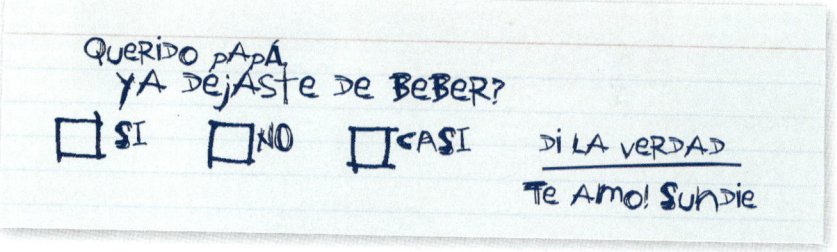

Pero Phil *no podía* parar. "Todas mis promesas, oraciones, buenos deseos y fuerza de voluntad poco podían contra mis ansias de beber. El alcohol tenía un poder mucho mayor que el mío. No era capaz de dejarlo ni por mi esposa, ni por mis padres, ni por mi carrera, ni por mis hijos... ¡por nada!"

Meses después su hija le escribió:

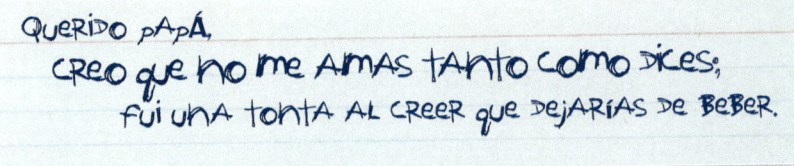

Al final Phil perdió todo: su matrimonio, su hija, su empleo, su salud, su autoestima, su libertad de elegir. Después te contaré el resto de su historia.

Éstas son algunas declaraciones reales de los adolescentes acerca del poder de las adicciones:

- *"Antes podía correr mil seiscientos metros en menos de seis minutos. Hoy apenas lo puedo lograr en ocho, y llego casi muerto. Quisiera dejar la adicción, pero no es tan fácil."*
- *"Se volvió tan cotidiana que nunca pensamos siquiera en detenernos."*
- *"Ojalá nunca hubiera empezado, pero todos los fumadores dicen lo mismo."*
- *"Mis amigos consumen alcohol y drogas como si fueran un caramelo. Siempre que les pregunto si son adictos, dicen que no y que pueden dejarlas cuando quieran, pero parece que las prueban a diario."*

Como lo comentamos antes, existe un espacio entre tus impulsos y lo que tú haces respecto de ellos. En ese espacio se ubica tu libertad de elegir. Sin embargo, cuando el impulso es una adicción, el poder de ésta es tan grande que hace a un lado tu libertad de elegir, y ya no deja ningún otro espacio.

Jamás subestimes el poder de una adicción, porque puede hacerse más fuerte que tú.

Cruda realidad 2: No se trata sólo de ti

Algunos adolescentes consideran que a nadie debe importarle lo que hacen con su vida: "Ocúpate de tus asuntos y yo me ocupo de los míos". La realidad es que cuando se trata de fumar, beber y consumir drogas, el asunto no es sólo tuyo: te guste o no, le afecta a cada individuo que te rodea.

¿A quién afecta exactamente? Imaginemos que Inger empieza a beber y a fumar marihuana pensando

que a nadie debe importarle mientras ella no lastime a otros. Pero una de sus amigas, por seguir su ejemplo, también prueba la marihuana. La mamá de esta amiga la descubre y se siente lastimada, y en su hogar surgen fricciones. Kip, el hermano menor de Inger, supone que si ella lo hace él también lo puede hacer. Al novio de Inger no le agrada la forma en que la marihuana la altera, por lo que decide terminar con ella. Al final la arrestan por posesión de drogas y la envían tres meses a un centro de readaptación juvenil, financiado con los impuestos de los contribuyentes. Y la historia continúa.

A quién le afecta una adicción

Un amigo mío me contó cómo las drogas afectaron a su familia.

Yo tenía ocho años cuando mi hermano comenzó a consumir drogas. No recuerdo un momento de mi infancia en que no haya sentido miedo... miedo de estar a solas con él, de que me lastimara como amenazaba, de que se suicidara, de que mis padres jamás lograran resolver la situación.

Él decía que era su vida, que lo dejáramos en paz, que sus decisiones no tenían nada que ver con nosotros. A pesar de que era el único adicto, su vicio nos afectaba y nos consumía como a él. Sentíamos su misma desesperación cuando no lograba reunir dinero suficiente para una nueva dosis, el dolor por cada ocasión en que intentaba abandonar su adicción y la enorme culpa por lastimar a quienes más amaba.

Ahora que han pasado los años es él quien siente miedo... miedo de no poder alcanzar jamás una profesión, no poder estar al nivel de las personas de su edad, no ser capaz de conservar un empleo, ser incapaz de permanecer casado, no poder recuperar las relaciones que dañó y no ser capaz de mantenerse de verdad sobrio. A pesar de estar limpio de drogas, cada día de su vida debe librar una batalla consigo mismo.

Mis padres también tienen miedo... miedo por él por las mismas razones que él teme. Y aunque ya es un adulto, lo consideran su responsabilidad y desean ayudarlo a pesar de sentirse tan impotentes como cuando era adolescente.

¿Que si alguna vez probé las drogas? Nunca. Pero lo cierto es que ellas me han consumido a mí, a mi familia y todo lo que me rodea.

Cruda realidad 3: Las drogas destruyen sueños

El otro día vi un anuncio estupendo: "Piensa en todo lo que puedes hacer con tu vida. Ahora piensa cómo la marihuana puede detenerte". Costearse una adicción es algo imposible. El precio es muy elevado tanto en tiempo como en dinero, neuronas, metas, relaciones y felicidad. Y el asunto empeora cuando te haces adulto.

Conocí a una joven llamada Kori, una estudiante de segundo de preparatoria llena de energía y dedicada a enseñar a los niños a alejarse de las drogas. "Quiero ayudarlos a que no cometan el mismo error que yo", me dijo. "Ese error me hizo perder años que no recuperaré. Toda mi vida tendré que soportar regresiones, pesadillas y recuerdos espantosos."

Le pregunté qué le había ocurrido, y ella me narró su historia. Hasta que cumplió 11 años su vida fue maravillosa: tenía unos padres que la amaban, un hermano y una hermana mayores y otro más pequeño que ella. "En cuanto papá llegaba a casa del trabajo nos sentábamos a la mesa, dábamos las gracias y cenábamos todos juntos. Éramos una familia de verdad."

Un año después la misma situación ya no la hacía tan feliz. Su hermano mayor era el atleta de la familia, el hijo perfecto, mientras que el menor era el bebé. Kori se sentía atrapada entre los dos, así como rechazada, e incapaz de cumplir las expectativas de su familia. "Mis padres querían que yo fuera perfecta, que la familia fuera perfecta. En gran medida yo estaba molesta con el mundo porque la vida no era justa conmigo."

Al poco tiempo Kori huyó de su casa y se mudó con otros cuatro chicos: Tom y su novia Emma, ambos de 19 años, Mark, a quien su propia familia había echado, y Jay-Jay, el más joven de todos y quien, como Kori, había escapado de su casa. Sin embargo, aunque Kori se había propuesto olvidar su vida pasada, con frecuencia llamaba por teléfono a su madre.

Los cinco empezaron a consumir alcohol y marihuana, y siguieron con drogas más fuertes. "Nos volvimos unos drogadictos. Probábamos cuanta droga teníamos a la mano. Casi el monto total de nuestros cheques se nos iba en comprar más droga", continuó Kori.

Una noche, Tom llevó al apartamento algo que nunca habían probado: heroína. Los cinco se sentaron a la mesa y compartieron la aguja. Mark fue el primero, seguido por Kori. Ella se la pasó a Jay-Jay, que en todo el día no había dejado de tomar y fumar. "Jamás olvidaré la escena", relató Kori. "Jay-Jay se ató una liga al brazo, llenó la jeringa y se inyectó. No había pasado ni un minuto cuando se quedó inmóvil y empezó a ponerse azul. Murió allí. Todos nos aterrorizamos. Yo me quedé paralizada, sin poder quitarle la vista a mi amigo muerto... Luego llamé al número de emergencias."

La policía puso a Kori y a los demás bajo custodia del Estado y un juez ordenó que se sometieran a un programa de desintoxicación. Meses después, tras ser dada de alta, Kori volvió con sus padres e inició una nueva vida.

Le pregunté que había sucedido con sus amigos. "Eso es lo más triste", respondió. "Todo lo que puede ocurrirles a quienes consumen drogas nos ocurrió a nosotros. Hoy Tom sufre de daño cerebral. Parece el mismo, pero es incapaz de hacer las cosas más simples. Ya no sabe trazar las letras y está aprendiendo a atarse las agujetas otra vez. Emma, la que fue novia de Tom, tiene sida y no sale para nada de su casa. Se pasa sentada todo el día mientras su madre cuida de ella. Mark ya tiene 18 años, pero sigue atrapado en las drogas; tiene una hija de cinco años. Jay-Jay murió esa noche."

—Al parecer, tú fuiste la única que sobrevivió a esa dura prueba —le dije.

—No del todo. Mi doctor me ha dicho que por culpa de las drogas mi corazón y mis pulmones son los de una persona de 37 años, aunque apenas tengo 17. Dijo que le sorprendería si llego a los 50. ¿Cómo le digo a mi madre que será ella quien me entierre a mí? He tomado muchas decisiones estúpidas; por eso pienso dedicar el tiempo que me queda en la preparatoria a ayudar a otros chicos a que se mantengan lejos de las drogas.

¡Qué historia tan triste! Cinco adolescentes que cayeron en la trampa del alcohol y las drogas. Cinco resultados espantosos. Quién sabe lo que habrían podido hacer de sus vidas. Tom quizá habría sido el mejor profesor de su escuela. Emma pudo haberse convertido en una talentosa intérprete. Jay-Jay tal vez habría vivido para ser un amoroso padre que llevara a sus hijos a pescar o les leyera libros... Eso es lo que hacen las drogas: destruyen sueños.

ANATOMÍA DE UNA ADICCIÓN

En este momento quizá pienses: "De acuerdo, pero ésas son historias extremas. Ni he huido de casa ni consumo drogas fuertes. Sólo quiero divertirme un poco. Eso no significa que me haré adicto ni nada parecido. Conozco amigos que toman y se drogan de vez en cuando y siguen como si nada".

Tienes razón. Muchos jóvenes que beben, fuman y se drogan no se harán adictos. Pero un porcentaje muy alto sí. Verás, cada organismo responde de manera diferente a las sustancias adictivas. Mientras que un chico se toma un trago y sigue bien, otro puede quedar atrapado con una sola copa. Además, aunque no te vuelvas adicto, las drogas pueden causar daños a tu cuerpo, a tu cerebro, así las pruebes una sola vez. Entonces, ¿para qué arriesgarse?

Muchos problemas de abuso comienzan con las llamadas drogas de inicio: tabaco, alcohol y marihuana, que son un riesgo por sí solas y a menudo llevan a drogas más peligrosas. Así, la adicción entra de manera casi imperceptible. Mi amigo Phil comenta que es la cuña de la adicción. Empieza por una insignificancia... una copa, un cigarrillo, un poco de marihuana. Luego quieres más; necesitas algo más potente. Y la cuña penetra cada vez más profundamente y forma una división más grande, hasta que al fin te parte en dos.

Es muy fácil identificar a un adicto. Busca estas tres señales:
- *Siempre niega tener una adicción y afirma: "Puedo dejarlo cuando quiera".*
- *Teje una red de mentiras para ocultar su problema.*
- *Su vida gira en torno a su adicción, y sólo piensa en la siguiente dosis.*

No hay vuelta de hoja. La realidad sobre las adicciones es brutal.

La verdad, sólo la verdad...

Estoy convencido de que, si sabes la verdad de las cosas, tomarás mejores decisiones. Por ello, en esta sección he reunido información fundamental que debes conocer acerca de las drogas más comunes. Tomé la mayor parte de ésta de **www.health.org**, fuente confiable sobre adolescentes y drogas.

llamado bebida, vino, licor, copa, trago, etcétera

¿Lo sabías?

El alcohol daña tu cerebro. El consumo de alcohol te hace perder la coordinación, deteriora tu capacidad de razonar, hace más lentos tus reflejos, distorsiona tu visión, produce amnesias temporales e incluso pérdida del conocimiento. Combinar alcohol con medicamentos o drogas es una práctica peligrosa que puede resultar mortal.

El alcohol mata. Las tres principales causas de muerte de los adolescentes son los accidentes automovilísticos, los homicidios y el suicidio; el alcohol es factor determinante en cada una de ellas. De hecho, el alcohol mata a más adolescentes que todas las otras drogas ilegales juntas.

(illustration: "SI ÉL VIENE, YO NO VOY.")

El alcohol está presente en más del 75 por ciento de las violaciones cometidas durante las citas. Las citas y el alcohol no se mezclan.

El alcohol te hace cometer tonterías. Cuando estaba en la preparatoria, me ofrecieron jugar futbol americano en la Universidad Stanford y me invitaron un fin de semana a su campus en Palo Alto, California. Me recibió un corpulento jugador que pesaba 110 kilos. Se supone que debía mostrarme lo bien que se la pasaban para convencerme de que me inscribiera en esa universidad y jugara futbol allí. Aunque él sabía que yo no bebía, lo primero que hizo fue llevarme a una fiesta de su fraternidad, en la que todos se estaban emborrachando. Yo tomé sólo 7-Up. Luego me llevaron a ver la infame película *El show de horror de Rocky*.

Mientras pasaban la película, mi anfitrión empezó a decir incoherencias y se desmayó por todo el alcohol que había ingerido. Entonces, sin volver en sí, vomitó violentamente. Pensé que se iba a morir. Llamamos una ambulancia y sus amigos y yo sacamos del cine su voluminoso cuerpo. Pasó toda la noche en el hospital. Su tarea era hacerme pasar un rato agradable, pero lo único que logró fue actuar como un tonto y desanimarme por completo.

Me gusta lo que dice snidelyworld.com:

- *El consumo de alcohol es un factor determinante para que bailes como un imbécil.*
- *El consumo de alcohol puede hacer que despiertes junto a una persona cuya identidad no puedes recordar y cuyo físico te resulte estéticamente repulsivo cuando vuelvas a estar sobrio.*
- *El consumo de alcohol puede ocasionar que sidags coshasss moco éstassss.*

Preguntas frecuentes

P: ¿La cerveza y el vino no son más inofensivos que el licor?

R: No. Una cerveza de 350 mililitros contiene la misma cantidad de alcohol que una copa de licor (44 mililitros), un vaso de vino (148 mililitros) o un *cooler*. Tampoco te fíes de esas latas de refresco con alcohol que están sobrecargados de azúcar y no son mejores que la cerveza barata.

P: Si nuestros padres toman, ¿por qué los adolescentes no podemos?

R: Los cuerpos de los adolescentes no han terminado de desarrollarse; por eso el alcohol tiene mayor efecto en su mente y organismo. Quienes empiezan a beber antes de los 15 años tienen cuatro veces más probabilidades de convertirse en alcohólicos que quienes empiezan a los 21.

La verdad sobre el CIGARRILLO

también conocidos como tabacos, tacos de cáncer, pitillos

¿Lo sabías?

El cigarrillo es adictivo. El tabaco contiene nicotina, una sustancia altamente adictiva. Tres de cada cuatro jóvenes que fuman a diario siguen haciéndolo el resto de su vida porque les resulta casi imposible dejarlo.

La nicotina es un veneno. Es la protección natural de la planta del tabaco para impedir que los insectos se la coman. Gota por gota, la nicotina es tres veces más mortífera que el arsénico. Apenas ocho segundos después de la primera bocanada de humo, la nicotina llega al cerebro e inicia el proceso adictivo.

El cigarro mata. Fumar es la principal causa de cáncer de pulmón y se relaciona con otros cánceres, como el de boca, garganta, vejiga, páncreas y riñón. Mascar tabaco puede producir cáncer de boca, pérdida de dientes y otras afecciones. Fumar es especialmente dañino para los adolescentes, ya que su cuerpo aún no ha terminado de desarrollarse. Y cerca de un tercio de los adolescentes que se vuelven fumadores frecuentes antes de cumplir los 18 morirán por alguna enfermedad vinculada al tabaco.

¿NO NOS CREES A NOSOTROS QUE FUMAR ES GRANDIOSO? ENTONCES OYE ESTOS TESTIMONIOS DE ADOLESCENTES:

AHORA MIS DIENTES QUEDAN CON MI BRONCEADO.

[¡COF!] ...¡MIS AMIGOS DICEN QUE MI VOZ RONCA ES MUY COOL!... [¡COF!] ...Y SI TE PONES CONTRA LA BRISA, NI SIQUIERA PERCIBES MI ALIENTO [¡COF! ¡COF!]

AHORA QUE ESTOY RECIBIENDO QUIMIOTERAPIA PARA MI CÁNCER DE PULMÓN, YA NUNCA TENDRÉ QUE VOLVERME A AFEITAR. ¡GRACIAS, TABACO!

Ashley, de 14 años, vio a su abuelo morir de cáncer de pulmón. "Es lo más horrible que me ha pasado", dice. "El cáncer invadió todo su cuerpo."

Su abuelo empezó a fumar de adolescente, cuando estaba en la Armada. Ashley entiende que un joven de 1940 pudiera ser inducido a fumar, pero no que los adolescentes de hoy sigan cayendo en la misma trampa.

"Con toda la información que hoy tenemos, con toda la gente que ha muerto por fumar, me sorprende que los jóvenes continúen haciéndolo", comenta. "Sabes que si te pones un cigarrillo en la boca te puede matar, pero de todas maneras lo haces. Sencillamente no tiene sentido."

Preguntas frecuentes

P: ¿Es más seguro masticar el tabaco que fumarlo?

R: No. El tabaco nunca es inofensivo. Masticarlo puede causar cáncer de boca, garganta y estómago. Quienes lo mastican tienen 50 veces más probabilidades de padecer cáncer que quienes no lo prueban.

P: Pero fumar es sexy, ¿o no?

R: Sólo si consideras sexy el mal aliento, el cabello con olor a humo, los dedos amarillentos y la tos. Los anuncios muestran que fumar da clase, pero piensa quiénes los crean y por qué la industria gasta 1.2 millones de dólares cada hora en anuncios para inducirte a fumar.

La verdad sobre la MARIHUANA

o, como también se dice, mota, hierba, pasto, maría, monte, moy

Quiero agradecer a Garrett por su valor al compartir su historia con nosotros.

Fue difícil para mí crecer viendo cómo mis padres perdían uno a uno a mis hermanos a causa de su consumo de drogas. Pero en vez de aprender de sus errores, yo también empecé a abusar de las drogas y el alcohol.

Cierta noche de verano en que hacía mucho calor vino a casa mi mejor amiga, Hannah, y ambos fumamos marihuana. A eso de la medianoche salimos de casa con varios amigos para conseguir alcohol. Luego de un rato estábamos totalmente borrachos y drogados, pero yo sentía que podía controlarlo.

Mientras conducía de regreso a casa, creí ver algo en la carretera y viré abruptamente para librarlo. Cuando quise corregir el rumbo, mi maniobra fue excesiva; empezamos a dar tumbos y salimos disparados del auto.

Sufrimos heridas graves. Una de las chicas estuvo en coma tres semanas; el dueño del auto tuvo que internarse en un centro de rehabilitación... pero lo peor de todo fue que Hannah, mi mejor amiga, murió esa horrible noche. Nunca más la volveré a ver, y su familia perdió a una hija por mi causa. Hasta el día de hoy no dejo de recordar los gritos de desesperación y dolor de mis amigos tirados a un lado del vehículo destrozado. Y tendré que soportarlo el resto de mi vida.

Se me acusó de homicidio imprudencial y me recluyeron en un centro de rehabilitación de menores, donde pasaré varios años, pero al menos podré comenzar de nuevo en cuanto sea liberado. Hannah no tendrá ya esa oportunidad. He jurado nunca más beber ni consumir drogas como una forma de honrar su memoria.

¿Lo sabías?

La marihuana desmotiva a las personas y afecta al bebé durante el embarazo. Se sabe que la marihuana disminuye la motivación de las personas. En los hombres, reduce la cantidad de espermatozoides y genera impotencia; las mujeres embarazadas que fuman marihuana tienen mayor riesgo de abortar y su bebé presenta problemas de desarrollo.

La marihuana no siempre es lo que parece. La marihuana puede estar mezclada con otras drogas peligrosas sin que lo sepas. A los cigarrillos que se rellenan con marihuana en ocasiones les agregan sustancias como *crack*, PCP (polvo de ángel) o algún conservador.

Preguntas frecuentes

P: ¿Fumar marihuana es menos dañino que fumar cigarrillos?

R: No. Es incluso peor. Un cigarrillo de marihuana daña los pulmones como cuatro de tabaco.

P: ¿Hoy la marihuana es más fuerte que cuando mis padres eran adolescentes?

R: Sí. La marihuana que se fuma hoy es mucho más fuerte que la variedad que se hizo popular en los sesenta. Además, en aquella época fumaban *joints*, es decir, pequeñas porciones en cigarrillos. Hoy se usan cigarrillos más gruesos o pipa, por lo que su consumo es mayor.

La verdad sobre MEDICAMENTOS DE PRESCRIPCIÓN

Llamados: (oxicontina, Percocet, Lortab): OC, heroína hillbilly, percs, juice (Valium, Xanax, Ativan): barbs, caramelos, downers, roofies, tranks (Adderall, Concerta, Ritalin): skippy, smarties, bennies, black beauties

"Empecé a usar Lortab porque tenía un problema de salud genuino", relata Lee. "Un médico me dio una receta para comprar el fármaco. Las píldoras me duraron 30 días; me hicieron sentir mejor y me quitaron el dolor. Después quise más. El médico me las prescribió de nuevo sin examinarme siquiera, lo que se repitió a lo largo de seis meses. Ya estaba atrapada. Por fin el médico rehusó seguir recetándomelas, así que busqué a quien me las consiguiera de manera ilegal, a pesar de que eran muy caras. Poco después necesité algo más fuerte y cambié a oxicontina y Ambien. Aunque quería, no podía detenerme. Pedí ayuda a mis padres y me llevaron con nuestro médico familiar.

"Resistí tres meses, pero volví a caer. Mi situación financiera y mental era tan precaria que papá se ausentó una semana del trabajo para llevarme a una clínica, a un programa de cinco días durante los cuales no podía ver a nadie. Cuando mamá llamaba para preguntar cómo estaba, yo lloraba y le suplicaba que me llevara a casa. ¡Y apenas tengo 18 años!

"Lidiaré con esto toda mi vida, lamentándome de cómo acabé con los ahorros de mis padres en tan sólo una semana... ¡y no es todo! Una adicción lleva a otras. Lucho contra las ganas de beber, y aún siento un deseo casi incontrolable por la oxicontina. Nunca imaginé que algo así me sucediera."

Todo empieza de manera muy inocente. ¡Parece tan inofensivo! Pero como Lee descubrió, la adicción puede engullirte en un abrir y cerrar de ojos.

¿Lo sabías?

Los tranquilizantes y la heroína son primos cercanos. La heroína, una de las drogas más peligrosas y adictivas, contiene sustancias similares a las de los tranquilizantes prescritos. Ambos son narcóticos y traicioneros...

El mal uso de medicamentos prescritos puede poner en riesgo la vida. En efecto, el abuso de este tipo de fármacos provoca diversos males, como crisis respiratorias, apoplejías, alteración del ritmo cardiaco y otras deficiencias cardiovasculares, fiebre, afectación del ánimo, sensación de paranoia y estreñimiento.

Preguntas frecuentes

P: ¿Los fármacos prescritos son menos riesgosos que las drogas?

R: No. Aunque muchos chicos creen que los medicamentos de prescripción son seguros porque tienen un uso legítimo y vienen en buenas presentaciones, consumirlos sin receta, ya sea para drogarse o automedicarse, puede ser tan peligroso y adictivo como cualquier droga.

P: ¿Acaso los jóvenes no los obtienen de los médicos mismos?

R: No. Casi todos los adolescentes consiguen los medicamentos de prescripción por medio de compañeros de escuela, amigos o parientes, o los roban. Otros, para obtener dinero fácilmente, venden sus recetas a jóvenes desesperados por tener los fármacos.

La verdad sobre las **DROGAS DE LOS ANTROS**

también llamadas: (éxtasis): X, XTC, droga del amor, Adán (GHB o ácido gamma hidroxibutirato): líquido X, éxtasis líquido, biberones
(ketamina): K, Special K, ket, vitamina K
(Rohypnol): Roofies, R-2

Por *drogas de los antros* nos referimos a las que circulan en las fiestas de toda la noche *(raves)*, clubes nocturnos y conciertos. Si te ofrecieran una píldora que te hiciera...

- *Bajar el rendimiento en la escuela*
- *Perder el interés en tus pasatiempos, deportes o actividades favoritos*
- *Volverte hostil y poco cooperativo*
- *Tener problemas para dormir*
- *Apretar la mandíbula y rechinar los dientes*
- *Sufrir ansiedad y ataques de pánico*

...¿te atraería? Pues bien, eso es lo que provoca el éxtasis, una de las drogas más consumidas en los antros. No vale la pena padecer todo ello a cambio de un fugaz instante de placer.

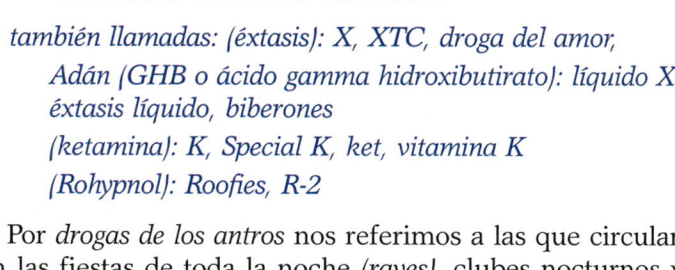

PUEDO PREDECIR COSAS. ES COMO SI FUERA ESPN.

¿Lo sabías?

Las drogas de los antros causan reacciones extrañas en tu cuerpo y cerebro. El éxtasis es un estimulante que aumenta la frecuencia cardiaca y la presión arterial, así como el riesgo de sufrir insuficiencia renal y cardiaca. El GHB es un depresor del sistema nervioso, que causa somnolencia, problemas respiratorios y desmayos. Las drogas de los antros dañan las neuronas, así que deterioran los sentidos, la memoria, la capacidad de razonar y la coordinación. En dosis elevadas, pueden producir males respiratorios graves, coma y aun la muerte.

Las drogas de los antros y las violaciones durante las citas están relacionadas. Este tipo de drogas, como el GHB y el Rohypnol, son sedantes. En otras palabras, provocan inconsciencia e inmovilidad. El Rohypnol, además, produce cierto tipo de amnesia: podrías no recordar nada de lo que hiciste o dijiste después de ingerir la droga, de modo que cualquiera tendría la oportunidad de aprovecharse de ti. ¡Terrible!

Preguntas frecuentes

P: ¿Podría alguien poner una droga en tu bebida sin que te dieras cuenta?

R: Es posible. La mayoría de las drogas de los antros no tienen olor ni sabor. Algunas vienen en forma de polvo, lo que facilita ponerlas en la copa de alguien y que se disuelvan sin que nadie lo note.

P: ¿Consumir éxtasis tiene efectos a largo plazo?

R: Sí. Estudios realizados en humanos y en animales muestran que el consumo frecuente de éxtasis altera de manera seria e incluso permanente la capacidad del cerebro de pensar y almacenar recuerdos.

P: Si pruebas la droga en una fiesta *rave*, ¿no eliminas sus efectos con el baile?

R: No siempre. Se ha documentado que ciertos efectos del éxtasis, como la sensación de confusión, el insomnio, la depresión y la paranoia, persisten aun tras varias semanas de haber consumido la droga.

Un amigo de Irlanda me contó sobre un amigo suyo que conoció las drogas de los antros de la peor manera.

Michael es el mayor de diez hermanos. Una noche llegó a su casa intoxicado por los efectos del X. Cuando vio en la cocina a la mascota de la familia, un perro labrador, lo estranguló, convencido de que era el diablo. Como el perro lo mordió, había sangre por toda la cocina. Sus hermanos llegaron cuando todo había terminado y se quedaron helados al ver la escena. Michael se encuentra hoy en rehabilitación.

llamados también Arnolds, dulces de gimnasio, pumpers

Los *esteroides anabolizantes* son derivados sintéticos de la testosterona, la hormona sexual masculina. Por sí solos no generan masa muscular, sino que permiten ejercitarse más y recuperarse más rápido. Quienes los ingieren buscan desarrollar una musculatura impresionante y mejorar su rendimiento deportivo. Por fuera lucen fenomenales, pero por dentro se están consumiendo.

FOX News transmitió hace poco la historia "Punto de ruptura: la verdad sobre los esteroides", cuyo protagonista, Patrick, comenzó a usar esteroides desde que era adolescente.

Patrick aún no terminaba la preparatoria cuando decidió cambiar su aspecto. "A muchas personas les avergüenza su cuerpo, sobre todo a los adolescen-

"EH... PENSÁNDOLO BIEN, TAL VEZ SEA MEJOR QUE YA NO PUEDA TENER HIJOS."

tes. Cuando ese sentimiento es profundo, eres capaz de llegar a cualquier extremo con tal de cambiar la situación", dice Patrick.

Iba al gimnasio siete días a la semana, pero... ejercitarse no era suficiente. Así que, al igual que millones de otros chicos, empezó a consumir esteroides anabolizantes ilegales.

"Los que me veían exclamaban: '¡Caramba!, mírate, eres la imagen de la buena salud'", añade. "Yo sólo me reía."

Poco tiempo después tenía la presión arterial por las nubes, se le empezó a caer el cabello y se le agrió el carácter.

"Sufría lo que se conoce como 'ira por esteroides'", agrega. "Despertaba de mal humor, y empeoraba conforme transcurría el día."

Aunque Patrick dejó de usar esteroides hace tres años, es probable que el daño sea irreversible.

¿Lo sabías?

Sí, los esteroides cambian tu apariencia... aunque no siempre para bien. ¿Cómo sabes si alguien usa esteroides? Aparte del incremento muscular, fíjate si tiene acné, piel amarilla, mal aliento e irritabilidad. Los chicos presentan calvicie, se les desarrollan senos (¡ups!) y sufren impotencia.

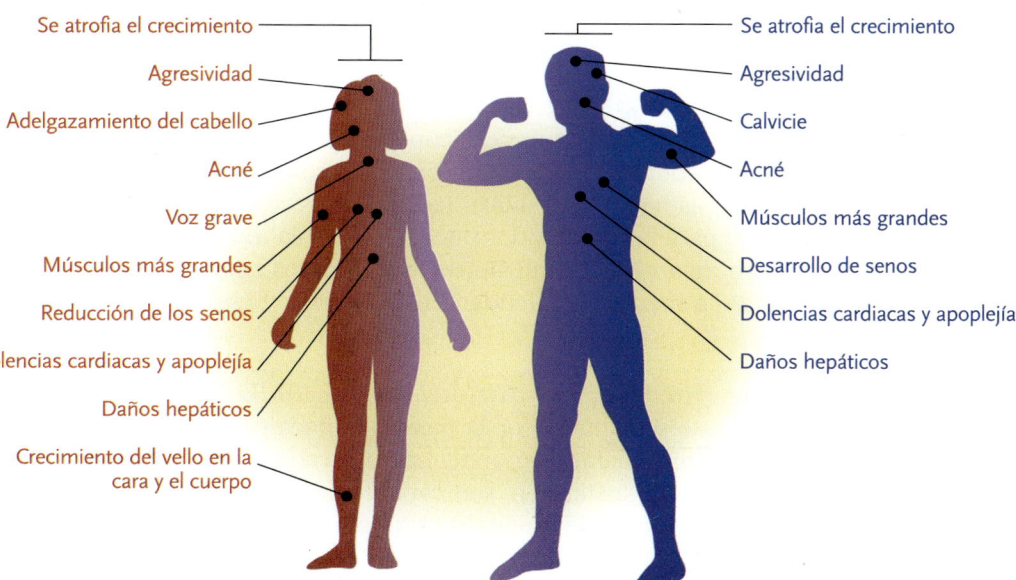

Las chicas presentan vello facial, voz más grave y los senos se les achican (¡qué femeninas!). ¡Vaya!: ellos se vuelven chicas y ellas se vuelven chicos.

Los esteroides afectan tu desarrollo. Cuando se ingieren a temprana edad, los esteroides pueden frenar tu crecimiento. Si ibas a medir 1.80 m de estatura, podrías acabar siendo una masa muscular de no más de 1.70.

Preguntas frecuentes

P: ¿Los esteroides son adictivos?

R: Sí, pueden llegar a serlo. Entre los efectos de dejarlos están los cambios extremos de humor, ideas e incluso intentos suicidas, fatiga, intranquilidad, pérdida del apetito e insomnio.

P: ¿Cuánto tiempo permanecen los esteroides en el organismo?

R: Varía desde un par de semanas hasta más de 18 meses.

P: ¿Cómo puedo destacar en los deportes sin usar esteroides?

R: Si comes bien, usas suplementos vitamínicos, duermes lo suficiente y te ejercitas duro, tus músculos se desarrollarán de manera natural. Millones de atletas, aun los mejores deportistas de todos los tiempos, han hecho hazañas sin esteroides, los cuales se han prohibido en prácticamente todos los deportes a nivel tanto amateur como profesional.

La verdad sobre los INHALANTES

también conocidos como solventes, cemento, chemo, activo, poppers

Los inhalantes son sustancias químicas contenidas en productos del hogar como aerosoles, limpiadores, pegamentos, pinturas, solventes, gasolina, propano, removedor de esmalte para uñas, líquidos correctores y marcadores. Inhalarlos es nocivo para la salud: todos pueden causar la muerte. Las sustancias como el nitrito de amilo y el nitrito de isobutilo (los *poppers*) y el óxido nitroso (los *whippets*) a menudo se venden en conciertos y clubes de baile.

¿Lo sabías?

Los inhalantes pueden provocar daño cerebral. Los inhalantes son sustancias volátiles que se aspiran por la nariz o la boca para conseguir una sensación placentera inmediata. Como afectan el cerebro con mucha mayor rapidez y fuerza que otras sustancias, son capaces de provocar daños físicos y mentales irreversibles antes de que sepas siquiera qué ocurrió.

Los inhalantes afectan tu corazón y tu cuerpo. Los inhalantes le restan oxígeno a tu cuerpo, por lo que el corazón late más rápido e irregularmente. Además, provocan náuseas y hemorragias nasales; pueden desarrollar afecciones hepáticas, pulmonares y renales, y pérdida del oído y el olfato. Su uso prolongado reduce el tono y la fuerza de los músculos.

Preguntas frecuentes

P: Si los inhalantes se encuentran en productos caseros, ¿no son seguros?

R: No. A pesar de que los productos caseros como el pegamento y los aromatizantes de ambiente sirven para un uso determinado, cuando se inhalan son dañinos y muy peligrosos. Esos productos no fueron hechos para ser inhalados.

P: ¿El riesgo no existe sólo si inhalas mucho?

R: No. La muerte puede sorprenderte a la primera inhalación, a la décima o a la número cien. Cada vez que inhalas corres peligro. Aunque antes hayas usado inhalantes sin sufrir daño, no hay manera de saber si la siguiente inhalación será la excepción.

P: ¿Los inhalantes me pueden hacer perder el control?

R: Sí. Los inhalantes afectan tu cerebro y pueden trastornar tu comportamiento y volverlo violento, incluso una amenaza mortal. Podrías herirte o dañar a tus seres queridos.

La verdad sobre la COCAÍNA

también llamada coca, polvo, perico, pericazo, grapas, nieve, crack

¿Lo sabías?

La cocaína afecta tu cerebro. El término *cocaína* designa la droga que se encuentra en forma de polvo (cocaína) o de cristal *(crack)*. Se obtiene de la planta de la coca y provoca una breve euforia seguida, casi de inmediato, por lo opuesto: sensación de depresión, inquietud y ansia incontrolable de más droga. La cocaína se puede inhalar en forma de polvo, hacerse líquida para inyectarla en las venas o procesarse en forma de cristal para fumarla.

La cocaína es adictiva. Altera la forma en que el cerebro procesa las sustancias químicas que producen placer, al grado de que se requieren dosis más altas tan sólo para sentirse normal. Los adictos a la cocaína pierden el interés en otros aspectos de su vida, como la escuela, los amigos y los deportes.

La cocaína puede ser mortal. Puede provocar infartos, convulsiones, apoplejías y paros respiratorios. Quienes comparten agujas se arriesgan a contraer hepatitis, sida u otras enfermedades. Incluso quienes prueban la cocaína por primera vez pueden sufrir convulsiones o infartos fulminantes.

Combinar la cocaína con otras drogas o alcohol es muy peligroso. Los efectos de una droga se ven incrementados por los de la otra, además de que mezclar sustancias distintas es potencialmente mortal.

Preguntas frecuentes

P: ¿Es cierto que el *crack* es menos adictivo que la cocaína porque permanece menos tiempo en el cuerpo?

R: No. Tanto la cocaína como el *crack* son en extremo adictivos. El tiempo en que la sustancia permanece en tu cuerpo no altera su poder adictivo.

P: ¿Qué hay de las personas que usan cocaína para sentirse bien?

R: Cualquier sentimiento positivo es efímero y por lo general va seguido de sentimientos desagradables, como paranoia y ansia de más droga. La cocaína puede crear la ilusión de poder y energía, pero a menudo impide funcionar de manera normal, tanto emocional como físicamente.

La verdad sobre las METANFETAMINAS

también conocidas como speed, hielo, vidrio, crank, met

En un artículo publicado por el *San Francisco Chronicle*, Christopher Heredia narra la historia de una adolescente llamada Sam, quien era aficionada a escribir poemas y bajar música de Internet. Su familia llevaba una vida estable y ella parecía feliz... antes de que probara las metanfetaminas.

"Al principio, cuando Sam probó por primera vez los cristales de met con sus amigos de la secundaria Walnut Creek el año pasado, tenía miedo. Sin embargo, le gustaron, de modo que volvió a probarlos, y los probó otra vez...

"Sam siempre odió su cuerpo, pero de pronto al fin estaba adelgazando. Se sentía aceptada. Antes se deprimía, pero el met la había reanimado.

"Sin embargo, no pasó mucho para que empezara a pelear con sus padres y amigos. A veces pasaba días enteros encerrada, imaginando, llena de temor, que la policía llegaría en cualquier momento hasta su puerta. Tampoco podía dormir. Pesaba apenas 45 de los 65 kilos de antes."

> EL ESPEJO LE DEVOLVÍA LA IMAGEN DE UN ESQUELETO. EL CABELLO SE LE CAÍA A MECHONES. SE SENTÍA SOLA POR COMPLETO.

Durante los siguientes años, la lucha de Sam contra su adicción a las metanfetaminas le provocaba pleitos constantes con sus padres. Al final la enviaron a un centro de tratamiento familiar donde se juró a sí misma y a su familia: "Hoy será la última vez que use *speed*".

Aunque recayó dos veces, hoy lleva casi un año alejada de las drogas. Relata: "Creí que el *met* era divertido. En realidad no lo es... Hoy tengo metas y planes, y vigilo los días en que he estado limpia. Ya no puedo tomar *met*. Si lo hiciera sólo una vez más, podría morir. Todo volvería a ser igual si usara de nuevo el cristal."

¿Lo sabías?

Las metanfetaminas son impredecibles. Debido a que existen muchas recetas para preparar las metanfetaminas en forma de cristal, uno nunca sabe qué efectos tendrá la droga de una dosis a la siguiente. Mientras que en una ocasión puedes no sentir ningún efecto adverso, en la próxima podrías morirte. No hay un método único para preparar los cristales de *met*.

Las metanfetaminas afectan tu cerebro. A corto plazo, las metanfetaminas provocan cambios en el estado de ánimo, como ansiedad, euforia y depresión. Los efectos a largo plazo incluyen fatiga crónica, paranoia o alucinaciones y daño mental permanente.

Las metanfetaminas afectan tu cuerpo. Alterar el ritmo de cualquier proceso físico es peligroso. Ya que crean una falsa sensación de energía, estas drogas someten al cuerpo a esfuerzos desproporcionados. Elevan el ritmo cardiaco y la presión arterial, con lo que el riesgo de una apoplejía es mayor.

Las metanfetaminas son adictivas. Además de adictivas, las metanfetaminas llegan a ocasionar conductas agresivas, violentas y aun psicóticas. Casi la mitad de los que usan cristales de *met* por primera vez, y más de tres cuartas partes de quienes los usan por segunda vez, manifiestan un ansia de droga muy parecida a la que sienten los adictos.

Preguntas frecuentes

P: Yo sabía que el *met* es menos dañino que el *crack*, la cocaína o la heroína, ¿cierto?

R: No. Es más peligroso. Hay quienes se vuelven adictos desde la primera vez que inhalan, fuman o se inyectan metanfetaminas. Como se pueden sintetizar a partir de sustancias letales, como ácido para baterías de auto, líquido destapacaños y anticongelante, el riesgo de sufrir infartos, cardiacos, apoplejías o daño cerebral es mayor que con otras drogas.

P: ¿Usar los cristales de *met* es como tomar píldoras para adelgazar?

R: No. Aunque uno de los efectos del *met* en cristal es la pérdida acelerada de peso, ésta no es permanente. Muchos consumidores de *met* experimentan la *adaptación*, es decir, en cuanto el cuerpo se acostumbra a los efectos de la droga, deja de perder peso e incluso vuelve a engordar.

EL PUNTO ES...

Hay muchas drogas de las que no hemoshablado, tales como el LSD, la heroína, el PCP, pero a estas alturas quizá ya estés cansado de leer sobre este asunto, porque luego de un rato parece que todo se repite. El punto es: si alguno de tus conocidos consume drogas, recomiéndale buscar ayuda. Si tú las consumes, ¡ya no lo hagas! Habla con un adulto en quien confíes. Las drogas son malas, arruinan tu vida y tu economía. Los consumidores de cocaína, por ejemplo, gastan cientos, incluso miles de dólares cada semana. Imagínate la cantidad de ropa y diversión que podrías tener con ese dinero.

Como dice el comediante Geechy Guy: "Basta con que digas no a las drogas. Verías cómo de inmediato bajan de precio".

Es mi hermano menor. Está todo afectado por los Skittles y refrescos Mountain Dew.

©The New Yorker Collection 2002
David Sipress de Cartoonbank.com. Todos los derechos reservados.

Cortar de raíz

Nadie piensa: "No veo el día en que por fin me haga adicto". Si te conviertes en uno es porque tienes alguna necesidad insatisfecha.

El filósofo Henry David Thoreau lo explica de esta manera: "Por cada mil golpes de hacha a las ramas, sólo uno se da a la raíz". En otras palabras, con demasiada frecuencia nos concentramos en los síntomas del abuso de las drogas en vez de dirigirnos a la raíz del problema. Para romper con la adicción, hay que golpear en la raíz. Por lo general la raíz es una de estas seis causas:

Las raíces de la adicción

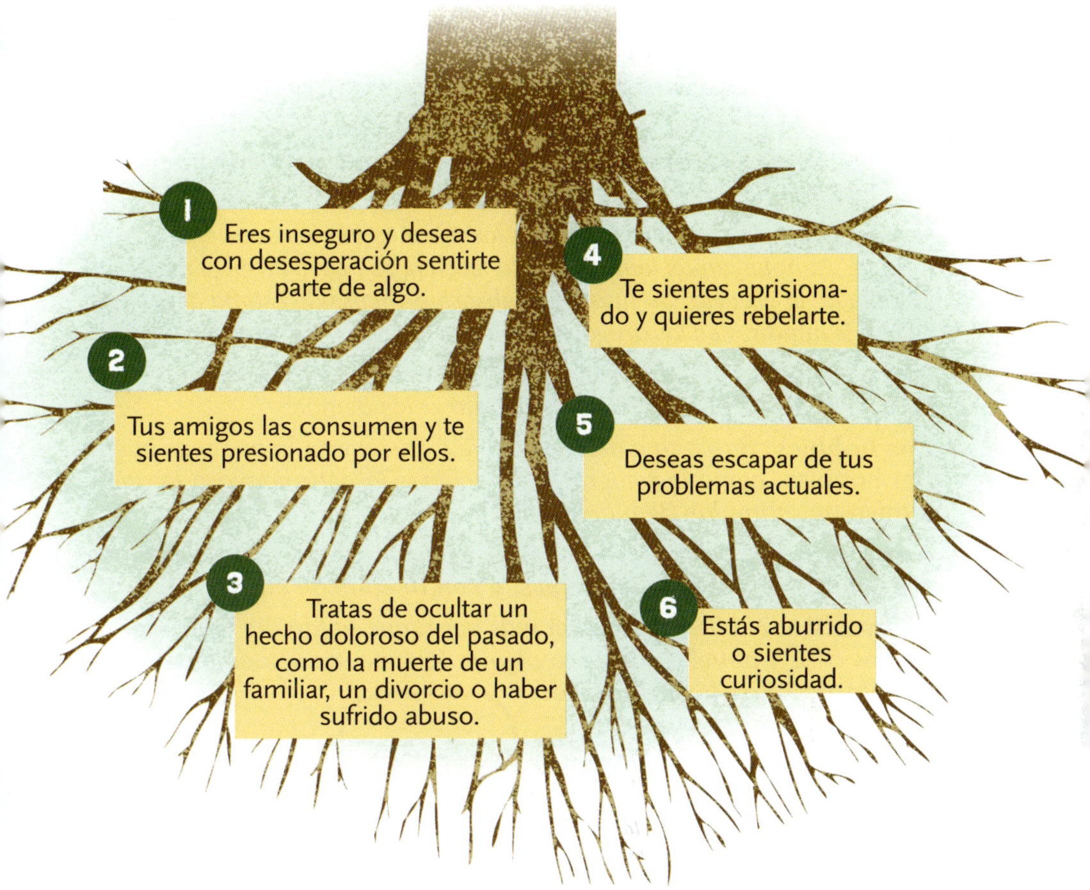

1. Eres inseguro y deseas con desesperación sentirte parte de algo.
2. Tus amigos las consumen y te sientes presionado por ellos.
3. Tratas de ocultar un hecho doloroso del pasado, como la muerte de un familiar, un divorcio o haber sufrido abuso.
4. Te sientes aprisionado y quieres rebelarte.
5. Deseas escapar de tus problemas actuales.
6. Estás aburrido o sientes curiosidad.

Piensa en Amanda, por ejemplo. Su familia se mudó cuando tenía 13 años y acababa de entrar a la secundaria. Fue una ruptura total con su vida anterior.

"Entonces me uní a un grupo de chicos de la escuela que fumaban y consumían LSD. La droga era lo que nos unía. Yo estaba confundida y sólo deseaba pertenecer a algo. No pensaba en las consecuencias de mis decisiones."

Por lo tanto, si estás deprimido, enojado, lastimado, rebelde, temeroso, inseguro o sientes algún otro vacío en tu vida, no lo llenes con alcohol o drogas, sino con algo más duradero y satisfactorio. Así como puedes hacerte adicto a sustancias o prácticas dañinas, ¡también está en tus manos elegir adicciones positivas que te den placer sin riesgo! He aquí una lista de adicciones positivas que pueden ayudarte a llenar esos posibles vacíos.

Las antidrogas

- **El ejercicio.** *Ejercitarse libera endorfinas, las sustancias naturales con que el cuerpo elimina el dolor y mejora el ánimo. ¿No has oído hablar de la euforia de los corredores, esa sensación que se obtiene al correr? De verdad que nada despeja más la mente que el ejercicio.*
- **Los deportes.** *Competir en un deporte es saludable, absorbente y adictivo. El deporte te ayuda a conocer gente nueva y te mantiene tan ocupado que no tendrás tiempo para acercarte a las drogas.*
- **La música.** *Un amigo descubrió a los 13 años que tenía talento para la música. Aunque jamás tomó una sola lección, se convirtió en el mejor guitarrista de la escuela. Su música lo absorbía y, cuando estaba deprimido, en vez de hundirse en las drogas dejaba que la guitarra disipara su tristeza.*
- **Altruismo.** *La mejor manera de olvidarse de los problemas propios es dejarse llevar por el placer de ayudar a los demás.*
- **Los *hobbies*.** *Busca una actividad que te guste y en la que seas bueno. Los* hobbies, *como la fotografía, la cocina, la astronomía o lo que te atraiga, te estimulan de manera natural sin las secuelas de las drogas.*
- **Aprender.** *Entrégate al aprendizaje. Vuélvete un lector voraz, adelanta materias o toma cursos especiales, y pon tu corazón en ello.*
- **La familia.** *Nadie se preocupa más por ti que tu familia, incluidos tus primos, tíos y abuelos. Cuando algo te lastime, en vez de buscar otra válvula de escape libera con ellos la carga que te abruma.*
- **La fe.** *Practicar tu religión, ya sea a solas o con otros, le da sentido y propósito a tu vida y te ofrece un conjunto de normas por las cuales puedes regir tu conducta.*
- **Los amigos.** *En momentos difíciles apóyate en los buenos amigos. A ellos cuéntales tus problemas, no a una botella.*
- **Escribir un diario.** *Tu diario puede convertirse en tu mejor amigo, tu consuelo, el sitio donde puedes descargar tus emociones sin el temor de que te juzguen.*

Puede ocurrir que durante tu adolescencia los chicos a quienes frecuentas ejerzan presión para que bebas, fumes o te drogues. Quizá ya la sentiste. Tal vez hasta cediste en alguna ocasión, a pesar de que quisiste ser fuerte.

Pero ¿de dónde saca uno la fuerza para resistir? Te sugiero memorizar las siguientes tres cosas que debes conocer y las cinco formas de decir no.

LAS 3 COSAS QUE DEBES CONOCER

Conoce los hechos. Algunas decisiones sólo pueden tomarse con base en los hechos. Fumar hace estragos en tu cuerpo y es terriblemente adictivo. El alcohol te lleva a hacer cosas tontas. Las drogas destruyen tus neuronas. Las sustancias adictivas dañan a quienes te rodean. ¿Qué más necesitas saber?

Conócete a ti mismo. Para tener la fuerza de decir no, debes tener algo más importante a lo que puedas decir sí. Por ejemplo, si tu meta es ir a la universidad y lograr un buen desempeño, necesitarás todas las neuronas que hay en tu cabeza. Si eres atleta, deberás concentrar toda tu atención en el deporte. Casi todas las escuelas expulsan de sus equipos a los atletas que beben o se drogan. Si planeas formar una familia, no puedes tener adicciones, pues en cualquier momento dañarás a quienes más amas.

Cuando te enfrentes a una decisión difícil, hazte la siguiente pregunta: ¿esto concuerda con lo que soy y con lo que quiero ser?

Gracias a que sabía lo que quería hacer al terminar la preparatoria, Chelsea resistió la presión de sus compañeros y se mantuvo firme en sus planes.

Es triste, pero en mi escuela el abuso de drogas y alcohol es generalizado. Algunos conocidos me invitan a probar, pero siempre les digo que no. No puedo permitir que una toxina capaz de destruir mi organismo entre en él. Trato de no asistir a las fiestas porque me han contado muchas cosas. Prefiero divertirme a mi modo. Salgo con los amigos en los que confío, aquellos que no me presionarán para hacer ese tipo de cosas.

Una meta importante para mí es dejar algo para que me recuerden. Cuando se graduó, mi hermano dejó un legado en la escuela: destacó tanto en el deporte y por su servicio a la comunidad que hicieron una placa de su rostro. Así quiero que me recuerden, como alguien cuyo tiempo y esfuerzo dejó huella en nuestra escuela.

Conoce la situación. No coquetees con el peligro ni te pongas en situaciones en las que tu determinación para negarte pudiera flaquear. Un alcohólico en recuperación jamás solicitaría empleo como cantinero. De igual manera, si tiendes a dejarte llevar por los demás, por el amor de Dios, no vayas a esa fiesta donde todos van a consumir drogas al por mayor. Si tú no planeas con anticipación, otra persona lo hará por ti.

El Ejército ruso tenía una tradición interesante. Cuando un recluta terminaba su entrenamiento básico, se le organizaba una fiesta en las barracas. Las barracas en Rusia tienen cinco o seis pisos de alto, y las ventanas son suficientemente amplias para que un hombre quepa de pie en ellas. Para mostrar su hombría, el soldado debía beber toda la noche hasta quedar ebrio. Luego se paraba en el antepecho de la ventana de espaldas al vacío y bebía una última cerveza. Si se la terminaba sin caer, era considerado un hombre de verdad.

La moraleja de esto es: ➤ *Quien se para en el borde de una ventana para ver hasta dónde se puede inclinar sin caer es un idiota.*

5 FORMAS DE DECIR NO

A sus 18 años, Alby fue arrestado por tráfico de drogas y recluido en una prisión de máxima seguridad. Todo empezó cierto día de verano en una calle del barrio de Yonkers, en Nueva York, cuando Alby apenas tenía 13.

—Fúmate esta hierba. Tu mente estará mejor —le dijo uno de sus amigos.

Alby no tuvo la fuerza para negarse. Pensaba que, para ser parte del grupo, debía fumar lo que le ofrecían. Necesitaba con desesperación sentirse parte de algo. Como sus padres eran adictos a las drogas, jamás contó con ellos. De modo que fumó ese día, y los siguientes, hasta que se hizo adicto y traficante. Si tan sólo hubiera sido más fuerte…

En realidad, una de las razones de que los adolescentes no digan no es que no saben cómo hacerlo. Nunca se han visto en la necesidad de negarse a algo; por eso, cuando sienten presión, ceden. Pero si te previenes, aumentan tus probabilidades de resistir. A continuación te muestro cinco maneras de decir no. Elige la que te funcione mejor y practícala varias veces frente al espejo en voz alta. Cuando llegue el momento, tu respuesta saldrá de manera natural.

Sé directo. Si tienes suficiente confianza en ti mismo, sólo di lo que piensas con toda honestidad. Y no te disculpes. Veamos la situación:

—Fúmate esta hierba. Tu mente estará mejor.
—No, gracias.
—Vamos, no te va a pasar nada.
—Tal vez no, pero no quiero. Tengo mis razones. No hay ningún problema, ¿o sí?

Usa el humor. A veces un toque de humor logra el mismo cometido.

—Oye, prueba un poco de esto. Está de veras bueno.
—No, gracias, quiero mucho a mis neuronas.

Échales la culpa a tus padres.
Cuando te encuentres en una situación difícil, líbrate de ella diciendo que tus padres son muy estrictos. Éste es uno de los mejores métodos.
—Te toca. Pruébala.
—No, mis papás me matarían.
—¿Quién les va a contar?
—Tú no los conoces. Se enteran de todo.

Sugiere una alternativa.
Algunos chicos beben y consumen drogas porque están aburridos y no encuentran nada mejor que hacer, de modo que ten siempre alternativas a la mano.
—Toma, prueba.
—¿No hay otra cosa mejor que hacer?
—¿Como qué?
—Vamos a ver esa película que acaban de estrenar. Oí que está buena. Yo manejo.

Retírate.
Si estás en circunstancias que no parecen llevar a nada bueno, confía en tus instintos y aléjate en el acto. Y no te preocupes de lo que piensen de ti.
—Oye, ¿a dónde vas?
—Tengo que irme. Luego les cuento. Nos vemos.

Muchos adictos dicen: "Si tan sólo hubiera dicho que no la primera vez, mi vida sería diferente ahora". Sé fuerte esa primera vez. No te engañes pensando que una vez no te hará daño. Eso es lo que todos dicen. Jamás hagas algo que no quieras hacer el resto de tu vida.

DEJA QUE TU REPUTACIÓN HABLE POR TI

Si no bebes ni te drogas, tu reputación hará que ya no te inviten a los círculos o a las fiestas donde sí lo hacen. Considéralo un cumplido. Y no te preocupes, no te pierdes de nada. Incluso habrá ocasiones en que se burlen de ti, pero podrías dar la vuelta a las burlas como lo hizo Josh Kennedy, estudiante de último año de preparatoria, quien es también un músico extraordinario.

Uno de mis amigos me preguntó si quería acompañarlo a una fiesta.
—Claro que me gustaría —le dije.
—Pensándolo bien, no creo que quieras ir —objetó.
Retiró la invitación. Mis amigos saben que no tomo, y no me invitan a fiestas en las que hay alcohol. Me dio gusto saber que quizá mi actitud era un ejemplo para él.
Una razón importante de que yo no beba es mi religión. De vez en cuando la gente hace comentarios sarcásticos sobre mi abstinencia. Una muchacha me dice

mojigato porque no voy a fiestas; cree que me estoy perdiendo de algo. Pero cuando veo todo lo que les pasa, las crudas, el sexo ocasional, tomar hasta emborracharse y luego no saber cómo regresar a casa, no creo que valga la pena. Y a fin de cuentas, tampoco me importa lo que digan.

CÓMO VENCER UNA ADICCIÓN

Tal vez estés a punto de caer en una adicción, o ya hayas caído. Cualquiera que sea tu situación, recuerda que es mucho más fácil romper las cadenas de la adicción ahora que eres adolescente que después.

La adicción a una droga es difícil de superar porque se trata de una enfermedad del cerebro; abusar de las drogas modifica su funcionamiento. Las drogas afectan tu estado de ánimo, alteran las neuronas, cambian tu manera de pensar, incluso tu manera de andar y de hablar. Esto es muy grave.

Hay adolescentes capaces de dejar las drogas de la noche a la mañana con sólo decidirse. Otros las abandonan sólo internándose en una clínica de rehabilitación. A muchos dejar las drogas quizá les tome años de tratamientos o terapias intensos. Por desgracia, algunos jamás se librarán de ellas.

Mi amigo Phil, de quien te hablé en páginas anteriores, luchó durante años contra el alcoholismo. Ingresó a una clínica de rehabilitación, se prometió dejar de beber, hizo a otros la misma promesa y se mantuvo sobrio por unos meses. Pero luego, una noche, bebió hasta embrutecerse. Padeció un ciclo interminable de victorias y fracasos. Al final, después de perderlo todo y tocar fondo, halló la fuerza para intentarlo una vez más. Siguió el proceso de 12 pasos de Alcohólicos Anónimos, se entregó a Dios y por fin pudo vencer su adicción; ya lleva varios años de mantenerse sobrio.

Hoy Phil está felizmente casado otra vez, se siente en paz y se dedica a ayudar a otros a superar sus adicciones. De hecho, escribió un libro en el que narra su experiencia; su título, muy apropiado, es *El brillo perfecto de la esperanza*. No obstante, todavía se considera alcohólico: sabe que se encuentra a un solo trago de volver al infierno que fue su pasado.

No soy un experto en superar adicciones, pero sé estos principios básicos:

1. **Admítelo.** Es necesario admitir que tienes un problema o que vas rumbo a uno.
2. **Busca ayuda.** Acude a tus padres, un buen amigo, un grupo de apoyo o un orientador. Como el problema del abuso de drogas se ha extendido tanto, existe infinidad de tratamientos, programas y grupos de apoyo a los que puedes acudir. Es más sencillo si no intentas librar esta batalla solo. Amanda nos cuenta que cayó en las drogas por rebelarse contra sus padres. Luego buscó la ayuda de ellos: "Cuando tenía 17 años, decidí confesarles a mis padres que era adicta a las drogas y que mi única salida era abandonar el estado para alejarme un tiempo de mis amigos". Sus padres la apoyaron e hicieron los arreglos para que se fuera a vivir a otro lugar, lejos del ambiente que resultaba nocivo para ella. Tiempo después Amanda regresó, liberada de su adicción, y hoy asiste a la universidad.
3. **Hazlo ya.** Si crees tener un problema, lo más probable es que así sea. No pospongas la solución. ***Cuanto más esperes, más difícil será resolverlo.***

El momento crucial

Lo más importante es que, si en algún punto no sabes qué hacer, prestes atención a tu conciencia, esa especie de intuición o instinto que hay dentro de ti.

Curtis decidió desde muy joven que no quería probar el alcohol ni las drogas. Semana tras semana iba a fiestas con sus amigos, e invariablemente lo nombraban el conductor designado.

Curtis recuerda: "Casi todas las fiestas estaban a reventar, y a pesar de verme rodeado de tantas personas, fue la época más solitaria de mi vida. En esas ocasiones pensaba que debía de haber algo mejor para mí. Las fiestas empezaron a ser más grandes cada vez, la cantidad de alcohol aumentó, los cigarrillos de tabaco se cambiaron por los de marihuana y otras drogas."

Poco después Curtis no resistió y también empezó a tomar.

Una vez, luego de un fuerte altercado con su papá, Curtis huyó de casa y se mudó con unos amigos. Pero cierta noche algo lo hizo abrir los ojos.

"Cuando volví al apartamento los demás ya estaban bebiendo con otros tipos. Me pasaron una botella. Le di un trago y casi vomité. Me senté a ver a todos esos individuos a mi alrededor. En ese instante varios pensamientos me hicieron estremecer. Comprendí que quería hacer algo grande con mi vida, y que ellos no podrían ayudarme a conseguirlo. Si ni siquiera podían encargarse de sí mismos, menos aún sabrían entenderme, darme su apoyo o cariño.

"Si quería volver a soñar y creer en algo, debía dejar de beber. Tenía que alejarme de esas personas. Sabía que me iría mejor aunque ello significara quedarme solo el resto de mi vida. Yo deseaba llegar a ser alguien."

Al día siguiente Curtis volvió a casa. Tenía miedo de que su padre siguiera molesto con él, pero, en lugar de eso, lloró de alegría. Hoy ambos son los mejores amigos, y Curtis va por una nueva senda.

Cómo romper el ciclo

Los padres y abuelos de muchos jóvenes que beben, fuman o se drogan tienen los mismos vicios. Es una pauta que se repite con demasiada frecuencia. Si es tu caso, piensa que puedes romper el ciclo y transmitir buenos hábitos a tus hijos. Qué enorme contribución sería, no sólo para la familia que planees formar en el futuro, sino para quienes te antecedieron y no pudieron dejar el mal hábito.

LA DROGA DEL SIGLO XXI

Hay otra adicción de la no hemos hablado: la pornografía. La defino como una *droga* porque es tan adictiva como la cocaína; si no me crees, pregúntale a cualquier adicto a la pornografía o a sus terapeutas. Y digo que es *del siglo XXI* porque, aunque de una u otra forma siempre ha existido, alcanzó su auge en este siglo con la expansión de Internet. Apenas una generación atrás era difícil de conseguir. Hoy va hacia ti.

La pornografía es una industria de miles de millones de dólares que crece cada día. A sus productores quien menos les importa eres tú, sólo buscan tu dinero. Saben cuán adictiva es y se las ingenian para atraerte y atraparte. Uno de sus recursos es "la ratonera", que obliga a los usuarios a permanecer en un sitio web. Cuando tratan de salir se abre automáticamente otra ventana, y otra, y otra, y la única manera de escapar es reiniciando la computadora.

¿Alguna vez has visto documentales sobre cocodrilos? Una sedienta gacela va por la orilla de un río, temerosa de acercarse demasiado, mientras el malvado cocodrilo de una tonelada aguarda inmóvil bajo la superficie. La sed acaba por superar el temor de la gacela, que se aproxima al agua y empieza a beber. De pronto, el depredador se alza con las fauces abiertas para atrapar a su presa, la arrastra hacia la profundidad y se la traga viva.

Así es la pornografía. Si te acercas demasiado saltará como una bestia para clavarte sus dientes y te arrastrará a sus sucias aguas tan rápido que ni te darás cuenta. Aunque a los muchachos les resulta especialmente tentadora, son cada vez más las chicas que caen en la trampa.

Echémosle un vistazo más de cerca.

La verdad sobre la PORNOGRAFÍA

también conocida como porno, XXX, diversión para adultos

¿Lo sabías?

La pornografía es igual que una droga. Según la doctora Judith Reisman, la pornografía genera reacciones químicas en el cerebro, tal como las drogas: "Ver pornografía aumenta los niveles de adrenalina, testosterona, oxitocina, dopamina y serotonina. Es un coctel que ataca al organismo".

La pornografía es adictiva. "La pornografía es adictiva en extremo", dijo Wes. "Es igual que la nicotina. ¡Me enganché desde la primera vez que la vi!

"Me absorbió a tal grado que empezó a dominarme. No pensaba en nada más. Prefería la pornografía a estar con mi familia.

Mis calificaciones bajaron. Antes de hacer tarea, guardaba pornografía en el clóset, y la veía antes de cenar.

"Después de cenar veía en la televisión películas de sexo y desnudos hasta las 3 de la madrugada. Dormía un poco, me despertaba a las 6, veía más, me iba a la escuela y la historia se repetía. Estaba atrapado y me hundía cada vez más. No sabía cómo escapar.

"Me descubrieron, pero no pasó ni una semana y volví a lo mismo. Le mentía a mamá, le decía que ya no usaba la computadora. A ese grado llegó el poder de la pornografía sobre mí. Mi consejo es alejarse de ella."

Esta adicción suele adquirirse a temprana edad. El doctor Victor Cline, terapeuta clínico que ha tratado durante 25 años a cientos de hombres por su adicción a la pornografía y al sexo, comenta: "Los problemas de casi todos los adultos adictos al sexo que he tratado comenzaron por haber estado expuestos a la pornografía en la infancia o adolescencia (a partir de los ocho años)".

Cuanto más veas, más querrás seguir viendo, hasta que, como descubrió Wes, la pornografía consuma gran parte de tu tiempo, ambiciones e intereses, como les ocurre a los adictos a las metanfetaminas.

Preguntas frecuentes

P: ¿Ver pornografía no es normal?

R: No. Cualquier tipo de material adictivo no tiene nada de normal. Uno de los aspectos más anormales de la pornografía es la manera en que afecta las relaciones. Puede hacer que empieces a ver a las personas como objetos para tu placer personal. Puede arruinar tu relación con tu novio o novia, pues nadie está a la altura de las imágenes de perfección física que se muestran en la computadora, las revistas o la TV. Te lleva a preferir las relaciones cibernéticas a las reales, al grado de convertirte en alguien que no eres tú y, al igual que una droga, impulsarte a realizar cosas que normalmente no harías.

También posee el extraño poder de insensibilizarte. No creo que hayas deseado sobreestimularte con la pornografía al grado de que ya no te exciten los pequeños detalles como tomarse de la mano, un simple beso, la curva del cuello de ella o el mentón de él. Pero eso es justo lo que ocurre. "Esforcémonos por mantener viva esa pequeña chispa del fuego celestial que es la conciencia", decía George Washington. Nada destruye más rápido esa chispa que la pornografía.

P: ¿Qué daño puede hacerme ver pornografía?

R: Muchos estudios, así como orientadores y expertos en leyes, coinciden en que la pornografía es determinante en el abuso infantil, las violaciones, la violencia contra las mujeres y el abuso de las drogas, además de que destroza matrimonios y vidas enteras. El doctor Cline señala que la adicción a la pornografía se desarrolla en cuatro etapas: *adicción, incremento, insensibilización* y, por último, *representación del acto*.

Gene McConnell, fundador y presidente de la organización Relaciones Auténticas, vivió las cuatro etapas y tuvo el valor de dar a conocer su historia.

Cuando tenía seis años, una niñera abusó sexualmente de él. Gene mantuvo el secreto durante años. Al cumplir 12 conoció la pornografía. Cuenta que aquello fue como si le hubieran inyectado droga directamente en las venas. De inmediato quedó atrapado. Con el paso del tiempo buscó formas cada vez más fuertes y perturbadoras de pornografía.

Relata Gene: "Un día me topé con una revista que hablaba de violación, tortura y secuestro. Empecé a fantasear sobre cómo sería violar de verdad. En vez de buscar ayuda, mantuve el secreto hasta que me llegó la oportunidad de representar lo que hasta entonces sólo había imaginado o visto en revistas.

"Me dirigía a mi auto en un estacionamiento oscuro cuando vi a una joven. La seguí hasta su vehículo, y en cuanto lo abrió, la sujeté del cuello y la metí con fuerza para violarla. Sin embargo, al verla a los ojos me percaté del terror tan grande que la invadía... Entendí que estaba a punto de destrozar una vida, y fue como si despertara. La solté y sólo atiné a decir: 'Lo siento, perdóneme, por favor'. Y la dejé ir."

La joven alcanzó a ver la matrícula del auto de Gene mientras éste caminaba tambaleante hacia él. Fue acusado de agresión agravada y condenado a 45 días de cárcel. No obstante, estaba contento porque el episodio sacó su problema a la luz. Hoy, Gene es una persona distinta, dedicada a hablar a jóvenes y adultos sobre lo perniciosa que es la adicción a la pornografía.

Ted Bundy, el multiasesino que fue sentenciado a muerte por sus crímenes, afirmó: "He conocido a muchos hombres que, como yo, se sintieron movidos a cometer actos violentos. Y todos, sin excepción, estaban fuertemente enganchados en la pornografía".

Los dos lobos

Uno de los mejores libros que leí en la escuela fue *El señor de las moscas*, de William Golding. Quizá también lo leíste. Narra la historia de unos niños que quedan abandonados en una isla después de que su avión se desploma. Ningún adulto sobrevive. A los pocos días forman bandos y pelean. Algunos conservan su civilidad, pero muchos se vuelven salvajes. La historia ilustra cómo dentro de nosotros hay dos lados, uno brillante y otro oscuro, amable y brutal, civilizado y salvaje, y que somos nosotros quienes elegimos de qué lado quedarnos.

Esto me recuerda la fábula de los dos lobos.

—Querido nieto, siento como si en mi corazón habitaran dos lobos en eterna lucha. Uno es vengativo, iracundo y violento; el otro es amoroso y compasivo.

—Abuelo, ¿cuál de los dos lobos ganará la batalla que hay en tu corazón?

—Nieto querido, ganará aquel al que yo esté dispuesto a alimentar.

Así es. Si alimentas tu lado más bajo con todo tipo de basura para la mente, lo salvaje que llevas se fortalecerá. Como dijo alguna vez el filósofo Kuhn: "Si nutres el lado animal que hay en ti, acabarás convirtiéndote todo tú en un animal".

Por otro lado, si dejas de alimentarlo, morirá. Pero, ¿cómo lograrlo? Pues dándole de comer al lobo bueno y no al malo. Nutre tu mente con películas, música e imágenes entretenidas, inspiradoras y edificantes. Frecuenta amigos que te motiven a sacar lo mejor de ti.

La pornografía es una adicción tan poderosa como la cocaína. Evítala. Actúa de manera inteligente y consciente. Aléjala de ti, apaga la computadora y no la tengas en tu dormitorio; mejor ponla en la sala, a la vista de toda la familia. Si ves pornografía con tus amigos, no te quedes solo con ellos. Diles que te estás haciendo adicto y que no puedes seguir viéndola.

Si ya te atrapó, busca ayuda como si fueras adicto a las drogas. Los estudios indican que es difícil vencerla solo. Que no te digan que es normal o inofensiva, ni la toleren porque es cosa de muchachos. Todos sabemos la verdad.

La pornografía por lo general se mira en secreto, pero eso que se hace a oscuras en algún momento sale a la luz en forma de relaciones destruidas, baja autoestima y sueños no realizados.

LIBRE DE ADICCIONES

No hemos hablado de infinidad de otras adicciones, como el TAP, o trastorno por adicción a las pantallas. Las pantallas a las que me refiero son las de televisión, computadora, teléfonos celulares, cine, videojuegos, iPods y muchas otras. Tampoco olvidemos las apuestas, los trastornos alimentarios, las automutilaciones y otras conductas compulsivas. Cada una puede ser muy peligrosa y acabar contigo. Podríamos seguir, pero no vale la pena porque la realidad es que todas las adicciones son iguales. Mientras investigaba para redactar este capítulo, me sorprendió lo semejantes que eran los diversos testimonios. Parecían seguir siempre el mismo modelo. En general presentaban estos seis escalones:

EL DESCENSO A LA ADICCIÓN

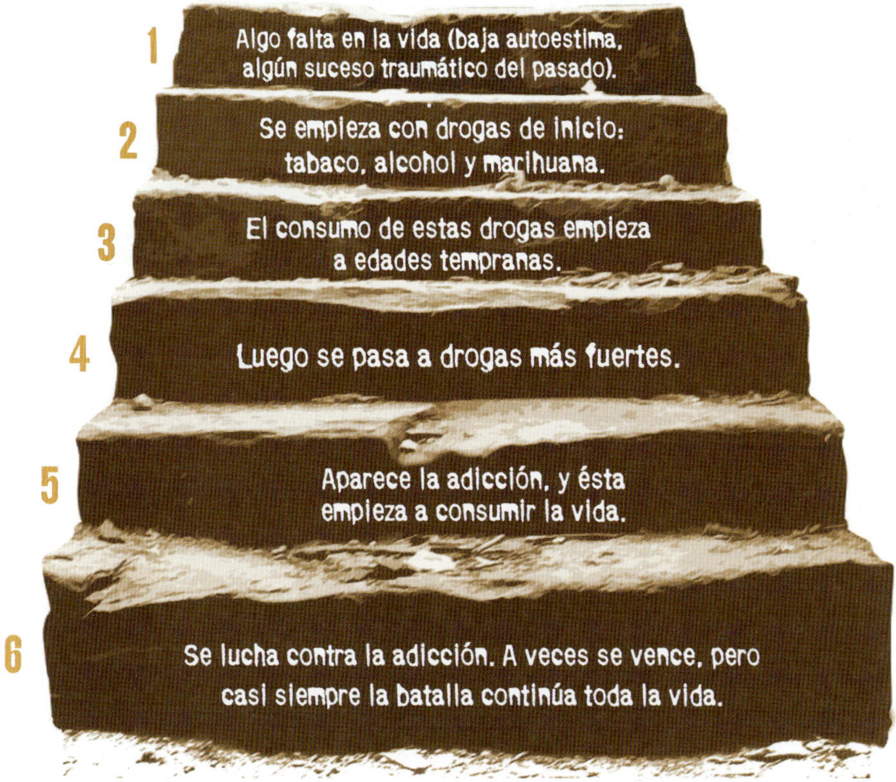

1. Algo falta en la vida (baja autoestima, algún suceso traumático del pasado).
2. Se empieza con drogas de inicio: tabaco, alcohol y marihuana.
3. El consumo de estas drogas empieza a edades tempranas.
4. Luego se pasa a drogas más fuertes.
5. Aparece la adicción, y ésta empieza a consumir la vida.
6. Se lucha contra la adicción. A veces se vence, pero casi siempre la batalla continúa toda la vida.

Estoy convencido de que si pudiéramos borrar del mundo todas las adicciones, la riqueza mundial se duplicaría de la noche a la mañana. Basta con imaginar las enormes cantidades de tiempo, dinero y energía que se destinan a superar sus terribles secuelas.

Si estás en el camino correcto y vives sin adicciones, alégrate, porque no tendrás que soportar la carga que te imponen. Si estás experimentando y aún no decides cuál de los dos caminos seguir, espero que tomes en cuenta lo que hemos dicho hasta aquí y hagas el mayor esfuerzo por mantenerte limpio. Si ya estás enganchado en alguna adicción, por favor, cambia de rumbo antes de que sea demasiado tarde. La decisión es tuya.

Si para cuando dejes la adolescencia, es decir, cuando cumplas 20 años, te encuentras libre de adicciones, tendrás una enorme ventaja, porque serás el dueño completo de tu cuerpo y de tu vida. Habrás alcanzado un enorme logro que merece un premio.

¡FELICIDADES!
¡VIVES LIBRE DE ADICCIONES!

¿Tienes una muñeca Barbie? Sigue leyendo para que sepas cómo sería Barbie si fuera de carne y hueso. No te detengas. Sólo te falta leer sobre una decisión más.

PASO A PASO

1. Escribe en los engranajes los nombres de las personas a quienes dañarías si tuvieras una adicción seria. Si ya tienes una, escribe los nombres de quienes hoy se ven afectados.

2. Haz un dibujo, un *collage* o una descripción por escrito de cómo te gustaría que fuera la familia que un día formarás. No permitas que una adicción eche por tierra ese sueño.

3. Piensa en algún conocido que sea adicto a las drogas. ¿Cómo ha cambiado su vida la adicción?

4. Abre tu buscador de Internet y escribe: "Cómo evitar las drogas" o "Cómo superar una adicción". Verás que encuentras muchísima información al respecto.

5. Frente al espejo, haz una representación de cada una de las maneras de decir "no" a la presión de los amigos.
   - *Sé directo*
   - *Usa el humor*
   - *Échales la culpa a tus padres*
   - *Sugiere alternativas*
   - *Retírate*

6. Haz una lista de las actividades que te estimulan sanamente.

7. Pega esta nota en tu armario, espejo, agenda o diario:

   "¿Esto concuerda con lo que quiero ser?"

   Hazte esta pregunta cada vez que debas tomar una decisión difícil.

8. Haz una lista de las personas y las cosas que te sirven de inspiración. Dedícales tu tiempo a ellas. Alimenta al lobo bueno.

   Las personas que me sirven de inspiración:

   Las cosas que me llenan de inspiración (libros, películas, revistas, música, cuadros):

9. Si sufres una adicción, busca ayuda ya. Habla con un adulto en quien confíes, acude con un orientador, lee sobre el tema o dirígete a la Oficina de Ayuda de la página 308. No dejes pasar un día más.

10. Menciona tres buenas razones para evitar la pornografía.

Si quieres llevar un diario en línea sobre tus progresos en cada sección "Paso a paso", visita el sitio en inglés www.6decisions.com

DECISIÓN 6

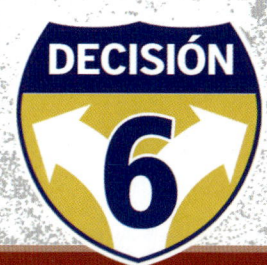

LA PROPIA VALÍA

¡Si tan sólo
fuera
más bonita!

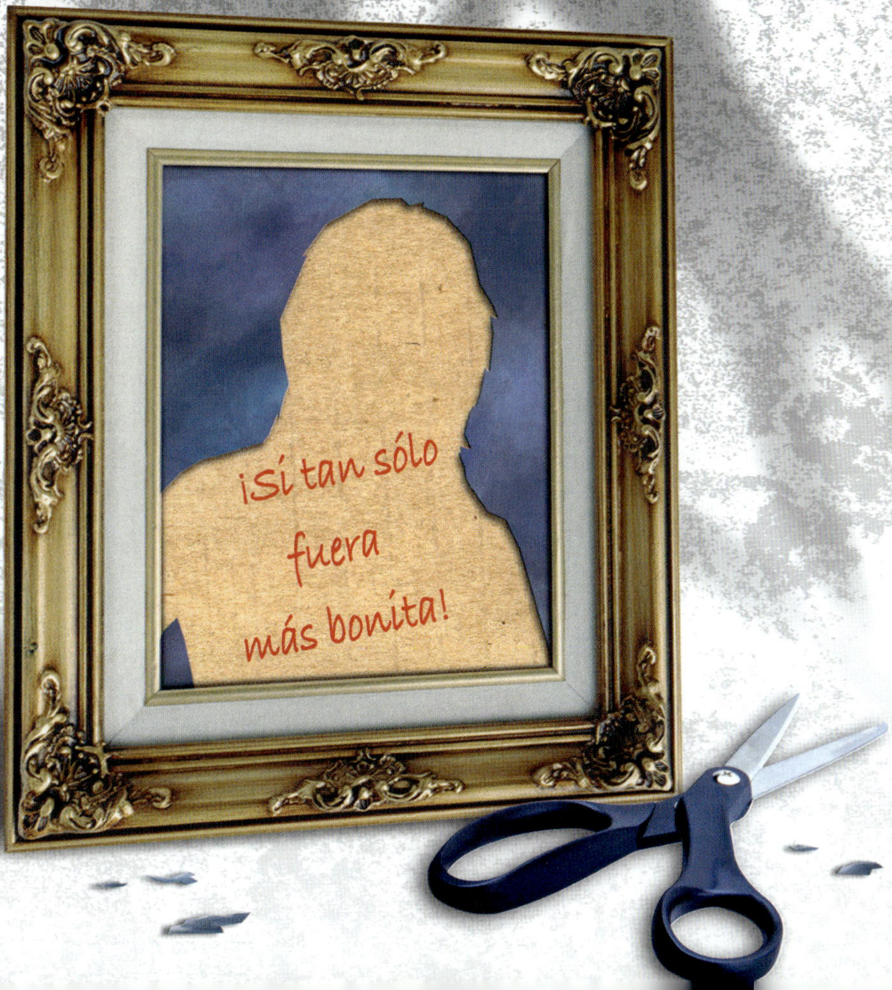

Las 10 cosas más importantes que debes saber sobre la autoestima...

10. No le preguntes al espejo: "¿Quién es la más bonita de todas?". Dile al espejo: "¡Yo soy la más bonita de todas!"
Shannon Mills, 18, Orem, Utah

9. Creo que los deportes y los hobbies son lo mejor para la autoestima de la gente. No descanses hasta descubrir en qué eres bueno.
John Green, 19, Dublín, Irlanda

8. No te sientas mal porque no le caes bien a alguien. Eso es natural. Nadie puede ser amigo de todos.
Mette Foged, 19, Copenhague, Dinamarca

7. Que no te preocupe lo que otros dicen de ti. Dirige tú tu propia vida.
Conor Docherty, 19, Edimburgo, Escocia

6. No te dejes pisotear por nadie.
Sanghee Cho, 17, Seúl, Corea del Norte

5. Desea lo mejor de la vida para ti, y busca la manera de conseguirlo.
Carmen Ko, 17, Selangor, Malaisia

4. En realidad no importa lo que los demás piensen. Complacer a otras personas no te hará ser feliz. Eso lo compruebo cada día.
Laura MacCallum, 19, Gullane, Escocia

3. Para tener relaciones sanas se necesita una buena autoestima.
Hwa Young Lee, 15, Sung Nam-Si, Corea del Norte

2. Acepta tus errpres y sigue adelante.
Astrid de Guzman, 18, Marikina City, Filipinas

1. Camina con la cabeza en alto. Muéstrate segura y siéntete orgullosa de quién eres.
Diana Tang, 16, Long Beach, California

> **Nuestro mayor temor no es sentirnos fuera de lugar. Es nuestro brillo, no nuestra opacidad, lo que más nos aterra. Nos preguntamos "¿Quién soy yo para sentirme brillante, hermosa, atractiva, llena de talento?" La pregunta debería de ser, ¿quién eres para no serlo?**
>
> —Marianne Williamson

Cierto día, dos hermanas que se llevaban un año de edad se divertían en los columpios durante el recreo cuando otra niña se les unió. Luego de unos minutos de jugar las tres, la nueva niña le dijo a la hermana mayor: "¿Cómo es posible que tú seas tan bonita y tu hermana tan fea?"

Aunque la tercera niña era una completa extraña, sus palabras resultaron devastadoras para la autoestima de la hermana menor, y provocaron conflictos y comparaciones entre las dos hermanas que duraron años.

El que dijo "Palos y piedras podrán quebrar mi cuerpo, pero las palabras no me dañarán" ¡era un idiota! Cuando son crueles, las palabras te pueden destrozar. Lo mismo ocurre con otros sucesos traumáticos, como reprobar un examen o el divorcio de tus padres. Formar una autoestima sana no es fácil.

Pero ¿qué significa la autoestima? La autoestima es la opinión que tienes de ti mismo. También se le conoce con otros nombres, como confianza en sí mismo o respeto por uno mismo. Prefiero el término *valía* porque siento que expresa algo que las otras definiciones no. ¿Sabes cuál es tu valía?

Aunque tu autoestima puede AUMENTAR o DISMINUIR LO QUE REALMENTE VALES JAMÁS CAMBIARÁ.

Entonces, ¿cuánto vales? Más de lo que quizá te imaginas. Como dice un dicho judío: "Cada uno de nosotros es tremendamente valioso de una forma u otra".

Qué hacer respecto de tu valía es la última de tus seis decisiones más importantes de la adolescencia. Para seguir el camino correcto, debes fijarte en lo bueno que hay en ti, formar tu personalidad y competencia y aprender a agradarte, con todo y tus defectos. Por supuesto, siempre tendrás la libertad de elegir el camino incorrecto, es decir, fijarte en las opiniones de los demás, no hacer nada por mejorar y ser hipercrítico con todos tus defectos.

Tener una idea sana de tu propia valía no significa que seas un presumido, simplemente quiere decir que tienes una gran confianza en ti mismo y que estás a gusto con quien eres.

Una valía saludable puede ayudarte a:
- *Resistir la presión de tus amigos.*
- *Probar cosas nuevas y conocer gente diferente.*
- *Saber sobrellevar desilusiones, errores y fracasos.*
- *Sentir que te aman y necesitan.*

De igual forma, subestimar tu valía puede llevarte a:
- *Ceder a la presión de tus amigos.*
- *Evitar probar cosas nuevas.*
- *Derrumbarte en los momentos difíciles.*
- *Sentirte aborrecido y rechazado.*

Maxwell Maltz lo explica así: "Tener una baja autoestima es como conducir por la vida con el freno de mano puesto". Lo bueno es que, sin importar lo que pienses de ti en este momento, puedes crear una buena valía propia con sólo cambiar un poco tu manera de pensar y actuar. No se necesita una cirugía mayor.

PRUEBA SOBRE LA PROPIA VALÍA

De manera que, ¿como vamos hasta aquí? Responde este breve cuestionario.

ENCIERRA EN UN CÍRCULO TU ELECCIÓN	¡EN ABSOLUTO!				¡CLARO!
1. Por lo general me gusto como soy.	1	2	3	4	5
2. Tengo confianza en mí mismo.	1	2	3	4	5
3. Estoy a gusto con mi apariencia.	1	2	3	4	5
4. Puedo soportar comentarios rudos o crueles.	1	2	3	4	5
5. Mis habilidades y talentos son bastante buenos.	1	2	3	4	5
6. Siempre termino lo que empiezo.	1	2	3	4	5
7. El éxito de los demás me hace sentir feliz, sobre todo el de la gente cercana a mí.	1	2	3	4	5
8. De manera cotidiana me obligo a probar cosas nuevas y a expandir mi zona de confort.	1	2	3	4	5
9. Me considero un ganador.	1	2	3	4	5
10. He logrado algunas cosas importantes en mi vida.	1	2	3	4	5
TOTAL					

Vas por el camino correcto. ¡Sigue así!

 Estás en medio de ambos caminos. Dirígete al camino correcto.

 Vas por el camino incorrecto. Pon especial atención a este capítulo.

La verdad es que, de alguna manera, todos los adolescentes luchan con su valía, aun los que parecen seguros de sí. Este capítulo se divide en tres secciones. En **El espejo social y el espejo real** verás por qué no es saludable obsesionarte con las opiniones que otros tienen de ti. **Personalidad y competencia** te mostrará un método práctico para formar tu propia valía. **¡Vence a tu propio Guapo!** explica cómo lidiar con los reveses que tan fácilmente nos afligen.

El espejo social y el espejo real

¿Has entrado a la "casa de los espejos" en los parques de diversiones? Es tan divertido verte de menos de un metro de estatura, o que tu cara y cuerpo se deformen. Esas imágenes nos hacen reír porque sabemos que no son la realidad. Ahora bien, cuando se trata de cómo te sientes contigo mismo, ¿en cuál de los espejos te miras, en el espejo que deforma o en el real?

Verás, siempre hay dos espejos para escoger. Uno se llama *el espejo social* y el otro es *el espejo real*. El espejo social sólo refleja la manera en que te ven los demás. El espejo real, por el contrario, refleja tu verdadero ser.

El espejo social es una forma de compararte con los demás. Te puede llevar a pensar cosas como: "Soy más bonita que ella" o "Él es más listo que yo". El espejo real, por otro lado, se basa en tu potencial y en lo mejor de tu personalidad.

El espejo social es externo: para poder definir quién eres tienes que mirar fuera de ti. En contraste, el espejo real es interno: debes mirar en tu interior para lograr una definición de ti mismo.

EL ESPEJO SOCIAL
- Es lo que otros dicen de ti (tu imagen)
- Se basa en comparaciones con los demás
- Es externo
- Es creado por los medios
- Depende de dónde te encuentres en este momento

EL ESPEJO REAL
- Es el verdadero tú
- Se basa en lo mejor de ti mismo
- Es interno
- Es creado por tu conciencia y conocimiento de ti mismo
- Es tu potencial

Piensa en lo que ocurre cuando la imagen que tienes de ti proviene del espejo social, es decir, es el reflejo de como te ven los demás. De repente piensas que ese reflejo es tu yo verdadero. Se vuelve tu sello y empiezas a sentirte cómodo con él, hasta que olvidas que te estás viendo en un espejo deforme. El escritor Stan Herman describió así el espejo social:

Ed dijo:
Cuando los hombres hallaron el espejo empezaron a perder sus almas.
Lo que en realidad ocurrió es que empezaron a preocuparse por su imagen en vez de preocuparse por su propio ser.

Los ojos de los demás son como espejos pero de los que distorsionan más,
pues si los miras
lo único que puedes ver
es el reflejo de lo que tú reflejas,
tu distorsión de sus distorsiones.

Para descubrir en cuál de los dos espejos sueles mirarte, haz este experimento. En el espejo social anota cómo te describen otros. Por otros me refiero a la sociedad en general, tus amigos, profesores, familia, vecinos, etc.

En el espejo real anota cómo describirías a tu verdadero yo. El verdadero yo representa lo mejor de ti, así como tu potencial. Imagina cómo alguien que cree totalmente en ti, digamos tu mamá, papá o abuelita, respondería a esta pregunta. Si crees en Dios, imagina entonces qué opinión tendría Dios de ti.

Una estudiante de 17 años del último año de bachillerato que se llama Keli'i completó este experimento de la siguiente manera:

EL ESPEJO SOCIAL

(¿Cómo me describirían los demás?)
- Engreída
- Fea
- Malvada
- Reservada
- Impopular

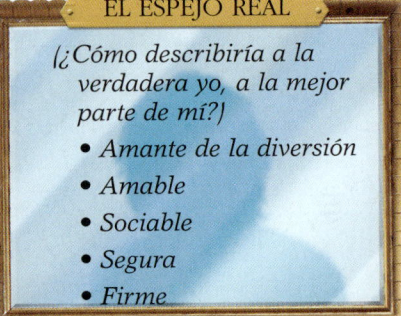

EL ESPEJO REAL

(¿Cómo describiría a la verdadera yo, a la mejor parte de mí?)
- Amante de la diversión
- Amable
- Sociable
- Segura
- Firme

Inténtalo. Responde a las siguientes preguntas:

Observa ambas listas y pregúntate: ¿en cuál espejo me estoy mirando, en el social o en el real? Si eres como la mayoría de los adolescentes (y adultos también), la imagen que tienes de ti proviene más del social que del real. Es decir, la opinión que tienes de ti se basa en las opiniones de otros.

A veces los demás ven lo mejor de ti, de modo que mirarse en el espejo social es casi igual que hacerlo en el real. Si éste es tu caso, ¡qué suerte tienes! Pero a menudo la opinión que tenemos de nosotros proviene en mayor medida de cómo nos ven los demás y en menor de lo que en realidad somos.

LAS CUARTEADURAS DEL ESPEJO SOCIAL

Por varias razones no es bueno mirarse en el espejo social:

El espejo social no es realista. Quién sabe cómo, pero los medios nos han vendido la mentira de que la apariencia lo es todo. ¡Y lo peor es que lo creemos! Nos han dicho que sólo si eres bello, delgado y de buen cuerpo puedes aspirar a popularidad, pareja, éxito y felicidad. "Me sorprende cuán arraigado tenemos el engaño de que la belleza es sinónimo de bondad", decía el escritor ruso Leon Tolstoi. El problema es que nuestros modelos de apariencia provienen de películas y revistas que retratan una perfección nada realista.

LUCKY COW MARK PETT

Como señala la escritora Georgia Beaverson:

> Lo que la televisión y otros medios muestran ha puesto a nuestros adolescentes entre la espada y la pared. ¿Cuál es la espada? Hombres de musculatura imposible, mujeres perfectas, atletas que parecen no perder jamás. Los únicos valores son la ropa, el dinero, el éxito y el sexo. ¿Y cuál es la pared? En dos palabras, ¡la realidad!

Cada vez es más difusa la noción de lo que debe considerarse normal y deseable. A las niñas les presentan a modelos escuálidas de 12 o 13 años con ropa que las hace parecer adultas. A los niños los bombardean con imágenes de hombres bronceados, de físico increíble e impecablemente vestidos. Se calcula que sólo un 5 por ciento de las mujeres tienen el tipo de cuerpo ultra-largo y delgado que poseen la mayoría de las modelos. A pesar de eso, es el tipo de cuerpo que cada niña desea tener y el único que parece aceptable.

La influencia de los medios es tan fuerte que nos hace creer que deberíamos lucir como una muñeca Barbie. ¿Pero es eso posible? El sitio adiosbarbie.com explica lo que algo así significaría:

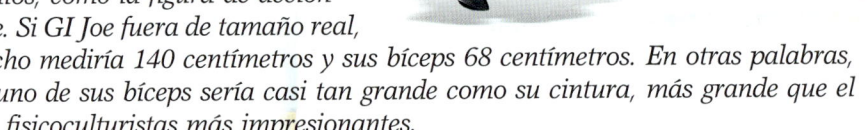

> Si Barbie fuera una persona real, mediría 1.75 de estatura, tendría el cuello del doble de largo que un ser humano normal y pesaría 50 kilos, sólo 76 por ciento del peso saludable para ella. Sus medidas serían 96-45-81, y tendría los pies tan pequeños que no podrían sostenerla al caminar.
>
> De igual manera, se supone que los chicos deberían estar llenos de músculos, como la figura de acción GI Joe. Si GI Joe fuera de tamaño real, su pecho mediría 140 centímetros y sus bíceps 68 centímetros. En otras palabras, cada uno de sus bíceps sería casi tan grande como su cintura, más grande que el de los fisicoculturistas más impresionantes.

¡Es ridículo! Por ello sorprende que nos sintamos fuera de lugar tras compararnos con los modelos de las revistas o la TV. "Apariencia perfecta, cabello perfecto, trama perfecta, final perfecto. ¿Se parecen los adolescentes de Hollywood al verdadero ser que eres?", pregunta el escritor Todd Hertz. Yo creo que no.

El espejo social cambia. Si el concepto que tienes de ti depende de cómo te ven los demás nunca lograrás la estabilidad, porque las opiniones, las modas y las costumbres cambian constantemente, y es muy difícil seguirles el paso. Uno empieza a sentirse como Alicia en el País de las Maravillas.

—¿Quién eres? —preguntó la oruga. Alicia respondió vacilante:

—A estas alturas apenas si lo sé, señor... Al menos sabía quién era cuando desperté esta mañana, pero creo que desde entonces debo haber cambiado varias veces.

Al parecer, las revistas de modas nunca acaban de decidirse por algo. Ponen un artículo de por qué debes sentirte a gusto con el cuerpo que Dios te dio, pero en la página opuesta lanzan un anuncio para mejorar el aspecto mediante la cirugía plástica. ¿A qué hay que hacerle caso?

Una muchacha me dijo alguna vez: "La mayoría de los adolescentes tratan de seguirles el ritmo a las modas. Esto te genera demasiada tensión porque quieres ser como cierta persona, pero sin dejar de ser tú mismo".

El espejo social no es fiel. Tú eres mucho más de lo que los demás opinan de ti. Eres mucho más que tu simple apariencia exterior. Posees belleza y un potencial que posiblemente nadie reconozca, ni siquiera tú mismo.

Cuídate del espejo social.

ESPEJITO, ESPEJITO...

Cada día eliges en cuál espejo mirarte, en el social o en el real. Cada día eliges si te concentras en tus defectos o en tus virtudes. Veamos tres momentos muy comunes en que debes enfrentarte al espejo.

CUANDO TE PREPARAS PARA SALIR. Cada vez que te miras en el espejo para iniciar el día o acudir a esa cita tan importante, puedes:

EL ESPEJO SOCIAL

Compararte con la estrella adolescente más reciente y desilusionarte por tu apariencia.

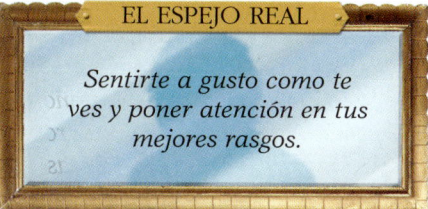

EL ESPEJO REAL

Sentirte a gusto como te ves y poner atención en tus mejores rasgos.

CUANDO TE INVADE LA INSEGURIDAD. Cuando estás con un grupo de amigos y empiezas a sentirte inseguro (como nos ocurre a todos de vez en cuando), puedes:

EL ESPEJO SOCIAL

Recordar cada una de las veces en que te han criticado por ser tímido.

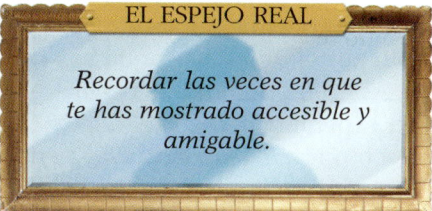

EL ESPEJO REAL

Recordar las veces en que te has mostrado accesible y amigable.

CUANDO DEBES ARMARTE DE VALOR. Cuando te invade el miedo porque debes intentar algo nuevo, como hacer una prueba para entrar a un equipo deportivo, puedes:

EL ESPEJO SOCIAL

Pensar que todos los demás tienen mucho más talento que tú.

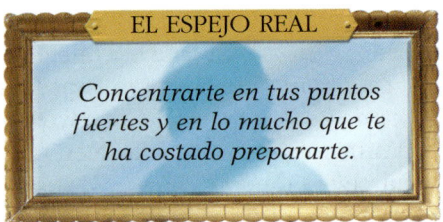

EL ESPEJO REAL

Concentrarte en tus puntos fuertes y en lo mucho que te ha costado prepararte.

Dejarte guiar por el espejo real te da poder. Dejarte guiar por el espejo social te lo quita. Tú eliges. Recuerda lo que la consejera de adolescentes Julia DeVillers dijo alguna vez: "No puedes pasarte la vida pensando que tienes los ojos del mundo puestos en ti. Cada vez que permites que las opiniones de otros te cohíban, les estás entregando tu poder… La clave para sentir confianza en ti mismo es escuchar siempre a tu yo interno… tu verdadero ser".

Personalidad y competencia

Imagina la siguiente situación. Te acaban de diagnosticar un problema cardiaco que *pudiera* requerir cirugía. Puedes elegir entre dos médicos. El primero, el doctor Bueno, tiene reputación de persona honesta y preocupada por sus pacientes. El problema es que nunca ha realizado una cirugía de corazón.

Tu segunda elección, el doctor Capaz, es un reconocido y talentoso cirujano de corazón. Por desgracia es muy deshonesto, al grado de haber operado sólo por el dinero, aunque sus pacientes no lo hubieran requerido.

Así que, ¿por cuál te decides? ¿Por el doctor Bueno, un tipo excelente pero sin experiencia, o por el doctor Capaz, talentoso pero un estafador?

Lo que en realidad necesitarías sería un doctor que fuera tanto honesto como talentoso, uno que poseyera tanto personalidad como competencia.

Esos dos ingredientes que forman a un buen médico, la personalidad y la competencia, casualmente son los ingredientes primordiales para desarrollar una idea saludable de la propia valía. Veamos una definición de ambos.

La personalidad se refiere a quién eres, a tus cualidades. El código de los *scouts* sirve bien para definirla. Un *scout* debe ser confiable, leal, servicial, amigable, cortés, amable, obediente, alegre, comedido, valiente, pulcro y respetuoso.

La competencia se refiere a aquello en lo que eres bueno, a tus talentos, destrezas y habilidades. Las personas competentes, aptas y eficientes despiertan nuestra admiración, ya sea por lo bien que reparan un auto, tocan el violín, golpean una pelota de golf, memorizan nombres o resuelven una ecuación.

Revisa el diagrama de abajo para ver en qué casilla te colocarías a ti mismo.

EL CUADRO DE PERSONALIDAD Y COMPETENCIA

	PERSONALIDAD	
	BAJO	**ALTO**
COMPETENCIA ALTO	**DERROCHADORES** Características • Talentosos • Arrogantes • Egoístas	**ESTRELLAS** Características • Son líderes • Honestos • Valerosos
COMPETENCIA BAJO	**ESTACAS** Características • Flojos • Deshonestos • Negativos	**HI-POs** Características • Juiciosos • Honestos • Les falta valor e iniciativa

Los **derrochadores (baja personalidad, alta competencia)** poseen gran talento, pero les falta determinación o firmeza moral. Los llamo *derrochadores* porque desperdician sus habilidades. Podrían hacer mucho bien, pero se rehúsan porque sólo piensan en ellos. Un ejemplo son todos esos atletas de alto perfil que se convierten en mal ejemplo para los niños que los adoran.

Las **estacas (baja personalidad, baja competencia)** de verdad tienen problemas. No les importan los demás, ni siquiera ellos mismos. ¿Qué es una estaca? Alguien que se queda clavado en su sitio, no hace nada constructivo ni va a ninguna parte. Necesitan un cambio total. No hay más que decir.

Los **Hi-Pos** o de alto potencial **(alta personalidad, baja competencia)** son personas buenas y honestas que no han asumido el reto de incrementar sus habilidades. No obstante, gracias a que cuentan con una buena personalidad, tienen el potencial de convertirse en estrellas. En esta casilla hay tantos adolescentes… Ya tienen el escenario armado, sólo les falta esforzarse más.

Las **estrellas (alta personalidad, alta competencia)** poseen habilidades sólidas y son buenas personas. Han luchado por desarrollar sus talentos, pero nunca a expensas de los demás. Si bien no son perfectos, lo intentan.

Afortunadamente hay muchos más Hi-Pos y estrellas que estacas y derrochadores. Además, cada uno de nosotros posee la capacidad de convertirse en estrella. Primero, hay que reconocer que se debe hacer un cambio; luego se debe forjar la personalidad piedra por piedra, como explico a continuación.

EL ARCO DEL TRIUNFO DE LA PROPIA VALÍA

Hace años conducía por París cuando me topé con la estampa más maravillosa que he visto: el Arco del Triunfo. Es un bello arco de estilo romano de 50 metros de alto por 45 de ancho. Napoleón, el gran emperador, ordenó construirlo hace casi 200 años. El arco está rodeado por una enorme glorieta y siete carriles, legendaria por sus accidentes de tránsito. Absorto en el espectacular monumento, quedé atrapado en medio de la glorieta, lo que no les hizo gracia a los conductores franceses —"Otro tonto turista estadounidense", pensarían—, que agitaban el puño y gritaban insultos en francés que yo no entendía. ¡Pero tendrían que haber visto ese arco…!

El proceso para forjar la personalidad y la competencia y, en última instancia, la propia valía, se parece a la construcción de un arco. Es lo que llamo el Arco del Triunfo de la Propia Valía. De un lado están las piedras fundamentales de la personalidad: la integridad, la vocación de servicio y la fe. Del otro están las piedras fundamentales de la competencia: los talentos y habilidades, los logros y la salud física. En la parte superior se encuentra la clave, las decisiones inteligentes, que sostienen y unen al conjunto.

LAS PIEDRAS FUNDAMENTALES DE LA PERSONALIDAD

Aunque son muchos los elementos que forjan la personalidad, los tres más importantes son la integridad, la vocación de servicio y la fe.

 Integridad es otra manera de llamar a la honestidad, con una ligera diferencia. Significa mantenerte fiel a lo que sabes que es correcto y ser honesto con todos, aun contigo mismo. Escribió Shakespeare: "Sé auténtico para contigo". Significa no hacer trampa en los exámenes, no mentir a tus padres, no decirle cosas lindas a alguien para luego hablar pestes a sus espaldas. Las personas *íntegras* son cabales o completas. Saben dónde están paradas y se mantienen firmes allí.

¿De qué manera la integridad alimenta la propia valía? Ser íntegro te da paz interior, la cual te permite lidiar casi con cualquier cosa, aun chicas crueles, rupturas dolorosas y situaciones vergonzosas. La doctora Laura, conductora de *talk-shows*, señala: "No te preocupes mucho por la autoestima; preocúpate más por tu personalidad. La integridad es una recompensa por sí misma".

Si eres como yo fui y como son casi todos los adolescentes, cometerás errores y deberás trabajar en la integridad. Nadie es perfecto. Si te equivocas, corrígelo. No encubras nada, pues eso empeora las cosas. El entrenador Rick Pitino de la NBA dijo:

"La mentira extiende un problema hasta el **FUTURO;** la verdad hace que se quede en el **PASADO.**"

En 1974, el presidente estadounidense Richard Nixon se vio envuelto en el escándalo Watergate. Declaró por televisión que no tenía nada que ver en ello y agregó: "No soy un mentiroso". Más tarde la verdad salió a la luz. Aunque sabía lo que ocurría prefirió protegerse. El país entero se conmocionó a tal grado que Nixon se vio obligado a renunciar. Su error fue grande, pero peor su intento por encubrirlo. La gente disculpa los errores, pero no los engaños.

Cuando yo tenía unos ocho años, mis papás me dijeron que le prendiera fuego al marco de la ventana de nuestro vecino, sólo para divertirse un rato. Pues bien, el fuego se salió de control y por poco se quema toda la casa. Como podrán imaginarse, mi vecino, el señor Beckham, estaba furioso, y yo me gané la reputación de alborotador, causante de problemas.

Para redimirme, mi papá me enseñó lo que él llamaba *cuadruplicar*. Cuadruplicar significa que, cuando cometes un error, lo reparas cuatro veces. De modo que reparé el marco de la ventana del señor Beckham, limpié su patio y otras cosas para compensarlo por lo del fuego. Aunque no lo crean, después de eso le caí bien a mi vecino, y mi reputación en el barrio quedó limpia de nuevo. Así es como funciona eso de cuadruplicar.

Por lo tanto, cuando resbales, aplica la regla de cuadruplicar. Si dices una mentirota a tus padres, repáralo cuatro veces. Tal vez eso implique lavar los platos o el auto, escribir una nota para disculparte y no volver a mentir.

Reparar el daño, no encubrirlo... de eso se trata la integridad.

ESPÍRITU DE SERVICIO

"Servir a los demás es la renta que pagamos por ocupar un sitio en la tierra", dijo Wilfred Grenfall. Piénsalo, deberíamos estar agradecidos por mucho. Si no, considera lo siguiente:

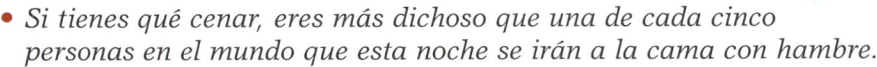

- *Si estás leyendo este libro, tienes una enorme ventaja sobre los mil millones de seres que no saben leer.*
- *Si tienes dónde dormir, comida en el refrigerador y ropa con qué cubrirte, eres más rico que los casi tres mil millones de personas que deben vivir con menos de dos dólares al día.*
- *Si puedes ir a la iglesia esta semana sin el temor de que te acosen, arresten, torturen o asesinen, eres más afortunado que otros dos mil millones de personas.*
- *Si tienes qué cenar, eres más dichoso que una de cada cinco personas en el mundo que esta noche se irán a la cama con hambre.*

Como hemos recibido tanto, también debemos dar. No te sorprenda saber que, cuando das, también recibes. José, alumno de la secundaria Andress, escribió sobre la vez en que un maestro lo retó a ayudar a las personas sin hogar.

Salí a comprar una cosas de McDonald's y di una vuelta en el auto con un amigo, hasta que encontramos a un indigente. Me bajé del auto, caminé hacia él y le ofrecí la comida, que aceptó agradecido. Me senté a platicar un rato con él y luego me fui. Me hizo sentir muy bien tan sólo saber que, esa noche, el hombre no pasaría hambre cuando se fuera a dormir.

Esto me recuerda una frase que oí una vez: "Servir a los demás es como orinarte en los pantalones... ¡todos lo pueden ver, pero el único que siente el calor eres tú!" Lo mejor de ayudar a los demás y trabajar como voluntario es que no hay límite para lo que se puede hacer: adoptar una mascota, convertirte en el hermano o hermana mayor de niños desamparados, dar clases en escuelas de barrios pobres, leer cuentos a niños hospitalizados, ayudar a los ancianos, unirte a un grupo de servicio a la comunidad, opinar contra las drogas o simplemente detenerte en el camino a ser amable con quien lo necesite. Tú eliges.

Lo más irónico de esto es que, cuando tratas de forjar la valía de alguien, forjas también la tuya. El novelista Nathaniel Hawthorne lo expresó así:

> *"La felicidad es como una mariposa. Cuanto más la persigues, más te elude. Pero en cuanto diriges tu atención a otras cosas, viene a posarse con suavidad en tu hombro."*

Mi sobrina Shannon aprendió esta lección de primera mano cuando dejó la comodidad de su hogar para servir como voluntaria varios meses en un orfanato en Rumania. Éste es un fragmento de una de sus cartas.

Cuando llegamos por primera vez al orfanato, sentí un verdadero choque cultural. En la habitación vi a todos esos bebés acostados, mirando al vacío. A veces había hasta tres en una sola cuna. Era tan triste ver a esos hermosos bebés marchitándose en sus cunas, que quise tomar a cada uno de ellos en mis brazos y no soltarlos jamás.

Recuerdo la primera vez que una bebé especial llamada Denisa se durmió en mis brazos. No la quería recostar porque sabía que tal vez ésa había sido la primera vez en su vida que dormía acunada por unos brazos en vez hacerlo sola en su cuna fría y dura de metal. Mientras la veía dormir, sentí la belleza de su espíritu y supe entonces que Dios conocía y amaba a Denisa con la misma intensidad que yo.

En otra ocasión llevaba a varios pequeños de dos años a dormir. Cargaba con dos de ellos, pero otro más lloraba porque también quería estar en mis brazos. Como no habría podido con tres, arrastré mi silla hasta su cuna para consolarlo. Entoné una canción que mi papá solía cantarme cuando era pequeña. Casi de inmediato el bebé dejó de llorar y me escuchó, y sentí como si un hermoso espíritu invadiera esa habitación en la remota Rumania, tan lejos de mi hogar.

Llegué a amar en poco tiempo a esos niños que extendían sus brazos hacia mí y me llamaban "mamá". Cada mañana oraba para que algún día gozaran de una vida mejor. Agradecía haber dejado unos meses mi vida de egoísmo para proporcionarles al menos unos sencillos momentos de alegría y amor. Con nada podré pagar lo que me dieron y el cambio permanente que hicieron en mi vida.

Como las ondas que genera una gota al caer en el agua, así el bien que haces se propaga aunque ya no estés. Cuando Shannon volvió a casa, habló en escuelas e iglesias para animar a otros a trabajar, como ella, en un orfanato.

Varias chicas se ofrecieron para trabajar en Rumania. Shannon se sintió feliz de saber que los bebés a quienes quiso tanto seguirían recibiendo cuidados.

Si puedo evitar que un corazón se rompa
mi vida no habrá sido en vano;
si puedo mitigar el sufrimiento de una vida
o aliviar el dolor de alguien
o ayudar a un desfallecido petirrojo
a trepar de nuevo a su nido,
mi vida no habrá sido en vano.

— Emily Dickinson

FE Tener fe significa creer en algo aunque no puedas verlo. La fe tiene muchos rostros; puedes tener fe en ti mismo, fe en los demás o fe en que puedes hacer que las cosas sucedan si te esfuerzas lo suficiente. Por ejemplo, tener fe en que si eliminas la comida chatarra y haces ejercicio perderás peso. Tener fe en que, al tomar hoy decisiones inteligentes en torno a la escuela, los amigos y las drogas, tu futuro será más brillante. La fe te mueve a actuar. Sin ella, no hay esperanza.

Existe otro tipo de fe que cada vez adquiere mayor relevancia entre los adolescentes: la fe en las cosas del espíritu.

¿Sabías que tu cerebro está equipado para conectarse con lo espiritual? Los bebés adoran que los carguen, y los adolescentes buscan encontrar sentido y espiritualidad. Al menos ésa es la conclusión de 33 expertos de la Comisión para la Protección de los Niños en Riesgo de E.U.A., que investigó por qué hoy los niños están en crisis. En su informe, "Equipados para conectarse", dicen que nuestros cerebros necesitan la espiritualidad, y que el desarrollo espiritual y religioso es uno de los 10 rasgos de la comunidad ideal. Interesante, ¿verdad?

ESPÍRITU JOVEN

Claro, cada uno tiene sus propias creencias, lo que está bien. Sin embargo, muchos estudios han demostrado que la fe o la práctica de una religión pueden desarrollar la propia valía en los adolescentes. ¿Por qué razón? Porque la fe:

- *Te ayuda a vincularte con algo más grande que tú mismo.*
- *Te ofrece normas para regir tu vida.*
- *Te ayuda a superar la presión negativa de tus amigos.*
- *Te da sentido de identidad y pertenencia.*

En los últimos años he recibido las declaraciones de la misión que me envían cientos de adolescentes de todo el mundo, y siempre me sorprende la frecuencia con que mencionan la fe, a Dios, la iglesia y otros temas similares. De hecho, las investigaciones indican que la fe es la segunda influencia más importante en la vida de los jóvenes, sólo superada por los padres. Mmmh.

Lo cual me recuerda una escena inolvidable sobre la fe que aparece en la película *Señales*, cuando el reverendo Graham le pregunta a su hermano Merril si cree o no en milagros.

GRAHAM: *La gente se divide en dos grupos... ¿Eres de los que creen en señales o milagros? ¿O piensas que las cosas ocurren sólo por suerte?*

MERRILL: *Mira, una vez estaba en una fiesta, en el sofá junto a Randa McKinney. Lucía hermosa sentada ahí, sin dejar de mirarme. Iba a inclinarme para besarla cuando recordé que tenía un chicle en la boca, así que me volteé, me saqué el chicle, lo puse en un vaso de papel junto al sofá y me volví de nuevo, justo cuando Randa vomitaba sobre su vestido. Supe en ese instante que aquello fue un milagro. Pude haberla estado besando cuando vomitó, y eso me habría marcado de por vida. Tal vez nunca me habría recuperado. Soy de los que creen en milagros.*

¿Y tú? ¿Crees en milagros o piensas que todo es cuestión de suerte? O bien, como lo explica Albert Einstein,

"Hay dos maneras de vivir la vida: una es creer que nada es un milagro, la otra es creer que todo es un milagro."

En cuanto a mí, soy de los que creen en milagros. Creo que Dios nos ama porque somos sus hijos y nos conoce a cada uno. Creo que escucha las plegarias y las responde. Por ejemplo, terminar este libro fue un milagro para mí; no lo habría logrado sin su ayuda. Me siento como el reformador religioso Martín Lutero, cuando dijo: *"Tengo tanto que hacer hoy, que tendré que rezar una hora más."*

He aquí el fragmento de una carta escrita por una valerosa chica llamada Nicki Jean Jones, cuya fe fue puesta a prueba en su lucha contra el cáncer.

A toda mi amada familia y amigos:

Durante los últimos 16 meses he tenido la oportunidad de prepararme aún más para mi encuentro con el Padre Celestial, y he llegado a darme cuenta de que no importa cuánto padezca o las pruebas que me ponga la vida, si cuento con Dios, no estaré sola.

Decidí que, en vez de compadecerme de mí misma, debo contar las bendiciones que he recibido. No sólo conservo una pierna sana, también tengo dos brazos y dos manos fuertes. Tengo ojos para ver, oídos para escuchar y una boca con la que me comunico con el mundo. Me he dado cuenta de que mi verdadera belleza yace en mi interior, y que el Señor sólo habrá de juzgarme por lo que albergue en mi corazón.

¡También quiero que sepan que he derrotado al cáncer! Quizá rebatan esta afirmación debido al resultado: me dejó sin una pierna, por el momento también me ha dejado sin cabello y al final se llevará mi vida, pero no ha logrado derrotarme porque no puede llevarse mi sonrisa, no puede llevarse mis creencias, y de ninguna manera podrá quebrantar mi espíritu. Por eso digo que **¡LO HE VENCIDO!**

Cuando reflexiono en esto, sé que no cambiaría nada porque lo que he obtenido del cáncer es mucho más precioso que lo que he perdido.

Para terminar, sólo quiero decirles que los amo con todo el corazón, que nunca me iré del todo ¡y que prometo hablarle bien a Dios de ustedes!

Con mi eterno amor, Nicki

Quisiera poder decir que el cáncer de Nicki desapareció, pero en realidad murió poco después de redactar esta carta. Es cierto, tuvo cáncer, ¡pero el cáncer nunca la tuvo a ella! Aun en sus últimos momentos Nicki inspiró a sus amigos y familiares a vivir en un plano más elevado. Su fe fue su bastión.

LAS PIEDRAS FUNDAMENTALES DE LA COMPETENCIA

De adolescente asistí a montones de conferencias en las que el orador decía cosas como: "Cada uno de ustedes es un ser humano maravilloso. ¡Siéntanse contentos con quienes son!" Pero al salir del lugar no me sentía diferente. Quererte a ti mismo sólo porque alguien lo dice no da resultado si tú no cambias nada. Aunque la personalidad es fundamental para forjar una valía propia saludable, la cosa es más complicada. No hay nada que forje más rápido una valía propia que descubrir o desarrollar algún talento o habilidad. De eso se trata la competencia, y no existe sustituto para ella. Los talentos y habilidades, los logros y la salud física son las piedras fundamentales de la competencia.

Cuanto más vivo, más me convenzo de que cada uno de nosotros ha nacido con habilidades y talentos particulares. Pero no aparecen así nada más: tienes que llegar hasta ellos. De niño me rompí un brazo, y cuando me quité el yeso se había convertido en una tripa peluda y arrugada. Igual pasa con la vida. Si no intentamos cosas nuevas, nos debilitamos y marchitamos. Si queremos crecer, debemos ampliar nuestra zona de confort hasta hacerla ocupar la zona del valor. ¿Cómo? A través del esfuerzo, de hacer las cosas, asumir riesgos, levantarnos cada vez que caemos y explorar nuevas alturas. La competencia es como los músculos: sólo se desarrolla por medio de la resistencia.

Melody conoció de la siguiente manera el efecto estimulante que tiene para la confianza el intentar ir más lejos:

Si quieres ganar premios mostrando tu talento para el cine, la animación por computadora, el arte, la literatura, la poesía y otras disciplinas, visita www.6decisions.com.

En la audición para el Coro Interestatal de Kentucky había que cantar en un cuarteto. La primera vez que mi maestro me hizo cantar frente al grupo estaba muy nerviosa, el corazón casi se me salía del pecho, las manos me sudaban y las piernas me temblaban. Desde entonces he cantado más de veinte veces frente al grupo. Me he esforzado por expandir mi zona de confort y ya no me pongo nerviosa. Aunque mi audición es mañana por la tarde, tengo confianza en mí misma. Sé que lo haré bien.

Piensa en tu propia vida. ¿Desperdicias los talentos que te fueron dados? ¿O vas más allá y tratas de aprender cosas nuevas? Conozco a una chica que empieza la preparatoria, Roxy, una diseñadora y modista excelente capaz de hacer casi cualquier cosa con su máquina de coser. Pese a estar orgullosa de sus habilidades en la costura, Roxy se lamenta: "Nadie cree que coser sea *cool*". ¿Y quién determina lo que es o no *cool*? En lo personal, pienso que cualquier cosa en la que destaques es *cool*, sea coser, redactar ensayos, organizar eventos, la lectura rápida, dar clases a niños o diseñar sitios *web*.

De niño me daba terror hablar en público. Para vencerlo, en la secundaria me inscribí a una clase de oratoria. La primera vez que hablé frente al grupo estaba paralizado, pero las cosas fueron mejorando. En los siguientes cuatro años tomé clases de oratoria y debate para seguir desarrollando mis habilidades como orador. Si bien jamás superé del todo mis temores, mejoré muchísimo como orador y eso reforzó mi confianza.

Hay un niño tibetano ciego que se llama Tashi Pasang a quien no pudo irle peor en la vida. Cuando tenía apenas 11 años su padre, al considerarlo una carga, lo llevó a la ciudad de Lhasa, donde lo cambió por un niño que sí veía. Los otros niños de la calle lo golpeaban y robaban constantemente. Sobrevivió como pudo su primer invierno en las calles gracias a los alimentos que mendigaba y a que se envolvía en bolsas de plástico para conservar el calor.

Al fin, algunos tibetanos de buen corazón lo recogieron y lo llevaron a una escuela para niños discapacitados. Allí, a pesar de que carecía de vista, Tashi se esforzó por desarrollar sus talentos y habilidades. Para asombro de todos, hoy sabe leer y escribir y habla tres idiomas: tibetano, chino e inglés. Usa una computadora con comandos de voz y hace poco recibió del gobierno chino su licencia médica oficial como masajista.

Ahora, cinco años después, planea volver a su aldea de origen para que sus padres sepan que está vivo y sano y que no alberga ningún rencor hacia ellos. Y tú creías que tus problemas eran graves.

Gracias a la ayuda de gente bondadosa y a su talento para leer, escribir y hablar tres idiomas, Tashi tiene la posibilidad de hacer algo de su vida. Sin esas habilidades no tendría ninguna oportunidad. Verás, en el mundo actual no basta con ser un buen tipo; también hay que ser competente.

Lograr lo que te propones te otorga un gran poder. En las leyendas antiguas, el caballero que derrotaba en batalla a un enemigo absorbía su fuerza. Así ocurre cuando vencemos una debilidad, resistimos una tentación o alcanzamos una meta que nos hemos impuesto. Absorbemos la fuerza del desafío y eso nos hace más poderosos. Para algunos tal vez signifique sacar puros dieces, para otros, entrar al equipo de la escuela, y para otros más podría ser superar una debilidad, como moderar su lenguaje.

A veces los logros resultan distintos de lo que esperábamos. Tanner, estudiante de la secundaria Northridge, siempre tuvo el objetivo de convertirse en el campeón de lucha de su estado, como lo fue su hermano mayor. Luego de años de arduo trabajo, Tanner fue considerado uno de los mejores luchadores. Por fin, un día le llegó la oportunidad de probarse a sí mismo en la etapa para calificar al torneo estatal.

Sin embargo, durante la contienda Tanner se dislocó el codo y sus sueños de convertirse en campeón del estado se esfumaron. La frustración lo enfermó, hasta que recibió una carta de su hermano mayor en la que le decía:

Tanner,

Ser campeón estatal se siente bien, pero no todos te van a recordar por eso. Por lo que sí te recordarán es por la manera en que te preparaste. Diste lo que tenías antes de competir por el campeonato del estado, y eso es lo que de verdad importa. Dejaste todo en la colchoneta.

Esta carta conmovió en lo más íntimo a Tanner. Y para culminar, durante el torneo estatal, el equipo entero llevó un brazo en cabestrillo en su honor. Fue en ese momento cuando Tanner se dio cuenta de que realmente logró la meta que se había propuesto en primer lugar.

Siempre habrá una brecha entre el sitio donde estamos y el sitio adonde queremos llegar. Unas veces la brecha no es grande; otras puede ser enorme. Cualquiera que sea tu brecha, mantén la actitud positiva y sigue cerrándola; cuídate del perfeccionista que hay en ti y que nunca está satisfecho. Cerrar la brecha, así sea un centímetro, es un logro del que hay que enorgullecerse.

LA BRECHA DEL GRAN CAÑÓN

AQUÍ ESTOY AHORA

AQUÍ QUIERO ESTAR

SALUD FÍSICA

De niño, me encantaban los refrescos, las donas y las frituras, así que me decían gordo. Le preguntaba a mamá: "¿Crees que soy gordo?"

Ella respondía: "No, no eres gordo. Eres corpulento". Y yo me alejaba muy sonriente. "No soy gordo. Soy corpulento."

En el verano antes del segundo de secundaria, mi papá me envió a un campamento de supervivencia de cuatro días. ¡Cómo odié ese campamento! Unos 80 niños debíamos recorrer a pie 80 kilómetros en cuatro días, sólo comiendo hierbas. Los líderes nos obligaron a hacer locuras, como bajar a rapel, cruzar ríos caudalosos y matar y comernos un cordero. Pobre criatura.

Bajé como cinco kilos. A mi regreso, una amiga de mamá me dijo: "Sean, vaya que te ves delgado". Era la primera vez que me decían algo así, ¡y me sentí extasiado! Fue el empujón que necesitaba.

Así que me fui a casa y me apoderé de la guía alimenticia de mi mamá, que para su época se basaba en sólidos principios de nutrición. La comida estaba separada por grupos de alimentos y tenía cuadros para marcar las porciones que uno tenía permitidas cada día. La recuerdo claramente.

GRUPOS DE ALIMENTOS	PORCIONES POR DÍA
Granos (pan, arroz, cereal, pastas, etc.)	☐ ☐ ☐ ☐ ☐
Frutas (de cualquier tipo)	☐ ☐ ☐
Vegetales (de cualquier tipo)	☐ ☐ ☐ ☐
Lácteos (leche, queso, yogur, etc.)	☐ ☐ ☐
Proteínas (pollo, pescado, carne, frijoles, etc.)	☐ ☐
Grasas (mantequilla, aceite, etc.)	☐ ☐ ☐
Agua	☐ ☐ ☐ ☐ ☐ ☐

Luego de observar lo que comí varios días, me di cuenta de que vivía a base de pan, carne y grasas y que rara vez comía fruta, verduras o lácteos. Casi no probaba agua tampoco. ¡Qué impacto! Así que empecé a seguir religiosamente el programa. Cada noche, antes de acostarme, marcaba en la lista lo que había comido en el día. Todavía comía grandes cantidades, sólo que ahora eran otros alimentos, como frutas y verduras. También empecé a correr y a levantar pesas. En cosa de meses mi cuerpo cambió mucho y los kilos de más desaparecieron como por arte de magia. De pronto me sentía mucho mejor y en sintonía con mi cuerpo. Para mi sorpresa, hasta pasé de ser uno de los jugadores más lentos a convertirme en el más veloz de mi equipo de futbol.

Como descubrí por mí mismo, estar en forma es una capacidad que debe aprenderse mediante pruebas y la experiencia. Cuando se aprende a una edad temprana, se queda con uno toda la vida. Jamás hay que subestimar el poder que la salud física ejerce sobre la salud emocional.

A continuación te ofrezco 10 principios generalmente aceptados que mejorarán tu salud siempre que los practiques:

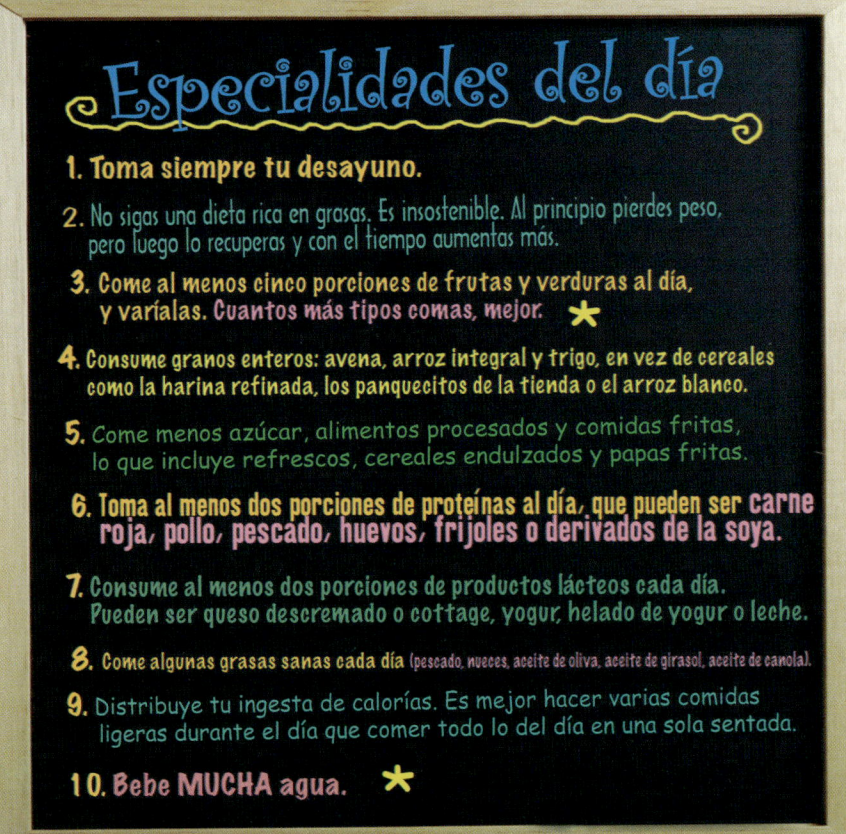

Especialidades del día

1. **Toma siempre tu desayuno.**
2. No sigas una dieta rica en grasas. Es insostenible. Al principio pierdes peso, pero luego lo recuperas y con el tiempo aumentas más.
3. Come al menos cinco porciones de frutas y verduras al día, y varíalas. Cuantos más tipos comas, mejor. ★
4. Consume granos enteros: avena, arroz integral y trigo, en vez de cereales como la harina refinada, los panquecitos de la tienda o el arroz blanco.
5. Come menos azúcar, alimentos procesados y comidas fritas, lo que incluye refrescos, cereales endulzados y papas fritas.
6. Toma al menos dos porciones de proteínas al día, que pueden ser carne roja, pollo, pescado, huevos, frijoles o derivados de la soya.
7. Consume al menos dos porciones de productos lácteos cada día. Pueden ser queso descremado o cottage, yogur, helado de yogur o leche.
8. Come algunas grasas sanas cada día (pescado, nueces, aceite de oliva, aceite de girasol, aceite de canola).
9. Distribuye tu ingesta de calorías. Es mejor hacer varias comidas ligeras durante el día que comer todo lo del día en una sola sentada.
10. **Bebe MUCHA agua.** ★

Además de una buena nutrición, el ejercicio es fundamental. ¿Has oído de las endorfinas? Son unas sustancias químicas del cerebro muy potentes que mejoran el estado de ánimo y eliminan el dolor. ¿Sabes qué las produce? El ejercicio. ¿No te parece fabuloso? ¿Quién necesita drogas cuando puede motivarse de manera natural con endorfinas, cada vez que quiera y gratis?

Todo mundo dice que no hay tiempo para hacer ejercicio. En realidad, para lo que no hay tiempo es para no hacerlo. El ejercicio te ayuda a sentirte y lucir mejor, y vivir más (aunque esto no te preocupe ahora). Para lograr un programa equilibrado de ejercicio, los expertos en salud de la revista *Time* recomiendan:

DESPEJA TU MENTE: *Practicar yoga, Pilates o alguna forma de ejercicio de estiramiento, respiración o meditación relaja el cuerpo, evita que te lesiones y mejora la circulación. Hazlos tres veces a la semana y verás cómo disminuye tu estrés.*

EJERCITA TU CORAZÓN: *Camina vigorosamente, pedalea, trota, haz* kickboxing *o un ejercicio aeróbico. Esto beneficia el corazón, los pulmones y el sistema circulatorio, y elimina calorías y grasa del cuerpo. Hazlo de tres a cinco veces por semana, en sesiones de 20 a 60 minutos.*

DESARROLLA LOS MÚSCULOS: *Levanta pesas, haz ejercicios calisténicos u otro que implique trabajo muscular. Hacer pesas ayuda a quemar calorías más rápido y aumenta la masa ósea. Hazlos dos o tres veces por semana, de 20 a 40 minutos por sesión.*

DESCANSA LO SUFICIENTE: *El entrenamiento con pesas y otros ejercicios vigorosos hacen que las fibras musculares se desgarren. El descanso permite que los músculos se reparen y reconstruyan. Evita trabajar dos días seguidos un mismo grupo muscular.*

Si practicas algún deporte de competencia, lo más probable es que ya estés realizando las cuatro actividades sugeridas arriba.

Toma en cuenta la regla siguiente: medio kilo de peso equivale a 3 500 calorías, de modo que si quieres perder medio kilo en una semana, debes quemar cada día 500 calorías más de las que consumes (500 calorías × 7 días = 3 500 calorías).

Investiga más sobre nutrición y ejercicio. Comprueba cómo ponerte en forma mejora los aspectos social, mental y espiritual de tu vida. No hablo de que te obsesiones por tu apariencia ni de que quieras estar delgado. (De hecho, podrías ser una persona robusta y estar saludable.) Hablo de conservarse sano. Lo que de verdad importa es cómo te sientes por dentro, no cómo luces por fuera.

DECISIONES INTELIGENTES

LA CLAVE

Leah, de 14 años, quiso compartir con nosotros los momentos tan difíciles que tuvo que pasar cuando inició la preparatoria. Parecía que lo único que importaba era la apariencia, la ropa y la popularidad. Leah no se sentía aceptada, por el contrario, solía ser blanco de las burlas debido a su sobrepeso.

Meses más tarde conoció a otros muchachos y su vida mejoró bastante. Sin embargo, muy pronto sus amigos tomaron direcciones diferentes a la que ella quería seguir. Vestían de manera descuidada, hablaban de manera violenta y empezaron a experimentar con sustancias adictivas.

Cierta tarde, mientras deambulaba con sus camaradas, Leah los miró y pensó: "Mis amigos parecen unos pordioseros. ¿Así me veré yo?" Entonces llamó a su mamá y le pidió que fuera por ella. Esa noche tomó la difícil decisión de dejar de juntarse con ellos.

Las cosas se pusieron difíciles para Leah durante varias semanas. Sus antiguos amigos se volvieron contra ella porque ya no quiso ser parte de su grupo. Muchas veces, para no sufrir la vergüenza de comer sola en la cafetería de la escuela, se iba al baño a tomar sus alimentos.

Con todo, nunca bajó la guardia. Tiempo después hizo nuevos amigos que compartían sus normas de conducta y la motivaban a sacar lo mejor de ella. Una de sus viejas amigas también dejó aquel grupo y comenzó a juntarse de nuevo con ella. La confianza de Leah se hizo cada vez mayor, y pronto halló su propio camino. ¡Cuánta diferencia puede significar tomar una decisión inteligente!

De modo que, ¿qué viene primero? ¿Tomas buenas decisiones porque tu valía es elevada, o tu valía es elevada porque tomas buenas decisiones? Adivinaste. Funciona de las dos maneras. Es un poco como la vieja pregunta: ¿Qué fue primero, el huevo o la gallina?

Tomar decisiones inteligentes corona el Arco de Triunfo de la Propia Valía. *Cuando lo haces correctamente, los demás bloques del arco se ajustan a la perfección.* Lo curioso es que poseer una valía saludable, es decir, tu sexta decisión más importante, es resultado de haber actuado inteligentemente en las cinco decisiones anteriores. De esta manera las buenas decisiones incrementan tu valía:

DECISIONES QUE LLEVAN AL CAMINO CORRECTO	CÓMO INCREMENTAN TU PROPIA VALÍA
Esfuérzate en la escuela.	• Aprenderás más y desarrollarás mejores habilidades. • Tus padres te sermonearán menos.
Elige amigos verdaderos y sé tú un verdadero amigo.	• Tus amigos harán que saques lo mejor de ti. • Te será más fácil hacer amigos.

Llévate bien con tus padres.	• Tendrás más paz en casa. • Tendrás un mayor apoyo por parte de ellos.
Elige tus citas de manera inteligente, respeta tu cuerpo y protégete.	• Gozarás de una buena reputación • No te preocuparás por ETS, embarazos ni otros traumas.
Evita las adicciones. 	• Te sentirás mejor físicamente. • Tendrás mayor control de tu vida.

El espejo social del mundo nos dice que sólo la belleza y la popularidad determinan tu valía, pero la verdad es que una valía propia saludable surge de la personalidad, la competencia y un conjunto de decisiones acertadas. Como Dumbledore explica en *Harry Potter y la cámara secreta*:

> "Harry, son tus decisiones, más que tus habilidades, las que muestran quién eres en verdad."

¡Vence a tu propio Guapo!

Una de las mejores películas de todos los tiempos es *Los tres amigos*, donde se libra una batalla clásica entre los chicos buenos y un villano loco llamado El Guapo. En cierta escena, uno de los amigos intenta convencer a los habitantes del pueblo de que se enfrenten contra El Guapo con el siguiente discurso: "A todos nos toca enfrentar a un enemigo como él alguna vez. Para algunos El Guapo puede ser la timidez. Para otros tal vez la falta de educación. Para nosotros, El Guapo es un enorme y peligroso individuo que quiere matarnos."

Cuando se trata de la propia valía, cada uno tiene un Guapo al que debe vencer. ¿Cuál es el tuyo? Éstos son tres de los más comunes:

- ¿Cómo puedo desarrollar mi propia valía si no soy bien parecido?
- ¿Cómo salgo adelante si todo el tiempo me ponen apodos, me rebajan y se burlan de mí?
- ¿Cómo puedo salir de la depresión en la que estoy sumido?

 ## ¿CÓMO PUEDO DESARROLLAR MI PROPIA VALÍA SI NO SOY BIEN PARECIDO?

Esta pregunta me la envió Rotem, un adolescente israelí. Para responderla, les contaré la historia de otra nativa de Israel que, cuando era adolescente, se sentía justo como Rotem. Su nombre era Golda Meir.

Yo jamás fui bella. Hubo un tiempo en que esto me entristecía, cuando tenía la edad suficiente para entender la importancia de la belleza y, al mirarme al espejo, ver que era algo que yo jamás tendría. Luego descubrí lo que quería hacer de mi vida, y a partir de entonces dejó de tener importancia que me consideraran o no bonita. Pero no fue sino mucho después cuando comprendí que no ser bella fue una bendición, pues me obligó a desarrollar mis recursos internos. Así entendí que las mujeres que no se escudan en su belleza y actúan por sí mismas son las que llevan la ventaja.

Golda Meir fue la primera mujer en ser nombrada primera ministra de Israel, y es considerada una de las más grandes líderes de su tiempo. ¿Cómo logró Golda desarrollar su valía? En cuanto supo qué quería hacer de su vida, ser bonita pasó a segundo lugar. Ése puede ser tu caso. Una vez que sepas lo que quieres hacer con tu vida —tus metas, sueños y propósitos—, de ahí vendrá tu energía y dejarás de obsesionarte por la apariencia física.

Prácticamente todos los adolescentes que conozco quisieran ser más hermosos o cambiar alguna parte de su cuerpo. Frecuentemente oigo cosas como:

"Mi nariz es muy grande."   *"Tengo la cara redonda."*

"Mis dedos son gordos."   *"Soy muy bajito."*

"LAS OREJAS ME SOBRESALEN."   **"Soy demasiado alto."**

En una encuesta realizada por TRU.com se les preguntó a los adolescentes: ¿Cuáles serían las principales cosas que cambiarías de ti si pudieras?

¿QUÉ CAMBIARÍAS DE TI?

1. SERÍA MÁS GUAPO(A)
2. SERÍA MEJOR ESTUDIANTE
3. TENDRÍA MÁS CONFIANZA EN MÍ MISMO(A)
4. SERÍA MEJOR ATLETA
5. TENDRÍA NOVIO(A)
6. SERÍA MÁS POPULAR
7. TRABAJARÍA MÁS DURO

No debería sorprendernos que ser más guapo sea la primera respuesta. No te obsesiones con la apariencia; esfuérzate por lucir lo mejor que puedas y destacar tu rasgos naturales. Fíjate qué colores te favorecen, sé pulcro y encuentra el peinado que se ajuste más a ti. Aprende a apreciar tus rasgos. Después de todo, cada persona es bella a su manera: con unos brillantes ojos azules o profundos ojos cafés, de barbilla delicada o pómulos elevados, de nariz fina o prominente, de orejas elegantes, dedos gráciles, espaldas anchas, piernas musculosas, largas pestañas, labios sensuales o trasero de hierro.

La autora Susan Tanner, quien en la adolescencia sufrió un caso severo de acné que la llenaba de inseguridad, nunca ha olvidado la lección que su madre le enseñó alguna vez: "Haz todo lo que puedas por que tu apariencia sea agradable, pero en cuanto cruces por la puerta, olvídate de ti y empieza a concentrarte en los demás". Es un consejo que vale para todos.

Recuerda, si todo el tiempo te miras en el espejo social, siempre te sentirás fuera de lugar; en cambio, si te miras en el espejo real, te darás cuenta de que la belleza interior es más importante que la exterior.

Audrey Hepburn, una de las actrices más glamorosas del Hollywood de la época de mis padres, era famosa por su belleza y gran estilo. Solía darle a la gente estos consejos de belleza:

Consejos de belleza

Para unos labios atractivos,
pronuncia palabras amables.
Para unos ojos primorosos,
observa lo bueno que hay en cada persona.
Para una figura refinada,
comparte tus alimentos con el hambriento.
Para un cabello hermoso,
deja que al menos una vez un niño pase sus dedos por él.
Para mejorar el porte,
camina con la certeza de que jamás darás un paso sola.
Las personas, más que las cosas, necesitan que se les
restaure, renueve, reanime, reforme y recupere;
nunca deseches a nadie.
La belleza de una mujer no está en la ropa con que viste,
la figura que luce o la manera como peina su cabello.
La belleza de una mujer debe provenir de sus ojos,
porque ellos son la puerta a su corazón, que es donde reside el amor.

—Sam Levenson

Reproducido con autorización de Sll/Sterling Lord Literistic, Inc., Copyright © 1973 por Samuel Levenson.

El autor Neal Maxwell observó:

"¿No sería interesante que en el exterior de cada persona pudiera verse su interior? Así sabríamos quiénes son de verdad bellos."

Habrás muerto antes de estar tan delgada como quieres

Por favor, en tu lucha por lucir y sentirte bien, no lleves las cosas al extremo.

También yo recurrí al vómito... Pensé que podía hacerlo cada vez que quisiera. Así podía deshacerme de cualquier cosa de mi lista "negra" que hubiera comido. Tenía un miedo irracional a comer sin parar hasta volverme enorme. Entonces me decía que si bajaba hasta cierto peso, eso me daría seguridad para detenerme. Pero lo más extraño era que la raya en la báscula nunca parecía estar suficientemente abajo...

Así piensan quienes sufren un trastorno alimenticio. Estos trastornos se definen como hábitos alimenticios que provocan daños físicos y mentales. Los tres más comunes son la *anorexia nerviosa* (matarse uno mismo de hambre), la *bulimia nerviosa* (atracarse para luego vomitar) y el *síndrome de descontrol alimentario* (comer incontroladamente). ¿Sabías que millares de adolescentes han muerto o morirán a causa de ellos? De hecho, la tasa de mortalidad por anorexia nerviosa es una de las más altas entre los trastornos psicológicos.

Millones los adolescentes padecen algún desorden alimenticio. Tal vez tú conozcas a alguien, o quizá tú mismo padezcas uno. Estos trastornos atacan a hombres y mujeres, ricos y pobres, niños y ancianos. No obstante, son más frecuentes entre las adolescentes. A veces el trastorno pasa inadvertido durante años, y cuando al fin se le reconoce suele pasar por un periodo de negación, por lo que continúa sin tratamiento. Muchos factores contribuyen, como problemas familiares, depresión, abuso sexual u obsesión por estar delgado.

LOS EXPERTOS ESTIMAN QUE DE 5 A 20% DE QUIENES SUFREN ANOREXIA NERVIOSA MORIRÁN POR ELLO. ¡ESCALOFRIANTE!

Tú eres un adolescente con futuro, por ello necesitas un cuerpo fuerte y saludable. No puedes permitirte perder la memoria, desorientarte, padecer estreñimiento, tener músculos atrofiados, pulso débil e irregular que te provoque infartos ni ningún otro mal derivado de la anorexia. No te dejes arrastrar hacia ese estilo de vida antinatural y malsano. Los trastornos alimenticios son difíciles de erradicar, y pueden quedarse contigo toda la vida. Si quieres perder peso, hay maneras naturales y sanas de lograrlo.

Si en este momento sufres de un desorden alimenticio, busca ayuda con tus padres, el médico familiar o un grupo de apoyo. O visita la Oficina de Ayuda para conocer algunas formas de lidiar con el problema.

 ¿CÓMO SALGO ADELANTE SI TODO EL TIEMPO ME PONEN APODOS, ME REBAJAN Y SE BURLAN DE MÍ?

Reese, de 16 años, tenía alelados a todos con su relato. O al menos, eso creía él. Les contaba a sus amigos la larga anécdota de cómo se perdió mientras esquiaba hasta acabar en la plataforma olímpica de salto, donde no se permitía la entrada, cuando Brad lo paró en seco.

—¡Cierra la boca, Reese! —le gritó—. ¡A nadie le importa tu tonta historia! ¿Sabes qué? ¡Hablas demasiado!

Todos se rieron. Reese hizo como si nada, pero algo había muerto dentro de él. Se sintió como un tonto, y se preguntó cuántas de las historias que les había contado a sus amigos les resultaron igual de ridículas.

Después de eso, empezó a cuidar hasta la exageración todo lo que decía cuando ellos estaban cerca. Dejó de llamarlos por teléfono para no fastidiarlos, y ellos dejaron de llamarlo a él. Todo el tiempo pensaba: "Me llamarán si planean hacer algo". Pero no lo hicieron. Con el tiempo estas amistades terminaron y la valía de Reese sufrió un gran menoscabo.

Este tipo de cosas pasan todo el tiempo, ¿no es así? Una palabra violenta por aquí, un comentario poco amable por allá, chismes... ¡y cómo duelen! Por eso todos deberíamos cuidar más nuestras lenguas.

Recuerdo a una chica de secundaria con la que hablé. Me dijo que odiaba la escuela. Le pregunté por qué. Me respondió, hecha un mar de lágrimas:

—Porque en mis clases hay un grupo de chicas rudas y crueles que me dicen toda clase de cosas. Ya no aguanto más.

Si lo mismo te ocurre a ti, ¿qué podrías hacer? Pregúntale a alguien que pasó por ello y salió adelante. Te dirá lo mismo que todos los que sufrieron esta situación. Bridget, de la secundaria Joliet Township, quiso compartir con nosotros cómo aprendió a sobreponerse a los comentarios hirientes:

Cuando estaba en secundaria no solía defenderme. Si alguien me decía: "No me gustan tus zapatos", yo no decía nada, sólo me quedaba callada. Entonces entré a la preparatoria y empecé a salir con gente que ejerció una influencia positiva en mí, como Michelle. Le tiene sin cuidado lo que digan de ella. Ella es como es, y si no te gusta su forma de ser, qué lástima. Aprendí que hay que dar la cara por ti mismo y tener confianza en quien tú eres. Ahora, si alguien me dice: "No me gusta tal cosa de ti", tengo el valor de alzar la cara y lidiar con ello.

Es un buen consejo. Y en todo caso, si supieras cuán poco tiempo gastan los demás en pensar en ti, dejaría de importarte su opinión sobre ti.

 ¿CÓMO PUEDO SALIR DE LA DEPRESIÓN EN LA QUE ESTOY SUMIDO?

Depresión es un término del que se ha abusado tanto, que me deprimo de sólo pensar en ello. Pero ¿qué significa?

El American Heritage Dictionary ofrece dos definiciones para la depresión: 1. Decaimiento del ánimo; aflicción. 2. Estado de tristeza psicológica.

Rachel la experimentó en su primera forma, es decir, decaimiento del ánimo.

En este momento mi vida entera me desquicia. Todo el tiempo me siento ansiosa, deprimida o alterada. ¡Es como si mis sentimientos no acabaran por decidirse nunca! Realmente me preocupa porque llega a afectar a las personas a mi alrededor, como cuando estoy de malas y me desquito con mi familia, y eso está mal porque la culpa no es de ellos.

Todos hemos experimentado alguna vez esta forma de depresión, que no es más que las altas y bajas normales de la vida, o lo que algunos consideran melancolía. Infinidad de cosas nos hacen sentir así: romper con tu novia o novio, que tus padres te avisen que se van a mudar, o que llegue la noche del domingo y no hayas empezado la tarea. ¡Eso sí que es deprimente! Pero ese sentimiento por lo general no dura más que unos días.

Es mucho más serio el segundo tipo de depresión, la que tiene un trasfondo psicológico o clínico. Y, contra lo que algunas personas poco informadas pensarían, no desaparece con sólo desearlo, ni es señal de una personalidad débil. Esta clase de depresión surge por cuestiones como: muerte de un ser querido, soledad, estrés, abuso sexual, desequilibrio en la química corporal, abuso de sustancias o problemas familiares. Según la Asociación Nacional para las Enfermedades Mentales de E.U.A., los siguientes síntomas indican esta clase de depresión:

- *Alteraciones importantes en el sueño, el apetito y la energía.*
- *Pérdida de interés en actividades que antes resultaban muy entretenidas.*
- *Sentimientos de tristeza, culpa, inutilidad, desesperanza y vacío.*
- *Pensamientos recurrentes de muerte o suicidio.*

Si muestras cualquiera de estos síntomas, debes saber que pueden ser tratados con éxito mediante asesoría, una buena nutrición, ejercicio, medicamentos o una combinación de ellos. A pesar de todo, no deja de sorprender que menos de la mitad de la gente con depresión busque ayuda.

A todos nos da gripa o resfriado alguna vez, y cuando vamos con el doctor le explicamos abiertamente nuestros síntomas. De la misma manera podemos caer enfermos o deprimidos emocionalmente. Es algo terrible. La química cerebral deja de funcionar. Perdemos la esperanza... Pero, a diferencia de las enfermedades físicas, no solemos hablar de las enfermedades mentales. Son un estigma. Dudamos en acudir con el doctor o en tomar los medicamentos con la idea errónea de que nosotros mismos podemos curarnos. La experta en salud mental, Sherri Wittwer, resume lo anterior de la siguiente manera:

"No hay nada vergonzoso en padecer un trastorno mental. Las enfermedades mentales no son diferentes de cualquier otra enfermedad, como el asma o la diabetes. Lo que sí sabemos es que existe un tratamiento, la recuperación es posible, y hay esperanza."

Jake Short, un valiente joven que sufría de trastorno bipolar, también conocido como desorden maniacodepresivo, quiso compartir con nosotros la pesadilla que fue su vida hasta que siguió un tratamiento.

La escuela siempre se me dificultó: aprender hasta lo más simple me costaba trabajo. No me relacionaba con nadie. Una noche (iba en tercero de primaria), mis padres me ayudaban a escribir oraciones para deletrear palabras, pero no podía a pesar de mis esfuerzos. Estaba tan enfadado que me eché a llorar. Aunque sólo tenía ocho años, escapé de casa aquella fría noche nevada y vagué un largo rato. Regresé cuando el frío me venció. Mi mamá lloraba, y me preguntó qué me haría sentir mejor. "Estar muerto", le contesté. Entonces ambos se dieron cuenta de que algo malo ocurría conmigo.

Así empezaron años de tratamientos por distintos problemas como fobias sociales, TDA, ansiedad severa y depresión. Mi vida entera giraba en torno a las terapias y la medicación.

En quinto y sexto año empeoré. Escapaba de la escuela, me causaba heridas y me ocultaba de todos. Aunque sabía que algo en mí estaba muy mal, nadie era capaz de ayudarme. Mis padres estaban desesperados. El médico se limitaba a aumentar las dosis de mis medicinas, mientras yo me pasaba las noches en vela por el temor de ir a la escuela. Seguía sin poder hacer tarea; me tiraba en el piso llorando y me oprimía la cabeza mientras gritaba: "¡Esa cosa negra está otra vez dentro de mí!"

Finalmente fui llevado a un centro de atención, donde mi nuevo psiquiatra diagnosticó de manera correcta mi condición bipolar. Fue un verdadero alivio saber por fin cuál había sido mi padecimiento todos esos años. Me retiró todas las medicinas y me recetó otras nuevas. Luego de un tiempo con esta nueva medicación, poco a poco empecé a sentirme mejor. La escuela seguía siendo un reto, pero fue haciéndose soportable a medida que mis notas mejoraban y recuperaba mi vida.

Empecé a realizar cosas que jamás habría hecho, como hablar frente al público. A los 13 años incluso hablé ante los legisladores cuando se debatía una ley sobre salud mental, y que gracias a mi historia fue aprobada. Seguiré hablando de salud mental y ayudando a otros como yo. Mi padecimiento no es diferente del de un enfermo de diabetes. Mi desequilibrio químico está en la cabeza, el de esa persona en su páncreas. Eso es todo.

Si alguna vez has pensado en el suicidio o te has preguntado si realmente importa vivir o no, por favor presta atención a esto:

Siempre hay alguien que te ama. Por favor, aférrate a la vida. Las cosas nunca son tan negras como parecen. Habla de inmediato con alguien y hazle saber lo que estás sintiendo, de la misma manera que lo harías si tuvieras un terrible resfriado: "Me siento de veras mal. ¿Puedes ayudarme?"

Hay una canción de Dido en la que habla de lidiar con el dolor mediante la promesa de una esperanza. He aquí un fragmento:

> *"Vine hasta aquí para abrir las cortinas*
> *No puedes seguir escondiéndote*
> *Debes lavarte esos ojos hinchados*
> *No puedes seguir encerrándote aquí.*
>
> *Tal vez no quieras escuchar que mañana será otro día*
> *Pues bien, te prometo que volverás a ver el sol*
> *Y me preguntas por qué el dolor es el único camino a la felicidad*
> *Y YO TE PROMETO QUE VOLVERÁS A VER EL SOL..."*

SEE THE SUN
Letra y música de DIDO ARMSTRONG ©2003 WARNER/CHAPPELL MUSIC LTD (PRS)
Todos los derechos son administrados por WB MUSIC CORP. Reservados todos los derechos. Reproducido con autorización.

Podríamos seguir describiendo todos los Guapos que hay, como enfrentar la muerte de un familiar, tratar de salir de la pobreza o soportar algún impedimento físico importante. Prefiero no hacerlo porque la solución por lo general es la misma para todos los casos.

CONCÉNTRATE SÓLO EN LO QUE PUEDES CONTROLAR
OBSERVA DENTRO DEL ESPEJO
Y NUNCA PIERDAS LA ESPERANZA.

DIAMANTES A RAUDALES

Hace años, en su discurso "Diamantes a raudales", Russell Conwell narró la historia del granjero Ali Hafid, que vivió en la antigua Persia. Descontento con lo que tenía, Ali vendió su granja y abandonó a su familia por ir en busca de diamantes. Durante los siguientes años recorrió Palestina y Europa hasta llegar a la costa de España. Allí, abatido, desconsolado y sin un centavo tras años de búsqueda infructuosa, se suicidó ahogándose en el océano. Años después, en la granja que vendió se descubrió la que sería la más grande mina de diamantes en la historia, Golconda. Si Ali se hubiera quedado en su hogar para buscar en sus propios terrenos, habría hallado diamantes a raudales.

Eso mismo pienso de cada uno de ustedes, los que están leyendo este libro. Creo que poseen infinidad de habilidades naturales, diamantes a raudales, por decirlo así, y que no necesitan buscar en ningún otro lado. Basta con que busquen en sus propios terrenos.

En *El rey león* hay una escena extraordinaria que trata este asunto. Luego de que Mufasa, el rey de la sabana, muere, se supone que su hijo Simba debe sucederlo. Pero, como se siente responsable por la muerte de su padre, Simba huye y se pasa años haraganeando junto con sus irresponsables amigos. Pronto olvida la gran responsabilidad y herencia que le corresponden. Una noche Simba tiene una visión en la que enfrenta a su padre.

> **MUFASA:** *Simba, me has olvidado.*
> **SIMBA:** *No, ¿cómo dices eso?.*
> **MUFASA:** *Has olvidado quién eres, y es así como me has olvidado. Mira en tu interior, Simba. Eres mucho más de lo que te has convertido. Debes ocupar tu lugar en el Círculo de la Vida.*
> **SIMBA:** *¿Pero cómo puedo regresar? No soy quien fui antes.*
> **MUFASA:** *Recuerda quién eres: eres mi hijo y el único rey verdadero. Recuerda tu origen. Nunca dejes de recordar…*

Yo también espero que ustedes recuerden quiénes son en realidad. Que recuerden las cosas fantásticas del pasado, como cuando obedecieron a su corazón, alcanzaron una meta o ayudaron a alguien. Que recuerden los sueños y esperanzas que hoy albergan sobre el futuro. Que nunca olviden que, además de su familia directa, también pertenecen a la gran familia humana.

Cuando todo lo demás está dicho y hecho, tu familia bien puede ser tu mejor fuente de valía propia. Tal vez digas: "¿Estás loco? No soporto a mis hermanos, y mis papás no paran de regañarme". Admito que hay familias disfuncionales, pero la mayoría son buenas. Y aunque tu madre o tu hermana te fastidien, son tu sangre, y cuando enfrentes situaciones de vida o muerte harán lo que sea por ti. Latoya, de Paterson, Nueva Jersey, me comentó: "A veces los chicos te hacen sentir especial y que nadie más les importa. Muchas chicas creen necesitar algo así. Sin embargo, mi madre me ama, y también mi padre, de modo que no siento ningún hueco que deba llenar".

Una nueva moda en la *web* consiste en rastrear tu árbol genealógico. Usa la gráfica siguiente para ver si eres capaz de identificar a tres generaciones de antepasados tuyos. Primero pon tu nombre, luego los de tus padres, tus abuelos y tus bisabuelos. Si te atoras, pídeles a tus padres o abuelos que te ayuden.

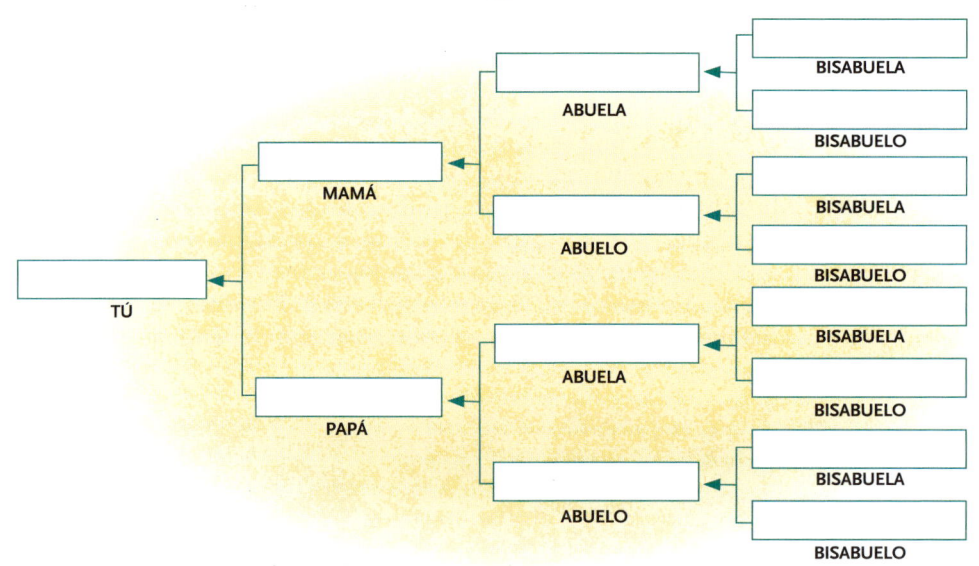

¿Qué tan bien conoces tu linaje? ¿Puedes narrar anécdotas de tus abuelos o bisabuelos? ¿Cómo fueron de adolescentes? Apostaría a que entre los antepasados de cada uno de ustedes hay alguien a quien podrían considerar un excelente modelo a seguir.

Conocer a tus familiares pasados te dará sentido de identidad, pertenencia y valor propio. Como con Simba, descubrirás que formas parte de algo mucho más grande. Y te darás cuenta de la enorme influencia que una persona puede ejercer, para bien o para mal, en las generaciones subsecuentes.

DEJA QUE TU LUZ BRILLE

Abrí este capítulo con una cita de Marianne Williamson. Ésta es la segunda parte de la cita.

"Eres hijo de Dios; por eso, cuando actúas a medias no le haces ningún bien al mundo. No hay nada menos ilustre que empequeñecerte con tal de hacer sentir seguros a quienes te rodean. Todos fuimos hechos para brillar, como los niños. Nacimos para hacer patente la gloria de Dios en nuestro interior. Esa gloria no se encuentra sólo en unos cuantos, sino en todos. Y cuando dejamos que nuestra luz brille, sin saberlo les damos permiso a otras personas de hacer lo mismo."

Hay adolescentes que parecen haber nacido con un enorme sentido de su propia valía, pero la mayoría debemos desarrollarla. Pueden pasar años antes de que sepas de qué eres capaz. No significa que un buen día te levantes pensando: "¡Guau, cómo me gusta ser yo!" Pero te aseguro que va a ocurrir. Tu verdadero valor nada tiene que ver con la apariencia o la popularidad. Surge del hecho de que eres un ser humano, alguien con un destino y un potencial asombroso. Nadie tiene más o menos valor que los demás. Cada uno es igual a los demás, ¡y nuestro valor es inmenso! Por eso no vale la pena compararte con tu hermano, tu hermana o un amigo y sentir que eres superior o inferior a ellos. ¿Y qué si usas brackets, y qué si tienes acné, y qué si eres poco sociable? Al final saldrás adelante. Nunca permitas que el espejo social te despoje de tus dones únicos. Como sostenía el gran inventor R. Buckminster Fuller:

"Todos los niños nacen siendo genios; 9999 de cada 10000 son rápida e inadvertidamente despojados de su genialidad por los adultos."

¿Cómo puedes saber si tu sentido de tu propia valía está mejorando?

- *Cada vez te preocupará menos lo que los demás piensen de ti.*
- *Harás más servicios a tu comunidad.*
- *Te recuperarás con más rapidez de cada tropiezo que sufras.*
- *Sentirás una mayor paz interior.*
- *El éxito de los demás te alegrará, como le pasó a Cody en esta anécdota:*

Kiefer no podía esperar para contárselo a sus amigos. Se había esforzado mucho los últimos tres años, y por fin lo nombraron "All-State". ¡No lo podía creer! Sostenía en la mano el periódico en el que vio escrito su nombre junto a los otros, y volvía a leerlo una y otra vez para comprobar que era cierto.

De pronto, su amigo Brett le arrebató el periódico. "¿Es el equipo All-State? ¿A quién escogieron de nuestra escuela?" Kiefer esbozó una tímida sonrisa en espera de que Brett descubriera su nombre.

"¿QUÉ? ¿Te incluyeron en el All-State a ti, Kiefer?", preguntó Brett con una mueca de incredulidad. "¿Es en serio? ¿Por qué te eligieron a TI?"

"No lo sé", atinó a decir Kiefer, mientras su sonrisa desaparecía. Se sintió como un tonto; la actitud de su amigo lo lastimó. Nunca esperó algo así.

Sin embargo, minutos después Cody oyó la noticia y ¡estalló de júbilo! "¡SÍ, ALL-STATE, Kiefer! ¡Es grandioso! ¡TE LO MERECES, HERMANO!", exclamó Cody mientras sacudía a Kiefer, ambos sonrientes. Celebraron como verdaderos amigos: uno de ellos se sentía feliz por el otro.

LA ELECCIÓN DE CADA DÍA

Recuerda que tener valía propia es una elección de cada día. En la columna "Querido Harlan" del *Deseret Morning News* leí:

Querido Harlan:
Soy estudiante del primer año de la universidad y necesito que me aconsejes cómo lidiar con la desgracia de ser poco atractivo. Tengo sobrepeso, y me he esforzado por perder los kilos de más (con algún éxito). El sobrepeso me ha dejado muchas estrías, y tengo acné (que estoy tratando con la ayuda de un dermatólogo). El acné me ha dejado algunas marcas en el rostro y en el pecho.

Jamás he tenido una cita. Quisiera que no me descartaran como un posible compañero. ¿Cómo puedo superar estos sentimientos?

Firma: Oculto tras una Máscara

Querido Oculto tras una Máscara:

Este fin de semana realicé una pequeña investigación (en el centro comercial), y descubrí a decenas de parejas de enamorados con defectos en la piel, llantitas y estrías. La conclusión: no es el acné lo que te detiene... ¡eres tú! Estás tan acostumbrado a hacerte menos que no das una oportunidad a los demás.

Para revertir esta situación añade grandes cualidades a tu personalidad. Cada mes adquiere una nueva (ejercítate, comprométete más, sirve como voluntario, aprende a escuchar, etc.). En un año tendrás 12 cualidades nuevas, y así sucesivamente. Cuantas más acumules, más razones tendrás para sonreír.

Tú eres una persona atractiva y mereces lo mejor. Ámate hoy... y los demás aprenderán a amarte mañana y siempre.

¿Cuál será el camino que elijas, el correcto o el incorrecto? Mi recomendación es que tomes el correcto: mírate en el espejo real, desarrolla tu personalidad y competencia y recuérdate cada día que debes aceptarte tal como eres.

El que desarrolles una valía sana no significa que no volverás a sentirte lastimado o inseguro. Significa que cuentas con un sistema inmune fuerte para frenar los gérmenes que la vida envíe contra ti. Sé como un durazno: dulce y delicioso por fuera, pero sólido en su interior como la más dura de las semillas. Dar y recibir amor, mostrarnos abiertos y vulnerables no debería atemorizarnos. Tal vez salgamos lastimados de vez en cuando, pero debemos manejarlo porque nuestro interior es sólido e inmutable, inquebrantable.

¡Espero verte pronto en el camino correcto!

PRÓXIMAMENTE

El capítulo final trata sólo de piratas y *hobbits* (extraña combinación, ¿no lo crees?). Pero también es bastante corto: tres páginas más y lo habrás terminado. ¡Felicidades!

PASO A PASO

1. Copia los "Consejos de belleza" de Audrey Hepburn y pégalos en tu espejo.

2. La próxima vez que alguien te diga un apodo, contéstale con la famosa frase de Pee-wee Herman: "Ya sé que eso eres, pero no te digas tan feo", y mantente preparado, porque alguien podría quererte golpear por eso.

3. Haz una lista de tus talentos y habilidades más notables. Ahora añádele un elemento más que quisieras desarrollar.

   Nuevo talento o habilidad que quisiera desarrollar:
   _____
   _____
   _____

4. La próxima vez que cometas un error, pon en práctica el principio de cuadruplicar. Repara al cuádruple tu error.

5. Durante cinco días seguidos haz una buena obra por alguien que la necesite. Marca los recuadros a medida que cumplas con cada día y fíjate qué tan bien te sientes al final.

   ☐ Día 1   ☐ Día 2   ☐ Día 3   ☐ Día 4   ☐ Día 5

6. ¿Qué logro de tu vida consideras el más importante? Escribe cómo te hizo sentir en el momento en que lo alcanzaste.
   _____
   _____

7. Inaugura tu propio día de la integridad. Durante un día entero sé absolutamente honesto en todo lo que realices. No mientas, ni engañes, ni exageres, ni chismees. Cumple con todos tus compromisos. Al final verás lo completo que te hace sentir actuar así.

8. Nombra cinco cosas en las que creas o en las que tengas fe.

1. _____
2. _____
3. _____
4. _____
5. _____

9. Durante tres días consecutivos cuenta las porciones de frutas y verduras que consumes. Si descubres que no consumes cinco o más de ellas, realiza algunos ajustes en tu dieta.

Porciones de frutas y verduras

Día 1 _____

Día 2 _____

Día 3 _____

10. Piensa otra vez en las primeras cinco decisiones más importantes de tu vida: la escuela, los amigos, los padres, el noviazgo y el sexo y las adicciones. ¿Cuál de ellas te está costando más trabajo? Decídete a tomar desde hoy mejores decisiones en esa área.

CÍÑETE AL CÓDIGO

¡Vale la pena luchar por él!

En la película *Piratas del Caribe* hay una escena grandiosa que no olvidaré jamás. Cuando todo parece venirse abajo, uno de los piratas le pregunta al capitán Jack Sparrow qué deben hacer. El capitán (quien es todo menos admirable, ¡pero al menos tuvo una línea que valió la pena!) simplemente responde:

"¡CÍÑETE al CÓDIGO!"

Y el pirata lo entiende a la perfección, "¡Claro, el código!"

Aunque el código al que se refería el capitán Sparrow era otro, en este libro seguir el código significa tomar decisiones inteligentes en cada bifurcación del camino y apegarte a lo que sabes que es correcto, aun cuando sea difícil o impopular. Y que cuando te salgas de la ruta, vuelvas sin demora a ella.

Quisiera poder decirte que de hoy en adelante tu vida será como miel sobre hojuelas, pero ambos sabemos que no es así. Tendrás días tristes y otros

DISCULPEN A MI PLANETA   **POR VIC LEE**

en que no se te acomodará el cabello. Habrá ocasiones en que todo parecerá venirse abajo. Cuando eso ocurra, "Cíñete al código". Escucha tu conciencia, ese sentido común que te hace sentir culpable cuando tratas mal a un amigo y reconfortado cuando eres amable con tu mamá. Tu propia conciencia te llevará al camino correcto. Tú sabes de lo que hablo. ¡Claro, el código!

Se ha discutido durante años si son los genes o el entorno y la educación los que determinan quiénes somos. Mi respuesta es: ninguno de los dos...

NUESTRAS DECISIONES DETERMINAN QUIÉNES SOMOS

A pesar de que los genes y la educación influyen profundamente en ti, tú eres quien eres por las decisiones que tomas. ¡Las decisiones mandan!

Así que recuerda, hay seis decisiones clave que deberás de tomar durante la adolescencia, las cuales pueden forjar o destruir tu futuro. También eres libre de elegir la senda que desees. Ojalá que este libro te haya preparado mejor para responder a estas preguntas:

1. ¿Qué voy a hacer en relación con mi educación?
2. ¿Qué clase de amigos elegiré, y qué clase de amigo seré?
3. ¿Me llevaré bien con mis padres?
4. ¿Con quién voy a salir y qué haré respecto al sexo?
5. ¿Qué haré respecto a fumar, las drogas, la pornografía y otras adicciones?
6. ¿Qué haré para fortalecer mi autoestima, mi valía?

POR FAVOR, ELIGE BIEN
TU VIDA ESTÁ EN JUEGO

Elegir el camino correcto no sólo te ayudará a estar feliz y saludable hoy, sino que te preparará para cuando cumplas 20, 30 y más años. Y por "prepararte" quiero decir estar listo, con las pilas puestas, equipado, organizado, a punto de arrancar. ¿Quién no querría eso?

Algunos quizá piensen: "Ojalá hubiera tenido este libro hace años. Ya eché a perder varias decisiones". Bueno, **nunca es demasiado tarde** para aprender de tus errores y volver a la ruta correcta. Repito: no importa si tienes 15, 19 o 25 años, nunca es demasiado tarde para cambiar el curso. Cuando lo hagas, las pruebas que superaste en el pasado pueden ser una bendición para ti y los demás.

Claro que te irá mejor si te mantienes firme en el camino correcto desde el principio. Después de todo, las personas inteligentes aprenden de sus errores, pero las brillantes aprenden de los errores de los demás. Si ya estás en el camino correcto, no juzgues a los que no están en él; mejor ayúdalos a hacer lo mismo que tú. Sé una buena influencia para quien esté a punto de dejar sus estudios o probar drogas. Quizá seas el salvavidas que necesita. **¡CÍÑETE AL CÓDIGO!**

Hay tanto odio, violencia y otras cosas deprimentes en este mundo que es muy fácil darse por vencido. Pero ¡anímate!, también hay bondad y belleza por doquier. Esto me recuerda el diálogo entre Frodo y Sam, de la trilogía *El Señor de los Anillos*, cuando se encuentran exhaustos y a punto de perder toda esperanza.

SAM: *Es como en las grandes epopeyas, señor Frodo, las que de veras cuentan. Tan llenas de oscuridad y grandes peligros que a veces ni siquiera dan ganas de conocer el final. Porque ¿cómo podrían tener un final feliz? ¿Cómo podría el mundo volver a lo que era antes después de que ocurren tantas cosas malas? Pero al final, todas esas sombras sólo son pasajeras. Y la oscuridad también pasa. Llega un nuevo día, y cuando el sol sale otra vez, es más brillante que antes. Ésas son las historias que se quedan con uno, que significan algo para uno, aunque seas demasiado pequeño para entender por qué.*

Pero creo que ahora entiendo, señor Frodo. Ahora lo sé. Las personas de esas historias tuvieron muchas oportunidades de volverse atrás, pero no lo hicieron. Siguieron adelante porque se aferraban a algo.

FRODO: *¿Y a qué nos aferramos nosotros, Sam?*

SAM: *Al hecho de que aún hay bondad en este mundo, ¡y vale la pena luchar por ello!*

Apoyo la moción. En este mundo hay bondad y vale la pena luchar por ella. También creo firmemente que vale la pena luchar por cada uno de ustedes, porque son buenos. Aún más, creo que son la más grandiosa generación de adolescentes que haya existido jamás. Por eso escribí este libro.

Bien, aquí estamos, al final de todo. Los felicito por terminar de leer este libro (¿o qué, sólo leyeron las caricaturas?). Los dejo con mis mejores deseos de que triunfen en la vida. No dejen de leer libros. Son el alimento de la mente, ¿lo sabían? Y no olviden la recomendación de P. J. O'Rourke,

"Lee sólo aquello que te haría lucir bien si murieras a mitad de la lectura."

AGRADECIMIENTOS

Un colega me preguntó una vez: "¿Quién te escribió el libro?" Yo me sentí ofendido. "¿Que quién me lo escribió?", repliqué. "¿Por qué contrataría yo a un escritor anónimo?"

La verdad es que adoro escribir, y fui yo quien escribió las 100,749 palabras de este libro en mi ThinkPad IBM. Aclarado esto, y como todo escritor sabe, se necesita todo un ejército de colaboradores para darle vida a un libro, de modo que aprovecho este espacio para dar las gracias al ejército que hizo posible esta obra.

Gracias a Annie Oswald, por dirigir de principio a fin este proyecto. Tu pasión por ayudar a los adolescentes y tu deseo por sentar un precedente iluminaron el trabajo de cada día. Gracias por recabar anécdotas, realizar entrevistas, reunir grupos de debate, recopilar información, encontrar citas asombrosas, conseguir permisos, proporcionar retroalimentación directa y hacer 101 cosas más. Todos me comentan a cada momento cuánto les gustó trabajar contigo. A mí también.

Gracias a Cynthia Haller, mi hermana, por redactar los borradores de los capítulos sobre los amigos, el noviazgo y el sexo y la autoestima. ¡Estabas inspirada! En cada página del libro están tus huellas e influencia, además de que ofreciste más anécdotas que nadie. De verdad eres una gran escritora. Sin ti, este libro no sería ni la mitad de bueno.

Gracias al equipo entero de The FaQtory por el trazo, las ilustraciones, imágenes, color y la apariencia general y el temperamento del libro. En especial a Ray Kuik, el director creativo; a Bob Gair, director de arte; a Jasper Jonker, gerente de proyecto, y Eric Olson, ilustrador. Fue toda una aventura trabajar con ustedes. Y son unos genios, aunque sean canadienses. ¡Excelente trabajo!

Gracias a Mark Pett, por idear la mayoría de las caricaturas del libro y por realizar varias de las ilustraciones y tiras cómicas. Tu sentido del humor es único, y aliviaste la tensión de algunos temas intensos con un poco de alegría. Espero que todos los periódicos del país publiquen tu excelente tira cómica, *Lucky Cow*.

Gracias a Rebecca, mi adorada esposa, por tu apoyo incondicional y por no pronunciar una sola queja por este periodo de tres años. ¡Por fin terminé! De modo que ya puedo volver a sacar la basura de la cocina.

Gracias a Jean Crowley, por tu notable asistencia editorial en las horas finales. Nunca dejaré de recomendarle tu trabajo a otros.

Gracias a Maria, mi hermana, por revisar cada capítulo y ofrecer excelentes comentarios sobre ellos (excepto el de las citas y el sexo, porque te abochornaba tanto).

Gracias a Deborah Burkett, Deb Lund y Greg Link por su gran ayuda para conseguir las autorizaciones y realizar el *marketing* del libro.

Gracias a Dominick Anfuso, Wylie O'Sullivan y los demás elementos clave en Simon & Schuster, por su paciencia y fe en el proyecto.

Gracias a Jan Miller y Shannon Miser-Marvin, de Dupree-Miller (mi representante editorial), por sugerirme en un principio la idea de hacer este libro.

Un enorme agradecimiento a las muchas escuelas (y a sus directores, maestros y alumnos) que participaron en los grupos de debate, realizaron entrevistas y ofrecieron opiniones. El agradecimiento va de manera específica para:

- Gary DeLuca y los alumnos de la Allen East en Ohio.
- Sherri Stinson y los alumnos del Community Career Center de las escuelas públicas Metro Nashville.
- Jennifer Williams, Susan Warline, Norm Emmets, Erica Gillespie y los alumnos de la Hilliard Darby High School en Ohio.
- Tony Contos, Marie Blunk, Cathe Ghilain, Susan Graham, Kelly Manning-Smith, Emily Petronio, y los alumnos de la Joliet Township High School en Illinois.
- Liz Whitsom y los alumnos de la Warren Central High School en Kentucky.
- Dave Barrett y los alumnos de la Millington Central High School en Tennessee.
- James Lynch y los alumnos de la Snyder Middle School en Pensilvania.
- Jennifer Suh y los alumnos de la Daewon Foreign High School en Corea del Sur.
- David Downing, la señora Van Dine y su clase multicultural de literatura, así como a los alumnos de la Millikan High School en Long Beach, California.
- Kay Cannon y los alumnos de la Northridge High School en Layton, Utah.
- Denise Hodgkins y los alumnos de las clases de los 7 Hábitos en el Utah Valley State College, en especial a Ben Hicks, Amanda Pledger, Sophia Iacayo, Martin Palmer, Rachel Turner, Brandon Beckham, DeAnna Stock, Michelle Chappell, Kimberly Schultz, Curtis Walker y Jason Ormond.

Gracias a Kristin Bloodworth, a la reverenda madre Barbara Roby y a los miembros adolescentes de la Iglesia Metodista Unida de Braddock Street en Winchester, Virginia, por conducir un grupo clave de debate en torno a un tema particularmente sensible. En especial, gracias a Lindsey Shrimp, Frankie Welton, Erin Gardner, Eric Fisher, Rachel Carson, Chris Gardner, Danielle Brown, Glen Carson, Taylor Hoffman, Heather Gronlund, Taylor Hodges, Willy B. Hawse, Amber Brill, and Nick Adams.

Mi enorme agradecimiento a los alumnos de las escuelas secundarias del valle de Utah, quienes acudieron de manera regular a mi casa los sábados por la mañana para participar en los grupos de debate. Sobre todo gracias a Dane Andersen, Cameron Bench, Nicolas Blosil, Charles Bohr, Jarrett Burge, McKinlee Covey, Tyler Davis, Elise Fletcher, Jake Glenn, Joey Gunnell, Hank Hillstead, Celeste Huntsman, Aaron Jaynes, Ellen Jaynes, Justin Karoly, Janna Mills, Shannon Mills, Chris Moon, Cody Naccarato, Shannon Nordin, Chelsey Olsen, Metta Oswald, Cameron Robinson, Natalie Robison, Jessica Sagers, and Keli'i Wesley.

Gracias a todas las oficinas internacionales de FranklinCovey, que contribuyeron de distintas formas.

Gracias a Vickie-Jean Mullins, asó como al Departamento de Salud de Florida (greattowait.com) por la grandiosa información que me proporcionaron.

Gracias a los muchos otros adultos que ofrecieron retroalimentación, ayuda editorial, anécdotas y más, entre ellos a Greg Fox, Luison Lassala de Irlanda, Doug Hart de Palestina, Sainbayar Beejin y sus compañeros de clase de Mongolia, Barbara Muirhead, Heather Seferovich, mi madre (¡hola, mamá!), y mi hermana Catherine.

Y gracias a todos los demás adolescentes de todo el mundo que contribuyeron con sus consejos, historias y entrevistas.

Oficina de Ayuda

ESCUELA

- **Si estás buscando una beca para la universidad,**
  visita www.scholarshipcoach.com o lee el libro de Ben Kaplan, How to Go to College Almost for Free

- **¿Preocupado por los exámenes de evaluación de conocimientos?**
  Visita www.saab.org o la sección de Google llamada "Free ACT/SAT Tests" para hacer pruebas de práctica, recibir consejos y más

- **Si buscas excelentes consejos para estudiar,**
  visita www.academictips.org o www.homeworktips.about.com

- **¿Quieres conocer tu estilo de aprendizaje?**
  Visita http://homeworktips.about.com/od/homeworkhelp/a/lstyleqz.htm o bien acude a www.engr.ncsu.edu/learningstyles/ilsweb.html

- **Si aún no decides qué especialidad elegir,**
  visita www.lifebound.com o lee el libro de Carol Carter, Majoring in The Rest of Your Life: Career Secrets for College Students

AMIGOS

- **Si buscas cosas divertidas para hacer con tus amigos,**
  visita http://kidshealth.org/teen/ o ve el sitio www.bored.com

- **Si buscas maneras de ayudar a amigos con problemas,**
  visita www.health.org/govpubs/phd688

- **Si quieres saber cómo resistir la presión negativa de tus amigos,**
  visita www.abovetheinfluence.com

- **Si quieres conocer un excelente libro sobre el poder de los amigos,**
  lee Holes, de Louis Sachar

PADRES

- **Si sufres de abuso por parte de uno de tus padres o u otra persona,**
  llama a la National Child Abuse Hotline: 1-800-25-ABUSE (en EUA) o visita el sitio ww.ChildHelpUSA.com

- **¿Quieres ayudar a tus padres alcohólicos o adictos?**
  Visita www.al-anon.alateen.org o llama al 888-4AL-ANON (en EUA)

- **¿Necesitas algunos consejos para llevarte mejor con tus padres?**
  Go to http://teenadvice.about.com/cs/parentstalkto/ht/parentrelateht.htm

- **¿Quieres conocer más sobre la historia de tu familia?**
  Visita las páginas www.usgenweb.org o www.familysearch.org

NOVIAZGO Y SEXO

- *¿No sabes cómo terminar una relación de abuso?*
  Llama al 1-800-999-9999 (en EUA) o visita www.ndvh.org
- *¿Quieres conocer excelentes ideas para llevar a cabo con tu novio(a)?*
  Visita www.bygpub.com/books/tg2rw/dating-ideas.htm
- *¿Buscas información sobre enfermedades de transmisión sexual (ETS)?*
  Visita www.cfoc.org o www.familydoctor.org/children.xml

ADICCIONES

- *Si eres adicto al tabaco, las drogas o el alcohol y quieres ayuda,*
  llama al Centro contra el Abuso de Estupefacientes al 1-800-662-HELP (4357) (en EUA) o visita www.health.org/govpubs/rpo884/; llama a Alateen: 1-888-425-2666 (en EUA) o ve a http://www.al-anon.alateen.org/ o http://www.freevibe.com/drug_facts o www.teens.drugabuse.gov/facts
- *Si quieres saber más sobre prevención contra el alcohol y las drogas,*
  visita www.health.org
- *Si eres adicto a la pornografía pero quieres librarte de ella,*
  visita www.porn-free.org

LA PROPIA VALÍA

- *Si no puedes librarte de los temores que te invaden,*
  visita http://www.copecaredeal.org/. También puedes obtener información en la Oficina de Servicios para el Abuso de Estupefacientes y la Salud Mental llamando sin costo al 1-800-662-4357 (en EUA) o visita www.familydoctor.org/children.xml, en la sección para adolescentes
- *Para conocer consejos sobre salud para adolescentes*
  visita www.familydoctor.org/children.xml
- *Si crees sufrir algún trastorno alimenticio,*
  visita www.edap.org, o www.familydoctor.org/children.xml
- *Si quieres perder peso de una manera saludable,*
  visita www.mypyramid.gov o www.familydoctor.org/children
- *¿Te gustaría servir a la comunidad pero no sabes por dónde comenzar?*
  Visita www.pointsoflight.org o www.dosomething.org
- *¿Necesitas ayuda para mantenerte alejado de las decisiones destructivas?*
  Visita www.sadd.org o www.abovetheinfluence.com
- *Si quieres conocer tu cociente intelectual o emocional, tu tipo de personalidad, tus aptitudes y otros datos,* visita www.2h.com/index

BIBLIOGRAFÍA

LAS 6 GRANDES DECISIONES
Hinckley, Gordon B., *Standing For Something,* Nueva York, Crown, 2000.

Frost, Robert, *The Road Not Taken,* Nueva York, Owl Books, 2002.

EL CURSO RÁPIDO SOBRE LOS 7 HÁBITOS
Reavis, George H., "The Animal School", dominio público.

DECISIÓN 1
Departamento del Trabajo de Estados Unidos, Oficina de Estadística Laboral, www.bls.gov, dominio público, 2005.

Kaplan, Ben., *How to Go to College Almost for Free,* Nueva York: HarperCollins, 2001.

DECISIÓN 2
"Popular", del musical de Broadway *Wicked.*
Letra y música de Stephen Schwartz.
Copyright © 2003 por Stephen Schwartz
Todos los derechos reservados. Reproducido con autorización.

Wiseman, Rosalind, *Queen Bees and Wannabes,* Nueva York, Three Rivers Press, 2003.

Keith, Kent M., *The Silent Revolution: Dynamic Leadership in the Student Council,* Cambridge, Harvard Student Agencies, Copyright © 1968 Kent M. Keith, renovado en 2001.

DECISIÓN 3
"Stay Together For The Kids", letra y música de Tom DeLonge, Mark Hoppus and Travis Barker.
Copyright © 2001 EMI APRIL MUSIC INC. y FUN WITH GOATS
Todos los derechos controlados y administrados por EMI APRIL MUSIC INC.
Todos los derechos reservados. Copyright Internacional asegurado.
Reproducido con autorización.

DECISIÓN 4
Anderson, Kristen, *The Truth about Sex by High School Senior Girls,* Copyright © 2001 por Kristen Anderson.

Bearman, Peter S., James Moody, and Katherine Stovel, "Chains of Affection: The Structure of Adolescent Romantic and Sexual Networks", en *American Journal of Sociology 110, 2004,* pp. 44-91.
Copyright © 2004 por la Universidad de Chicago. Todos los derechos reservados. Reproducido con autorización.

Meeker, Meg, *How Teen Sex Is Killing Our Kids,* Washington, D.C.: LifeLine Press, 2002.

Departamento de Salud de Florida, www.greattowait.com, Copyright © 2006. Todos los derechos reservados.

DECISIÓN 5

Golding, William, *Lord of the Flies,* Nueva York, Riverhead, 1999.

Phil S. *The Perfect Brightness of Hope,* Copyright © 2002 Perfect Brightness LLC.

DECISIÓN 6

Levenson, Sam, *In One Era & Out the Other,* Nueva York, Simon & Schuster, 1981.

"See The Sun," letra y música de DIDO ARMSTRONG. Copyright © 2003 WARNER/CHAPPELL MUSIC LTD (PRS). Todos los derechos administrados por WB MUSIC CORP. Todos los derechos reservados. Reproducido con autorización.

"Help Me Harlan," Deseret Morning News, Copyright © King Features Syndicate.

Herman, Stanley M., *Authentic Management,* Addison Wesley, Copyright © 1977.

CÍÑETE AL CÓDIGO

Tolkien, J. R. R., *The Return of the King,* Boston, Houghton Mifflin, 1999.

OTROS

A continuación se enumeran algunos libros que influyeron de manera decisiva en el autor.

Fox, Lara y Hillary Frankel, *Breaking the Code,* Nueva York, New American Library, 2005.

Bytheway, John, *What I Wish I'd Known in High School,* Salt Lake City, Deseret Book, 1994.

Harris, Joshua, *I Kissed Dating Goodbye,* Oregon, Multnomah Publishers, Inc., 1997.

ÍNDICE ANALÍTICO

A

abandonar la escuela, 9, 38, 39, 40, 41, 42, 87
abejas reinas (chicas alfa), 98, 99
abstinencia, 196, 209, 211-212, 217-218
abuso de drogas y alcohol, 117, 164, 227, 228, 232, 234, 240, 248, 251, 254, 255
abuso o maltrato, 6, 84-85, 102, 165, 168, 184, 185, 186, 187, 218, 222
   infantil, 42
   sexual, 1, 165
actitud positiva, 19, 25, 52, 68, 93, 99, 137, 153
actividades extraescolares, 69
adaptación, 248
adicción a las drogas, 42, 254, 256, 257, 258, 260
adicciones, 4, 5, 6, 12, 162-163, 224-249, 251-262, 288, 289
   a cada persona la afectan de manera diferente, 234, 235
   cómo afectan a otras personas, 242, 243
   destruyen los sueños, 232, 233, 234, 248
   decir no a las, 25, 48-49, 115-116, 172, 248
   las raíces de las, 248-249
   vencer las, 162-163, 254, 255, 256
   señales de, 235
admisión a la universidad, 69
afilar la sierra, 29, 30, 44, 45
Alcohólicos Anónimos, 255
alcoholismo, 229, 230, 235-236
alimento para el cerebro, 305
Allen, Woody, 59
Altshuler, Michael, 51
amabilidad/descortesía, 111-112
amigos inconstantes, 93, 94, 95

amistad, 4, 10, 26, 90, 93, 94, 99, 108, 110, 124, 172, 181, 214, 220, 222
amor, 6, 7, 10, 17, 27, 31, 39, 48, 52, 53, 55, 61, 66, 73, 74, 76-78, 81, 84, 88, 3, 95, 106, 122, 128-130, 132-136, 138, 139, 143, 162-168, 171, 173, 176, 182-185, 187, 189, 191, 192, 208, 210, 211-217, 220-222, 229, 232, 245, 250, 253, 256, 268, 279, 281, 291, 297, 300
amor, frases cursis de, 171
amor verdadero, el, 221
animar a los demás, 112-113
anorexia nerviosa, 292
antidrogas, 250
apoplejía, 248
árbol genealógico, 297-298
Arco de Triunfo de la Propia Valía, 276-277, 288-289
asignar el tiempo, 23-24, 48-50
aspecto físico, 105, 236
aspirantes al trono (chicas beta), 98-99
ataques cardiacos, 248
autoestima, 5, 267

B

Ball, Lucille, 55
banderas de advertencia al elegir a los amigos, 120
Barbie, 262, 272
bastón de la palabra, 26
Beaverson, Georgia, 272
beber, 8, 42
becas escolares, 5, 67, 69, 71, 74
Beethoven, Ludwig van, 55
belleza, 12, 13, 97, 113, 271, 273, 282, 290, 291, 305
Braun, Wernher von, 55
bravucones, 86, 93, 95, 101, 121
brecha de comunicación, 147

brillo perfecto de la esperanza, El, 255
buenas calificaciones (cómo obtenerlas), 9, 21, 31, 36, 59, 61, 64, 69, 130, 155, 204
   aprovecha los puntos extras, 60
   aprovecha tus recursos, 61
   asiste a clases, 59-60
   cáeles bien a los maestros, 60
   cree en ti mismo, 59
   sé fuerte en la zona roja, 61
   ten buenos hábitos de estudio, 62
   secretos para sacar, 59-62, 64
buenas obras, 133, 134
bulimia académica, 50
bulimia nerviosa, 50, 227, 292
buscatiempos, 48, 49, 51

C

calidad moral, la 93, 94, 95
callejones sin salida profesionales, 78
cambiar de estrategia, 7
cambiarle la vida a alguien, 183
cambio de esquema, 16, 105
camino correcto, el, 36, 37, 86, 91, 92, 121, 128, 129, 167, 171, 173, 226, 228, 262
camino correcto, el, 5-6
camino incorrecto, el, 36, 37, 91, 128, 129, 171, 173, 226, 228
Camus, Albert, 91
cangrejos, 102
capullo tardío, 69
Carlson, Richard, 100
carrera universitaria, 5, 36, 41, 53, 65, 70, 71, 72, 73, 74, 77, 86, 229
   elegir una, 73-77, 78, 79, 82, 83, 84
cartas de recomendación, 69
Carter, Carol, 306
centrarse en los amigos, 96
centro (¿en qué centras tu vida?), 95, 96
CF, 56

chicas alfa, 98, 99
chicas beta, 98, 99
chicas crueles, 93, 100
chicas gama, 98, 99
Christie, Agatha, 55
Churchill, Winston, 55
CI, 55, 56, 59
coca, 245
   cocaína *(crack)*, 12, 239, 245-246, 249, 256, 260
cocaína, 12, 239, 245, 246, 256, 260
"código, El", 303-305
comer correctamente, 285, 286, 287
comer un bocadillo, 64
comparar a los hermanos, 137-138
competencia, 1, 13, 26, 44, 93, 95, 102-103, 151, 274-277, 282-284, 300
   logros, 276, 277, 284-285, 288, 301
   salud física, 285-287
   talentos y habilidades, 282-284
complejo de salvador, 183
comprensión, 108, 131, 152-154, 157, 158
compromiso, 210
conciencia, 73, 74, 84, 114, 184, 199, 200, 230, 255, 258, 270
confianza, 12, 13, 14, 53, 62, 99, 104, 179, 211, 252, 282, 283, 288
confianza en uno mismo, 104
consecuencias, 4, 8, 44, 171, 200, 233
conservar a los amigos, 105, 106, 107
contraer cáncer, 118, 201, 203, 204, 206, 237, 238
Conwell, Russell, 296
crack, 245
cuadrantes del tiempo, los, 24-25
cuadro de personalidad y competencia, 275
cuadro de los números, 15-16, 32
cuadruplicar, 277-278

cuenta bancaria de relaciones, 107
Cuento de Navidad, 101

D

daño cerebral, 248
darse atracones, 292
    de prescripción, 12, 225, 234, 239, 240
debilidades, 99
decir la verdad, 132
decisiones clave, 1, 4, 36, 304
decisiones para el éxito, 4, 8, 14, 35, 36, 303
    y el noviazgo y el sexo, 11, 14, 26, 36, 170-221, 304
    y la escuela, 1-88, 93-95, 97-107, 103-107, 111, 113-120, 123, 133, 139, 141-146, 149, 151, 155, 156, 157, 163, 164, 166, 167, 175, 176, 178, 180, 181, 183, 185, 188, 189, 190, 191, 192, 194, 196, 197, 198, 200, 204, 205, 208, 210, 213, 217, 218-220, 232-234, 236, 241, 242, 246, 249, 250, 251, 253, 257-258, 305
    y la propia valía, 12, 14, 266-302, 304
    y las adicciones, 12, 14, 224-264, 304
    y los amigos, 90-124, 304
    y los padres, 10, 13, 126-168, 304
decisiones para la vida, 288-289
decisiones que son una bifurcación del camino, 36, 91, 128, 303-304
decisiones, 1, 2, 8, 118, 137, 142, 144, 163, 171, 190, 199, 205, 216, 227, 228, 232, 233, 235, 249-250, 280, 288-289
declaraciones de la misión, 22-23, 85, 115, 116
defectos, 99
defenderse uno mismo, 101, 102
depresión, 1, 13, 46, 202, 209, 211, 212, 240, 242, 245, 247, 289, 292, 293-296
    aflicción, 293-294
    clínica, 294-295
    síntomas de la, 293-295
desafío sin pantallas, 87
diamantes a raudales, 296-297
Dickinson, Emily, 111, 280
diferencias culturales, 53
diferencias, 28-29, 38, 66, 158
dimensión emocional, 29, 30, 46, 56, 96, 172, 209, 215, 218, 246
Dinamita, Napoleón, 35, 86
discriminación racial, 84
divorcio, 11, 144-145
drogas de inicio, 234
drogas de los antros, 241-242
drogas, 1, 3, 4, 5, 8, 12, 74, 112, 114, 115, 117, 119, 120, 130, 142, 163-166, 168, 177, 224-227, 230-235, 238-242, 246-256, 261, 263

E

educación, 4, 6, 9, 13, 35, 36, 52, 53, 57, 59, 65, 66, 70, 71, 72, 79, 85, 86, 108, 119, 217, 219, 232, 289, 304
efecto dominó, 219-220
Einstein, Albert, 55, 56, 281
ejercicio, 287
elegir la universidad, 68-69
elegir una carrera, 72-77
Eliot, George, 101
embarazo, 8, 14, 172, 191, 198, 206-209, 211, 213, 215, 216, 219, 289
empleos de verano, 76
empresarios adolescentes, 76, 77, 78
en pos de algo, 4
encontrar tu vocación, 9, 36, 72-74, 85
endorfinas, 287
escudo contra la presión de los amigos, 115
Escuela de rock, 21

"escuela de los animales, La", 28-29
escuela, 1, 4, 6, 7, 9, 10, 12, 17, 18,
    21-23, 25, 28, 29, 33, 34-88, 91,
    93-95, 97-101, 103-107, 111, 113-
    123, 133, 139, 141-146, 149, 151,
    155-157, 163, 164, 166, 167, 175,
    176, 178, 180, 181, 183, 185, 188,
    189, 190, 192, 194, 196-198, 200,
    204-210, 213, 216-222, 226, 232-
    234, 236, 241, 242, 246, 249-251,
    253, 258, 259, 288, 293, 295
espejo social/espejo real, 269-274
espíritu servicial, 136
espiritualidad, 280-282
esquemas, 15, 16-17, 59, 90, 95, 105, 180
esteroides, 12, 242, 243, 244
estimulantes naturales, 250, 264
estrés escolar, 43, 44, 46, 47
estrés, 9, 24, 36, 43, 44-47, 56, 145,
    179, 203, 273, 287, 294
estudiantes de intercambio, 54
estudiantes discapacitados para el
    aprendizaje, 57
estudiar, 25, 34, 35, 50, 63, 64
ETS emocional, 211
ETS, 14, 202-207
Ettinger, Bob, 171
euforia, 229
exámenes ACT/SAT, 69-70
experimento de los diez años, el, 6
explorar ampliamente, 75-76

F

fábula de dos lobos, 260
familias disfuncionales, 42, 164
fe, 123, 166, 191, 214, 250, 253, 276,
    277, 280-282, 302
Fénix, 145-146
flexibilidad, 154
Frankl, Viktor, 226
Franklin, Benjamín, 47
"Friends", 106
Frost, Robert, 14
Fuller, R. Buckminster, 299

fumar, 8, 12, 237, 249

G

ganar-ganar, 25, 102, 103, 151, 152,
    158, 181
ganar-perder, 181
gastatiempos, 48
gastatiempo personales, 24, 48
genes, 303
gente presumida, 97
GI Joe, 272
Godden, Rumer, 30
Golding, William, 259
Gramajo, Andrés Marroquín, 67
granja del chocolate, la 77
Guapo, El, 289-296

H

habilidades para el estudio, 65, 67
habilidades para la comunicación,
    26-27, 69
habilidades, 86, 282-284
hábito de planear, el, 50, 51
hábitos de estudio, 64-65
hablar mal de alguien, 100, 101, 123
Hands-On Basketball, 76
Hands-On Football, 76
Harvard, 164, 201, 324
heroína, 233, 240, 248
herpes, 203
Hinckley, Gordon B., 4
hombre del eterno sí, el, 24-25
"hombre, el", 21, 22
honestidad, 96, 132

I

IE, 56
IEs, 56
Información en Google para
    exámenes, 70
información sobre los sueldos, 38, 39
ingredientes letales de las drogas,
    248
ingreso dependiendo de la
    preparación, 66

ingresos de un egresado de la universidad, 66
inhalantes, 244, 245
  inhalantes, 244-245
Iniciativa de Paternidad de E. U., 213
inseguridad, 43
inteligencia, 55, 56
intuición, 56, 84, 217, 255

J

Johnson, Ayesha, 22-23
Jones, James Earl, 213
Jordan, Michael, 112
juegos parolímpicos, 26

K

Kaplan, Ben, 70, 71-72, 73

L

labrarte una carrera, 72
libertad, 8
libre albedrío, 8
libre de adicciones, 14, 261, 262
libros, 13, 14, 52, 59, 62, 58, 77, 78, 88, 140, 155, 201, 219, 234, 259, 264, 305
Lincoln, Abraham, 112
lluvia de ideas, 158
los amigos verdaderos, 58, 104
Logan, 27
logros, 276, 277, 284-285, 301
LSD, 248, 249
lugar para el estudio, 64
Lutero, Martín, 281

M

madre Teresa de Calcuta, 122
maestros, 44
Majoring in the Rest of Your Life, 53
Maldonado, Jonathan, 120
malos hábitos heredados, 42
malos hábitos, 31, 42, 117
Mandamientos Paradójicos, Los, 122

mapas para encontrar tu vocación, 81-84
mariguana, 12, 162, 234, 238, 239, 255, 261
masa ósea, 287
medicamentos por prescripción, 12, 225, 234, 239, 240
Meir, Golda, 290
metanfetaminas, 246-247, 248
metas, 22, 115, 116, 117
Mischel, Walter, 37
modelos de *Cosmopolitan*, 12
modelos de *GQ*, 12
momento para el estudio, 64
motivación, 51, 52

N

nachos, 12, 35, 200
narcóticos, 240
necesidad, 73
Newton, Isaac, 55
Niehbuhr, Reinhold, 109
Nixon, Richard M., 277
noviazgo, 3, 4, 5, 6, 9, 11, 14, 26, 107, 132, 167, 170-222
  citas en grupos, 190
  cómo elegir con quién salir, 177-178
  cuándo romper un noviazgo, 181-187
  edad para salir con alguien, 188
  errores en el noviazgo, 180
  ideas para las citas, 194
  límites respecto de las citas, 191, 192
  lineamientos para las citas, 187-193
  los atractivos para el noviazgo, 179
  maltrato durante las citas, 184-187
  noviazgo inteligente/noviazgo a lo tonto, 173-176, 187-191, 193, 194, 221
  planear las citas, 192, 193, 194

preguntas sobre el noviazgo, 174-187
prueba sobre noviazgo y sexo, 172-173

O

O'Rourke, P. J., 305
organizaciones de voluntarios, 54
ortografía, 85, 86

P

paciencia, 17, 84, 158
padre alcohólico, 42, 162, 163, 164
padres, 3, 4, 6, 9, 10-13, 22, 26, 28, 29, 40, 42, 44, 52-55, 59, 61, 62, 68, 71, 93-95, 98, 112, 113, 119, 123, 126-168
   abuso por parte de los, 163, 165, 166
   amor paterno, 164
   cuánto conocen los adolescentes a los padres, 147, 148, 150-152, 160
   cuánto conocen los padres a los adolescentes, 149
   errores que cometen los adolescentes con sus padres, 160-161
   influencia de los padres, 166
   padres, cómo desarmar a los, 159
   padres, y el divorcio, 144, 145
   padres sobreprotectores, 141, 142
   peleas de los padres, 142, 143
   prueba sobre los padres, 129
   mis padres me avergüenzan, 139, 140
pagar la universidad, 70
pandillas, 10, 118, 119, 120
Pasang, Tashi, 283
pasión, 35, 53, 73, 84, 162, 215, 221, 222
paso a paso, 87-88, 123-124, 168, 222, 263-264, 301-302
PCP (polvo de ángel), 248
peleas, 10
películas románticas malas, 324
perder-ganar, 182
perder-perder, 152

pérdidas de tiempo, 48
perdón, 100, 164
personalidad, 13, 95, 97, 101, 154, 177, 200, 274-277, 300
   fe, 123, 166, 191, 214, 276, 277, 280-282, 302
   integridad, 277-278, 301
   vocación de servicio, 17, 29, 40, 66, 69, 84, 250, 251, 276, 278-280, 299, 301
Picasso, Pablo, 55
Pilates, 287
pizza, 10, 35, 72
plan de acción para sinergizar, 156
pobreza, 42
poder de elección, 226
Polacco, Patricia, 55
popularidad, 10, 93, 95-98, 123, 197, 271, 288, 289, 299
por favor/gracias, 135
Porcierto, Juan, 21, 108-109
pornografía, 216, 225, 256, 257, 258, 259, 260, 304
postergar, 24, 49, 50, 51
Potter, Harry, 114, 289
prepararte para el SAT (Scholastic Assessment Test, examen de evaluación académica), ACT (American College Test, examen de ingreso a la universidad), 69-70
presión de los amigos, 1, 8, 10, 24, 91, 92, 93, 96, 113-116, 119, 121, 124, 237, 251, 252, 263, 268, 276, 280
presupuesto mensual, 40
principios, 15, 17, 18, 90, 96, 174, 181, 255, 285, 286
prioridades, 25, 49, 50, 67, 88
problemas de aprendizaje, 56, 57
   dislexia, 56
   incapacidad para concentrarse, 56, 58, 59
   TDA (trastorno por déficit de atención), 56

TDAH (trastorno por déficit de atención e hiperactividad), 56
programas escolares de viajes, 53
propia valía, la, 13, 121, 265-302
   belleza/bondad, 271, 290, 291
   competencia, 282-289
   concentrarse en la fuerza interior, 274
   el espejo social, 269-270, 273-274
   el espejo real (el recurso interno), 269-271, 273, 300
   influencia, 272
   ¿qué cambiarías?, 290-291
   salud física, 285-287
prueba sobre afilar la sierra, 45
prueba sobre la escuela, 36-37
prueba sobre la propia valía, 268-269
prueba sobre las drogas, 227-228
prueba sobre los amigos, 92
pruebas estandarizadas, 69-70
punto de cambio, 5
"Punto de ruptura: La verdad sobre los esteroides", 242
puntos ciegos, 108-109
puntos extras, 88

Q
que rompen el ciclo, los, 42, 256

R
rarezas, 99
Reavis, George H., 28
refrescos, 35, 99, 150, 200
relación de maltrato (cómo salir de una), 184, 185, 186, 187
relaciones cibernéticas, 258
relaciones, 10, 13, 17, 26, 28, 88, 128
   dejar las relaciones sexuales para más tarde, 216-218
   etapas de las, 214, 215
   ganar-perder, 25, 151, 181
   ganar-ganar, 19, 20, 25, 26, 103, 151, 152, 156, 158, 181
   perder-ganar, 182
   perder-perder, 182
   reglas para las, 215, 216
reputación, 253
resolver problemas, 15
respeto, 96
responsabilidad, 96
retos de los adolescentes, 2-3
rompimientos, 175, 181, 182, 183, 184, 185, 186, 187, 188
rumores, 100, 101, 102

S
saber decir que no, 49, 252, 253
saber escuchar, 26, 27, 154
Sachar, Louis, 306
San Agustín, 53
seguridad interior, 13, 96, 97
seguridad laboral, 86
señor de las moscas, El, 259
señor de los anillos, El, 305
ser incluyente, 110, 111
ser proactivo, 19, 21-22, 42
ser reactivo, 21
ser simpático, 108-109
serendipidad, 77-78
sexo ocasional, 203, 254
sexo, 3, 4, 6, 11, 14, 17, 99, 114, 163, 167, 169, 170-222, 225, 242, 254, 258, 304
   abstinencia, 209, 211
   compromiso, 210
   decir no, 49, 252, 253
   doctora Meeker, 211
   en la TV, en el cine, 209, 210
   esperar, 216, 217, 218, 221
   mitos sobre el, 195, 196, 197-202
   preguntas, 196, 197, 199, 200, 201, 202, 203
   reglas para el, 215, 216
   sexo seguro, 201, 206
   y embarazo, 207, 208, 212, 213
Shields, Brooke, 225
Shiraz, Hafiz de, 57
7 hábitos, los, 13, 15, 19, 20-32
   afilar la sierra, 29-30, 44, 45

asumir la responsabilidad, 19, 21, 22, 42
definir metas, 22, 23, 85, 115, 116
pensar ganar-ganar, 25, 102, 103, 151, 152, 158, 180
priorizar, 23-25, 49, 50, 67, 88
saber escuchar, 26, 27, 154
sinergizar, 28, 155-158
sífilis, 204
Simon, senador Paul, 26
Sinamor, Tomás, 49
síndrome del que nunca está conforme, 139
sinergizar, 28, 255-258
sistema de apoyo, 116-118
Smith, Michael, 106
solitarios, 104
solventes, 244
Stanford, campus de, 37
sueldos según el grado escolar, 37, 79
sueño, 46, 47, 87

T

tacos de cáncer, 237
talento, 73, 283-284
tarea, 35, 36, 38, 43, 44, 47, 57, 59, 61, 63, 64, 87, 88, 133, 155, 156-158, 208, 220, 224, 258, 294, 295
Te quiero, Lucy, 55
The Costco Connection, 76
Thoreau, Henry David, 248
tolerancia, 99
Tolstoi, León, 271
trabajo de medio tiempo, 49
trabajo duro, 67
trabajos mal pagados, 87
tradición rusa de emborracharse, 251-252
trastornos psicológicos, 292
TV, 34, 48

U

universidad, 3, 8, 9, 23, 30, 35, 36, 38, 39, 41, 42, 50, 58, 59, 61, 65-66, 68-74, 76-79, 86, 87, 110, 117, 118, 120, 127, 132, 145, 157, 164, 166, 178, 206, 207, 210, 215, 217-218, 219, 220, 229, 250, 251, 255

V

vago, el, 24, 25
valor, 84, 90, 95, 100, 113, 114, 115, 121, 172, 186, 198, 218, 227, 238, 275-276, 281-282, 295
verdadero centro, el, 181
verdades sobre el tabaco, 237, 238
viajar en el tiempo, 7
viajar, 53, 54, 87
víctimas, 52
Victoria Privada, 20
VIH/sida, 164, 204, 207, 216, 233, 246
virus del papiloma humano (VPH), 203-204

W

Washington, George, 258
Weisnberg, señor, 57
Williamson, Marianne, 267, 298
Winfrey, Oprah, 84
Wiseman, Rosalind, 98

Y

yoga, 287

Z

zombis, 46

ACERCA DE FRANKLINCOVEY

Sean Covey es jefe de diseño de producto en FranklinCovey. Nuestra misión es "Lograr la grandeza de las personas y organizaciones en todo el mundo". Creemos que los resultados de las organizaciones que han alcanzado la grandeza incluyen:

- *Lograr desempeño superior sostenido en el ámbito financiero*
- *Crear clientes intensamente leales*
- *Desarrollar una cultura organizacional ganadora*
- *Contribuir de manera distintiva*

A través de un enfoque equilibrado en la efectividad individual, desarrollo del liderazgo y procesos que conllevan al enfoque y ejecución, creemos que las organizaciones pueden lograr estos resultados de manera predictiva y medible.

En FranklinCovey ofrecemos consultoría y capacitación, herramientas de productividad y servicios de asesoría a clientes de todo tipo. Nuestra cartera incluye al 90% de las empesas que integran *The Fortune 100* y más del 75% de *The Fortune 500*, así como miles de pequeñas y medianas empresas en todo el mundo. También trabajamos con numerosas entidades gubernamentales e instituciones educativas. Empresas y organizaciones acceden a nuestros productos y servicios mediante la consultoría corporativa, la capacitación corporativa y pública, la formación de facilitadores internos, sitios web, y una gran red de tiendas.

FranklinCovey tiene a más de 2000 asociados que proveen servicios profesionales y productos en 28 idiomas en 95 países del mundo.

Para conocer más de los productos y servicios que ofrecemos, llame a cualquiera de nuestras oficinas en Latinoamérica. En la página siguiente encontrará un directorio para que elija a la oficina más cercana a usted.

Productos y servicios:

- *Diagnóstico xQ:* Consultoría / Cuestionario electrónico
- *Las 4 Disciplinas de la Ejecución:* Consultoría / Seminario
- *Los 7 Hábitos de la Gente Altamente Efectiva:* Seminario
- *Focus: Logre sus más altas prioridades:* Seminario
- *Los 4 Roles del Liderazgo:* Seminario
- *Perfiles 360°:* Consultoría / Cuestionario
- *Sistema de Planificación FranklinCovey:* Productos
- *Y muchos más*

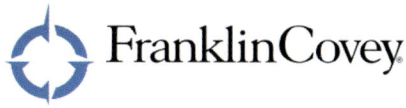

SI DESEA CONOCER MÁS A CERCA DE NOSOTROS O ASISTIR A ALGUNO DE NUESTROS CURSOS, CONTACTE A LA OFICINA DE SU CONVENIENCIA:

MÉXICO
Tel: (52) 55-5322-3800 / Lada sin costo nacional: 01-800-711-6192
Fax: (52) 55 53 22 38 96
E-mail: mexico@franklincovey.com
Website: www.franklincovey.com.mx

ARGENTINA / URUGUAY / PARAGUAY
Tel: (54) 11-4372-5820
E-mail: info@franklincovey.com.ar
Website: www.franklincovey.com.ar

BOLIVIA
E-mail: jolmedo@chromart.com.bo / información.fc@cable.net.co

COLOMBIA
Tel: (57)-1-610-2736 / 610-2721
E-mail: información.fc@cable.net.co
Website: www.fcla.com

CHILE
Tel: (56) 2-436-7244
Fax: (56) 2-448-9509
E-mail: ealvarez@franklincovey.cl / información.fc@cable.net.co

COSTA RICA
Tel. / fax: (506) 231-4184
E-mail: franklincoveycr@fcla.com
Website: www.fcla.com

ECUADOR
Tel: (5903) 9837-1615
E-mail: corralmf@uio.satnet.net / información.fc@cable.net.co

EL SALVADOR
Tel: (503) 2263-3377
Fax: (503) 2264-3510
E-mail: phuezo@fcla.com
Website: www.fcla.com

GUATEMALA
Tel: (502) 2385-8867 / (502) 2385-2472
Fax: (502) 2385-2472
E-mail: franklincoveygu@fcla.com
Website: www.fcla.com

HONDURAS
Tel: (504) 553-6981 / 550-5756
Fax: (504) 552-6601
E-mail: msabillon@fcla.com / franklincoveyhn@fcla.com
Website: www.fcla.com

NICARAGUA
Tel: (505) 270-7864
Fax: (505) 278-8659
E-mail: franklincoveyni@fcla.com
Website: www.fcla.com

PANAMÁ
Tel: (507) 264-8899 / 264-4331 / 264-8660
Fax: (507) 264-3728
E-mail: soluciones@fcpma.com
Website: www.fcla.com

PERÚ
Tel: (51) 1-475-1000
Fax: (51) 1-475-1033
E-mail: emonsante@cegag.com / información.fc@cable.net.co

PUERTO RICO
Tel: (787) 977-9094
E-mail: franklincoveypr@fcla.com
Website: www.fcla.com

VENEZUELA
Tel: (58) 21-2235-0468
Fax: (58) 21-2234-3188
E-mail: franklincovey-ventas@cantv.net / información.fc@cable.net.co

Deje que FranklinCovey ayude a su escuela a lograr la grandeza

Cuando se le pide a la gente que describa lo que considera una "buena" escuela, parece que las características que la definen siempre son las mismas: educación de calidad, buenos profesores, liderazgo administrativo eficaz... Pero, ¿cómo logra una escuela pasar de ser buena a ser grandiosa?

Gracias a nuestra estrecha colaboración con miles de escuelas, entendemos muchos de los retos de los educadores: excelencia de los alumnos, fomento de una cultura ganadora, cambio en las expectativas sociales y participación de los padres y la comunidad entera. Con la ayuda de una amplia gama de programas de probada efectividad, diseñados para mejorar los resultados en estas áreas, FranklinCovey contribuye a que su escuela no sea sólo buena, sino grandiosa.

"No conozco programas que sean más efectivos que los de FranklinCovey."
—*Dr. Pedro García, Distrito de Escuelas Públicas Metropolitanas de Nashville*

PRINCIPIOS COMPROBADOS. PROCESOS COMPROBADOS. RESULTADOS COMPROBADOS.

Gracias a su enfoque holístico, que va de lo interno a lo externo, los Servicios Educativos de FranklinCovey han mejorado de manera impresionante los resultados de escuelas de todo el mundo, entre otros:

- *Incrementar las calificaciones del Índice de Desempeño Académico en 18 por ciento durante tres años.*
- *Reducir las tasas de deserción escolar de 20 a 4.7 por ciento a lo largo de cuatro años.*
- *Incrementar de manera significativa el número de alumnos en clases de estudios avanzados y de preparación para la universidad.*
- *Mejorar el número de alumnos graduados.*

Imagine lo que FranklinCovey puede hacer por su escuela.

EL DISTINTIVO DE UNA GRAN ESCUELA

Los Servicios Educativos de FranklinCovey ofrecen resultados como los que obtienen las mejores escuelas, entre ellos:

- **Desempeño superior y sostenido:** *Las grandes escuelas mejoran constantemente los resultados de sus pruebas, el número de alumnos graduados y la asistencia escolar.*

- **Una cultura ganadora:** *Las grandes escuelas cuentan con profesores y directivos que prefieren trabajar en ellas que en cualquier otro lado.*
- **Una contribución distintiva:** *Los estudiantes graduados de las grandes escuelas son académicamente sólidos, emocionalmente equilibrados y están preparados para marcar la diferencia en la sociedad.*
- **Lealtad de los clientes:** *Las grandes escuelas generan la lealtad entre sus alumnos, los padres de éstos, la comunidad en general y otros miembros clave de la sociedad.*

FranklinCovey puede ayudarle a sentar los cimientos de la grandeza mediante:
- *Estudiantes eficientes.*
- *Profesores y directivos eficientes.*
- *La atención y la ejecución dirigidas a las metas más importantes de la escuela.*

UNA GRAN ESCUELA

ATENCIÓN Y EJECUCIÓN
- Diagnóstico xQ™ organizacional
- Las 4 disciplinas de la ejecución™

PROFESORES Y DIRECTIVOS EFICIENTES
- Seminario sobre Los 7 hábitos de la gente altamente efectiva®
- Los 7 hábitos para ejecutivos™
- Los 4 roles del Liderazgo™

ESTUDIANTES EFICIENTES
- Los 7 hábitos de los adolescentes altamente efectivos™
- Las 6 decisiones más importantes de tu vida™

COLOQUE A SU ESCUELA EN LA SENDA DE LA GRANDEZA

Para mayor información sobre los programas enumerados antes, o para saber cómo pueden los Servicios Educativos de FranklinCovey ayudar a que su escuela alcance resultados sin precedente, llame sin costo al 1-800-272-6839. Del extranjero, por favor llame al 001-801-342-6664 o visite www.franklincovey.com o www.7Habits4Teens.com.

Clásicos de Covey

¿Qué es un clásico de Covey? Por lo general es una película vieja que la familia Covey ha visto muchas veces y cuyos diálogos son citados con frecuencia en la conversación cotidiana; a veces son extrañas, no siempre ganan premios, pero a quién le importa; son adictivas; son las películas que todo el mundo debería ver.

- Volver al futuro (la trilogía)
- La bella y la bestia (Disney)
- Ben Hur
- Un cuento de Navidad
- Vacaciones de Navidad
- Danza con lobos
- Dirty Rotten Scoundrels
- La Sociedad de los Poetas Muertos
- Ever After
- First Knight
- Fletch
- Groundhog Day
- El cielo puede esperar
- Mi pobre angelito
- Los Increíbles
- Indiana Jones (la trilogía)
- The In-Laws (1979)
- A Knight's Tale
- La vida es bella
- El rey león
- A Little Princess
- El Señor de los Anillos (la trilogía)
- The Man from Snowy River
- La familia de mi novia
- Mi bella dama
- Nacho Libre
- Napoleon Dynamite
- Now You See Him, Now You Don't
- Overboard
- Piratas del Caribe
- The Princess Bride
- Quigley Down Under
- Remember the Titans
- Rocky (toda la serie)
- Seems Like Old Times
- Shanghai Noon
- Señales
- Spies Like Us
- La guerra de las galaxias (toda la serie)
- Los diez mandamientos
- Los tres amigos
- Trinity
- Tommy Boy
- A Walk to Remember
- What About Bob?
- What's Up, Doc?